2003
中国发展报告

中华人民共和国国家统计局 编

中国统计出版社
China Statistics Press

（京）新登字 041 号

图书在版编目（CIP）数据

2003 中国发展报告/中华人民共和国国家统计局编.
—北京：中国统计出版社，2003.5
ISBN 7－5037－4059－0

Ⅰ. 中…
Ⅱ. 国…
Ⅲ. ①经济发展－分析－中国－2002
②经济发展趋势－经济预测－中国－2003
Ⅳ. F123.2

中国版本图书馆 CIP 数据核字（2003）第 034948 号

2003 中国发展报告

作　　者/中华人民共和国国家统计局编
责任编辑/陈悟朝
装帧设计/张　冰
出版发行/中国统计出版社
通信地址/北京市西城区月坛南街 75 号　邮政编码/100826
办公地址/北京市丰台区西三环南路甲 6 号
电　　话/（010）63459084、63266600－22500（发行部）
印　　刷/科伦克三莱印务（北京）有限公司
经　　销/新华书店
开　　本/880×1230mm　1/16
字　　数/520 千字
印　　张/18
印　　数/1—1500 册
版　　别/2003 年 6 月第 1 版
版　　次/2003 年 6 月北京第 1 次印刷
书　　号/ISBN 7－5037－4059－0/F·1577
定　　价/80.00 元

《2003 中国发展报告》编委会与编辑部

前　言

2002年，在党中央、国务院的正确领导下，各地区、各部门以邓小平理论和“三个代表”重要思想为指导，继续实施积极的财政政策和稳健的货币政策，大力推进经济结构的战略性调整，进一步提高对外开放水平，国民经济保持了较快发展，经济效益明显提高，社会事业全面进步，人民生活继续改善，各项改革取得显著成效。

2002年，国民经济发展的主要预期目标顺利实现，经济总量迈上新的台阶。初步测算，2002年国内生产总值达到102398亿元，按可比价格计算，比上年增长8%，超过了年初确定的增长7%的目标，增速比上年加快0.7个百分点。其中，第一产业增加值14883亿元，增长2.9%；第二产业增加值52982亿元，增长9.9%；第三产业增加值34533亿元，增长7.3%。

工农业生产在结构调整中保持稳定较快增长。农业结构进一步优化，优质专用农产品种植比重提高，一些各具特色的农作物种植带逐步形成，全年粮食产量达到4.6亿吨。全年规模以上工业企业完成增加值31482亿元，比上年增长12.6%。出口导向型产品、投资导向型产品、高技术导向型产品、适应消费结构升级的产品产量均保持较快增长。社会需求增势强劲，对经济增长的拉动作用进一步增强。全年固定资产投资首次突破4万亿元，比上年增长16.1%，增速为1996年以来最高水平。市场销售平稳增长，消费品零售总额突破4万亿元，比上年增长8.8%，住房、汽车、通讯等消费热点初步形成。对外开放水平不断扩大，全年进出口总额6208亿美元，比上年增长22%；实际使用外商直接投资527亿美元，增长12.5%；外汇储备突破2800亿美元。经济增长质量和效益进一步提高，财政收入超过1.8万亿元，企业利润超过5600亿元。城乡人民收入继续增长。全年城镇居民人均可支配收入达到7703元，扣除价格因素，实际增长13.4%；农民人均纯收入2476元，实际增长4.8%。年末城乡居民储蓄存款余额达8.7万亿元，比年初增加1.3万亿元。

2002年我国经济快速增长、社会事业全面发展，主要得益于党中央、国务院对国内外形势的正确判断和采取适时有效的政策措施；得益于连续几年实施积极的财政政策和稳健的货币政策，使经济增长的环境进一步改善，基础更加坚实；得益于我国进一步深化改革、扩大开放的努力，使经济增长活力大为增强。

2003年是全面贯彻落实党的十六大精神的第一年，也是开始全面建设小康社会、加快推进社会主义现代化的重要一年。我们要认真贯彻党的十六大精神，按照中央经济工作会议确定的各项方针，加强宏观调控，在保持政策的稳定性和连续性的同时，适时注意灵活微调，抓住机遇，努力工作，积极应对国际和国内各种突发事件的挑战，坚持一手抓防治“非典”，一手抓经济建设，努力保持国民经济的持续、快速、健康发展。

《中国发展报告》是国家统计局向社会各界推出的 2002 年国民经济和社会发展形势报告及对未来形势发展趋势进行预测分析的大型资料书。为使《2003 中国发展报告》尽早与读者见面，书中 2002 年有关数据使用快报数。快报数与年报数略有差别，但基本反映经济发展趋势，不影响读者对经济形势的分析与研究。

本书编辑过程中得到了最高人民法院、教育部、民政部、财政部、文化部、公安部、新闻出版总署、劳动和社会保障部、中国人民银行、国家环保总局、国家体育总局、中国残疾人联合会等部门的大力支持，在此表示衷心感谢。同时，也感谢广大读者对本书编辑工作提出的有益建议，并希望今后继续给予关注和支持。

编　者

2003 年 5 月

目 录

政策信息篇

统计资料篇

专栏文章

重要文献篇

政府工作报告

——2003年3月5日在第十届全国人民代表大会第一次会议上

国务院总理 朱镕基

各位代表：

本届政府1998年3月就职，任期即将结束。现在，我代表国务院，向第十届全国人民代表大会第一次会议报告过去五年的工作，对今年的工作提出建议，请予审议，并请全国政协各位委员提出意见。

一、过去五年政府工作的回顾

第九届全国人民代表大会第一次会议以来的五年，是很不平凡的五年。本届政府初期，亚洲金融危机冲击，世界经济增长放慢；国内产业结构矛盾十分突出，国有企业职工大量下岗；1998、1999年连续遭受特大洪涝灾害。全国各族人民在中国共产党领导下，团结奋进，顽强拼搏，战胜种种困难，改革开放和经济社会发展取得举世公认的伟大成就。我们胜利实现了现代化建设第二步战略目标，开始向第三步战略目标迈进。

五年来，国民经济保持良好发展势头，经济结构战略性调整迈出重要步伐。

——经济持续较快增长。国内生产总值从1997年的7.4万亿元增加到2002年的10.2万亿元，按可比价格计算，平均每年增长7.7%。产业结构调整成效明显。粮食等主要农产品供给实现了由长期短缺到总量平衡、丰年有余的历史性转变。以信息产业为代表的高新技术产业迅速崛起。传统工业改造步伐加快。现代服务业快速发展。经济增长质量和效益不断提高。国家税收连年大幅度增长。全国财政收入从1997年的8651亿元增加到2002年的18914亿元，平均每年增加2053亿元；国家外汇储备从1399亿美元增加到2864亿美元。五年全社会固定资产投资累计完成17.2万亿元，特别是发行6600亿元长期建设国债，带动银行贷款和其他社会资金形成3.28万亿元的投资规模，办成不少多年想办而没有力量办的大事。社会生产力跃上新台阶，国家的经济实力、抗风险能力和国际竞争力明显增强。

——基础设施建设成就显著。我们集中力量建成了一批关系全局的重大基础设施项目。进行了新中国成立以来规模最大的水利建设。五年全国水利建设投资3562亿元，扣除价格变动因素，相当于1950年到1997年全国水利建设投资的总和。一批重大水利设施项目相继开工和竣工。江河堤防加固工程开工3.5万公里，完成了长达3500多公里的长江干堤和近千公里的黄河堤防加固工程，防洪能力大大增强。举世瞩目的长江三峡水利枢纽二期工程即将完成，黄河小浪底等水利枢纽工程投入运行，南水北调工程开工建设。交通建设空前发展，现代综合运输体系初步形成。五年全国公路建设投资12343亿元，扣除价格变动因素，是1950年到1997年全国公路建设投资总和的1.7倍。公路通车里程由1997年的123万公里增加到2002年的176万公里，其中高速公路由4771公里增加到2.52万公里，从居世界第三十九位跃升到第二位。铁路营运里程由65969公里增加到71500公里；五年建成新线5944公里，复线4603公里，电气化线路5704公里。新建、改扩建机场50个。港口万吨级码头泊位新增吞吐能力1.44亿吨。邮电通信建设突飞猛进。长途光缆线路长度由1997年的15万公里增加到2002年的47万公里；固定电话和移动电话用户由8354万户增加到4.21亿户，居世界首位。能源建设继续加强。发电装机容量由1997年的2.54亿千瓦增加到2002年的3.53亿千瓦。城市规划和公用设施建设明显加强，许多城市面貌有很大改观。基础设施的显著改善，大大增强了我国经济发展的后劲。

——西部大开发开局良好。实施西部大开发战略三年来，国家通过加大建设投入、增加财政转移支付、实施优惠财税政策等措施，有力地促进了西部地区发展。新开工建设36项重点工程，投资总规模6000多亿元。青藏铁路、西气东输、西电东送、水利枢纽、干线公路等重大项目建设进展顺利。"油路到县"、"送电到乡"、"广播电视到村"等工程加快实施。生态环境保护和建设力度加大。农村公路、中小型水利、人畜饮水和科技、教育设施建设加快。东部与中西部地区经济技术合作进一步加强。

——可持续发展能力增强。五年全国环境保护和生态建设投入5800亿元,是1950年到1997年投入总和的1.7倍。退耕还林、天然林保护、京津风沙源治理等六大林业生态工程建设全面实施。五年内,全国造林面积2787万公顷,封山育林3153万公顷,退耕还林382万公顷;治理水土流失面积26.6万平方公里,治理沙化土地570万公顷。环境污染加剧的趋势总体上得到控制。主要污染物排放总量持续降低,重点城市和地区的环境质量有所改善。资源保护取得新进展。地质调查成果丰硕。防灾减灾成效明显。人口自然增长率降到6.45‰,进入了稳定低生育水平的时期。

五年来,改革开放取得突破性进展,社会主义市场经济体制初步建立。

——所有制结构进一步调整和完善。公有制经济在调整和改革中发展壮大,探索公有制多种实现形式取得成效。国有经济结构调整步伐加快,控制力和竞争力明显增强。国有企业三年改革与脱困目标基本实现。大多数国有大中型骨干企业初步建立现代企业制度,涌现出一批有实力、有活力和有竞争力的优势企业。国有中小企业进一步放开搞活。垄断行业管理体制改革迈出实质性步伐。城乡集体经济得到新的发展。股份制经济不断扩大。个体、私营等非公有制经济较快发展,在发展经济、增加就业、活跃市场、扩大出口方面发挥了重要作用。

——现代市场体系建设全面展开。国民经济市场化程度进一步提高,市场在资源配置中的基础性作用明显增强。公用服务和能源、交通领域价格改革不断深化。资本、产权、土地、技术和劳动力市场加快发展。现代流通和营销方式不断拓展。整顿和规范市场经济秩序取得阶段性成果。在全国先后开展了声势浩大的打击走私、骗税骗汇、制售假冒伪劣商品的专项行动,对文化、旅游、建筑、集贸等市场和安全生产秩序进行专项整治。依法查处了一大批经济违法案件,惩治了严重破坏市场秩序的犯罪分子。市场环境和消费环境逐步改善。

——金融、财税、投融资体制改革继续深化。与社会主义市场经济发展相适应的金融体系初步形成。逐步完善金融调控方式。改革了中国人民银行管理体制,建立了全国集中统一的证券、保险监管体制。国有独资商业银行和政策性银行改革不断推进,中小商业银行组织结构得到优化。整顿和规范非银行金融机构取得重要进展。坚持"法制、监管、自律、规范"的方针,证券业在逐步规范中发展。保险业改革不断深化。清理和撤销了农村合作基金会。依法取缔社会乱办金融等违法活动。金融监管逐步加强,防范和化解金融风险取得成效,银行不良资产比例逐步降低。适应社会主义市场经济要求的公共财政框架初步建立。财政体制在分税制改革的基础上,实行了所得税分享改革。中央和省两级实行部门预算制度,"收支两条线"管理和国库集中收付制度改革试点稳步推进。税制改革和税收征管改革成效显著。投融资体制改革逐步深化,投融资渠道进一步拓宽,投融资方式实现多样化,初步建立了项目法人责任制、招标投标制、合同制、工程监理制。城镇住房制度改革取得明显成效。

——社会保障体系框架基本确立。城镇基本养老保险制度和基本医疗保险制度建设迈出重大步伐。建立了国有企业下岗职工基本生活保障制度、失业保险制度、城市居民最低生活保障制度。社会保障覆盖面不断扩大,全国城镇参加基本养老保险、基本医疗保险和失业保险的人数大幅度增加,符合条件的城市困难居民已逐步纳入最低生活保障范围,基本做到应保尽保。建立了全国社会保障基金,已积累资金1242亿元。城镇职工基本医疗保险制度、医疗卫生体制、药品生产流通体制改革取得重要进展。农村新型合作医疗制度开始试点。社会保障体系的加快建设,为维护社会稳定、深化改革、调整结构和促进发展,提供了有力保障。

——对外开放向广度和深度扩展。对外贸易连续跨上几个台阶。外贸进出口总额由1997年的3252亿美元增加到2002年的6208亿美元,世界排名由第十位上升到第五位;出口总额由1828亿美元增加到3256亿美元,出口商品结构不断优化。服务贸易稳步发展,入境旅游人数和外汇收入大幅度增加。利用外资水平明显提高。五年累计实际利用外商直接投资2261亿美元,超过1979年到1997年的总和。高新技术产业、基础设施和服务业吸收外资明显增加。实施"走出去"战略,对外投资、工程承包和劳务合作不断扩大。经过15年的艰苦努力，我国于2001年12月正式加入世界贸易组织，标志着对外开放进入新阶段。加入世贸组织后，我们信守承诺，履行义务，行使权利，赢得较好声誉，促进了对外合作。

五年来，科技创新能力明显增强，教育事业蓬勃发展。

——基础研究、高技术研究和应用技术研究取得重要进展。国家创新体系建设积极推进。信息技术、生命科学、航空航天技术等领域成就突出。水稻基因组精细图完成、10兆瓦高温气冷核反应堆实验工程建成、超大规模并行处理计算机研制成功、“神舟”系列飞船试验成功等，标志着我国在相关领域跨入世界先进行列。建成一批国家重点实验室，实施一批重大科学工程，建设一批国家工程技术研究中心。科技成果市场化、产业化明显加快。五年获得国家登记的科技成果14万多项，授予专利权52万件。哲学社会科学研究取得一批可喜成果。知识产权保护进一步加强。

——教育事业迅速发展。全国实现基本普及九年义务教育、基本扫除青壮年文盲的人口地区覆盖率，由1997年的65%提高到2002年的91%。高中阶段教育得到加强。高等学校从1999年起连续扩大招生规模，高考录取率从36%提高到59%；2002年高等学校在校生1600万人，是1997年的2.3倍；五年内全国本专科毕业生1300万人，毕业研究生31万人。高校后勤社会化改革取得重要进展。新建和改建学生公寓4800万平方米，超过1950年到1997年的建设总规模。基本建成结构比较完整、专业门类齐全的职业和成人教育体系。特殊教育、早期教育得到重视。民办教育迅速发展。素质教育不断加强，促进了学生德智体美全面发展。

五年来，社会主义民主政治和精神文明建设成效显著。

——民主政治建设不断加强。各级政府自觉接受同级人民代表大会及其常委会的监督，主动加强与人民政协的联系，认真听取民主党派、工商联、无党派人士和人民团体的意见。基层民主进一步扩大，村民自治、城市居民自治和村务公开、厂务公开、政务公开逐步推行。城市社区建设继续发展。贯彻依法治国基本方略，坚持依法行政，政府法制建设进程加快。五年间，国务院提出法律议案50件，颁布行政法规150件；适应发展社会主义市场经济和加入世贸组织的要求，对2000年底以前发布的756件行政法规进行全面清理，废止71件，宣布失效80件。国务院各部门共清理涉外规章和有关政策规定2300件，废止830件，修订325件。普法宣传教育深入进行，公民的法制观念增强。社会法制化管理水平不断提高。强化行政监察、审计和经济监督，在推进依法行政、反腐倡廉和查处大案要案等方面发挥了重要作用。陆地行政区的界线勘定任务全面完成，海域勘界工作全面铺开。社团管理工作得到加强。坚决取缔邪教组织。社会治安综合治理的各项措施进一步落实，社会治安状况好转，人民群众安全感增强。

——精神文明建设取得新成果。学习宣传邓小平理论和“三个代表”重要思想活动深入开展。坚持依法治国和以德治国相结合。以讲文明、树新风为主要内容的精神文明创建活动蓬勃展开。思想道德建设继续加强。科学知识进一步普及，科学精神得到弘扬。文学艺术、新闻出版、广播影视等事业全面发展，优秀作品不断涌现。广播电视覆盖能力和质量明显提高。文化、卫生、体育领域改革和发展加快。文化设施建设和各类专项经费投入力度加大，新建和改扩建了一批图书馆、博物馆、科技馆、档案馆、文化馆等。文物保护和档案工作取得新成绩。“扫黄”、“打非”斗争不断深入。对外文化交流空前活跃。城乡卫生工作得到加强，重大疾病预防控制取得成效。加强灾后防病防疫工作，实现了特大洪涝灾害之后无大疫。颁布并实施中国妇女、儿童发展纲要。青少年的教育和保护工作得到加强。老龄工作进一步开展。残疾人事业有了很大发展。群众性体育活动蓬勃展开，竞技体育屡创佳绩。五年间，在重大国际比赛中共获得485个世界冠军，创造世界纪录193次。北京申办2008年奥运会获得成功，上海赢得2010年世界博览会举办权，激发了全国各族人民的爱国热情，增强了民族自豪感和凝聚力。

——民族、宗教、侨务工作得到加强。平等、团结、互助的社会主义民族关系进一步发展。民族区域自治制度不断完善。少数民族平等权利和民族自治地方的自治权利得到保障。国家对民族地区的支持力度加大，民族地区经济社会发展加快。宗教信仰自由政策进一步贯彻落实，宗教事务管理逐步走上规范化、法制化轨道。侨务政策继续落实，侨务工作不断加强。

五年来，人民生活显著改善，总体达到小康水

平。

——城乡居民收入持续增加。城镇居民家庭人均可支配收入,由1997年的5160元增加到2002年的7703元,平均每年实际增长8.6%。农村居民家庭人均纯收入由2090元增加到2476元,平均每年实际增长3.8%。城乡居民人民币储蓄存款余额由4.6万亿元增加到8.7万亿元。居民拥有的股票、债券等其他金融资产也有较多增加。农村贫困人口由4960万人减少到2820万人。这五年,在经济较快增长、物价水平较低的情况下,人民群众得到了更多实惠。

——消费水平明显提高。城乡市场繁荣,全社会消费品零售总额从1997年的2.73万亿元增加到2002年的4.1万亿元,平均每年实际增长10.5%。城镇居民人均住房建筑面积由17.8平方米增加到近22平方米,农村居民人均居住面积由22.5平方米增加到26.5平方米。电视机、洗衣机、电冰箱等家用电器进一步普及,电脑、轿车越来越多地进入居民家庭。公共服务设施、人均绿地面积不断扩大。法定节日假期增加,外出旅游人数大幅度增长。体育健身和文化娱乐消费明显增多。医疗保健条件不断改善,人民群众健康水平进一步提高。人均期望寿命2002年达71.8岁,接近中等发达国家水平。

在我们这样一个近13亿人口的国家,人民生活总体上达到小康水平,这是社会主义制度的伟大胜利,是中华民族发展史上一个新的里程碑。

五年来,国防和军队建设迈出新步伐。

人民军队贯彻新时期军事战略方针,实施科技强军战略。军队革命化、现代化、正规化建设继续加强,国防实力和军队防卫作战能力提高。如期完成裁减员额50万的任务。思想政治建设扎实有效。后勤保障体制改革不断深化。武器装备现代化水平显著提高。人民解放军、武装警察部队、预备役部队和民兵在维护国家主权、安全,支持经济建设和抗灾抢险中,作出了重大贡献。国防科研得到加强,国防科技工业有了新发展。国防动员工作不断进步。拥军优属、拥政爱民活动深入开展,军政军民团结进一步加强。

五年来,祖国统一大业取得新进展。

继香港回归祖国之后,1999年12月我国政府恢复对澳门行使主权。坚持"一国两制"方针,香港特别行政区基本法和澳门特别行政区基本法得到贯彻执行。中央政府全力支持香港、澳门两个特别行政区行政长官和政府依法施政。香港、澳门社会经济稳定。我们坚持"和平统一、一国两制"的基本方针和江泽民主席关于解决台湾问题的八项主张,同"台独"分裂势力进行了坚决斗争。推动两岸交流与往来,推进两岸"三通",为促进祖国和平统一进程做了大量工作。

五年来,外交工作开创新局面。

面对国际局势的复杂变化,我国坚持独立自主的和平外交政策,广泛开展双边和多边外交活动,积极参与国际交流和合作,国际地位显著提高。我国同周边国家的睦邻友好合作关系进一步发展,同发展中国家的团结合作不断加强,同发达国家的关系得到改善和发展。上海合作组织的建立,促进了地区稳定和经济合作。中国——东盟自由贸易区进程启动,与东盟在诸多领域的合作加强。我国在联合国和其他国际及区域性组织中,发挥了积极作用。我们坚决维护国家主权、领土完整和民族尊严,挫败了外部势力干涉我国内政的图谋,赢得国际社会的广泛支持。我国积极参与国际反恐合作并发挥了建设性作用。

各位代表!

过去五年,"九五"计划胜利完成,"十五"计划开局良好。这五年,是全国各族人民在党的十五大、十六大精神指引下,沿着中国特色社会主义道路阔步前进的五年;是国家面貌日新月异、各项事业蒸蒸日上、人民生活显著改善的五年;是我国社会稳定、民族团结、国际影响日益扩大的五年。本届政府认真履行职责,为促进国家繁荣、增进人民福祉,作出了应有贡献。

在过去五年的政府工作中,我们始终坚持以邓小平理论为指导,认真贯彻"三个代表"重要思想,解放思想、实事求是,全面执行党的基本路线和基本纲领,牢牢把握经济建设这个中心,大力推进改革开放,正确处理改革发展稳定的关系,积极促进物质文明和精神文明协调发展。在丰富生动的实践中,积累了不少有益的经验。

五年来,我们的主要工作体会有以下几个方面。

(一)坚持正确把握宏观调控的方向和力度,实施积极的财政政策和稳健的货币政策。

发展社会主义市场经济,必须加强和改善宏观调控。宏观调控要着眼于保持经济稳定较快增长,敏锐把握国际国内经济形势变化,增强预见性、针对性和有效性。这几年,面对国际经济环境严峻和国内有效需求不足的困难局面,我们采取的最重要举措,就是果断地把宏观调控的重点,从实行适度从紧的财政政策和货币政策,治理通货膨胀,转为实行扩大内需的方针,实施积极的财政政策和稳健的货币政策,抑制通货紧缩趋势,并在实践中适时完善政策措施,把握调控力度,确保取得成效。

坚持财政收支平衡和量入为出,是经济工作应当遵循的重要原则。这几年实施积极的财政政策,发行长期建设国债,是在特定情况下实行的特殊政策。我们始终坚持经常性预算不打赤字,建设性预算赤字不突破年初确定的规模。在银行存款增加较多、物资供给充裕、物价持续负增长、利率水平较低的条件下,发行国债搞建设既可以利用闲置生产能力,拉动经济增长,又可以减轻银行利息负担,也不会引发通货膨胀,一举多得。在长期建设国债资金使用中,重点支持基础设施建设,并同推进产业结构调整、企业技术改造、科技教育发展和生态环境建设结合起来,注意向中西部地区倾斜。加强国债项目管理,防止重复建设和过度超前建设,提高资金使用效益。在扩大投资需求的同时,重视培育和扩大消费需求。主要是努力增加城乡中低收入居民的收入。1999 年以来,三次提高机关事业单位职工基本工资标准和离退休人员离退休金,实施年终一次性奖金制度,建立艰苦边远地区津贴制度。提高国有企业离退休人员的待遇。较大幅度地提高各类社会保障对象补助标准。采取多种措施增加农民收入。实施鼓励消费的政策,努力形成投资需求和消费需求对经济增长的双拉动。

这几年宏观调控的成功,还在于高度重视做好金融工作,坚持实行稳健的货币政策。既保持金融对经济发展的必要支持,又防止盲目放松银行信贷。银行优先为国债项目提供配套贷款,支持有市场、有效益、有信用企业的流动资金和技术改造贷款需要。根据资金供求变化和经济发展需要,1998 年以来五次降低银行存贷款利率。发展居民住房、助学等消费信贷,2002 年末消费贷款余额达 1.07 万亿元。这些措施,对增加企业投资、扩大居民消费起到了重要作用。

坚持实施积极的财政政策和稳健的货币政策,有力地促进了经济较快增长,培植和扩大了财源。同时,由于不断完善财税体制,加强税收征管,中央财政实力显著增强,对地方转移支付力度不断加大。除税收返还和体制性补助外,中央对地方转移支付总额由 1997 年的 664 亿元增加到 2002 年的 4025 亿元,五年共计 12319 亿元,其中用于地方"两个确保"和"低保"的资金 1777 亿元,用于地方增加机关事业单位职工工资 1755 亿元。这对于扩大内需、推动地区协调发展、维护社会稳定,发挥了重要作用。

(二)坚持以经济结构调整为主线,着力提高经济增长质量和效益。

发展是硬道理,是解决我国所有问题的关键,必须使国民经济保持较快的发展速度。发展必须有新思路,有市场、有效益的速度,才是真正的、健康的发展。在我国经济发展出现阶段性变化的新情况下,必须坚决进行经济结构战略性调整。我们注意把各方面主要精力引导到调整结构、提高经济增长质量和效益上来,努力实现速度与结构、质量、效益相统一。

我们坚持全面调整产业结构、地区结构和城乡结构,着力抓好调整产业结构这个关键。一是加强基础设施建设。这是在加工工业生产能力过剩的情况下调整结构的必然选择,既可以消除基础设施的"瓶颈"制约,又可以带动装备制造业等相关行业的发展。在基础设施建设中,坚持统筹规划、突出重点、合理布局、质量第一。严格控制新上加工工业项目,防止低水平重复建设。二是大力发展高新技术产业特别是信息产业,积极推进国民经济和社会信息化。组织实施了 1000 多项高新技术产业化示范工程,使一批具有自主知识产权的重大科技成果在短期内实现了产业化。充分发挥高新技术产业开发区和工业园区的作用,积极发展高新技术产业化服务体系。通过推进改革开放和加大投入,使我国信息产业实现了跨越式发展。三是积极改造和提升传统工业。采取国债贴息、改进技改项目审批等办法,支持重点行业、重点企业、重点产品进行大规模的技术改造和结构调整。五年全国共完成技术改造投资 2.66 万亿元,比前五年增长 67%。一批大型企业走出了依靠自身力量提升技术水平、增强竞争能力的新路子。同时,综合运用经济、法律和必要的行政手段,以纺织行业为突破口,逐步扩大到煤炭、冶金、建材、石化、制糖等行业,关闭了一大批产品质量低劣、浪费资源、污染严重和不具备安全生产条件的企业,淘汰了一大批落后设备、技术和工艺,压缩了部分过剩生产能力。四是努力发展服务业。放宽市场准入,改善发展环境,推行现代经营方式和技术,使传统服务业得到进一步发展。同时,采取多种措施,积极支持和鼓励现代服务业加快发展。

提高产品质量是兴国之道，也是提高经济效益和竞争力的根本之策。我们通过采用国际标准，推广先进技术，加强认证认可工作，强化质量管理，使各行各业产品和服务质量不断提高。

（三）坚持把解决“三农”问题放在突出位置，巩固和加强农业基础地位。

农业、农村、农民问题，关系我国改革开放和现代化建设全局，任何时候都不能忽视和放松。近几年，农业综合生产能力上了一个大台阶，有力地支持了国民经济发展和社会稳定。同时，也出现了农产品供过于求、价格下跌、农民收入增长缓慢等问题。如果不改变这种状况，就会严重挫伤农民积极性，动摇农业的基础地位，甚至危及国民经济全局。我们坚持把加强农业、发展农村经济、增加农民收入，作为经济工作的重中之重，下了很大功夫。

一是推进农业结构调整。通过政策支持、加强信息服务和技术服务，引导农民按照市场需求调整种植结构、品种结构，发展畜牧业和水产养殖业，推进农业生产区域布局调整。大力推广“公司加农户”、“订单农业”等方式，发展农业产业化经营，带动千家万户农民进入市场。同时，抓住粮食供给充足的有利时机，实施退耕还林，既促进了农业结构调整，又直接增加了农民收入。在农业结构调整中，坚持因地制宜，不搞行政命令，尊重农民意愿。

二是深化粮棉流通体制改革。购销市场化是粮棉流通体制改革的根本方向，但在改革步骤上，我们坚持从实际出发，着眼于保护农民利益和农业生产力，积极稳步地推进。1997 年实行按保护价敞开收购农民余粮等政策。1998 年进一步提出“三项政策、一项改革”，即按保护价敞开收购农民余粮、国有粮食购销企业顺价销售、粮食收购资金实行封闭运行，加快国有粮食企业改革。2001 年，在粮食主产区继续按保护价敞开收购农民余粮的同时，放开主销区粮食收购市场和价格，收到明显效果。国家为支持粮食流通体制改革，投入了很大数量的资金。棉花购销市场化改革也不断深化，取得了突破性进展。

三是进行农村税费改革试点。为解决农民负担过重问题，我们采取了一系列政策措施。从 2000 年起，在安徽等地开展农村税费改革试点，2002 年试点扩大到 20 个省、自治区、直辖市，试点地区农民负担平均减轻 30%。今年中央财政预算用于支持这项改革的资金将达 305 亿元。同时，进行了乡镇机构、农村教育和县乡财政体制等配套改革。农村中小学教师工资改由县财政统一管理，以保证教师工资按时足额发放，减轻农民负担。农村税费改革，是我国农村继实行家庭承包经营之后的又一场伟大变革，对保障农民减负增收、促进农业发展、维护农村稳定，已经并将继续发挥重大作用，得到亿万农民的衷心拥护。

四是增加对农业和农村的投入。这是解决“三农”问题，促进城乡协调发展的重大举措。五年来，国家财政支持农村生产支出和各项农业事业费达 4077 亿元，比前五年累计增加 1852 亿元。我们还将部分国债资金用于农业和农村基础设施的投入，重点支持了大江大河大湖治理、农村电网改造、国家储备粮库等方面建设，还支持了农业和农村小型基础设施建设。这些措施，对改善农民生产生活条件起到了重要作用。

五是加强农村扶贫开发。认真落实并基本完成“八七”扶贫攻坚计划，制定和实施新世纪头十年农村扶贫开发纲要。坚持开发式扶贫方针，加大扶贫投入力度。五年间，国家财政扶贫资金和以工代赈资金达 480 亿元，通过贴息方式安排扶贫贷款 770 亿元，都比以前明显增加。坚持开展东部和西部地区协作扶贫。经过多年探索，走出了一条符合中国国情的扶贫开发道路。

六是引导农村劳动力合理有序流动。农村富余劳动力向非农产业和城镇转移，是工业化和现代化的必然趋势。我们坚持实施城镇化战略，积极稳妥地发展小城镇。支持农民进城务工就业，清理和纠正对农民工的歧视性政策和乱收费，保护他们的合法权益，同时加强引导和管理。以城市繁荣带动农村发展，促进城乡协调发展，是新形势下解决“三农”问题的重要途径。

实践证明，中央关于新阶段农业和农村工作的决策和部署是正确的。本届政府为解决“三农”问题倾注了极大精力，取得了积极成效。根本解决“三农”问题，是一项长期而艰巨的任务，需要坚持不懈的努力。

（四）坚持推进国有企业改革，切实加强再就业工作和社会保障体系建设。

国有企业改革是整个经济体制改革的中心环节。不坚决推进改革，国有企业就没有出路。五年来，我们坚持社会主义市场经济的改革方向，知难而进，敢于碰硬，加大工作力度，打了一场深化国有企业改革的攻坚战。

一是加快现代企业制度建设。按照“产权清晰、权责明确、政企分开、管理科学”的要求,积极推行规范的公司制和股份制改革,完善法人治理结构,深化企业内部分配、人事、劳动制度改革,建立激励和约束机制。同时,鼓励符合条件的国有大型企业改制上市。五年来,国有及国有控股企业在境内外新增上市公司442家,累计筹资7436亿元,包括境外筹资352亿美元。二是建立企业优胜劣汰的机制。从战略上调整国有经济布局和改组国有企业,支持具有优势的大公司大企业集团进一步做强做大,使他们成为国民经济的重要支柱和参与国际竞争的主要力量。同时,国家制定了妥善安置职工、对企业与职工解除劳动关系给予经济补偿、经国务院批准核销企业银行呆坏账等政策规定,使一批长期亏损、资不抵债、扭亏无望的企业和资源枯竭矿山,平稳地实施破产关闭,形成了劣势企业退出市场的机制。三是减轻企业负担和历史包袱。结合国有商业银行集中处理不良资产的改革,成立四家金融资产管理公司,确定对符合条件的580户国有大中型企业实施债权转股权。实施债转股的企业,降低了资产负债率,多数已扭亏为盈。采取有效措施,努力解决企业冗员过多、企业办社会等问题。四是积极推进企业管理创新。大力推进企业信息化,加强成本管理、资金管理和质量管理,全面提高企业现代化管理水平。五是大力加强企业外部监管。国务院先后向192个重点国有企业以及一批国有金融机构派出了监事会,对国有企业和金融机构领导人实行了经济责任审计。这些对促进企业改善经营管理,防止国有资产流失,发挥了重要作用。

国有企业改革之所以取得重大进展,至关重要的是,坚持实行鼓励兼并、规范破产、下岗分流、减员增效和实施再就业工程的方针,切实搞好再就业工作和社会保障体系建设。这几年,党中央、国务院两次召开全国再就业工作会议,相继制定和实行一系列政策措施。对下岗分流人员,通过建立再就业服务中心,保障他们的基本生活,并代缴社会保险,促进实现再就业。对关闭破产企业,首先要妥善安置职工。1998年以来,国有企业下岗职工达2700多万人,90%以上进入再就业服务中心,先后有1800多万人通过多种渠道和方式实现了再就业。同时,逐步完善“三条保障线”。各级政府逐年增加社会保障和再就业方面的资金投入,2002年中央财政用于“两个确保”和“低保”的资金达594亿元,是1998年的6.2倍。从2001年起,在辽宁全省进行完善城镇社会保障体系的试点,取得明显成效,为在全国逐步推广积累了经验。

实践表明,中央关于国有企业改革和促进再就业、加强社会保障体系建设的一系列方针政策是正确的,是相互配套的完整体系。只有全面贯彻执行,才能保证国有企业改革目标的实现。

(五)坚持全面提高对外开放水平,积极参与国际经济技术合作和竞争。

在经济全球化深入发展、国际竞争日趋激烈的情况下,只有顺应世界发展潮流,坚持扩大对外开放,才能更好地利用国内外两个市场、两种资源,加快发展壮大自己。面对严峻的国际经济环境,我们积极应对,趋利避害,变挑战为机遇,开创了对外开放的新局面。

这几年,在坚持扩大内需方针的同时,丝毫没有放松扩大出口的努力。1998年下半年,受亚洲金融危机的影响,我国外贸出口一度出现负增长。在这种情况下,我们坚持人民币不贬值,果断采取一系列鼓励出口的政策措施。坚持实施市场多元化战略和以质取胜战略,大力开拓新兴市场,着力改善出口商品结构,提高质量和档次。深化外经贸体制改革,推进外贸经营主体多元化,提高口岸管理水平和通关能力。由于措施得力,克服了种种困难,实现出口大幅度增长。与此同时,进口了大量国内急需的设备、技术和短缺原材料,促进了经济发展和技术进步。实践证明,稳定人民币汇率、千方百计扩大出口的决策和措施是正确的。

我们鼓励有条件的各类所有制企业走出去,开拓国际市场,到境外投资办企业,带动设备、零部件出口和劳务输出。根据不同国家的情况,分别采取不同的投资、合作方式。对发展中国家特别是周边国家提供经济技术援助,开展带资承包,投资经营,提供无息、低息贷款。这样,既有利于巩固传统友谊,又有利于互惠互利、共同发展,意义重大。

根据国际资本流动的新特点,我们抓住机遇,积极扩大利用外资,着力提高利用外资质量,把吸收外资同国内产业结构调整、国有企业改组改造、西部大开发结合起来。这几年大力改善投资环境,交通、通信设施等硬环境大为改观;努力完善法制,提高政策透明度,提供优质服务,软环境也有很大改进。这是增强对外资吸引力的根本有效之举。

(六)坚持实施科教兴国战略,提高科技创新能力和国民素质。

发展科技、教育，是实现经济振兴和国家现代化的根本大计。这几年，我们始终把实施科教兴国战略作为极其重要的任务，主要从增加投入、深化改革、完善政策等方面采取了一系列措施。

较大幅度地增加科技、教育投入。五年来，国家财政用于科技的投入累计2500亿元，比前五年增长一倍多。全国研究与试验开发经费，从1997年的509亿元增加到2002年的1161亿元，占国内生产总值的比重从0.64%提高到1.13%。中央财政较多地增加了国家高技术研究发展计划、国家自然科学基金、国家创新体系建设等专项投入。科研条件的明显改善，促进了科技创新。2002年，全国财政性教育经费投入3366亿元，是1997年的1.8倍，占国内生产总值的比重从2.5%提高到3.3%。从1998年起，中央财政支出中教育经费所占比例每年提高一个百分点，仅此一项五年增加489亿元。中央财政还安排了大量资金解决中小学教师工资拖欠、中小学危房改造等问题。同时，建立以“奖、贷、助、补、减、免”为主要内容的助学政策体系，努力使家庭生活困难学生不失学。

全面深化科技、教育体制改革，积极推进科技教育与经济社会发展紧密结合。1999年以来，先后对国务院部门所属和省级所属应用型科研机构进行企业化转制的改革，对有条件的公益类科研机构也进行了多种形式面向市场的改革，初步建立起科技成果转化和产业化的有效机制。实行企业化转制的科研机构正在成为我国高新技术产业的生力军。通过改革，企业正逐步成为技术创新的主体，国家科研机构、大学和地方的科技力量不断增强。采取“共建、调整、合作、合并”等形式，对高校管理体制进行了重大改革，形成了中央和省两级政府管理、以省为主的新体制，开始改变长期以来条块分割、学校规模过小、专业设置过窄的局面，使教育资源得到优化配置。积极推进课程和考试评价制度改革。对农村义务教育实行在国务院领导下，由地方政府负责、分级管理、以县为主的新体制，有力地推动了农村教育改革和发展。

完善国家科技评价体系和奖励制度，制定技术和管理参与分配的政策，奖励有突出贡献的科技人员和经营管理人员。在科研机构内部积极推行聘用制。奖励高校优秀青年教师。国家多次提高教师工资标准，改善教师工作和生活条件。鼓励拔尖创新人才成长。这些措施有效激发了广大科技人员和教师的积极性。

实施人才强国战略，把培养、吸引和用好人才作为一项重大任务。制定和实施全国人才队伍建设规划纲要和西部地区人才开发十年规划，加强公务员、企业经营管理人才和专业技术人才队伍建设，完善培养、引进和使用人才的制度与措施，努力营造人尽其才、人才辈出的良好环境。深化干部人事制度改革，推行公务员考试录用、竞争上岗、轮岗交流与培训制度。完善政府特殊津贴专家选拔制度。坚持实行“支持留学、鼓励回国、来去自由”的政策，建立留学人员创业园，资助科研与创业，吸引了大批海外留学人员回国。

几年来，我们坚持“两手抓、两手都要硬”的方针，大力加强社会主义精神文明建设，不断提高全民族的思想道德和科学文化素质，为现代化建设提供强有力的精神动力和智力支持，也有力地促进了经济和社会协调发展。

（七）坚持走可持续发展道路，促进经济发展与人口、资源、环境相协调。

实行计划生育、保护环境和保护资源，是我们的基本国策。绝不能以牺牲环境和浪费资源为代价求得一时的经济发展。我们始终把实施可持续发展战略放在十分突出的位置，大幅度增加投入，从源头抓起，坚持标本兼治。

一是加大生态环境保护和建设力度。1998年发生特大洪水后，总结实施了“封山植树，退耕还林；退耕还湖，平垸行洪；以工代赈，移民建镇；加固干堤，疏浚江河”的基本措施。在重点林区和长江、黄河上中游开展了天然林保护工程，在生态脆弱地区有步骤地开展了大规模退耕还林还草。采取“退耕还林、封山绿化、以粮代赈、个体承包”的办法，并总结推广“林权是核心、给粮是关键、种苗要先行、干部是保证”的经验。国家向农户无偿提供粮食、种苗和生活补助金，极大地调动了农民退耕还林还草的积极性。这对改善生态环境、加快贫困地区农民脱贫致富，发挥了重要作用。在长江流域实行平垸行洪、退田还湖、移民建镇等政策，恢复水面2900平方公里，增加蓄洪容积130亿立方米，其中鄱阳湖、洞庭湖还湖面积分别达到880平方公里和600平方公里，实现了千百年来从围湖造田、与湖争地到大规模退田还湖的历史性转变。

二是加强资源保护和合理利用。强化对土地、矿产、淡水、海洋和生物等资源的管理。制定并实施了土地利用总体规划，实行严格的土地用途管理制度，切实保护耕地。坚决整顿和规范矿产资源管理秩序，制止乱采滥挖。海域使用管理开始步入法制化轨道。从1999年起，对重点江河全流域实行水资源统一调度。启动了塔里木河、黑河流域综合治理。实施“引黄济津”等应急调水工程，基本保证了城市供水。

三是强化环境污染防治。集中力量对重点流域、区域、海域、城市的污染进行治理。加强环境基础设施建设，提高城市污水和垃圾集中处理率。健全环境法制和环境标准，加大执法力度，开展清洁生产和环境管理体系认证。支持发展环保产业和循环经济。加强自然保护区、风景名胜区和旅游景区的资源与环境保护。开展环境警示教育，增强了全民参与环境保护的自觉性。

四是加强计划生育工作。坚持控制人口数量，提高人口素质。稳定现行计划生育政策，保持低生育水平。重点做好农村特别是中西部地区农村的计划生育工作，加强对流动人口的计划生育管理。建立和完善人口与计划生育目标管理责任制，使计划生育的基本国策落到实处。

（八）坚持全力维护社会稳定，为改革和发展创造良好环境。

我们坚持贯彻稳定压倒一切的方针，十分注意处理好改革发展稳定的关系，在改革取得重大进展、经济加快发展的同时，有力地维护了社会稳定。一是坚持把改革的力度、发展的速度与社会可承受的程度统一起来。每项重要改革方案的制定和实施，都充分考虑国家财政、企业和群众的承受能力，把握出台的时机、节奏和力度，并根据实施过程中出现的新情况、新问题，及时加以调整和完善。重大改革措施坚持先行试点，取得经验后再逐步推开。努力保持经济稳定较快增长，避免出现大的波动。二是始终关心人民群众的切身利益，特别是努力解决困难群众生产生活中的实际问题。在积极做好社会保障、再就业和农村扶贫工作的同时，用很大力气解决拖欠职工工资、农民负担过重的问题。在化解金融风险隐患过程中，国家拿出相当大的财力，解决与群众个人利益相关的遗留债务问题。三是正确处理新形势下的人民内部矛盾。妥善处理突发性、群体性事件，努力把矛盾和纠纷解决在基层，消除在萌芽状态。四是加强社会治安综合治理。依法严厉打击各种严重刑事犯罪和经济犯罪活动，重点整治了一些地方治安混乱的突出问题。深入开展基层安全创建活动。积极预防和减少违法犯罪。重视和加强安全生产，健全安全生产责任制。五是切实维护国家安全。严密防范和依法打击境内外敌对势力的渗透、颠覆和破坏活动，依法坚决打击民族分裂势力、暴力恐怖势力和宗教极端势力。六是逐步完善政法经费保障机制，努力为政法系统开展工作提供必要条件。

（九）坚持转变政府职能，努力建设廉洁勤政务实高效政府。

建立和完善社会主义市场经济体制，必须实行政企分开，转变政府职能，转变工作方式和工作作风。这几年，我们在加强政府自身建设方面取得很大进展。首先对政府机构进行重大改革，主要是进一步把综合经济部门改组为宏观调控部门，调整和减少专业经济部门，加强执法监管部门。1998年，国务院组成部门由40个减少到29个，内设机构精简四分之一，人员总数减少一半。2001年，又撤销了9个国家行业主管局，进一步提升市场执法监管部门的职能和地位。地方各级政府机构也进行了相应改革。全国精减行政编制共计115万人。这次改革，进一步改变了长期以来在计划经济体制下形成的政府机构框架。尽管难度很大，但由于措施得当，工作细致，改革进展顺利。与此同时，机关后勤服务社会化程度明显提高。政企分开迈出重大步伐。中央、地方党政机关与所办经济实体和管理的直属企业脱钩，军队、武警部队和政法机关不再经商办企业。这些多年积累、群众反映强烈的问题得到解决，具有重大和深远的意义。

在社会主义市场经济条件下，政府职能主要是经济调节、市场监管、社会管理和公共服务。政府该管的事一定要管好，不该管的事坚决不管。要协调好决策、执行和监督的职能。转变政府职能，必须改革行政审批制度。我们对原有审批项目进行了清理，国务院已取消1195个行政审批事项，各级地方政府也取消了一批行政审批事项。履行政府职责，必须依法行政，维护法律尊严，保护群众利益。国务院各部门和各级地方政府不断提高依法行政水平，带头严格执法。推进行政执法体制改革，开展了相对集中行政处罚权试点工作。加强执法监督，认真做好行政复议。增强政府工作透明度，支持人民群众和新闻媒体对政府工作进行监督。高度重视做好信访工作。电子政务建设不断推进。积极倡导诚实守信的职业道德，努力建立社会信用体系。这些对提高执法水平和工作效能，发挥了重要作用。

本届政府十分重视队伍和作风建设。从一开

始就对政府工作人员提出“廉洁、勤政、务实、高效”的要求。强调牢记自己是人民公仆，全心全意为人民服务；恪尽职守，敢说真话；从严治政，不怕得罪人；清正廉洁，惩治腐败；勤奋学习，刻苦工作。这有力地促进了廉政建设，提高了政务效率，密切了政府与人民群众的联系。我们加强对公务员和国有企业领导人的教育与培训，围绕党和国家的中心任务和重点工作，举办了一系列专题研究班和培训班。坚持不懈地开展反腐败斗争，大力纠正部门和行业不正之风，依法惩处了一批违法违纪的腐败分子。我们深切体会到，只有不断加强政府自身建设，才能更好地适应改革开放和现代化建设的新形势，使各级政府成为人民群众真心拥护和满意的政府。

各位代表！

五年来，我国各方面的成就确实来之不易。这些成就，是以江泽民同志为核心的第三代中央领导集体正确领导和决策的结果，是全国各族人民齐心协力、艰苦奋斗的结果，也是与海外侨胞、国际友人的支持和帮助分不开的。这里，我代表国务院，向全国工人、农民、知识分子、干部、解放军指战员、武警部队官兵和公安干警，表示崇高的敬意！向全国各族人民，向各民主党派、各人民团体和其他各界人士，对政府的信任和支持，表示衷心的感谢！向关心与支持祖国建设和统一的香港特别行政区同胞、澳门特别行政区同胞和台湾同胞以及广大侨胞，向一切关心和支持中国现代化建设的各国朋友，表示诚挚的谢意！

我们也清醒地看到，目前我国经济和社会生活中还存在一些突出的困难和问题。主要是，国内有效需求不足和供给结构不适应市场需求的变化；农民和部分城镇居民收入增长缓慢；失业人员增多，有些群众的生活还很困难；收入分配关系尚未理顺；国有企业改革任务还相当繁重；市场经济秩序有待继续整顿和规范；重大安全生产事故时有发生；有些地方社会治安状况不好；部分地区生态环境恶化；一些政府工作人员脱离群众，形式主义、官僚主义作风和弄虚作假、奢侈浪费行为相当严重，有些腐败现象仍然突出。这些问题，有的是长期积累下来的，有的是体制转轨和结构调整过程中难以完全避免的，有的是由于工作中的缺点和不足造成的。今后要继续采取措施，认真加以解决。

二、对今年政府工作的建议

中国共产党第十六次全国代表大会，提出了本世纪头二十年我国全面建设小康社会的奋斗目标，为开创中国特色社会主义事业新局面指明了方向。2003 年是全面贯彻落实党的十六大精神的第一年，做好今年政府工作，意义重大。

中共中央对今年工作的总体要求是：**以邓小平理论和“三个代表”重要思想为指导，认真贯彻党的十六大精神，坚持把发展作为党执政兴国的第一要务，积极应对国内外环境变化带来的困难和挑战，坚持扩大内需的方针，继续实施积极的财政政策和稳健的货币政策，进一步深化改革，全面提高对外开放水平，加快经济结构的战略性调整，促进国民经济持续快速健康发展，实现速度和结构、质量、效益相统一。正确处理改革发展稳定的关系，切实加强民主法制建设、精神文明建设和党的建设，促进社会主义物质文明、政治文明和精神文明协调发展**。根据这个总体要求，考虑到十届全国人大一次会议将要进行政府换届，国务院经过认真研究，对今年的政府工作提出以下建议。

（一）继续扩大国内需求，实现经济稳定较快增长。

保持经济发展的良好势头，是做好各项工作的基础。综合分析国内外各种情况，今年经济增长预期目标为 7% 左右，这是必要的，经过努力也是可以实现的。关键要注重调整和优化结构，着力提高经济增长质量和效益。要坚持扩大内需的方针，继续实施积极的财政政策和稳健的货币政策，保持消费需求和投资需求对经济增长的双拉动。

首先要努力扩大消费需求。在目前情况下，这比增加投资需求更重要。要继续增加城乡居民特别是低收入者的收入，努力提高人民群众生活水平。千方百计增加农民收入，减轻农民负担。切实解决好困难群众的生产生活问题。原定去年下半年增加机关事业单位职工工资及离退休人员离退休金，考虑到要优先解决城镇低收入者的生活困难问题，协调各方面利益关系，这一措施推迟到今年出台。继续改善消费环境，完善消费政策，拓宽消费领域。

保持投资较快增长。综合考虑各方面因素，今年拟发行 1400 亿元长期建设国债。调整国债资金使用方向，首先用于续建项目和收尾项目，还要安排一些必要的新开工项目。加大对西部开发、改善农村生产生活条件、企业技术改造、生态环境建设和科教文卫事业等方面的支持力度。拓宽社会投资和企业融资渠道,引导社会资金投入国家鼓励的产业和建设项目。坚决防止低水平重复建设。对一些地方房地产投资增长过猛、高档房地产开发过多的现象,应引起高度警惕,避免盲目开发带来的风险和损失。

在继续防范和化解金融风险的同时,加大金融对经济发展的支持力度。银行要优先为国债项目提供配套贷款,增加对有市场、有效益、有信誉企业的贷款,加大对农业和农村经济、中小企业和服务业的信贷支持,规范发展消费信贷。改善金融服务,加强金融监管。规范发展证券、保险、货币市场。

认真做好财税工作。继续大力增收节支。依法强化税收征管,严厉打击各种偷逃骗税行为,做到应收尽收。各级财政要切实调整支出结构,保证重点支出。首先要确保工资按时足额发放,继续增加社会保障支出,加大对农业、农村义务教育和农村卫生的投入,加大对中西部地区和困难地区的转移支付。

(二)促进农业和农村经济全面发展。

继续把发展农业和农村经济、增加农民收入,作为经济工作的重中之重。要统筹城乡经济社会发展,切实做好"三农"工作。

加快农业和农村经济结构调整。继续推进农业区域布局调整。大力发展畜牧业、水产养殖业和农产品加工业。积极发展农业产业化经营,提高农民进入市场的组织化程度和农业综合效益。努力扩大农产品出口。加大退耕还林还草力度。抓紧实施全国草原生态保护建设规划。加强农产品质量安全体系和农业社会化服务体系建设。坚持和完善农村土地承包政策,搞好非农用地的管理和调控,严禁滥占乱征耕地。继续深化农村各项改革。农村税费改革试点在总结经验、完善政策的基础上,在全国范围内推开。认真落实减轻农民负担的各项政策措施。进一步深化粮棉流通体制改革,切实保护农民利益。

增加对农业基础设施建设和农业科技的投入。加快节水灌溉、人畜饮水、县乡公路、农村能源、农村教育和医疗卫生设施等建设。加大对粮食主产区的扶持。搞好扶贫开发工作。增强集体经济实力。推动县域经济发展。加快城镇化进程。发展小城镇要科学规划,合理布局。加强对农村富余劳动力转移的协调和指导,维护农民进城务工就业的合法权益。

(三)积极推进产业结构调整和西部大开发。

按照走新型工业化道路的要求,加快产业结构调整。积极发展对经济增长有重大带动作用的高新技术产业。大力推进信息化,用信息化带动工业化,加快工业化进程。广泛采用先进适用技术改造传统产业,努力振兴装备制造业。搞好钢铁、汽车、建材等行业发展的规划和调整,防止盲目发展和无序竞争。进一步淘汰落后生产能力。积极发展现代服务业和旅游业。高度重视发展社区服务业。

扎扎实实推进西部大开发。要突出重点,注重实效,打好基础。继续加强生态环境建设和基础设施建设。切实搞好退耕还林、天然林保护和防沙治沙。实施天然草原退牧还草工程,加强相关法制建设。着力抓好重大项目建设,确保建设进度和工程质量。积极发展特色经济和优势产业。加快科技、教育发展。加强东、中、西部地区的经济交流与合作,促进优势互补和共同发展。防止已淘汰的落后工业设备、污染企业向西部地区转移。采取有力措施,支持东北地区等老工业基地加快调整和改造,支持以资源开采为主的城市和地区发展接续产业,支持革命老区和少数民族地区加快发展。

(四)深化经济体制改革和扩大对外开放。

坚持和完善以公有制为主体、多种所有制经济共同发展的基本经济制度,毫不动摇地巩固和发展公有制经济,毫不动摇地鼓励、支持和引导个体、私营等非公有制经济发展。按照建立现代企业制度的要求,继续推进国有企业规范的公司制改革和股份制改造,完善监督机制。积极支持符合条件的大企业到境外上市。加快形成主业突出、拥有自主知识产权和知名品牌、国际竞争力强的大公司大企业集团。进一步做好军工等困难行业的企业调整、重组和脱困工作。继续完成电力、电信、民航等行业改革。自上而下有序进行国有资产管理体制改革。放宽国内民间资本的市场准入领域,创造各类市场主体公平竞争的环境。支持各类所有制中小企业特别是科技型和劳动密集型企业的发展。稳步实施金融体制改革。继续推进财税、投融资体制改革。深化收入分配制度改革,逐步理顺分配关系。

整顿和规范市场经济秩序是一项长期而艰巨的任务,必须坚持不懈地进行。要标本兼治,重在治本。继续抓好专项整治,突出重点,依法打击制假售假等违法犯罪行为。加强制度和法制建设，严格执法，逐步把市场管理纳入法制化、规范化轨道。抓紧查处严重破坏市场经济秩序的大案要案。加快建立社会信用体系。高度重视安全生产，切实加强监督管理，保护人民生命财产安全。通过改革和整顿，加快建立社会主义市场经济新秩序。

坚持“引进来”与“走出去”相结合，全面提高对外开放水平。继续做好加入世贸组织过渡期的各项应对工作，认真行使权利，履行承诺义务。稳定鼓励出口的各项政策措施，实施市场多元化战略，坚持以质取胜，扩大商品和服务贸易。培育和支持国内优势品牌，提高国际竞争力。优化进口结构。深化外贸体制改革。继续积极、有效地利用外资，着重引进先进技术、现代管理经验和专门人才，支持国内企业与跨国公司进行多种形式的合作。努力改善投资环境，规范招商引资活动。鼓励和支持有比较优势的各类所有制企业，采取合资、独资、联营等形式开展跨国经营，带动国内商品特别是资本货物出口。积极推进多边双边和区域经济合作。

（五）进一步做好扩大就业和社会保障工作。

各级政府要把改善就业环境、增加就业岗位作为重要职责。坚持“劳动者自主择业、市场调节就业、政府促进就业”的方针，千方百计促进就业和再就业。国有企业改革要坚持减员增效与促进再就业相结合。认真落实促进下岗失业人员再就业的各项政策措施。广辟就业门路，积极发展劳动密集型产业，充分发挥第三产业、中小企业和个体私营经济在扩大就业方面的重要作用。规范发展劳动力市场。鼓励自谋职业和自主创业，积极提倡和推广灵活多样的就业方式。大力发展职业培训和就业服务。加强对高等学校和职业学校毕业生就业创业的指导与服务工作。

继续加强“两个确保”和城市“低保”工作，搞好“三条保障线”的衔接。完善城镇企业职工基本养老、医疗保险制度，继续扩大各项社会保险覆盖面。稳步推进国有企业下岗职工基本生活保障向失业保险并轨。合理确定“低保”标准和保障对象补助水平，切实做到应保尽保。妥善解决国有困难企业和关闭破产企业职工的基本生活问题。多渠道筹集和管好社会保障基金。建立和完善对低收入者的救助制度，重视解决城市特殊困难家庭在住房、子女就学、医疗和取暖等方面遇到的问题。搞好农村新型合作医疗制度试点工作。发展社会福利、社会救济、优抚安置和社会互助等社会保障事业。维护妇女、儿童合法权益。进一步做好老龄工作。支持残疾人事业发展。

（六）认真实施科教兴国战略和可持续发展战略。

继续加大对科技、教育的投入。抓紧制定与实施国家中长期科学和技术发展规划。推进国家创新体系建设。切实加强基础研究、高技术研究，增强科技创新能力和竞争力。抓紧实施“国家高技术研究发展计划”和“国家重点基础研究发展计划”，以及重大科技专项。努力在关键领域和若干科技发展前沿掌握核心技术和拥有一批自主知识产权。加强科技基础条件建设。继续深化科技体制改革，完善科技服务体系，加强知识产权保护，鼓励发明创造，加快科技成果向现实生产力转化。坚持社会科学与自然科学并重，发展繁荣哲学社会科学。深化教育体制改革，坚持教育创新，全面推进素质教育。加快发展各级各类教育，提高教育质量。完善农村义务教育以县为主的管理体制。继续做好助学贷款和设立国家奖学金工作。加强职业教育和培训。依法规范和积极支持民办教育发展。继续实施人才强国战略，培养和吸引各类人才特别是高层次急需人才，为他们充分发挥聪明才智和干成事业创造良好条件。

继续做好人口与计划生育工作，稳定低生育水平。加强城乡规划工作。切实保护、合理开发和节约使用各种自然资源。实施海洋开发。加强生态环境保护和建设，大力发展环保产业。加强重点流域、区域、海域污染防治和城市环境综合整治。做好防灾减灾工作。

（七）加强社会主义民主法制和精神文明建设。

发展社会主义民主政治，建设社会主义政治文明。加强基层政权建设和城乡基层民主政治建设。实行依法治国和以德治国相结合。加强社会主义法制建设，完善行政法规，提高行政执法水平，增强全民法律素质。牢牢把握先进文化的前进方向，大力加强社会主义精神文明建设。认真贯彻公民道德建设实施纲要，加强爱国主义教育，弘扬和培育民族精神。广泛开展群众性精神文明创建活动。进一步繁荣文学艺术、新闻出版、广播影视等各项事业，着力推出一批优秀作品。深化文化体制改革，积极发展文化事业和文化产业。加强文物和文化遗产保护。加强国际文化交流。普及科学知识，反对迷信，倡导文明健康的生活方式。坚持不懈地开展“扫黄”、“打非”斗争。加强互联网站的建设和管理。积极推进卫生、体育事业的改革和发展。大力开展群众健身活动，不断提高竞技体育水平。认真做好2008年北京奥运会和2010年上海世界博览会的前期准备工作。全力维护社会稳定。坚持“严打”方针，打防结合、预防为主，全面落实社会治安综合治理的各项措施。依法严厉打击各种违法犯罪行为。防范和惩治邪教组织的犯罪活动。

（八）切实加强政府自身建设。

在大力推进改革开放和现代化建设的新情况下，进一步加强政府自身建设特别是政风建设，十分重要。

深化行政管理体制改革。坚持政企分开，按照精简、统一、效能的原则，进一步转变政府职能，调整政府机构设置，理顺部门职能分工，减少行政审批，提高政府管理水平，努力形成行为规范、运转协调、公正透明、廉洁高效的行政管理体制。国务院根据党的十六届二中全会审议通过的《关于深化行政管理体制和机构改革的意见》形成的《国务院机构改革方案》，将提交本次大会审议。

坚持依法行政，从严治政。完善公务员制度，建设高素质公务员队伍。加快电子政务建设。继续深入开展反腐败斗争，大力纠正部门和行业不正之风，严肃查处各类违法违纪案件。加强制度建设，强化行政监督和审计监督，努力从源头上治理腐败。做好信访工作，加强舆论监督和社会监督。切实转变工作作风，反对形式主义和官僚主义，不搞劳民伤财、沽名钓誉的“形象工程”，纠正虚报浮夸、强迫命令的恶劣作风，反对奢侈浪费。各级政府工作人员要深入基层，深入群众，倾听群众呼声，关心群众疾苦，及时解决群众反映强烈和不满意的问题。在新的形势下，要增强忧患意识，居安思危，务必继续保持谦虚谨慎、不骄不躁的作风，务必继续保持艰苦奋斗的作风。

各位代表！

加强民族团结、维护祖国统一和社会稳定，是全国各族人民的共同愿望。要全面贯彻党的民族政策，坚持和完善民族区域自治制度。大力培养少数民族干部。继续推进兴边富民行动，加大对人口较少的民族扶持力度，促进各民族共同繁荣进步。坚决反对分裂祖国和破坏民族团结的行为。全面贯彻党的宗教信仰自由政策，依法管理宗教事务，积极引导宗教与社会主义社会相适应，坚持独立自主自办的原则。认真贯彻落实侨务政策，进一步做好侨务工作。

加强国防和军队建设，是国家安全和现代化建设的可靠保证。按照政治合格、军事过硬、作风优良、纪律严明、保障有力的总要求，努力把军队革命化、现代化、正规化建设提高到一个新水平。贯彻新时期积极防御军事战略方针，加强军事斗争准备。坚持国防建设与经济建设协调发展。重视国防科研和武器装备建设，增强军队在高技术条件下的整体防卫作战能力。加强后勤建设。积极推进国防科技工业调整、改革和发展。各级政府要大力支持国防和军队建设，增强全民国防意识。不断加强国防后备力量建设，切实抓好国防动员工作的落实。深入开展拥军优属、拥政爱民活动，巩固军政、军民团结。

维护香港、澳门的繁荣、稳定和发展，是我们坚定不移的目标。要继续贯彻“一国两制”的方针，严格按照香港基本法和澳门基本法办事。全力支持两个特别行政区行政长官和政府依法施政。积极促进内地与香港、澳门在经贸、教育、科技、文化等领域的交流与合作。

全面贯彻“和平统一、一国两制”的基本方针和解决台湾问题的八项主张，争取在一个中国原则基础上尽早恢复两岸对话与谈判，坚决反对任何旨在制造“台湾独立”、“两个中国”、“一中一台”的言行。进一步扩大两岸人员往来和经济、文化等领域的交流与合作，积极推进两岸直接“三通”。加强与台湾各党派和各界人士就发展两岸关系、推进和平统一交换意见。继续支持海外侨胞开展的“反台独、促统一”活动。我们相信，经过全体中华儿女不懈奋斗，祖国的完全统一就一定能够早日实现。

和平与发展仍是当今时代的主题。世界多极化和经济全球化趋势在曲折中发展。我国面临的国际环境依然是机遇大于挑战，但国际形势中的不确定因素有所增加。我们将始终不渝地奉行独立自主的和平外交政策。继续巩固和加强与发展中国家的团结和合作，支持发展中国家维护自身的正当权益。继续深化睦邻友好，加强区域合作，把同周边国家的交流和合作推向新水平。继续改善和发展同发达国家的关系，在和平共处五项原则的基础上，扩大共同利益，妥善解决分歧。继续积极参与多边外交活动，提倡国际关系民主化和发展模式多样化。反对各种形式的霸权主义和强权政治，反对一切形式的恐怖主义。中国人民愿同各国人民一道,共同推进世界和平与发展的崇高事业。

各位代表!

党的十六大制定了我国在新世纪新阶段全面建设小康社会的宏伟蓝图和行动纲领。我们伟大的祖国已站在更高的历史起点,迈上新的辉煌征程。任何艰难险阻都挡不住中国人民胜利前进的步伐。展望祖国未来,前景无限美好。我们坚信,全国各族人民在以胡锦涛同志为总书记的党中央领导下,高举邓小平理论伟大旗帜,全面贯彻"三个代表"重要思想,同心同德,奋发图强,一定能够把中国特色社会主义事业不断推向前进,从胜利走向更大的胜利!

关于2002年国民经济和社会发展计划执行情况与2003年国民经济和社会发展计划草案的报告

——2003年3月6日在第十届全国人民代表大会第一次会议上

国家发展计划委员会主任　曾培炎

各位代表：

我受国务院委托，向大会报告2002年国民经济和社会发展计划执行情况与2003年国民经济和社会发展计划草案，请予审议，并请全国政协各位委员提出意见。

一、2002年国民经济和社会发展计划执行情况

过去的一年，全国各族人民在中国共产党的领导下，高举邓小平理论伟大旗帜，实践"三个代表"重要思想，按照九届全国人大五次会议的决议，积极推进改革开放和现代化建设，国民经济持续快速健康发展，各项社会事业全面进步，计划执行情况是好的，宏观调控主要预期目标顺利实现。

扩大内需政策效应继续显现，国民经济持续较快增长。2002年国内生产总值102398亿元，增长8%。坚持实施积极的财政政策和稳健的货币政策，充分发挥国债投资的带动作用，积极启动民间投资。全社会固定资产投资完成43202亿元，增长16.1%。经九届全国人大五次会议批准，2002年发行长期建设国债1500亿元，带动经济增长2个百分点。国债资金项目形成了一大批优质资产，增强了长远发展后劲，对优化经济结构、改善投资环境、增加财政收入、促进企业技术进步、增强可持续发展能力和提高人民生活水平发挥了积极作用。各地区各部门精心组织施工，加强对国债项目的审计、监察、稽察和舆论监督，保证了工程质量和资金安全。继续把启动消费作为实施积极财政政策和稳健货币政策的重要内容，通过提高居民收入、完善消费政策、改善消费环境等综合性措施，为城乡居民扩大消费创造了条件。社会消费品零售总额40911亿元，增长8.8%。住房、通信、旅游、教育、汽车等消费热点逐渐形成。

产业结构调整取得新进展，经济增长质量和效益进一步提高。农业与农村经济结构调整取得成效，农业区域布局加快调整，粮棉等主要农产品生产继续向优势产区集中，畜牧水产养殖业稳定增长。培育了一批高产优质、抗病抗逆新品种，农业综合生产能力不断增强。粮食总产量4571亿公斤，增长1%。农业产业化经营积极推进，带动了农民增收。基础设施建设成效显著，又有一大批水利、交通、通信、能源和环保等工程建成投产。工业结构继续优化。具有自主知识产权和竞争优势的高技术产业正在形成，高技术产业工业产值增长23%。城市轨道交通设备、环保设备、大型氧化铝设备等一批重大装备制造本地化项目建成投产。传统工业改组改造力度加大。传统服务业稳步增长，现代服务业快速发展，电信、物流、咨询、旅游、社区服务等服务业方兴未艾。企业经济效益大幅度提高。规模以上工业企业实现利润5620亿元，增长20.6%。

西部大开发扎实推进，中西部地区加快发展。基础设施建设继续加快。西气东输、塔里木河综合治理等重点工程相继开工，青藏铁路、西电东送建设进展顺利。"送电到乡"、"油路到县"和"广播电视到村"工程加快实施。退耕还林、天然林资源保护、防沙治沙、天然草原恢复和建设等生态建设工程按规划推进。2002年完成退耕还林面积252万公顷，荒山荒地造林288万公顷。农村中小型水利设施、人畜饮水和农村公路建设加快，农民的生产生活条件得到改善。

经济体制改革不断深化，为发展增添了新的生机和活力。国有大中型企业的公司制改革继续推

进并进一步规范。制定颁布《中小企业促进法》，有利于改善中小企业的发展环境。个体、私营等非公有制经济加快发展。电信、民航、电力等行业的管理体制改革取得重大进展。价格改革继续深化，建立和完善政府价格决策听证制度，实行了城市污水、生活垃圾处理收费制度和涉农价格收费公示制度。农村用电“两改一同价”工作取得明显成效，70%的县实现了城乡居民生活用电同价，每年可减轻农民负担420亿元。农村税费改革试点扩大到20个省（自治区、直辖市）。粮棉购销市场化改革进程加快。行政审批制度改革取得阶段性成果。整顿和规范市场经济秩序深入开展，严厉打击制售假冒伪劣食品、药品、医疗器械等不法行为，加大对文化、旅游、建筑、集贸市场等的整治力度，市场环境得到改善。

加入世贸组织有了良好开端，开放型经济进一步发展。认真履行入世承诺，制定、修改和废止相关法律法规，降低关税总水平，逐步取消非关税措施，扩大外商投资领域，开始形成反倾销、反补贴和保障措施机制。外贸进出口总额6208亿美元，增长21.8%。贸易结构继续改善，机电产品和高新技术产品出口大幅度增长，国内急需的关键设备、先进技术和资源类商品进口增加。实际吸收外商直接投资527亿美元，增长12.5%。外商投资结构进一步优化，资本、技术密集型的大项目增多。实施“走出去”战略迈出新步伐。区域和多双边经济合作进一步深化。

财政收入继续增加，金融运行保持平稳。全国财政收入18914亿元，增长15.4%；支出22012亿元，增长16.4%。财政收支相抵支出大于收入3098亿元。在防范和化解金融风险的同时，金融对经济增长和结构调整的支持力度加大。广义货币供应量（M2）、狭义货币供应量（M1）均增长16.8%，全年现金投放1589亿元。到2002年底，全部金融机构贷款余额增长15.4%，金融机构不良贷款比率下降4.5个百分点，国家外汇储备达到2864亿美元。

科技进步和创新步伐加快，教育发展的先导性作用增强。基础研究和高技术研究取得重要进展，自主创新能力不断提高。“神舟”三号、四号飞船成功发射和安全返回，超大规模集成电路与软件、功能基因组等重大科技专项顺利推进。国家创新体系建设和科研机构改革取得明显进展，国家重点实验室、国家重大科学工程等科技基础设施建设得到加强，科技成果产业化进程加快。知识产权的保护与管理得到强化。基础教育不断加强，农村义务教育管理“以县为主”的新体制开始形成，贫困地区义务教育取得新进展。高校、普通高中扩招的基础设施建设和中小学危房改造成效显著。普通高中和中等职业技术教育发展步伐加快。高等教育不断发展，普通高校招生321万人，研究生招生20.3万人。

各项社会事业全面发展，人民生活不断改善。文化、卫生、体育、广播影视、新闻出版等事业健康发展，精神文明建设不断加强。一批重点文化设施、农村卫生设施项目和中医、专科医院建设进展顺利。全民健身活动蓬勃开展，竞技体育在国内外重大比赛中获得优异成绩。与人民生活直接相关的城市基础设施建设成效显著。农村贫困人口进一步减少。城镇居民人均可支配收入和农村居民人均纯收入分别实际增长13.4%和4.8%。“两个确保”继续巩固，城市“低保”明显加强。完善城镇社会保障体系试点取得积极进展。年末城镇登记失业率4%。

环境保护和资源合理开发利用取得成效，可持续发展能力增强。对重点地区的环境治理力度加大，关停一批污染严重企业，“三河三湖”污染治理取得阶段性成果，部分城市和工矿区二氧化硫排放量降低，酸雨恶化趋势得到控制。城市污水、垃圾处理等环保基础设施建设加强，城市污水集中处理率达到40.3%。生态环境建设和资源保护步伐加快。南水北调工程开工建设。人口自然增长率6.45‰。

各位代表，去年的成绩，是在改革开放特别是1998年以来各项工作基础上取得的。五年来，我国国民经济持续快速增长，各项社会事业蓬勃发展，综合国力再上新台阶，社会主义市场经济体制初步建立，全方位对外开放格局基本形成，国际影响显著扩大，民族凝聚力极大增强，社会安定团结，国家政通人和，是我国历史上发展最好的时期之一，为今后的长远发展打下了坚实的基础。回顾五年来走过的不平凡历程，我们深切地体会到，在国际经济环境具有诸多不利因素和国内经济运行存在不少困难的情况下，国民经济实现持续快速健康发展，是中央科学决策、正确领导的结果，是全国人大及其常委会及时指导、加强监督的结果，是各地区各部门共同努力、扎实工作的结果，是全国各族人民同心同德、艰苦奋斗的结果。

我们也认识到,经济社会生活中仍存在不少矛盾和问题,有的还相当突出。一是有效需求不足和供给结构不合理的问题并存。影响农民增收的一些主要因素尚未消除,农民收入增长缓慢,城镇部分居民收入较低,有些群众的生活还很困难,制约着消费市场的拓展。集体和个体、私营投资的潜力尚未充分发挥。二是就业和再就业形势严峻。城镇需要就业再就业的人数较多,农村还有大量富余劳动力需要转移,新创造的就业岗位难以满足就业需求。三是国有企业改革任务相当繁重,深层次矛盾有待进一步解决。为各种所有制经济发展创造公平竞争条件,还要做更多的工作。四是市场经济秩序仍较混乱,社会信用体系建设严重滞后,重大安全生产事故时有发生。对这些问题,国务院高度重视,正在积极采取措施,认真加以解决。

二、2003 年经济社会发展调控目标和主要任务

2003 年,是贯彻落实中国共产党第十六次全国代表大会精神、迈出全面建设小康社会新步伐的重要一年。综合分析国内外经济环境,我们既有加快发展的有利条件,也面临着新的挑战。不仅国内经济运行可能出现一些新情况、新矛盾,而且世界经济也存在诸多不确定因素。只有增强忧患意识,居安思危,把困难和问题估计足,把对策和措施考虑充分,才能有备无患,赢得主动。我们要以邓小平理论和"三个代表"重要思想为指导,按照中央确定的经济工作总体要求,坚持扩大内需的方针,继续实施积极的财政政策和稳健的货币政策,保持宏观经济政策的连续性和稳定性,促进国民经济持续快速健康发展和社会事业全面进步。

2003 年宏观调控的主要预期目标为:

——经济增长率 7% 左右;

——新增城镇就业岗位 800 万个以上,城镇登记失业率 4.5%;

——居民消费价格总水平上涨 1%;

——外贸进出口总额增长 7%。

实现今年宏观调控的预期目标,要着力抓好以下工作。

(一)加快农业和农村经济结构调整,千方百计增加农民收入。积极推进农产品优质化、区域化,建设优势农产品产业带。加大对粮食主产区的扶持力度。建立健全农产品质量标准体系、检验检测体系和认证体系,提高农产品质量安全水平。加强农业科技推广,促进农业科技成果转化。进一步完善和落实支持龙头企业的政策措施,发展农产品精深加工,提高农业产业化经营水平。依法落实农村土地政策。加强农业和农村基础设施建设,着力抓好"一大"、"六小"工程。"一大"就是继续加强农林水利重大工程建设,"六小"就是重点支持节水灌溉、人畜饮水、乡村道路、农村沼气、农村水电、草场围栏等中小型基础设施建设。增加扶贫投入,扩大以工代赈规模,优先解决贫困地区道路、饮水、用电等突出问题。加快乡镇企业结构调整、体制创新和技术进步,推进城镇化有序发展。继续引导农村劳动力合理有序流动,清理和取消对农民工的歧视性政策和不合理收费,维护农民工合法权益。在全国全面推开农村税费改革试点,完善配套政策。深化粮棉流通体制改革,保护农民利益。整顿涉农价格和收费,落实公示制度,对矛盾突出的要专项治理,切实减轻农民负担。2003 年农村居民人均纯收入预期增长 4%。

(二)更好地发挥国债资金的带动作用,促进结构调整和经济稳定较快增长。2003 年拟发行 1400 亿元长期建设国债,全社会固定资产投资预期增长 12%。我们将按照本次代表大会的决议,切实用好国债资金,优化投资结构。国债投资首先用于续建和收尾项目,还要安排必要的新开工项目。具体投向主要体现"四个倾斜":向农村倾斜,着力改善农村生产生活条件;向结构调整倾斜,促进技术进步和产业升级、支持和引导服务业发展;向中西部地区倾斜,确保重点工程建设顺利进行;向科技教育、生态环境建设倾斜,促进科教兴国和可持续发展战略的实施。认真做好项目前期工作,进一步加强投资项目管理、稽察和监督,防止低水平重复建设。积极探索新的基础设施建设融资方式,包括向社会转让项目经营权、股权等形式,将收回的资金进行再投资。在从严控制和防范风险的前提下,适当扩大企业债券发行规模。扩大国债贴息范围,吸引和带动更多的社会投资。放宽民间资本的市场准入领域,发展为民间投资服务的中介组织,在投融资、税收、土地使用等方面实行公平竞争,并依法加强监督和管理,引导非公有制经济健康发展。

(三)努力增加就业岗位,不断完善社会保障体系。要把控制失业率和增加就业岗位纳入各级政府的国民经济和社会发展计划,努力实现新增城

镇就业岗位等预期指标。把发展服务业作为扩大就业再就业的主攻方向，特别要充分发挥个体私营经济和中小企业在扩大就业方面的重要作用，大力开发社区就业岗位。规范发展劳动力市场。鼓励和支持下岗失业人员自谋职业和自主创业。认真落实扶持再就业的税费减免、小额担保贴息贷款、社会保险补贴等政策措施。鼓励国有大中型企业通过主辅分离和辅业改制，合理分流安置富余人员。充分考虑财政、企业、职工和社会保障的承受能力，把握好下岗分流的规模和节奏。加强职业培训，提高劳动者的就业技能。继续对就业困难群众实行就业援助。做好高校和职业学校毕业生就业、创业的指导服务工作。加强社会保障体系建设，进一步巩固“两个确保”，健全城市居民最低生活保障制度，做好“三条保障线”衔接工作。继续抓好完善城镇社会保障体系的试点。

（四）按照走新型工业化道路的要求，加快产业结构调整和升级。优先发展信息产业，在经济和社会领域广泛应用信息技术，积极推进电子政务建设。加快发展高新技术产业。继续实施对国民经济发展有深远影响的深亚微米集成电路、数字电视、广播电视直播卫星系统、生物及新医药、现代农业等重大高技术工程。进一步抓好国家工程研究中心和国家高技术产业基地建设，提高高新技术产业化能力。振兴装备制造业，依托重大工程加快关键技术装备的本地化，提高自主开发能力和技术水平。加快重点产业和骨干企业的技术改造。搞好一批能源和原材料重大项目建设。加强对汽车、钢铁、建材等行业的规划引导，防止盲目发展和无序竞争。积极探索东北和其他地区老工业基地改造和振兴的新思路、新办法，帮助以资源开采为主的城市和地区解决当前存在的突出问题，大力发展接续产业。淘汰落后设备、技术和工艺，关闭破坏资源、污染环境、不具备安全生产条件的企业。大力发展现代服务业和连锁经营、集中配送等现代流通方式，发挥服务业引导资金的示范效应，促进服务业全面发展。

（五）积极推进西部大开发，促进地区经济协调发展。继续加强基础设施和生态环境建设，当前要抓好“两头”。一头是加快实施关系发展全局的重点工程。落实好青藏铁路、西气东输、西电东送、水利枢纽、公路干线、“西新工程”和生态环保等重大工程的建设资金，保证工程顺利实施。适时开工建设一批水利、环保、公路、铁路、机场等重要项目。另一头是安排一批关系改善农村生活生产条件的建设项目，重点实施“一通、二退、三到户”工程。“一通”是逐步使西部地区县际通沥青公路。“二退”是实施退耕还林、退牧还草工程，2003 年新增退耕还林面积 337 万公顷，荒山荒地造林 377 万公顷，退牧还草 667 万公顷。“三到户”是促进农村饮水解决到户、农村能源建设到户、生态移民安置到户。同时，西部地区要加快改革开放，发展科技教育，扶持和培育优势产业，逐步建立长期稳定的西部开发资金渠道。增加投入，支持革命老区和少数民族地区加快发展。进一步加强东、中、西部地区之间经济合作，促进优势互补和共同发展。

（六）坚持市场取向改革，整顿和规范市场经济秩序。继续推进国有大中型企业实行规范的公司制改革和股份制改造，支持具备条件的大企业在境内外上市。支持各类所有制中小企业特别是科技型和劳动密集型企业的发展。进一步做好军工等困难行业的企业调整、重组和脱困工作。巩固电信、民航、电力等行业的改革成果，积极推进其他垄断行业的改革。研究制定国有资产管理法规，自上而下有序进行国有资产管理体制改革，防止国有资产流失。完善宏观调控下主要由市场形成价格的机制，健全政府价格决策听证、专家评审、集体审议和重要商品与服务成本监审等制度，加强价格和收费的监管。加快投融资体制改革，落实企业投资自主权，改进对全社会固定资产投资的宏观调控。

大力整顿和规范市场经济秩序。严厉打击制假售假、走私贩私、非法传销等违法犯罪活动，继续做好各项专项整治工作，坚决查处严重破坏市场经济秩序的大案要案。抓紧建立全国企业和个人征信体系，加快形成诚实守信、依法经营的市场环境。加强安全生产的监督和管理，减少重大安全事故。

（七）不断提高对外开放水平，更好地利用国内外两个市场、两种资源。继续做好加入世贸组织过渡期的各项应对工作。大力推进外贸主体和出口市场多元化，稳定鼓励出口的政策措施，完善生产企业出口货物“免、抵、退”税办法，健全反倾销应诉快速反应机制。组织好国内急需的关键设备、技术和重要原材料的进口。进一步改善投资环境，推进服务业有序对外开放，把利用外资的重点放到引进先进技术、现代管理经验和专门人才上来。加强外债全口径管理。加快实施“走出去”战略，鼓励和支持有条件的企业到境外投资，采取多种形式开展跨国经营。加强区域经济合作，扩大国际经济技术交流。

(八)培育和扩大消费需求,不断改善人民生活。努力改善消费环境,培育和拓展消费市场,尤其要重视开发农村市场。清理抑制消费的不合理规定,巩固已经形成的消费热点,培育和发展社区服务、休闲娱乐、体育健身和卫生保健等新的消费增长点。建立健全廉租房供应保障体系,改善城镇中低收入者的住房条件。规范发展消费信贷。加大旅游基础设施建设力度,提高旅游服务质量。深化收入分配制度改革,提高居民特别是低收入者的收入水平,多渠道建立和完善对低收入者的救助制度,妥善解决城市特殊困难家庭在住房、子女入学、医疗和取暖等方面遇到的问题。2003 年,城镇居民人均可支配收入预期增长 6%,社会消费品零售总额增长 9%。

(九)做好财政增收节支工作,充分发挥金融对经济增长的支持作用。进一步强化税收征管,确保财政收入稳定增长。继续调整财政支出结构,首先确保工资按时足额发放,增加社会保障支出,加大对农业、农村义务教育和农村卫生的投入力度,增加对中西部地区和困难地区的转移支付。坚决反对和制止铺张浪费。除按法律法规和有关政策规定需要增加的重点支出外,其它各项支出实行零增长。2003 年,全国财政预算收入 20501 亿元,支出 23699 亿元,中央财政赤字控制在 3198 亿元以内。深化金融体制改革,提高金融服务质量。国有商业银行要继续做好国债项目配套贷款工作,增加对有市场、有效益、有信誉企业的贷款,增强对农业、中小企业和县域经济的信贷支持。进一步深化农村信用社改革,继续办好农户小额信用贷款和联户担保贷款。切实加强金融监管,不断降低银行不良资产比率,防范和化解金融风险。保持货币供应量适度增长,2003 年广义货币供应量(M2)和狭义货币供应量(M1)均增长 16% 左右,现金投放不超过 1500 亿元。规范和发展证券、保险市场。

(十)坚持实施科教兴国和可持续发展战略,推动各项社会事业全面进步。加大对科技教育的投入力度。加强基础研究和高技术研究,继续实施"863"、"973"等重大科技计划以及国家重大科学工程,推进国家创新体系建设,努力在关键领域和若干科技发展前沿掌握核心技术和拥有一批自主知识产权。加强科技基础条件建设。深化科技体制改革。形成促进科技创新的激励机制,吸引境外高级人才,鼓励留学人员回国创业。繁荣发展哲学社会科学。加强科学技术普及。大力发展教育事业,全面推进素质教育。高度重视并不断加强基础教育,切实抓好贫困地区、少数民族地区普及九年义务教育和扫除青壮年文盲的工作。实施农村中小学远程教育工程。继续推进中小学危房改造和优质高中扩招项目建设。高等教育要着重提高教育质量,继续实施"211 工程"二期,加快后勤社会化进程。2003 年全国普通高校计划招生 335 万人,研究生 27 万人。贯彻落实《民办教育促进法》。加强职业技术教育和成人教育,逐步完善终身教育体系。

坚持计划生育、保护环境和保护资源的基本国策。稳定低生育水平,人口自然增长率控制在 7.5‰以内。增加对环境治理和资源节约的投入,合理开发和有效利用资源,抓好国土资源的综合整治。加快推进石油等战略资源储备工作。严格控制污染物总量,全面实施排污许可证管理。加强重点流域、三峡库区、南水北调沿途水污染防治,推进"两控区"酸雨和二氧化硫污染的治理。提高城市污水、垃圾处理率和处理水平。

加强社会主义精神文明建设。弘扬和培育以爱国主义为核心的民族精神,促进文化、卫生、体育、广播影视、新闻出版等各项事业发展。加大公共文化设施建设投入力度。增强广播电视覆盖能力。加强文物保护。积极推进城镇医药卫生三项制度改革试点。逐步建立和完善新型农村合作医疗制度。继续加强疾病控制预防体系建设。做好奥运会和世博会的筹备工作。

三、团结奋斗、开拓进取,迈出全面建设小康社会新步伐

中国共产党第十六次全国代表大会提出了全面建设小康社会的奋斗目标。这既是一项长期的战略任务,也是做好今年经济工作的出发点和着力点。实现这一奋斗目标,关键是按照"三个代表"重要思想的要求,紧紧抓住发展这一执政兴国的第一要务,聚精会神搞建设,一心一意谋发展,用发展的办法解决前进中的困难和问题,努力做到发展要有新思路,改革要有新突破,开放要有新局面,各项工作要有新举措。

发展要有新思路,核心是积极推进经济结构战略性调整,注重依靠科技进步和增强劳动者素质,实现速度和结构、质量、效益相统一。按照全面建

设小康社会的要求，大力调整城乡结构、地区结构、产业结构，逐步扭转工农差别、城乡差别、地区差别扩大的趋势。统筹城乡经济社会发展，建设现代农业，加快城镇化进程；坚持不懈地推进西部大开发，促进东、中、西部地区经济协调发展；坚持走新型工业化道路，以信息化带动工业化，以工业化促进信息化，推进产业结构优化升级，形成以高新技术产业为先导、基础产业和制造业为支撑、服务业全面发展的产业格局。提高可持续发展能力，促进人与自然的和谐。

改革要有新突破，关键是完善基本经济制度和推进市场取向的改革，不断消除束缚生产力发展的体制性障碍，加快体制和机制创新。毫不动摇地巩固和发展公有制经济，毫不动摇地鼓励、支持和引导非公有制经济发展，把二者统一于社会主义现代化建设的进程中。在更大程度上发挥市场配置资源的基础性作用，培育和健全统一开放、竞争有序的现代市场体系，为各种所有制企业创造公平竞争的环境。加强和改进宏观调控，完善国家计划和财政政策、货币政策相互配合的宏观调控体系，综合运用各种经济杠杆调节经济运行。

开放要有新局面，重点是坚持"引进来"和"走出去"相结合，在更大范围、更广领域、更高层次上参与国际经济技术合作与竞争。充分发挥我国劳动力资源丰富、市场广阔等比较优势，以更加优良的投资环境吸引外商投资，并把利用外资与国内经济结构调整、国有企业改组改造和西部大开发结合起来，不断提高利用外资的质量和水平。充分利用"引进来"积累的物质技术基础、对外交流渠道和有益经验，鼓励和支持有比较优势的各种所有制企业对外投资，带动商品和劳务出口，拓展经济发展空间。培育一批有实力的跨国企业和著名品牌，增强企业的国际竞争力。

各项工作要有新举措，主要是紧紧围绕深化改革、加快发展、维护稳定做好工作，搞好宏观调控，加强经济运行的监测预警，及时发现和解决带有全局性、倾向性、苗头性的重大问题，保证经济平稳运行和健康发展。积极探索宏观调控的规律，研究加强和改善宏观调控的有效办法。宏观调控部门务必继续保持谦虚谨慎、不骄不躁的作风，务必继续保持艰苦奋斗的作风，扎扎实实地把工作做好，扎扎实实地把经济生活中出现的突出问题解决好，扎扎实实地为最广大人民群众谋利益。自觉接受全国人大的监督和指导，认真听取政协的意见和建议。增强法制观念和依法办事能力，牢固树立公仆意识和服务意识。坚持依法行政，勤政廉洁，恪尽职守，埋头苦干，不断提高工作质量和效率。

各位代表，做好今年的经济工作任务艰巨，意义重大。我们要按照党的十六大要求，在以胡锦涛同志为总书记的党中央领导下，以邓小平理论和"三个代表"重要思想为指导，与时俱进，开拓创新，奋发图强，乘势前进，为全面完成 2003 年国民经济和社会发展各项任务、迈出全面建设小康社会新步伐而努力奋斗！

关于2002年中央和地方预算执行情况及2003年中央和地方预算草案的报告

——2003年3月6日在第十届全国人民代表大会第一次会议上

财政部部长 项怀诚

各位代表：

受国务院委托，我向大会提出2002年中央和地方预算执行情况及2003年中央和地方预算草案的报告，请予审议，并请全国政协各位委员提出意见。

一、2002年中央和地方预算圆满完成，中央财政赤字控制在预算确定的数额之内

2002年，是我们国家发展史上具有重大意义的一年。中国共产党第十六次全国代表大会胜利召开，极大地调动了全国各族人民全面建设小康社会的热情。各地区、各部门认真实践“三个代表”重要思想，积极贯彻落实中央经济工作方针和九届全国人大五次会议对财政经济工作的各项要求，同心同德，艰苦奋斗，在世界经济增长明显趋缓的不利环境下，国民经济继续保持了较快增长，社会各项事业全面进步，人民生活水平进一步提高。中央和地方预算也都圆满完成。

2002年，全国财政收入(不含债务收入，下同)18914亿元，比预算增加899亿元，比上年增加2528亿元，增长15.4%。全国财政支出22012亿元，比预算增加899亿元，比上年增加3109亿元，增长16.4%。收支相抵，支出大于收入3098亿元。

中央财政总收入11020亿元，比预算增加374亿元，比上年增加1248亿元，增长12.8%。其中，中央财政本级收入10390亿元，比预算增加348亿元，比上年增加1208亿元，增长13.2%；地方上解中央收入630亿元，比预算增加26亿元。中央财政总支出14118亿元，比预算增加374亿元。其中，中央本级支出6756亿元，比预算增加343亿元；对地方税收返还和补助支出7362亿元，比预算增加31亿元。中央财政收支相抵，赤字3098亿元，与九届全国人大五次会议批准的预算赤字3098亿元持平。

地方财政总收入15886亿元，比预算增加582亿元，比上年增加2081亿元，增长15.1%。其中，地方财政本级收入8524亿元，比预算增加551亿元，比上年增加1320亿元，增长18.3%；中央税收返还和补助收入7362亿元，比预算增加31亿元。地方财政总支出15886亿元，比预算增加582亿元。其中，地方财政本级支出15256亿元，比预算增加556亿元；上解中央支出630亿元，比预算增加26亿元。地方财政收支保持平衡。

另外，中央财政债务收入5679亿元，与预算持平。其中，用于偿还国内外债务本金2563亿元，弥补当年财政赤字3098亿元，补充中央财政偿债基金18亿元。2002年，中央政府性基金收入999亿元，中央政府性基金支出999亿元。

上述预算执行数字，在中央和地方决算编制汇总后，还会有些小的变化。

过去的一年，各地区、各部门在党中央、国务院的正确领导下，围绕九届全国人大五次会议确定的预算和财政工作目标，努力开拓，顽强拼搏，认真落实积极的财政政策，加强财政法制建设，大力整顿财经秩序，各项财政工作进展顺利，较好地促进了经济及各项社会事业的健康发展。

狠抓增收节支，确保了圆满完成预算。在九届全国人大五次会议上，我曾报告，2002年预算执行的不确定性因素较多，在收入方面，主要是增收的特殊性因素减少，而减收因素又比较多，比如：履行加入世界贸易组织承诺，关税总水平由15.3%下

调到12%；证券交易印花税税率，由4‰（A股）和3‰（B股）统一降为2‰；金融保险营业税税率，由7%下调为6%；停止实施国有股减持政策等。在支出方面，一些重点项目的资金需求增加，必须予以保障。预算执行过程中，部分收入项目的执行情况比年初预计的还要困难，致使财政收支尤其是中央财政收支，一度出现收入增长大大低于预算、支出增长大大高于预算的严峻局面。针对这一形势，2002年5月份，国务院召开了全国增收节支工作电视电话会议，提出了一系列增收节支的要求和措施。2002年9月份，为了巩固和发展全国财政收支情况渐趋好转的势头，国务院再次召开了全国增收节支工作会议，提出了进一步加强增收节支工作的措施和新要求。财政部密切跟踪预算执行情况，通过多种形式，组织财政系统分析、研究中央和地方财政收支变化趋势，加强情况交流和信息沟通，督促检查各地的增收节支工作。各地区、各部门对此也十分重视，迅速制定和落实行之有效的措施，堵塞收支管理漏洞，消化部分减收增支因素，使全国财政收支形势进一步好转。2002年一季度，全国财政收入增长3.4%，全国财政支出增长23.9%。二、三、四季度，收入增幅分别提高到14.4%、14.3%和27.3%；支出增幅分别降为13.6%、17.3%和14.7%，从而保证了全年预算的圆满完成。

按照《全国人大常委会关于加强中央预算审查监督的决定》的有关规定，并考虑社会经济发展的实际需要，2002年中央财政超收收入374亿元，用于增加公路建设支出和补充全国社会保障基金。这一情况，已按规定向全国人大常委会作过书面报告。地方财政超收收入由地方安排使用，主要用于增加社会保障支出、解决欠发工资等。

调整支出结构，确保了各项重点社会事业发展的资金需要。从维护改革发展稳定的大局出发，各地区、各部门在严格控制一般性支出的同时，集中财力保障重点支出。一是向低收入群体和困难群众倾斜，帮助他们解决基本生产、生活问题。在继续做好“两个确保”和“低保”工作的基础上，从2002年7月1日起，再次提高企业退休人员基本养老金水平，并重点照顾退休早、基本养老金偏低的老工人、军队转业干部、原工商业者；再次提高了在乡老复员军人优抚待遇和建国初期参加革命的老干部退休待遇水平；为支持87户国有企业依法实施关闭破产，保障这些破产企业涉及的38万职工的生产和生活需要，及时安排了补助资金。2002年中央财政用于社会保障方面的支出达到1362亿元，比上年增长38.6%。与此同时，财政部门会同有关部门加强了社会保障资金的征管和监督，改进了社会保障专项转移支付办法，健全了财政社会保障补助资金专户管理制度。税务机关征收社会保险费的改革试点省份达到16个。此外，还积极参与并支持了城镇职工基本医疗保险制度改革，以及辽宁等地完善城镇社会保障体系的改革试点工作，促进了改革的顺利实施。据统计，截止2002年底，全国企业离退休人员基本养老金和进入再就业服务中心的国有企业下岗职工基本生活费，基本做到了按时足额发放；城市居民最低生活保障对象，由1998年底的184万人，增加到2002年底的2060万人，维护了社会稳定。二是向农业、农村、农民倾斜，促进农村的发展和稳定。将农村税费改革试点范围扩大到20个省（自治区、直辖市），试点地区农民负担平均减轻30%，有的地方还要多一些。这项改革被广大农民誉为“德政工程”。2002年，中央财政为此给试点地区的转移支付补助资金达到245亿元，保证了试点地区基层政权的正常运转，支持了农村义务教育的发展，对稳定和减轻农民负担，理顺农村经济关系，也发挥了十分重要的作用。2002年全国财政用于支援农村生产、农业综合开发和农林水气等部门事业费方面的支出达到1088亿元，比上年增长18.6%。同时，增加了用于农村扶贫、农村电网改造和水利基础设施建设等方面的投入。这些措施有效地促进了农业发展，提高了农民收入水平，改善了农村生活和生态环境，维护了农村稳定。三是向科技教育倾斜，推动科教兴国战略的实施。2002年中央财政安排资金72亿元，重点支持了国家重点基础研究、知识创新工程和国家“863”计划，取得了一大批科研成果，进一步提升了我国科技整体水平。继续执行中央本级财政支出中教育经费所占比例每年增加一个百分点的政策，地方财政也相应增加了教育投入，2002年全国财政教育事业费达到2640亿元，比上年增长19.6%，实施了国家贫困地区义务教育工程，进行了中小学危房改造，促进了高等教育和职业教育的发展。其他各项重点支出也得到了较好保障。

积极采取措施，确保了所得税收入分享改革顺利推进。为进一步实践“两个大局”战略构想和“三个代表”重要思想，继续完善财税体制，缩小地区财力差距,促进地区协调发展,推动国有企业改革,国务院决定,从2002年1月1日起,实施所得税收入分享改革。为此,财政部多次征询地方意见,检查确定基数,完善配套办法,指导督促落实。各地区尤其是东部发达地区讲政治、顾大局,积极采取各种有效措施,认真贯彻国务院的决定,为确保改革的顺利实施做出了重大贡献。2002年中央财政因这项改革增加的收入约124亿元,按规定全部用于对地方、主要是对中西部地区的转移支付。结合所得税收入分享改革,中央财政在增加对地方转移支付的基础上,进一步规范和完善了转移支付制度,增强了地方财政的资金调度能力;许多地区还积极调整和规范省以下财政体制,增加县乡等基层财政的可用财力。这些措施缓解了县乡财政困难,改善了机关事业单位职工欠发工资的状况。截止2002年底,全国36个省(自治区、直辖市)和计划单列市中25个已做到按时足额发放工资,其余11个虽仍有欠发当年国家统一规定工资的情况,但数额减少到17亿元,占同期应发工资总额的0.4%,比上年同期减少了48亿元。

继续深化改革,确保了预算管理制度不断完善。财政改革政策性和技术性很强,直接涉及利益关系的调整和规范。在党中央、国务院的正确领导下,各级党委、政府高度重视财政改革,各级人大也加强了对财政改革的督促指导,各级财政部门不断改进服务,扎实组织实施,推动了预算管理制度改革的进一步深化。2002年,按照收支脱钩、收缴分离的要求,公安部、最高人民法院、海关总署等34个中央部门,率先进行了深化"收支两条线"管理改革试点,各地也普遍加大了这项改革的工作力度。试点部门主动适应改革需要,积极转变职能,提高依法行政水平,乱收乱罚现象明显减少。2002年中央各部门和省直各部门,都已按照基本支出预算和项目支出预算,编制了部门预算,部分市(地)、县(市、区)也在积极抓紧这项改革,提高了预算编制的公平性、公正性和公开性。2002年,在推进和规范6个中央部门试点工作的基础上,将国库集中支付制度改革试点扩大到了38个中央部门,试点地区也由2001年的2个扩大到9个。同时,在15个中央部门又进行了国库集中收入制度改革试点,从而使其所有财政性资金收支,都纳入了国库单一账户体系,保障了财政资金安全有效运行,减少了"中转"环节,实现了收入"直达"国库,支出"直达"商品和劳务的提供者,提高了财政资金使用效益。2002年全国政府采购规模超过1000亿元,比上年增加340多亿元,资金节约率一般在10%以上。随着《政府采购法》的出台,政府采购工作的法制化和规范化不断增强。另外,财政管理信息化建设步伐明显加快,可以适时监控财政资金运行的"金财"工程,进入正式实施阶段。这些改革,进一步推动了社会主义市场经济条件下财政管理的规范化和现代化。

各位代表:

回顾过去的五年,与全国其他行业一样,财政工作也取得了新的成绩,国家财政面貌发生了很大变化。一是健全了财政收入稳定增长的机制,国家财政实力显著壮大。2002年,全国财政收入18914亿元,比1997年增加10263亿元,增长1.19倍,年均增加2053亿元。全国财政收入占国内生产总值的比重,由1997年的11.6%,提高到2002年的18.5%,平均每年提高1.4个百分点。二是转移支付规模迅速扩大,促进了经济社会的协调发展。2002年,中央财政本级支出6756亿元,占全国财政支出的30.7%,如果剔除将国债付息支出列为经常性预算支出这一不可比因素,按可比口径计算为28.5%,比财政管理体制改革时的1994年的30.3%下降1.8个百分点。说明财政管理体制改革后,中央财政增加的收入主要用于地方。2002年除税收返还3014亿元和体制性补助323亿元外,中央对地方的转移支付4025亿元,是1997年的6.1倍,年均增长43.4%,转移支付绝大部分用于中西部地区,对支持实施西部大开发战略,促进中西部地区加快发展,维护民族团结和国家长治久安,已经并将继续发挥重要作用。三是财政支出结构进一步优化,较好地服务了国民经济和社会发展的大局。特别是大幅度增加了社会保障、科技教育、农业、基础设施等社会公共领域的投入,较好保障了国有企业、社会保障、粮食流通、金融等重大经济体制改革的顺利进行。2002年,全国财政用于社会保障、科技教育和农业方面的支出,分别是1997年的9.5倍、2.3倍和1.9倍,年均增长56.9%、17.7%和14.2%。2002年底,机关事业单位职工月人均基本工资水平,比1998年翻了一番。五年来,中央财政根据党中央、国务院的要求,在收支矛盾十分紧张的情况下,着眼长远,已积累全国社会保障基金1242亿元,为应对不测提供了重要的财力保障。四是财政宏观调控作用明显增强,促进了国民经济持续快速健康发展。坚决贯彻中央关于扩大内需的方针，认真实施积极的财政政策，累计发行建设国债6600亿元。同时，改革财政宏观调控方式，综合运用建设国债、税收、贴息等各种财政政策工具，并与货币政策相配合，扩大投资与刺激消费并重，总量扩张与结构调整并重。虽然中央财政因此增加了赤字、债务规模有所扩大，但这是必不可少的，也是能够承受和控制的，更是值得的。如果不这样做，就不会有国民经济的稳定增长、经济结构的不断优化和人民生活的明显改善，尤其是建设国债有效地带动了各方面的投入，项目投资总规模达到3.28万亿元，为我国经济社会的长远发展打下了坚实的基础。事实证明，中央关于实施积极财政政策的决策，是非常必要和完全正确的。五是财政管理日趋规范，依法理财水平不断提高。五年来，根据党中央、国务院的有关决定、决议精神，以及全国人大及其有关机构提出的改革要求，进行了一系列财政改革，并且范围不断拓展，措施不断完善，内容不断深化，初步建立了符合社会主义市场经济发展要求的公共财政框架。与此同时，财政法制建设步伐加快，形成了以《预算法》、《会计法》、《注册会计师法》和财政规章等为基础的财政法规体系框架，并按照《行政复议法》、《行政诉讼法》等有关法律的要求，严格财政执法。财政改革和财政法制建设的相互促进，把公正、公平、公开等市场经济原则，逐步贯穿到财政工作各方面，推动了财政管理的规范化，依法理财达到了新的水平，对转变政府职能、推动依法治国、促进社会全面进步，也将产生重要影响。

在看到财政工作成绩的同时，我们也清醒地认识到，财政运行中还存在一些亟待解决的问题。一是财政收支矛盾仍然比较尖锐。随着财政收入规模的扩大，今后财政收入继续大幅增长的难度加大，而财政支出刚性很强，偿债进入高峰期，经济社会各方面发展又对财政提出了更高要求，财政收支压力居高不下。二是财经秩序混乱的状况尚未得到根本改观。做假账、偷逃骗税以及财政资金使用过程中的铺张浪费等现象还比较严重。三是财政改革进展不平衡。完善措施、消化矛盾、深化改革的任务还很艰巨。四是部分地区基层财政比较困难。尽管中央财政采取了加大转移支付力度等一系列措施，仍有部分地区的基层财政运行比较紧张，不能按时足额发放国家规定工资。上述问题，我们将高度重视，通过不断深化改革、规范管理等措施，着力加以研究解决，争取尽快取得明显成效。

二、认清形势，服务大局，积极稳妥安排2003年中央和地方预算

2003年是全面贯彻落实党的十六大精神，开创中国特色社会主义事业新局面的重要一年。当前，我国政治稳定，社会进步，经济发展的体制环境明显改善，对外开放程度继续提高，经济发展的活力不断增强，特别是党的十六大的胜利召开，进一步凝聚了党心、民心，必将为2003年及以后的经济社会发展，提供强大的推动力。但我们也必须看到，我国经济发展还面临一些突出的矛盾和问题。国际经济的不确定因素较多，部分地区局势紧张，对国际油价和世界经济的负面影响尚难准确预料。国内有效需求不足，供给结构不合理，经济自主增长的内在机制还不健全，保持出口较快增长的难度加大，农民收入增长依然缓慢，就业形势严峻，再就业压力加大，国有企业改革中的深层次问题还有待进一步解决，市场经济秩序也需要继续整顿和规范。

基于这一形势，根据党的十六大和中央经济工作会议精神，2003年中央预算安排的指导原则是：以邓小平理论和“三个代表”重要思想为指导，认真贯彻落实党的十六大和中央经济工作会议精神，按照全面建设小康社会的要求，坚持扩大内需的方针，继续实施积极的财政政策，努力促进国民经济持续快速健康发展；严格收入征管，确保财政收入稳定增长；继续调整和优化支出结构，进一步加大对农业、科技教育、社会保障、西部开发、改善人民生活等重点支出的保障力度，一般性支出实行零增长；深化财税改革，整顿财经秩序，推进依法理财。

按照上述原则，综合考虑影响中央财政收支的主要因素，国务院编制了2003年中央预算草案：

中央财政总收入11940亿元，比上年增加575亿元，增长5.1%（为便于比较，计算增长率时已按照所得税中央与地方六四分享方案对2002年执行数作了调整，下同）。其中，中央本级收入11333亿元，增加598亿元，增长5.6%；地方上解收入607亿元，比上年减少23亿元。中央财政总支出15138亿元，增加675亿元，增长4.7%。其中，中央本级支出7201亿元，增加445亿元，增长6.6%；对地方税收返还和补助支出7937亿元，增加230亿元，增长3%。中央财政收支相抵，赤字3198亿元，增加100亿元。赤字加上到期需归还的国内外

债务本金支出2956亿元,中央财政债务收入6154亿元,增加475亿元。加上代地方发债250亿元,债务总规模为6404亿元。

代编的2003年地方财政总收入17105亿元,比上年增加1219亿元,增长7.7%。其中,地方本级收入9168亿元,增加989亿元,增长12.1%;中央税收返还和补助收入7937亿元。地方财政总支出17105亿元,增加1219亿元,增长7.7%。其中,地方本级支出16498亿元,增加1242亿元,增长8.1%,上解中央支出607亿元,比上年减少23亿元。

汇总中央和地方预算草案,2003年全国财政收入20501亿元,增加1587亿元,增长8.4%。全国财政支出23699亿元,增加1687亿元,增长7.7%。

编制2003年中央预算草案时着重考虑的因素是:

切实贯彻"两个务必"要求,一般性支出原则上实行零增长。2003年需要保障和增加的支出项目较多,中央财政收支矛盾比较尖锐,而目前一些机关事业单位还存在比较严重的铺张浪费、大手大脚花钱的现象,人民群众对此反映强烈。为了进一步发扬艰苦奋斗的优良传统,根据中央经济工作会议精神,2003年除重点支出项目外,其他各项一般性支出(不含调整工资的增支)原则上维持2002年的水平,实行零增长。这是2003年中央预算安排确定的一项重要政策,也是财政工作深入贯彻务必保持艰苦奋斗本色要求的具体体现。

政策上调减收入,支持经济社会发展。为切实履行加入世界贸易组织承诺,再次自主降低关税税率;为促进金融保险业的改革和发展,继续下调金融保险营业税税率一个百分点;为支持西部大开发、促进再就业,进一步实施和落实相关优惠财税政策。上述政策将影响财政增收。另外,考虑到企业上缴税收受应税产品价格下降等因素制约,从价征收的一部分税收难有高的增长;以前年度有些特殊性增收因素的作用将明显减弱或消失;在分析2002年中央财政收入各项目增减变化情况和原因的基础上,2003年中央财政收入增幅安排5.1%。它虽然低于2003年预期的经济增长速度,却是积极稳妥的。

继续发行建设国债,促进国民经济稳定增长。保持积极财政政策的稳定性和连续性,发挥财政的宏观调控作用,是应对当前国际国内形势,进一步扩大国内需求,保证经济和社会稳定发展,提高人民生活水平的客观需要。2003年发行1400亿元建设国债,其中,1150亿元纳入中央预算,250亿元代地方政府发行。国债资金主要用于续建和收尾项目,并继续调整和优化国债资金使用方向和结构,重点向改善农村生产生活条件、经济结构调整、生态环境建设、中西部地区等方面倾斜。

目前,我国居民储蓄存款快速增长,国内可使用的资金比较充裕;市场物资丰富,物价处在较低水平;国际收支连年盈余,外汇储备较为雄厚;2003年的赤字水平和总体债务规模仍在可以承受的范围之内。因此,再发行一定数量的建设国债,短期内没有大的风险。我们将继续密切关注并积极防范可能出现的问题,采取各种有效措施,用发展的办法控制财政风险。

进一步增加对地方的转移支付,协调地区经济社会发展。为强化中央财政的宏观调控作用,不断缩小财力差距,努力满足基本社会公共服务需要,促进地区协调发展,2003年中央财政将进一步增加对地方的转移支付,除税收返还3404亿元和体制性补助326亿元外,拟安排对地方的转移支付4207亿元,按可比口径比上年增加140亿元。

加大重点支出项目的投入和保障力度,维护改革发展稳定大局。一是大力支持农业和农村经济社会发展。加快农业和农村经济社会的发展,是全面建设小康社会、保持国民经济持续快速健康发展、确保国家长治久安的必然要求。中央决定,除国债资金向农村倾斜外,2003年全面推开农村税费改革试点工作,中央财政拟相应安排农村税费改革试点专项转移支付补助资金305亿元,比2002年增加60亿元。另外,中央财政还将继续增加基础设施建设、生态建设、农村扶贫、良种推广、农产品质量安全标准体系和监测体系、农业结构战略性调整等方面的预算安排,进一步加大对农业和农村的投入。二是增加社会保障支出。为切实解决困难群众基本生活问题,维护人民群众的切身利益,将相应增加社会保障支出,包括:提高企业退休人员基本养老金标准、提高部分建国初期参加革命的老干部退休待遇水平和在乡老复员军人抚恤标准,增加支出84亿元;落实城市居民最低生活保障资金翻一番政策,增加支出46亿元;落实再就业补助政策,增加支出47亿元。此外,拟继续安排企业依法破产补助资金110亿元。三是保障教育、科技等重点支出。教育、科技在全面建设小康社会中具有先导性和全局性作用。中央财政对教育、科技等重点支出,将继续按照有关高于财政经常性收入增长的法律和政策规定安排(含调整工资增加的支出)。同时,考虑到更好地保障公检法部门严格执法,以及加强农村卫生工作和改革监狱管理体制的需要,中央财政拟适当增加这些方面对地方的补助。四是调整机关事业单位职工工资。1999 年以来,根据中央部署,已多次调整机关事业单位职工工资,对有效改善机关事业单位职工工资偏低的状况,刺激消费,拉动内需,促进经济增长,发挥了重要作用。2002 年,考虑到要优先解决城镇低收入者的生活困难,协调各方面利益关系,中央决定将原考虑 2002 年调整机关事业单位职工工资的措施,推迟到 2003 年 7 月 1 日出台,预算相应安排调资增支资金。五是增加国防支出。为应对国际形势变化,维护国家安全和主权领土完整,提高我军在高技术条件下的防卫作战能力,2003 年中央财政拟安排国防支出 1853 亿元,增长 9.6%。六是债务利息支出 966 亿元,增加 284 亿元。

三、积极开拓,艰苦奋斗,确保圆满完成预算

贯彻党的十六大精神,中央经济工作会议对 2003 年的经济和财政工作已提出明确要求。我们要在党中央、国务院的正确领导下,振奋精神,坚定信心,抓住机遇和有利条件,积极应对困难和挑战,把各项措施想得周全一些,把各项具体工作做得扎实一些,在认真做好实施积极财政政策等工作的同时,狠抓以下各项工作,确保圆满完成全年预算,促进国民经济和各项社会事业健康发展。

依法加强收入征管,确保财政收入稳定增长。2003 年财政工作的一项重要任务,是积极组织财政收入,为政权运转、经济发展和社会安定提供强有力的财力支持。一是坚决维护税法的统一性、权威性和严肃性。严格按照税法规定,继续清理现行各种税收优惠政策,对执行到期的及时恢复征税,坚决制止擅自出台税收优惠或变相优惠政策的行为,绝不允许任何地方和部门越权减免税收。二是不断规范和完善税收制度。加强相关配套制度建设,着力解决少数私营企业主把个人消费列入企业成本、外资企业虚假亏损等逃避纳税问题,健全税制,堵塞漏洞,规范分配秩序。三是加强出口退税管理,完善出口退税机制。严厉打击骗取出口退税的犯罪行为,提高政策执行的实际效果。四是认真贯彻国务院“加强征管,堵塞漏洞,惩治腐败,清缴欠税”的方针。强化税收征管,完善个人所得税征收办法,大力清缴企业欠税,切实加强各种非税收入的征收管理,进一步挖掘增加收入的潜力,严厉查处应缴不缴行为,努力做到应收尽收。

强化财政职能作用,促进经济社会协调发展。按照“压缩一般,保障重点”的原则,对工资发放、社会保障,以及科技教育、农业、环境保护等领域,不仅预算中要足额安排,还要保证资金落实到位、政策落实到位、措施落实到位。一是坚持“一要吃饭,二要建设”的方针,确保工资发放。除中央财政继续增加对困难地区和基层财政的转移支付及增资补助外,地方财政也要进一步完善财政体制,增加对县乡财政的转移支付,并完善工资统发制度,建立健全保障工资发放的有效机制,尤其是着力解决农村中小学教师工资的发放问题。二是要切实做好“两个确保”和城市“低保”工作,进一步衔接好“三条保障线”。依法扩大社会保障的覆盖面。将长期亏损、停产、半停产困难企业符合条件的在岗职工,全部纳入“低保”范围,做到应保尽保。全面落实相关税费减免政策,促进就业和再就业。同时,着力帮助解决好老红军、老复员军人、伤残军人、烈属等重点优抚对象和劳动模范、先进工作者以及农村“五保户”的实际困难,切实落实对义务兵家属的优待政策,继续协助做好转业复员退伍军人的安置工作。三是要认真落实支持西部开发的各项优惠财税政策,并加强监督检查,促进西部地区加快发展。

厉行节约,坚决制止铺张浪费。在全面建设小康社会、加快推进社会主义现代化建设的伟大进程中,必须始终坚持艰苦奋斗、勤俭建国的方针,精打细算,厉行节约,管好、用好每一笔财政资金。一是加强预算管理,严格执行支出预算。2003 年除国家法律法规和政策规定需要增加的重点支出外,其他各项一般性支出实行零增长,地方财政也要按照中央要求,采取有效措施,严格控制一般性支出,特别是要大力压缩会议、出国考察、招商和各种无实际效果的论坛、研讨会。二是继续从严控制党政机关办公楼和培训中心项目建设,对国家严禁开工建设的各种“形象工程”、“政绩工程”,财政停止一切形式的支持。三是积极支持各单位进一步完善并严格执行财务管理制度,挖掘机关事业单位在节能、设备配备等方面的节支潜力,努力降低机关运

行成本。四是财政部门要带头执行各项财经纪律，并敢于管理，积极支持和配合纪检、监察、审计等部门，严肃查处各种挥霍浪费财政资金的行为。

继续深化财政改革，有效推动财政管理制度创新。要用改革的办法，更好地发挥财政职能作用，更好地解决财政工作中遇到的各种困难和问题。一是进一步总结经验、完善政策，全面推开农村税费改革试点工作。积极推进农业特产税制改革，探索对农业和农民实行补贴的各种有效办法。二是继续深化“收支两条线”管理改革，逐步规范政策外补贴和银行账户管理，改革和完善非税收入收缴管理制度。三是扩大部门预算实施范围，继续深化国库集中收付制度改革，认真实施《政府采购法》，不断扩大政府采购的范围和规模。四是继续推进所得税收入分享改革，2003 年中央和地方实行所得税收入六四分成。五是进一步规范转移支付制度，重点完善省以下财政体制，增强县乡财政实力，缓解基层财政困难。六是加快“金财”工程建设步伐，推动财政管理的信息化。七是大力支持和配合国有资产管理、农村经济、金融和行政管理等方面的重大体制改革。在推进改革过程中，各级财政部门要牢固树立服务观念，寓改革于服务之中。

整顿规范财经秩序，积极推进依法理财和诚信建设。依法整顿和规范财经秩序，是整顿市场经济秩序的组成部分，是财政部门依法行政的重要内容，关系到国民经济的健康发展，关系到群众利益的保护，对在全社会确立和增强法制观念，加强诚信建设，也具有十分重要的意义。一是整顿财政收支秩序。继续开展税收征管检查和行政事业性收费、政府基金收缴情况检查，整顿收入秩序，堵塞收入漏洞；加强对中央财政转移支付、专项补助资金和政府性基金使用情况的监督，做好追踪问效工作，严肃惩处挤占挪用等违规行为，确保资金按规定使用。二是深入贯彻《会计法》和《注册会计师法》，按照“诚信为本，操守为重，坚持准则，不做假账”的要求，大力整顿规范会计工作秩序，开展会计信息质量抽查，强化会计基础管理工作，进一步整顿和规范注册会计师等社会中介行业，逐步建立注册会计师诚信档案，推动全行业和全社会的诚信建设。三是完善财政监督机制，提高财政监督水平。四是加强财政法规体系建设，继续提高财政部门依法行政的水平。

各位代表：

完成 2003 年预算的任务十分繁重和艰巨，我们将在以胡锦涛同志为总书记的党中央领导下，高举邓小平理论伟大旗帜，全面贯彻“三个代表”重要思想，按照党的十六大精神以及中央经济工作会议和第十届全国人民代表大会提出的各项要求，统一思想，坚定信心，锐意改革，扎实工作，为实现全面建设小康社会的宏伟目标而努力奋斗。

中华人民共和国2002年国民经济和社会发展统计公报

中华人民共和国国家统计局

2003年2月28日

2002年,全国各族人民在党中央、国务院的正确领导下,高举邓小平理论伟大旗帜,全面贯彻"三个代表"重要思想,团结奋斗,开拓创新,努力克服前进道路上的困难,顺利实现了国民经济和社会发展的主要预期目标。国民经济保持良好发展势头,经济总量迈上新的台阶;积极财政政策和稳健货币政策取得明显效果,国内需求持续增长;经济结构战略性调整初见成效,产业结构优化升级取得进展;各项改革不断深化,对外开放水平进一步提高;社会主义民主法制和精神文明建设取得新成果,科技、教育、文化、卫生、体育等各项社会事业全面进步;城乡居民收入稳步增长,人民生活继续改善。

一、综　　合

国民经济持续较快增长。全年国内生产总值跃上10万亿元的新台阶,达到102398亿元,按可比价格计算,比上年增长8%。其中,第一产业增加值14883亿元,增长2.9%;第二产业增加值52982亿元,增长9.9%;第三产业增加值34533亿元,增长7.3%。

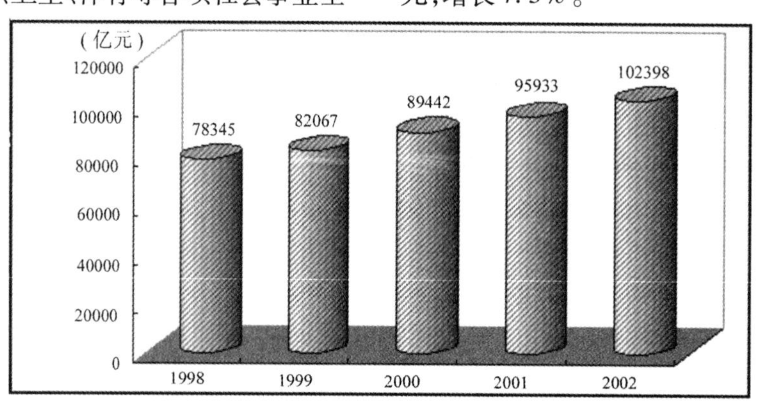

图1　国内生产总值突破10万亿元

价格总水平小幅下降。全国居民消费价格总水平比上年下降0.8%。其中,城市下降1%;农村下降0.4%。商品零售价格下降1.3%。工业品出厂价格下降2.2%。原材料、燃料、动力购进价格下降2.3%。固定资产投资价格上涨0.2%。居民消费价格中,服务价格上涨1.8%。

就业规模继续扩大。年末全国就业人员73740万人,比上年末增加715万人,其中城镇就业人员24780万人,增加840万人。年末国有企业下岗未实现再就业职工人数为410万人,比上年末减少105万人。年末城镇登记失业率为4%,比上年末增加0.4个百分点。

国际收支状况良好。全年对外贸易顺差304亿美元。实际使用外商直接投资527亿美元,比上年增长12.5%。年末国家外汇储备达到2864亿美元,比上年末增加742亿美元。人民币汇率保持稳定,年末1美元兑8.2773元人民币。

经济体制改革和结构调整稳步推进。电信、民航、电力等垄断性行业改革不断深入,市场竞争格局逐步形成,军工企业改革和脱困工作稳步推进;财税、金融、社会保障、粮棉流通体制等改革继续深化;行政审批制度改革加快;农村税费改革试点逐步扩大,取得明显成效。西部大开发积极推进,基础设施和生态环境建设明显加快;农业生产加快向区域化、优质化、产业化方向发展；工业结构调整步伐加快，以信息技术为代表的高新技术产业比重提高；商业流通手段不断创新，现代流通方式发展较快。

表1 2002年全国居民消费价格比上年上涨(%)

指　　标	全 国	城 市	农 村
全国居民消费价格总水平	-0.8	-1.0	-0.4
食 品	-0.6	-0.5	-0.7
其中：粮食	-1.7	-1.7	-1.6
烟酒及用品	-0.1	-0.1	持平
衣 着	-2.4	-2.7	-1.6
家庭设备用品及服务	-2.5	-2.7	-2.2
医疗保健及个人用品	-1.2	-2.0	0.1
交通和通信	-1.9	-2.0	-1.8
娱乐教育文化用品及服务	0.6	0.2	1.2
居 住	-0.1	-0.2	0.1

国民经济中存在的主要问题是：经济增长仍然受到有效需求不足和供给结构不合理的制约；就业压力仍然较大；农民增收困难，部分城乡居民生活比较困难；市场经济秩序混乱的问题还亟待解决；重大安全生产事故时有发生。

二、农　　业

种植业结构继续调整。适应市场需求变化，全年粮食种植面积10399万公顷，棉花种植面积418万公顷，分别比上年减少209万公顷和63万公顷；油料面积1487万公顷，增加24万公顷；糖料面积180万公顷，增加15万公顷；蔬菜面积1728万公顷，增加88万公顷。

粮食、油料、糖料等主要农产品增产，蔬菜生产在提高品质的基础上继续保持较快增长，棉花因种植面积下降较多而减产。全年粮食产量45711万吨，比上年增长1%。

畜牧业、渔业生产稳步发展。全年肉类总产量达6590万吨，比上年增长4%；全年水产品产量达4513万吨，增长3%。

林业、水利建设取得新进展。全年完成造林面积747万公顷，比上年增长51%，其中退耕还林工程完成退耕地造林和宜林荒山荒地造林共540万公顷。长江中下游干流3576公里堤防加固工程基本达标；黄河下游堤防加固完成断面达标982公里。全年新增有效灌溉面积90多万公顷；新增节水灌溉面积140多万公顷；综合治理水土流失面积4万多平方公里。

表2 主要农产品产量

产品名称	产量(万吨)	比上年增长(%)
粮 食	45711	1.0
夏 粮	9877	-2.9
早 稻	3025	-11.0
秋 粮	32809	3.5
油 料	2900	1.2
花 生	1495	3.7
油菜籽	1053	-7.1
棉 花	492	-7.5
糖 料	10151	17.3
甘 蔗	8883	17.4
甜 菜	1268	16.4
烤 烟	213	3.9
茶 叶	74	5.7
水 果	6809	2.3

三、工业和建筑业

工业生产快速增长，产销衔接进一步改善。全年工业增加值45935亿元，比上年增长10.2%。其中，规模以上工业企业(即国有工业企业及年产品销售收入500万元以上的非国有工业企业)增加值31482亿元，增长12.6%；产品销售率达到98%，比上年提高0.3个百分点。

表3 工业增加值主要分类情况

指 标	增加值(亿元)	比上年增长(%)
规模以上工业企业	31482	12.6
其中：国有及国有控股企业	16638	11.7
其中：集体企业	2769	8.6
股份制企业	11570	14.4
外商及港澳台投资企业	8091	13.3
其中：轻工业	12294	12.1
重工业	19188	13.1

工业产品结构调整取得新进展。出口导向型产品、高技术产品、适应消费结构升级的消费产品

产量快速增长。全年工业新产品产值比上年增长24%;工业品出口交货值增长23.4%。微型电子计算机、移动电话机、半导体集成电路、彩色电视机等电子通信产品产量比上年增长25.9%以上;纱、布、丝织品、服装增长8.5%至19.9%;汽车增长38.8%,其中轿车增长55.2%;钢和钢材分别增长19.7%和19.6%。能源工业生产形势良好。全年发电量16540亿千瓦小时,比上年增长11.7%;生产原煤13.8亿吨,增长18.9%;生产原油1.67亿吨,增长1.8%。

表4　主要工业产品产量

产品名称	单位	产量	比上年增长(%)
纱	万吨	850	11.7
布	亿米	322	11.2
化　纤	万吨	991	17.8
糖	万吨	926	41.8
卷　烟	万箱	3467	1.9
彩色电视机	万部	5155	25.9
家用电冰箱	万台	1599	18.3
房间空调器	万台	3135	34.3
能源生产总量	亿吨标准煤	13.87	18.5
原　煤	亿吨	13.8	18.9
原　油	亿吨	1.67	1.8

续表

产品名称	单位	产量	比上年增长(%)
发电量	亿千瓦小时	16540	11.7
钢	万吨	18155	19.7
钢　材	万吨	19218	19.6
十种有色金属	万吨	1012	14.5
水　泥	亿吨	7.25	9.7
木　材	万立方米	5035	10.6
硫　酸	万吨	3050	13.3
纯　碱	万吨	1033	13.0
乙　烯	万吨	543	13.0
化肥(折100%)	万吨	3791	12.1
发电设备	万千瓦	2121	58.3
汽　车	万辆	325.1	38.8
轿　车	万辆	109.2	55.2
大中型拖拉机	万台	4.5	18.9
集成电路	亿块	96.3	51.4
程控交换机	万线	5861	-38.5
移动电话机	万部	11960	48.9
传真机	万部	297	-6.6
微型电子计算机	万部	1464	50.1
光通信设备	万部	6.5	-16.6

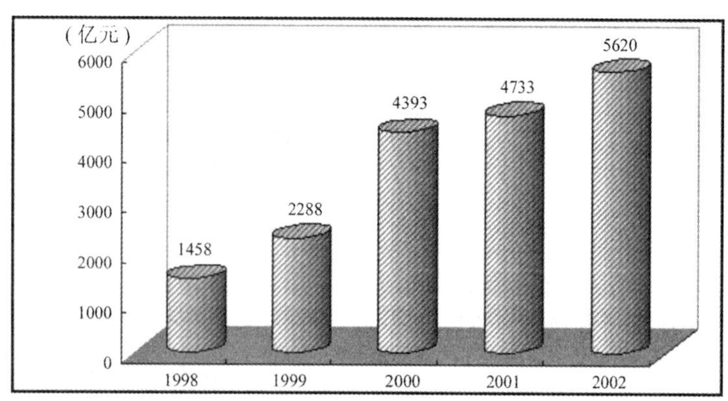

图2　规模以上工业企业实现利润创历史新高

工业企业实现利润在连续几年较大幅度增加的基础上继续快速增长。全年实现利润5620亿元,按可比口径计算,比上年增长20.6%,其中国有及国有控股企业实现利润2636亿元,增长15.3%。

建筑业生产和利润持续增长。全社会建筑业实现增加值7047亿元,比上年增长8%。全国四级及四级以上建筑业企业实现利润336亿元,增长14%;税金总额532亿元,增长6.6%。

四、固定资产投资

固定资产投资快速增长。全年全社会固定资产投资43202亿元，首次突破4万亿元，比上年增长16.1%，增速为1996年以来最高水平。

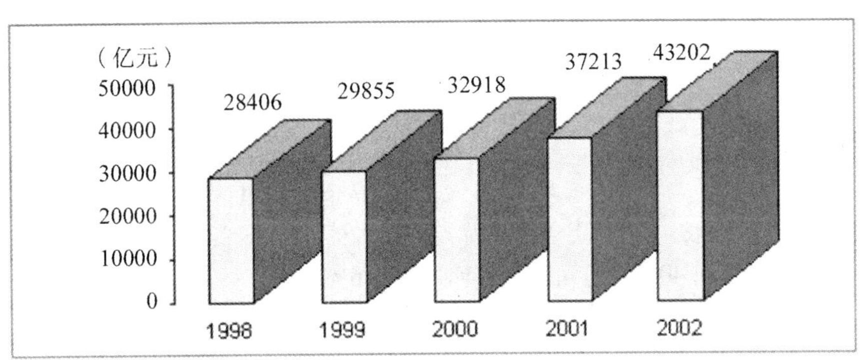

图3 全社会固定资产投资规模持续扩大

表5 固定资产投资情况

指　　标	绝对数（亿元）	比上年增长（%）
全社会固定资产投资	43202	16.1
其中：国有及其他固定资产投资	31020	17.0
集体经济投资	5901	11.8
城乡居民个人投资	6280	15.7
其中：基本建设投资	17251	16.4
更新改造投资	6584	11.1
房地产开发投资	7736	21.9

东中西部地区投资全面增长。全年国有及其他经济类型投资中，东部地区投资18456亿元，比上年增长16.2%，增速提高2.9个百分点；中部地区投资7580亿元，增长20%，提高3.7个百分点；西部地区投资5672亿元，增长20.6%，提高1.3个百分点。

投资结构继续改善。全年第一产业投资1106亿元，比上年增长23.5%，呈恢复性快速增长态势；第二产业投资10703亿元，增长22.9%，呈加速增长态势；第三产业投资继续保持较快增长，全年完成投资21132亿元，增长14.4%。

表6 五年来全国基本建设投资新增主要生产能力

指 标	单 位	1998	1999	2000	2001	2002	1998－2002
大中型发电机组容量	万千瓦	1839	1891	1934	1516	1165	8345
11万伏及以上变电设备	万千伏安	3836	3935	4285	5319	4722	22097
新建铁路投产里程	公里	1105	1242	655	1246	1696	5944
增建铁路复线投产里程	公里	590	1311	698	1504	500	4603
电气化铁路投产里程	公里	988	616	554	2680	866	5704
新建公路	公里	45677	41978	48069	35855	30796	202375
其中：高速公路	公里	1663	2639	4467	3149	5545	17463
港口万吨级码头泊位新增吞吐能力	万吨	1277	2160	3633	5813	1547	14430
新增局用交换机容量	万门	2554	1523	2480	4997	2792	14346
新增光缆线路长度	万公里	16	11	43	61	63	194
新增数字蜂窝移动电话交换机容量	万户	1969	3426	6033	9097	5205	25730

重点工程建设进展顺利。长江三峡工程导流明渠截流成功，左岸大坝主体工程基本完成；青藏铁路工程进展顺利；西电东送工程南部通道建设全面展开，中部通道抓紧推进，北部通道建设步伐加快；西气东输工程和南水北调工程已正式开工建设。企业更新改造取得新进展，在结构调整中发挥了重要作用。

五、国内贸易

消费品市场销售平稳增长。全年社会消费品零售总额突破 4 万亿元，达到 40911 亿元，比上年增长 8.8%。其中，城市消费品零售额 25898 亿元，增长 10%；县及县以下消费品零售额 15013 亿元，增长 6.8%。分行业看，批发零售贸易业零售额 27860 亿元，增长 9.2%；餐饮业零售额 5092 亿元，增长 16.6%；其他行业零售额 7959 亿元，增长 3.2%。考虑物价下降因素，社会消费品零售总额比上年实际增长 10.2%。

通信、汽车及其相关商品消费热点初步形成，家用电器继续保持旺销势头。限额以上批发零售贸易企业销售的通信器材类零售额比上年增长 69.2%；汽车类增长 73%；家用电器类增长 14.6%。

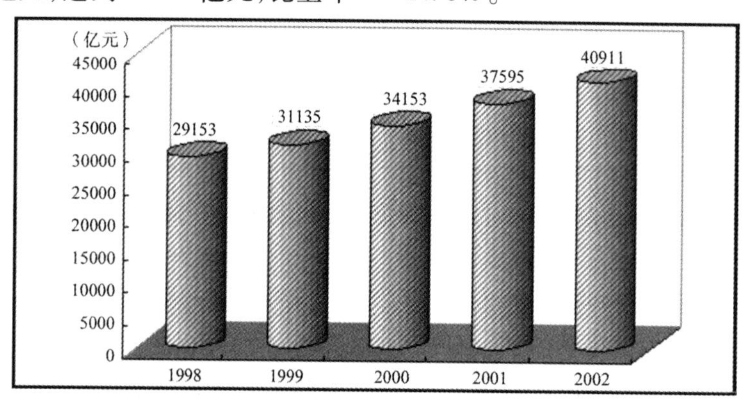

图 4 社会消费品零售总额稳步增加

六、对外经济

对外贸易高速增长。全年进出口总额达 6208 亿美元，比上年增长 21.8%。其中，出口总额 3256 亿美元，增长 22.3%；进口总额 2952 亿美元，增长 21.2%。

对主要贸易伙伴的出口均有不同程度的增长。全年对美国出口 700 亿美元，比上年增长 28.9%；对香港地区出口 585 亿美元，增长 25.6%；对日本出口 484 亿美元，增长 7.8%；对欧盟出口 482 亿美元，增长 17.9%；对东盟出口 236 亿美元，增长 28.3%；对韩国出口 155 亿美元，增长 23.8%；对台湾省出口 66 亿美元，增长 31.7%；对俄罗斯出口 35 亿美元，增长 29.9%。

外商直接投资稳步扩大。全年外商直接投资合同金额 828 亿美元，比上年增长 19.6%；实际使用金额 527 亿美元，增长 12.5%。

对外经济技术合作保持良好发展势头。全年对外承包工程和劳务合作完成营业额 144 亿美元，比上年增长 18.2%；新签合同额 179 亿美元，增长 8.7%。

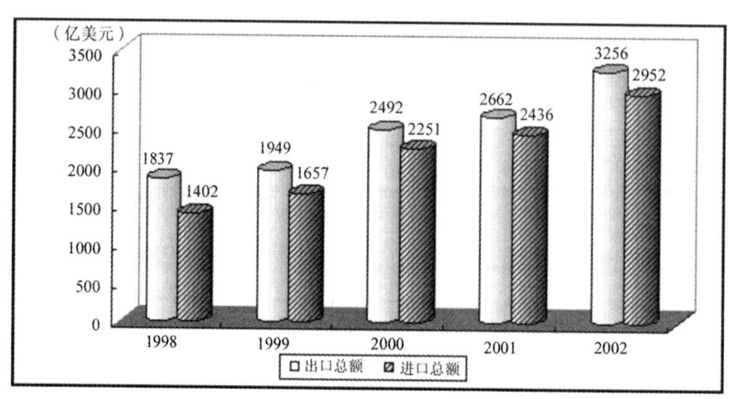

图5 外贸进出口规模显著扩大

表7 进出口贸易主要分类情况

指 标	绝对数（亿美元）	比上年增长（%）
出口总额	3256	22.3
其中:一般贸易	1362	21.7
加工贸易	1799	22.0
其中:机电产品	1571	32.3
高新技术产品	679	46.1
进口总额	2952	21.2
其中:一般贸易	1291	13.8
加工贸易	1222	30.1
其中:机电产品	1556	29.1
高新技术产品	828	29.2

七、交通、邮电和旅游

交通运输和邮电通信业继续保持稳步增长。全年实现增加值5518亿元,比上年增长7.7%。

邮电通信业全年完成邮电业务总量5547亿元,比上年增长21.7%。其中,邮政业务总量495亿元,增长8.2%;电信业务总量5052亿元,增长23.2%。全年新增局用交换机2792万门,总容量达到28358万门。新增固定电话用户3405万户,达到21442万户,其中城市电话用户13595万户,乡村电话用户7847万户。年末全国固定及移动电话用户总数达到42104万户,比上年末增加9545万户,电话普及率达到33.7部/百人。

表8 各种运输方式完成运输量

指 标	单 位	绝对数	比上年增长(%)
货物周转量	亿吨公里	49387	3.8
其中:铁路	亿吨公里	15477	6.2
公路	亿吨公里	6704	5.9
水运	亿吨公里	26481	1.9
民航	亿吨公里	51.5	17.9
旅客周转量	亿人公里	13966	6.2
其中:铁路	亿人公里	4969	4.2
公路	亿人公里	7643	6.0
水运	亿人公里	85	-5.6
民航	亿人公里	1269	16.2
港口完成货物吞吐量	亿 吨	26.8	11.6
其中:外贸货物吞吐量	亿 吨	7.6	17.0

旅游业持续发展。全年国内旅游人数87782万人次,比上年增长12%;国内旅游收入3878亿元,增长10.1%。全年境外入境人数9791万人次,比上年增长10%。其中,外国人1344万人次,增长19.7%;香港、澳门和台湾同胞8447万人次,增长8.6%。在入境旅游者中,过夜人数3680万人次,增长11%。国际旅游外汇收入204亿美元,比上年增长14.6%。全年国内出境人数达1660万人次,比上年增长36.8%,其中因私出境1006万人次,增长44.9%,占出境人数的60.6%。

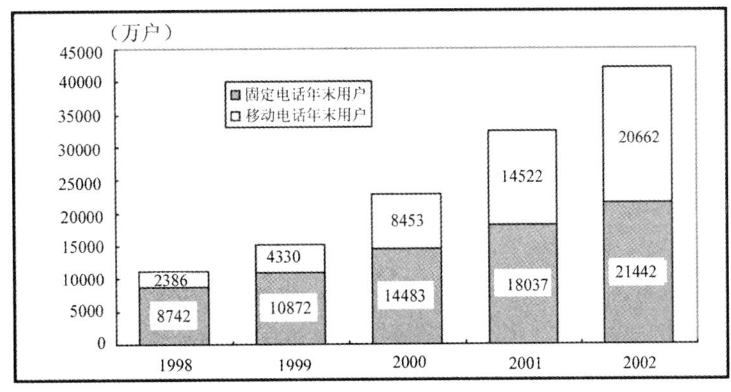

图6 电话用户迅猛增长

八、金融、证券和保险

货币供应量增长加快。年末广义货币供应量(M_2)余额为185007亿元,比上年末增长16.8%;狭义货币供应量(M_1)余额为70882亿元,增长16.8%;流通中现金(M_0)余额为17278亿元,增长10.1%。

表9 全部金融机构本外币存贷款情况

指 标	年末数(亿元)	比上年增长(%)
各项存款余额	183388	18.1
其中:企业存款	64299	15.3
城乡居民储蓄存款	94307	17.1
其中:人民币	86911	17.8
各项贷款余额	139803	15.4
其中:短期贷款	76822	9.9
中长期贷款	51732	23.2

金融机构存贷款增加较多。全部金融机构本外币各项存款余额183388亿元,比上年末增长18.1%。全部金融机构本外币各项贷款余额139803亿元,按可比口径计算,增长15.4%。贷款结构继续改善。全国农村信用社贷款余额13940亿元,增加1953亿元。消费贷款余额10669亿元,增加3694亿元,其中个人住房贷款余额8258亿元,增加2671亿元。

全年在上海、深圳证券交易所通过发行、配售股票共筹集资金962亿元,比上年减少290亿元。其中,发行A股(包括增发及可转债)102只,配股22只,筹集资金780亿元,减少402亿元;发行B股、H股共16只,筹集资金182亿元,增加112亿元。年末境内上市公司(A、B股)数量由上年末的1160家增加到1224家,市价总值38329亿元,比上年末下降11.9%。

全年内外资保险公司保费收入3053亿元,比上年增长44.3%。其中,寿险保费收入1957亿元;健康险和意外伤害险保费收入318亿元;财产险保费收入778亿元。支付各类赔款及给付707亿元。其中,寿险业务给付225亿元;健康险赔款和给付50亿元;财产险和意外伤害险业务赔款432亿元。

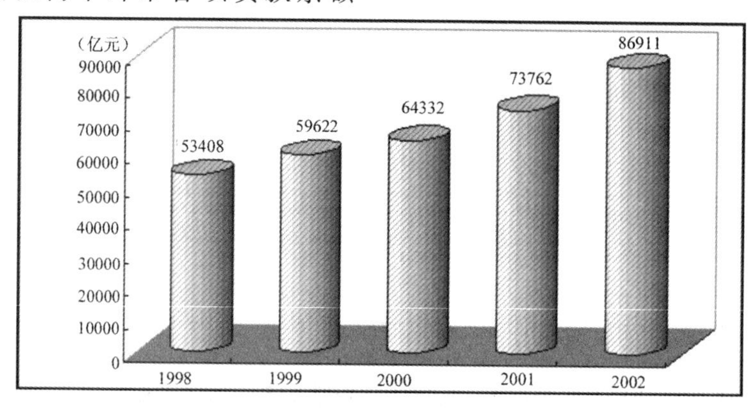

图7 城乡居民人民币储蓄存款余额大幅度增加

九、教育和科学技术

各级各类教育进一步发展。全国普通高等教育招生321万人,在校生903万人;成人高等教育招生222万人,在校生559万人。全国研究生教育招生20万人,在学研究生50万人。全国普通高中招生677万人,在校生1684万人。各类中等职业教育招生470万人,在校生1197万人。全国初中招生2281万人,在校生6687万人,毕业生1904万人。普通小学招生1953万人,在校生12157万人,毕业生2352万人。特殊教育招生5.3万人,在校生37.1万人。幼儿园在园幼儿2036万人。

科技研究开发及产业化取得较大进展。全年全国科学研究与试验发展(R&D)经费支出1161亿元,比上年增长11.3%,占国内生产总值的1.1%,其中基础研究经费74亿元。年末国有企事业单位共有各类专业技术人员2848万人。全年国家安排了219项科技攻关计划项目和1812项“863”计划项目,组织了1318项重点技术创新项目和1288项重点新产品试产计划项目,完成了105项重大技术装备的研制及鉴定验收。新安排高技术产业化示范工程项目347项。全年共取得省部级以上科技成果2.9万项。其中,基础理论成果2000项,应用技术成果25700项,软科学成果1300项。全年受理国内外专利申请252632件,授权专利132401件,分别比上年增长24%和16%。全年共签订技术合同23万项,技术合同成交金额880亿元,比上年增长12.5%。通用CPU芯片"龙芯一号"研制成功,水稻基因组研究成果显著,"神舟"三号、四号飞船成功发射并返回,这些成果标志着我国在信息技术、生物技术和载人航天技术方面取得重大突破。

表10 五年来各类教育招生和毕业生情况

单位:万人

指 标	1998	1999	2000	2001	2002	1998－2002
招生数						
研究生	7.3	9.2	12.8	16.5	20.3	66.1
普通高等教育本专科	108	160	221	268	321	1078
成人高等教育本专科	100	116	156	196	222	790
各类中等职业教育	520	473	411	400	470	2274
普通高中	360	396	473	558	677	2464
毕业生数						
研究生	4.7	5.5	5.9	6.8	8.1	31.0
普通高等教育本专科	83	85	95	104	134	501
成人高等教育本专科	83	89	88	93	118	471
普通高中	252	263	302	341	384	1542

综合技术服务进一步完善提高。全国共有产品质量检验机构5500个,其中国家检测中心240个。全国现有产品质量、体系认证机构122个,已累计完成对4.6万个企业的产品认证。全国共有法定计量技术机构4770个,全年强制检定计量器具3105万台件。制定、修订国家标准1049项,其中新制定514项。全国共有气象雷达观测站点256个,卫星云图接收站点356个。全国共有地震台站1305个,地震遥测台网35个。全国共有1505个海洋观测、监测站点。测绘部门公开出版地图1552种,图书340种。

国土资源调查及地质勘查新发现大中型矿产地156处,有43种矿产新增查明资源储量。其中,石油10.5亿吨;天然气4411亿立方米;原煤7.6亿吨。全国省级地质环境监测站31个,成功预报地质灾害703起。

十、文化、卫生和体育

文化艺术、广播影视、新闻出版等各项事业继续较快发展。年末全国共有艺术表演团体2592个,文化馆2847个,公共图书馆2689个,博物馆1451个。广播电台306座,中、短波广播发射台和转播台770座,电视台360座。全国有线电视用户9638万户。生产故事影片100部,科教、纪录、美术片69部。出版全国性和省级报纸230亿份,各类杂志30亿册,图书68亿册(张)。年末全国共有档案馆3902个,已开放各类档案4908万卷(件)。

表11 五年来广播电视及出版物情况

指 标	单 位	1998	1999	2000	2001	2002
广播综合人口覆盖率	%	88.3	90.5	92.5	92.9	93.2
电视综合人口覆盖率	%	89.0	92.0	93.7	94.2	94.5
杂志出版量	亿册	25.4	28.5	29.4	28.9	29.6
图书出版量	亿册(张)	72.4	73.2	62.7	63.1	67.5

卫生事业稳步发展。年末全国共有卫生机构29万个,其中医院、卫生院6.5万个;病床床位321万张,其中医院、卫生院220万张;卫生技术人员444万人,其中医生211万人,护师、护士130万人。全国共有卫生防疫、防治机构5687个,卫生技术人员22万人;妇幼保健院、所、站3047个,卫生技术人员14万人。农村乡(镇)共有卫生院4.8万个,床位75万张,卫生技术人员103万人,已有89.8%的村拥有医疗点,乡村医生和卫生员129万人。

体育事业蓬勃发展。全年在国内外的各项比赛中,我国运动健儿共获得了110个世界冠军;17人5队33次创29项世界纪录;14人11队25次创24项亚洲纪录。在第十四届亚运会上,我国体育代表团共获得150枚金牌、84枚银牌和74枚铜牌,金牌总数和奖牌总数蝉联第一。

十一、环境保护

城市空气质量逐步提高。监测的339个城市中,有117个城市空气质量达到二级标准,占监测城市数的34.5%,比上年提高1.1个百分点;有114个城市达到三级标准,占33.6%,与上年基本持平;有108个城市未达到三级标准,占31.9%,减少1.3个百分点。对道路噪声监测的322个城市中噪声污染严重的占5%,对区域环境噪声监测的315个城市中52.1%的区域环境噪声优于城市居住区声环境质量标准。全国建成了3369个烟尘控制区,面积达2.3万平方公里;建成了3128个环境噪声达标区,面积达1.5万平方公里。

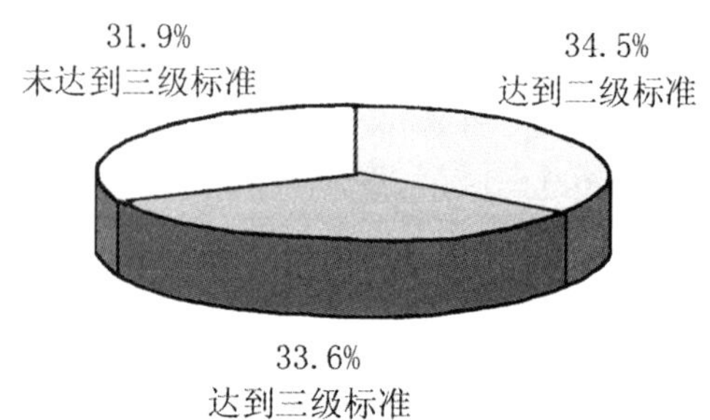

图8 监测城市空气质量状况有所好转

地表水水质有所改善。七大水系干流地表水水质有52.9%的断面满足国家地表水Ⅲ类水质标准要求,比上年上升1.2个百分点;19.0%的断面为Ⅳ类水质,下降7.1个百分点;7.8%的断面为Ⅴ类水质,下降5个百分点;超过Ⅴ类水质标准断面的比例为20.3%,上升10.9个百分点。近岸海域海水水质呈改善趋势。381个近岸海域海水水质监测点中,达到国家一类海水水质标准的监测点占21.3%,比上年增加7.9个百分点;二类占28.3%,三类占14.4%,四类占8.9%,劣四类占27.1%。

生态环境保护力度加大。全国已批准国家级生态示范区82个,生态示范区建设试点地区和单位314个;全国自然保护区达到1757个,其中国家级自然保护区188个;自然保护区面积13295万公顷,占国土总面积的13.2%。

十二、人口、人民生活和社会保障

人口自然增长率继续下降。年末全国总人口为128453万人。全年全国出生人口1647万人,出生率为12.86‰;死亡人口821万人,死亡率为6.41‰;全年净增人口826万人,自然增长率为6.45‰。

表12 人口主要构成情况

指 标	年末数(万人)	比重(%)
全国总人口	128453	100.0
其中:城镇	50212	39.1
乡村	78241	60.9
其中:男性	66115	51.5
女性	62338	48.5
其中:0-14岁	28774	22.4
15-64岁	90302	70.3
65岁及以上	9377	7.3

城乡居民生活继续得到改善。全国城镇居民人均可支配收入7703元,考虑物价下降因素,比上年实际增长13.4%;农村居民人均纯收入2476元,实际增长4.8%。居民家庭恩格尔系数(即居民家庭食品消费支出占家庭消费总支出的比重),城镇为37.7%,比上年降低0.2个百分点;农村为46.2%,降低1.5个百分点。2002年末农村贫困人口为2820万人,比上年末减少107万人。

社会保障工作进一步加强。年末全国参加基本养老保险人数为14731万人。其中,职工11128万人,离退休人员3603万人。离退休人员实行社会化管理人数达到1434万人。全国参加失业保险人数为10182万人,领取失业保险金人数为440万人,比上年增加127万人。全国参加基本医疗保险人数为9400万人，增加1770万人。全国共有2054万城镇居民得到政府最低生活保障救济。

表13 五年来城乡居民生活改善情况

指 标	单 位	1998	1999	2000	2001	2002
城镇居民人均可支配收入	元	5425	5854	6280	6860	7703
农村居民人均纯收入	元	2162	2210	2253	2366	2476
城镇居民家庭恩格尔系数	%	44.5	41.9	39.2	37.9	37.7
农村居民家庭恩格尔系数	%	53.4	52.6	49.1	47.7	46.2

社会福利事业持续发展。年末全国各类收养性社会福利单位床位119万张，收养各类人员89万人。城镇建立各种社区服务设施19万个，其中综合性社区服务中心8820个。全年销售社会福利彩票170亿元，筹集社会福利资金近60亿元，直接接收社会捐赠款12亿元。

注：

1. 本公报为初步统计数。
2. 各项统计数据均未包括香港特别行政区、澳门特别行政区和台湾省。
3. 国内生产总值、各产业增加值绝对数按现价计算，增长速度按可比价计算。
4. 基本建设新增生产能力中新增局用交换机容量、新增光缆线路长度及新增数字蜂窝移动电话交换机容量含更新改造增加的能力。
5. 邮电业务总量完成额按2000年不变价格计算。

综合篇

2002年国民经济运行情况及2003年展望

2002年,各地区、各部门在党中央、国务院的正确领导下,以邓小平理论和“三个代表”重要思想为指导,努力贯彻实施积极的财政政策和稳健的货币政策,积极推进经济结构战略性调整,不断深化各项改革,进一步提高对外开放水平,需求持续较快增长,三次产业协调发展,国民经济发展的主要预期目标顺利实现,国内生产总值超过10万亿元,经济总量迈上新的台阶。展望2003年,只要我们认真贯彻党的十六大和中央经济工作会议精神,在保持宏观政策的稳定性和连续性的前提下,适时注意灵活微调,抓住机遇,努力工作,积极应对各种困难和挑战,我国国民经济仍会持续快速健康发展。

一、国民经济运行良好,主要经济指标跃上新台阶

初步测算,2002年国内生产总值跃上10万亿元的新台阶,达到102398亿元,按可比价格计算,比上年增长8%,增速比上年加快0.5个百分点。其中,第一产业增加值14883亿元,增长2.9%;第二产业增加值52982亿元,增长9.9%;第三产业增加值34533亿元,增长7.3%。全年经济运行呈现出如下主要特点:

(一)经济增长的稳定性增强。

2002年经济增长扭转了前几年“前高后低”、季度间稳定性相对较差的运行格局,基本呈现逐季平稳回升的态势,国内生产总值一季度增长7.6%,二季度增长8.0%,三季度增长8.1%,四季度增长8.1%,表明经济增长的内在活力增强,增长的基础进一步巩固。

(二)主要经济指标跃上新台阶。

固定资产投资加快增长,总规模超过4万亿元。全年全社会固定资产投资完成43202亿元,比上年增长16.1%,增速比上年加快3.1个百分点。其中,国有及其他经济类型固定资产投资增长17.0%,加快4.2个百分点;城乡集体和个体投资增长13.8%,加快1.2个百分点。分投向看,基本建设投资增长16.4%,加快6个百分点;更新改造投资增长11.1%,房地产开发投资增长21.9%,分别减慢4.9和5.4个百分点。

市场销售平稳增长,社会消费品零售总额超过4万亿元。全年社会消费品零售总额40911亿元,比上年增长8.8%,考虑物价下降因素,实际增长10.2%,与上年基本相当。其中,城市消费品零售额25898亿元,增长10%,农村消费品零售额15013亿元,增长6.8%。住房、汽车、通讯等消费热点初步形成。全年商品房销售额增长17.7%,其中,销售给个人的占91.3%;限额以上批发零售贸易企业的汽车零售额增长73%,通讯器材类零售额增长69.2%。

进出口快速增长,总额跃过6000亿美元。全年进出口总额6208亿美元,比上年增长21.8%,增速比上年加快14.3个百分点。其中,出口3256亿美元,增长22.3%,加快15.5个百分点;进口2952亿美元,增长21.2%,加快13.0个百分点。进出口相抵,顺差304亿美元,比上年增加78亿美元。

外商直接投资稳步扩大,总量超过500亿美元。全年全国新批外商投资企业34171个,比上年增长30.7%;合同外商直接投资额828亿美元,增长19.6%;实际使用外商直接投资527亿美元,增长12.5%。

外汇储备大幅度增加,总量突破2800亿美元。2002年末,国家外汇储备达到2864亿美元,比年初增加742亿美元;人民币汇率为8.2773人民币/1美元,基本保持稳定。

(三)生产结构调整继续取得进展。

农业结构进一步优化,粮食产量有所增加。市场对农业结构调整的导向作用继续扩大,优质专用农产品种植比重增加,全年粮食和棉花播种面积分别比上年减少219万公顷和63万公顷,油料、糖料、蔬菜分别扩大14、17和95万公顷;区域布局进一步优化,一些各具特色、各显优势的农作物种植带、产业发展带逐步形成。全年粮食产量达到45706万吨,比上年增长1%;受播种面积大幅调减的影响,棉花产量492万吨,下降7.7%;油料产量

专栏 按美元计算人均 GNP 的方法

为了消除各国收入的国际比较中汇率波动的影响,世界银行采用图表集法计算各国美元 GNP 和人均 GNP,即根据图表集“兑换因子”的综合汇率和当年平均人口计算各国美元 GNP 和人均美元 GNP 的方法。图表集当年“兑换因子”是该国当年和前两年汇率的平均数,同时用该国的通货膨胀率与五国(法国、德国、日本、英国和美国)集团的通货膨胀率之间的差异进行调整。本国通货膨胀率采用国民生产总值缩减指数。五国集团的通货膨胀率采用特别提款权(SDR)缩减指数的变化来测算(特别提款权,是国际货币基金的计帐单位)。其中,SDR 缩减指数是按 SDR 计值的五国集团 GDP 缩减指数的加权平均计算出来的,权数代表一个 SDR 单位中所包含的各国货币的数量。由于 SDR 的组成和每种货币的相对汇率都在发生变化,上述权数会随着时间而变化。SDR 缩减指数首先以 SDR 计值计算,然后用 SDR 一美元的图表集兑换因子折算美元计值。利用图表集兑换因子折算各国 GNP 就得出以美元表示的 GNP,再除以当年平均人口即得到按美元计算的人均 GNP。

t 年的兑换因子计算方法:

$$e_t^* = \frac{1}{3}\left[e_{t-2}\left(\frac{P_t}{P_{t-2}} / \frac{P_t^{S\$}}{P_{t-2}^{S\$}}\right) + e_{t-1}\left(\frac{P_t}{P_{t-1}} / \frac{P_t^{S\$}}{P_{t-1}^{S\$}}\right) + e_t \right]$$

t 年美元人均 GNP 的计算方法:

Yt $ = (Yt/Nt)/et *,

其中,et * 为 t 年图表集兑换因子(本国货币兑美元), et 是指 t 年平均汇率(本国货币兑美元), pt 是指 t 年的 GNP 缩减指数, ptS $ 是指 t 年的以美元计价的 SDR 缩减指数, Yt $ 是指 t 年的图表集法计算的美元人均 GNP,Yt 是指 t 年的(以本国货币表示)GNP , Nt 是指 t 年的平均人口。

按照世界银行图表集法计算, 2001 年我国 GNP 按美元计算是 11590 亿美元, 人均 GNP 达 890 美元, 和 1980 年比较, 分别增加了 4 . 75 倍和 3. 05 倍。

(执笔:刘慧平)

2897 万吨,增长 1. 1%;糖料产量 10293 万吨,增长 18. 9%;肉类总产量增长 4%;水产品产量增长 4. 2%。

工业生产持续快速增长,新的经济增长点开始形成。出口导向型产品、投资导向型产品、高技术导向型产品、适应消费结构升级的产品产量保持较快增长,推动了整个工业持续快速增长。全年规模以上工业企业完成增加值 31482 亿元,比上年增长 12. 6%,增速比上年加快 2. 7 个百分点。分主要行业看,电子通信设备制造、交通运输设备制造、化工、电气机械器材制造、纺织和普通机械等 6 大行业对工业增长的贡献率为 54%,产品结构优化升级比较明显。工业产品出口交货值快速增长。工业企业实现出口交货值 19916 亿元,比上年增长 23. 4%,增速比上年加快 13. 5 个百分点。

(四)经济增长质量和效益进一步提高。

财政收入稳定增长。财政收入克服进口关税、印花税税率下调等诸多减收困难,保持相对较快增长。2002 年,全国财政收入 18914 亿元,比上年增长 15. 4%, 其中各项税收 17632 亿元, 增长 15. 2%。

企业效益进一步改善。2002 年,工业企业实现利润在连续两年较大幅度增长的基础上继续快速增长, 全年实现利润达到 5620 亿元, 增长 20. 6%,其中,国有及国有控股企业实现利润 2636 亿元,增长 15. 3%。从动态变化过程看,实现利润由一季度下降 9. 1%、1 - 6 月增长 5% 进一步提高到全年月增长 20. 6%;企业减亏工作取得新进展,全年亏损企业亏损额同比下降 7. 7%,其中国有及国有控股亏损企业亏损额下降 12. 2%。工业产销衔接较好, 库存趋向合理。全年工业产销率为 98. 03%,比上年提高 0. 31 个百分点;企业产成品库存占用资金 7296 亿元, 仅比上年同期上升 5. 2%,远远低于生产增加的幅度,是近 10 年来增幅最低的一年。

城乡居民收入继续增长。初步统计,全年全国城镇居民人均可支配收入 7703 元,按可比口径计算,比上年实际增长 13. 4%;农民人均纯收入 2476 元,实际增长 4. 8%。城乡居民储蓄大幅度增加, 12 月末,储蓄存款余额达 8. 7 万亿元,比年初增加 1. 3 万亿元。

2002 年,面对复杂多变的世界政治经济形势和加入世界贸易组织带来的困难和挑战，我国经济整体上仍保持了较快增长的良好运行态势。这既是党中央、国务院在年初正确分析国内外形势、充分估计所面临的困难，果断采取正确对策的结果，也是前5年实施扩大内需政策累积效应进一步发挥作用的结果。

第一，正确的宏观调控政策是2002年经济保持较快增长的根本保证。2002年，党中央、国务院准确把握国际政治经济格局的变化趋势，科学全面分析国内经济发展面临的各种有利不利因素，创造性地坚持了近几年一直实施的扩大内需政策。在继续实施积极财政政策时，采取了及早启动国债项目、加快资金的落实和配套等措施，促使各种经济类型投资全面加快增长；在继续实施稳健货币政策时，适时下调了人民币存贷款利率，加强了对商业银行的“窗口指导”，货币政策对经济增长的支持力度加大。年末广义货币（M_2）余额为185007亿元，比上年末增长16.8%，比上年加快2.4个百分点；狭义货币（M_1）余额为70882亿元，增长16.8%，加快4.1个百分点；流通中现金（M_0）余额为17278亿元，增长10.1%，加快3个百分点；全年金融机构新增各项贷款18475亿元，比上年多增6036亿元。货币供应量增长速度的加快和贷款的增加，促进了经济发展，加快了结构调整的步伐。

第二，抓住机遇，加快对外开放步伐，促进了对外贸易的迅速增长。一是适应加入世界贸易组织后的新形势，进一步放宽企业外贸自主权，完善出口退税政策，全年出口退税达到1258亿元，企业外贸环境进一步改善；另一方面，利用进口关税降低的机遇，加快引进先进技术设备，结构调整步伐加快；二是利用世界经济缓慢复苏和美元贬值对我出口有利的时机，加快对主要贸易伙伴的出口。除日本外，我国对主要贸易伙伴的出口增长均大幅度上升。全年对美国出口比上年增长28.9%，增速比上年加快24.7个百分点；对欧盟出口增长17.9%，加快10.8个百分点；对香港出口增长25.6%，加快21个百分点；对东盟出口增长28.3%，加快22.3个百分点；对韩国出口增长23.8%，加快12.9个百分点；但对日本出口只增长7.8%，比上年下降0.1个百分点。

第三，近5年经济体制改革的不断深化，为经济增长提供了新的动力和保障。近5年来，军工、电信、民航、电力、石油、石化等国有企业的改革取得重要进展，初步打破垄断，促进了竞争和资源的优化配置；金融体制改革继续深化，金融机构不良资产比例不断降低，金融对经济增长和结构调整的支持力度加大；农村税费改革试点进一步扩大到20个省区市，取得良好效果，减轻了农民负担，对扩大农村消费起到积极作用；再就业工作和社会保障体系建设的持续加强，特别是“两个确保”和城市“低保”力度的加大，相应增加了低收入阶层的收入，保证了社会稳定。

第四，近5年扩大内需政策效应的逐步释放，有效地改善了供给水平，扩大了市场因素对经济增长的作用。5年来，我们始终坚持扩大内需的政策，建成了一大批各类基础设施，大大缓解了基础设施的“瓶颈”制约，提高了有效供给能力。1998年以来，国家共发行了6600亿元长期建设国债，建设了上万个有利于扩大内需和结构调整的工程项目，投资总规模达3.28万亿元，产生了巨大的经济效益和社会效益。五年来共加高加固长江干堤3576公里，建设铁路新线5500公里，新增公路7.6万公里，改建和新建机场35个。在国债投资的积极带动和国家相关政策的推动下，民间投资进一步活跃，城乡集体、个体投资增长13.8%，比上年加快1.2个百分点；东部地区投资增速加快，全年东部地区国有及其它经济类型固定资产投资比上年增长16.2%，增速比上年加快2.9个百分点，与中西部的差距由上年的4.3个百分点缩小为4.0个百分点。坚持扩大内需的政策确保了5年经济的平稳发展，增强了企业和消费者的信心，微观领域活力增强。综合反映消费者对经济现状满意程度和对未来经济前景预期的消费者信心指数由2002年3月末的97.2点上升到12月末的97.5；企业家信心指数则由一季度的119.6点上升到四季度的125.6点；规模以上工业企业实现利润也创历史新高。基础设施的改善、经济增长微观基础的增强、市场开放领域的扩大和国内稳定的政治经济环境，也为我国吸引外资创造了良好的条件，外商来华投资大量增加。我国经济已经开始进入到由政府政策和市场力量共同推动发展的新阶段。

二、经济运行中值得关注的几个问题及2003年展望

在充分肯定2002年经济总体运行良好的同时，对影响2003年经济持续快速健康发展的一些突出问题也必须引起高度重视。

专栏 GDP数据的形成和公布过程

一、年度国内生产总值核算数据的形成过程为:初步统计过程、初步核实过程、最终核实过程。

对某年国内生产总值数据而言,初步统计数据在次一年年初得出。这时,核算所能得到的资料较少,基本上以国家统计局有关专业司提供的主要专业初步统计资料为基础,对当年的国内生产总值进行估计和推算,得到的初步数据用于满足年度宏观经济形势初步分析和判断的需要。它有待于获得较充分的资料后进行核实,故称为初步统计过程。初步统计数据在次一年年初发布的《中国统计公报》和次一年上半年出版的《中国统计摘要》上公布。

初步核实数据在次一年的第二季度得出。这时,国家统计局主要专业初步统计资料得到核实,专业统计资料、国务院有关部门的统计资料和部分会计决算和业务核算资料陆续获得,但如金融保险、铁路、民航、邮电运输等较多数系统的会计决算资料和财政决算资料尚不能获得,故此过程为初步核实过程。初步核实数据在次一年下半年出版的《中国统计年鉴》和《中国统计提要》上公布。

最终核实数据的核算时间在次一年的第四季度。这时,国内生产总值核算所需要并可能搜集到的各种统计资料、会计决算资料和有关业务核算资料基本齐备。依据这些更全面、更细致的资料计算出来的数据自然比初步核实数据更准确些,这是最终核实过程。最终核实数据在次二年出版的《中国统计摘要》、《中国统计年鉴》和《中国统计提要》上公布。

年度国内生产总值核算数据的确定除了上述三过程外,还不定期地有一个历史数据调整过程。即在:发现或产生新的资料来源,与原有的资料来源相比,新的资料来源在数据大小方面有较大的变化;国内生产总值核算的有关分类发生变化,如行业分类或最终使用项目分类发生变化;核算方法或核算原则发生重大变化等情况发生时,因为这些方面的变化往往导致国内生产总值数据总量或结构发生变化,需要对国内生产总值的全部历史数据或一定时期内的历史数据进行调整,以保证国内生产总值历史数据的可比性。

历史数据调整过程不发生时,国内生产总值最终核实数据就是最终数据。随着国内生产总值核算方法和基础资料逐步完善、有关分类相对固定时,历史数据调整过程将会逐步减少,国内生产总值的最终核实数据就会相对固定下来。

二、季度国内生产总值核算数据的重要性不断上升,其核算时间也趋于稳定。某季度国内生产总值数据是在该季季后12日前后依据各主要专业的统计数据而计算出来的,并于该季季后20日向社会公布。一年4个季度均进行季度国内生产总值预计。

(执笔:邓卫平)

(一)劳动就业矛盾仍然比较突出。

就业问题是我国经济长期必须面对的一个问题。2002年末,城镇登记失业率已上升到4%,城镇调查失业率也已上升到6%左右。2003年,除人口自然增长所形成的1500万人的就业压力外,四年前高等学校扩招所产生的第一批近70万名毕业生也将加入到新增就业人口行列,构成新的就业压力。此外,经济结构调整,经济发展过程中所形成的结构性失业问题仍然比较突出。对此,我们必须按照中央就业和再就业工作会议的精神,采取各种有力措施,缓解就业矛盾,防止其对经济增长和社会稳定造成不良影响。

(二)农民增收仍然困难。

首先,城乡居民收入差距仍在继续扩大。2002年农民人均纯收入在上年恢复性增长的基础上虽保持了4%以上的增长速度,但与城镇居民收入增幅的差距却由2001年的4.3个百分点扩大到8.6个百分点;总量差距也在继续扩大,城乡居民收入之比从2001年的2.9倍上升到2002年的3.1倍。其次,从结构上看,农民收入增长的基础也不够牢固。占农民收入五成左右的第一产业收入,2002年仅增长0.8%。由于现阶段我国农产品供求关系发生重大变化,农业的发展越来越受到市场需求的制约,加入世界贸易组织对我国农产品价格和销售的影响将会逐步扩大,靠农业增加收入的前景并不乐观。同时,由于城市就业压力加大,农村劳动力转移将会面临更加困难的局面。农民收入增长缓慢,不仅影响农民生活的改善和农村社会的稳定,而且直接制约着整个消费市场的开拓和国民经济的持续增长,是关系全局的大问题。

（三）物价仍在继续维持小幅下降的局面。

2002年，市场价格在上年略有上涨的基础上，整体呈下降趋势。居民消费价格比上年下降0.8%，工业品出厂价格下降2.2%，原材料、燃料和动力购进价格下降2.3%。从动态变化情况看，2002年物价下降幅度虽有所缩小，居民消费价格的下降幅度从1月份的1.0%缩小到12月份的0.4%，但市场物价持续下降的局面仍没有根本改变，到2002年12月，居民消费价格已经连续14个月下降或持平；工业品出厂价格和原材料、燃料、动力购进价格虽在年末止跌转升，但到2002年11月，工业品出厂价格连续下降20个月，到2002年10月，原材料、燃料和动力购进价格连续下降16个月。尽管导致本轮价格水平下降有一些良性因素，如关税税率下调；国家加快电力、交通、通信等垄断性行业的改革步伐，引入竞争机制；技术进步导致的劳动生产率提高；规范部分公共产品和服务的定价行为，使政策性提价力度减弱等等。但是，导致价格下降的本质因素，即有效需求不足与供给结构不合理，以及价格长期下降可能导致的对经济增长的消极影响不容忽视。

（四）2003年我国经济发展环境还存在许多不确定因素。

从国内因素看，我国部分地区发生的“非典”疫情对我国开展正常的国际经济合作与交流、旅游业以及交通运输、零售、餐饮业的影响已有所显现，对整体经济造成负面影响的可能性加大；自然灾害等不可预见的困难也有可能出现。从国际因素看，虽然美、欧、日三大经济体将在曲折中缓慢复苏，与我国经济联系较为紧密的一些亚洲国家和地区经济会保持较快增长，但美国经济起伏不稳，欧盟经济回升乏力，日本仍未摆脱持续低迷状态，世界经济复苏的快慢和程度、伊拉克战争对世界经济和中国经济将产生何种影响，尚存在很多变数；加入世界贸易组织对我国的外贸和经济发展总体上利大于弊，但一些国家与我国的贸易摩擦也不断加剧。

上述情况表明，2003年我国经济发展中还面临不少困难和问题，有的还相当突出。清醒地认识这些问题，并采取切实有效措施加以解决，是我国宏观调控面临的重要任务。当然，我们也要看到，2003年经济发展的有利条件也不少：稳定的社会政治经济环境，比较雄厚的物质技术基础，充裕的外汇储备，巨大的市场潜力，不断深化改革释放出的体制活力，正在形成的消费热点等。更重要的是党的十六大确立了“三个代表”重要思想的指导地位，提出了全面建设小康社会的宏伟目标，完成了党中央领导集体的新老交替，为全国人民指明了新世纪、新阶段改革和建设的前进方向，为进一步解放和发展生产力奠定了基础。全国人民团结一心、加快经济发展、全面建设小康社会的热情被充分调动起来。

中央经济工作会议已经对2003年经济工作的大政方针做出了明确部署：保持政策的连续性和稳定性。继续坚持扩大内需的方针，实施积极的财政政策和稳健的货币政策，进一步深化改革，扩大开放，促进国民经济持续快速健康发展和社会全面进步。这是做好2003年经济工作的重要保证，只要我们高举邓小平理论伟大旗帜，全面贯彻“三个代表”重要思想，认真贯彻党的十六大和中央经济工作会议精神，聚精会神搞建设，一心一意谋发展；抓住机遇，积极应对国内外经济环境变化和“非典”疫情带来的困难和挑战。在坚持上述大政方针的基础上，按照政策稳定性和连续性的要求，积极、紧凑、及时地安排国债项目，确保国债投资对经济增长的促进作用，并根据经济发展的情况，适时适度调整利率水平，引导消费，扩大需求，提高供给能力，2003年，我国国民经济仍会保持2002年良好的发展势头。

（执笔：王文波　刘爱华）

开拓进取　成效显著

——1998－2002年我国经济和社会发展回顾

1998年以来的五年，面对国内外各种困难和矛盾所带来的严峻挑战，全国各族人民在党中央、国务院的正确领导下，高举邓小平理论伟大旗帜，认真贯彻“三个代表”重要思想，开拓进取，扎实工作，取得了令世人瞩目的成就，国民经济持续较快增长，体制改革、结构调整取得重大进展，对外开放进入到一个崭新的阶段，人民生活水平进一步提高，各项社会事业全面进步。

（一）国民经济持续较快发展，经济总量跃上了10万亿元的新台阶。

国内生产总值从1997年的7.4万亿元增加到2002年10.2万亿元，标志着我国经济总量跃上了一个大台阶。按可比价格计算，5年间年均增长7.7%，明显快于同期世界经济3%左右的增速。我国的经济实力进一步提高。根据世界银行资料，我国国内生产总值（GDP）居世界的位次由1997年的第7位上升到目前的第6位，经济总量占世界经济总量的份额由1997年的3%上升到2001年的3.7%。

（二）经济结构调整取得新的进展，经济增长的协调性增强。

三次产业结构在调整中不断优化。第一产业比重从1997年的19.1%下降到2002年的14.5%，下降了4.6个百分点；第二产业从50%提高到51.8%，上升了1.8个百分点；第三产业从30.9%提高到33.7%，上升了2.8个百分点。

从产业内部结构看，农业生产面对主要农产品市场供求关系发生重大改变的新情况，大力培育新品种，扩大优质农产品种植面积，积极发展“公司加农户”、订单农业等现代经营方式，区域化、优质化、产业化趋势明显增强。目前，优质水稻、优质油菜分别占各自总种植面积的66%和62%，优质专用小麦占小麦总种植面积的比重也在30%以上。发挥各地比较优势，不断调整农业区域布局，初步形成了各具特色的农产品种植带、产业带。2001年，长江流域的水稻面积占全国的65.7%，黄淮海平原的小麦面积占全国的60%，东北地区和冀鲁豫三省的玉米面积占全国的55%。

工业结构调整朝着发展高新技术产业、改造和提升传统产业方向推进。电子信息、生物工程、航天航空技术、新材料、新能源等高新技术产业发展迅速，一大批科技成果转化为现实的生产力，新技术产品出口所占比重由1997年9%上升到2002年的20.8%。高新技术产业成为经济增长的重要推动力量。煤炭、冶金、纺织、建材等一大批行业的市场环境明显改善，出现了生产增长加快、效益全面回升的良好局面。

第三产业发展迅速，成为促进经济增长、缓解就业矛盾的重要途径。五年来，第三产业新吸收劳动力占同期全部新增就业人数的50%以上。

西部大开发开局良好。1999年开始实施西部大开发战略以来，西部地区基础设施和生态环境建设得到了大力加强，国民经济和社会发展各项事业出现了生机勃勃的新气象，总体上呈现出经济增速差距缩小、投资增长加快以及生态环境保护和建设力度明显加大的新局面2002年，西部12个省区市国内生产总值年均增长9.9%，与东部地区的差距由1997年的1.6个百分点缩小到1.2个百分点。在国家政策的支持下，西部地区（未含广西和内蒙）全社会固定资产投资增长明显加快，2002年比1997年增长1.1倍，西部地区固定资产投资占全国固定资产投资的比重上升到16.3%，比1997年提高2.9个百分点。三年来，国家在西部地区相继新开工重大项目36个，总投资规模6000多亿元。青藏铁路、西气东输、西电东送等重大工程建设进展顺利，退耕还林、天然林资源保护、环京津风沙源治理、天然草原恢复与建设等工作取得明显成效，培育特色产业、加强地区经济合作已经有了一个良好的开端，西部地区丰富的资源优势开始向经济优势转化。

城镇化水平明显提高。五年来，围绕转移农村剩余劳动力、增加农民收入这个老大难问题，国家通过改善和加强大中城市基础设施建设、积极稳妥发展小城镇、引导农民工合理有序流动等措施，有效地促进了工业与农业、城市与乡村发展的良性互动。城镇化水平由1997年的31.9%提高到2002年的39.1%，五年间提高了7.2个百分点。

（三）主要农产品生产能力继续提高，主要工业产品生产持续增长。

五年来，党和政府始终坚持把加强农业放在国民经济的首位，依靠政策、投入和科技等手段，在不断调整优化农业结构的同时，继续保护和提高农业特别是粮食的综合生产能力，主要农产品产量持续保持在一个高水平上。1998－2002年粮食的平均年产量为47852万吨，市场粮食供应充足，国家粮食储备十分充裕。棉花、油料、肉类产量继续提高。2002年与1997年相比，棉花产量增长6.8%，油料增长34.3%，肉类增长25%。从国际对比情况看，目前大多数农产品人均产量基本达到世界平均水平，略高于发展中国家平均水平。谷物、棉花、水果、油菜籽、蔬菜、肉类、蛋类、鱼类等产量已稳居世界第一位，羊毛、茶叶产量居世界第2位，奶制品生产量也上升到世界第8位。

工业生产在结构调整和技术进步的作用下继续保持快速发展的势头。1998－2002年全部工业增加值年均增长9.2%，主要工业产品中，基础产品产量持续稳定增加。2002年与1997年相比，钢产量增长66.7%，原煤增长0.5%，原油增长3.9%，发电量增长45.6%，水泥增长41.6%。高新技术产业发展较快，成为推动经济增长的重要力量。新产品产值占规模以上工业产值的比重由1997年的5.9%提高到2002年的9.9%，其中汽车产量增长1.1倍，集成电路增长2.8倍，程控交换机增长1.1倍，移动电话机增长27.6倍，微型电子计算机增长6.1倍。主要工业产品产量居国际的位次也明显提升。目前，钢、煤、水泥、化肥和彩色电视机等主要产品产量稳居世界第一位。

（四）固定资产投资快速增长，基础设施建设得到大力加强，交通、电力、通信等“卡脖子”现象大大缓解。

全社会固定资产投资从1997年的2.5万亿元增加到2002年的4.3万亿元，年平均增长10.8%。五年间，全国共安排基础设施建设投资39853亿元，为前五年的2.3倍。长江三峡水利枢纽二期工程、黄河小浪底水利枢纽工程、大江大河堤防加固等一大批重点建设项目已经或即将建成。五年间，新建铁路复线投产里程4603公里，新增港口万吨级码头泊位吞吐能力14430万吨，新建公路202375公里，其中高速公路17463公里。已基本形成以铁路为骨干，公路、水运、民航和管道组成的综合运输网。邮电通信设施发展迅速，已建成包括光纤、数字微波、程控交换、移动通信等覆盖全国、通达世界大部分国家的公用电信网。全国电话交换机总容量已从1997年的11269万门增加到2002年的25615万门，增加1.3倍。2002年末，全国固定电话和移动电话用户已达4.2亿户，位居世界第一位。新增大型发电机组容量8345万千瓦，新增11万伏及以上送电线路长度71734公里，发电量从1997年的11342亿千瓦时增加到2002年底的16540亿千瓦时。

（五）市场繁荣，社会消费品零售额稳步增长。

五年来，随着经济的持续较快发展，消费品零售市场呈现出网点增多、货源充足、价格稳定、选择性明显增强的态势。近年来，商业网点发展迅速，超级市场、购物中心、连锁店、专卖店等新的业态逐渐成为重要的经营方式，到2001年底，全国拥有各类商品交易市场93085个，购物方便程度和购物环境大为改善。市场物价平稳，2002年与1997年相比，居民消费价格下降1.9%。居民消费心理稳定，消费行为更趋理智和成熟。五年来，社会消费品零售总额年均增长8.4%，扣除价格因素实际增长10.5%。居民购物消费已从单纯的功能性，向功能、舒适、保健、休闲等综合性消费转变。

（六）经济增长的质量和效益明显改善，财政收入的“两个比重”有较大提高。

五年来，尽管我国经济增长速度与改革开放前期相比有所减缓，但经济增长的质量却随着经济增长方式的转变有了进一步的提高。全社会劳动生产率由1997年的10732元/人提高到2002年的13954元/人。每万元国内生产总值消耗的能源由1.9吨标准煤下降到2001年1.4吨。财政收入从1997年8651亿元增加到2002年的18000多亿元，增加10000亿元，财政收入增速大大高于改革开放前期增速，也明显高于同期经济的增速，1998－2002财政收入年均增长16.9%，明显快于1978－1997年均增长12.1%的水平，也大大快于同期经济年均增长7.7%的水平。长期偏低的“两个比重”，即财政收入占国内生产总值的比重以及中央

专栏　我国私营企业步入快速发展时期

"十五"大以来，随着人们对私营经济发展认识上的转变和各级政府的大力支持，我国私营企业发展取得了突破性进展。主要情况如下：

一、总体实力增强，在国民经济中的地位提高

1996至2001年，我国私营企业单位数从44.3万家增加到132.3万家，年均增长24.5%；从业人员从802.2万人增加到3170.3万人，年均增长31.6%；资本金从3043亿元增加到14068亿元，年均增长35.8%；全年营业收入从4110亿元增加到31883亿元，年均增长达到50.6%，五年翻三番。

随着私营企业总体规模的扩大，其在国民经济中的地位逐步提高。2001年末我国私营企业单位数占全部企业数的43.7%，比1996年提高26.9个百分点；从业人员占全部企业从业人员的19.2%，提高了14.8个百分点；资本金占全部企业资本金的10.3%，提高了7个百分点；全年营业收入占全部企业年营业收入的13.2%，提高了11.2个百分点。私营企业已经成为我国经济发展的一支重要力量。

二、行业布局优化，逐渐趋向新兴服务业发展

从私营企业行业分布的情况看，2001年我国私营企业仍主要集中在制造业与批发和零售贸易、餐饮业，但与1996年相比，行业分布发生了明显的变化，制造业比重下降，批发和零售贸易、餐饮业上升，服务业尤其是新兴服务业发展迅速。2001年末，我国私营企业中从事制造业的企业63.9万家，占48.3%，比1996年下降11个百分点；从事批发和零售贸易、餐饮业的企业39.6万家，占29.9%，比1996年提高7个百分点。随着经济的发展和居民生活水平的提高，社会对服务业尤其对新兴服务业的需求增加，私营企业顺应这一变化，在积极参与制造业、批发和零售贸易、餐饮业的同时，逐步向房地产业、旅游业、广告业、咨询服务业、计算机应用服务业等新兴服务业发展。1996至2001年，我国私营企业中从事房地产业的企业从1562家增加到22024家，年均增长69.8%；从事旅游业的企业从125家增加到2496家，年均增长82%；从事广告业的企业从2297家增加到17152家，年均增长49.5%；从事公证、律师、会计、审计、统计等咨询服务业的企业从225家增加到10415家，年均增长115.3%；从事计算机应用服务业的企业从1220增加到16734家，年均增长68.8%。这些行业私营企业增长速度大大高于其它行业私营企业和我国全部企业的增长速度，呈现出快速增长的态势。

三、组织结构改善，企业规模明显扩大

随着私营经济的迅速发展，私营企业组织结构进一步改善。2001年末我国私营企业中从业人员在50人以下的小企业119.7万家，虽然占90%，但与1996年相比下降了3.8个百分点；50至499人的企业12.3万家，占9.3%，提高3.6个百分点；500人以上的企业3792家，是1996年的15倍。其中5000人以上的企业由1996年的1家增加到17家。企业平均规模明显扩大，2001年末，我国私营企业平均拥有从业人员24人，比1996年增加6人；平均拥有资本金106万元，比1996年增加近38万元；平均年营业收入241万元，是1996年的2.6倍。

四、东部地区发展快，中部地区相对滞后

2001年末我国东部地区拥有私营企业95.3万家，占全国的72%，与1996年相比增加70.7万家，年均增长31.1%，比全国平均增长速度高6.6个百分点。其中拥有量名列前5位的依次是：江苏、浙江、广东、上海、北京，五省（市）拥有私营企业65.8万家，占全国的一半。中部地区拥有私营企业23万家，占全国的17.4%，与1996年相比增加9.4万家，年均增长11%，比东部地区低20.1个百分点。西部地区拥有私营企业14万家，占全国的10.6%，与1996年相比增加7.9万家，年均增长18.2%，比东部地区低12.9个百分点。上述结果表明，私营企业在我国东、中、西部地区发展不平衡，东部地区不仅在私营企业拥有量上占绝对优势，而且发展速度快，西部地区发展速度居中，中部地区发展相对滞后。

五、经济效益提高，社会效益显著

随着私营企业行业布局的调整和规模的扩大，其在市场经济大潮中的竞争力日益增强，整体效益明显提高。2001年末我国私营企业从业人员人均营业收入达到10.1万元，比1996年翻了近一番；百元资本金产出率257元，比1996年增加39元。私营企业在经济效益不断提高的同时，社会效益也进一步提高，吸纳社会劳动力的能力逐渐增强，私营企业已经成为国有、集体企业职工下岗再就业的重要渠道。1996至2001年五年间，我国私营企业从业人员规模翻了近两番，在国有企业、集体企业减员情况下，净增从业人员2368.2万人，大大缓解了社会就业的压力。

（执笔：杜希双　侯俊华）

财政收入占全部财政收入的比重有了明显提高，前者由1997年的11.6%提高到2002年的18.5%，后者由48.9%提高到54.9%。国家外汇储备从1399亿美元增加到2864亿美元，增长一倍以上，位居世界第二位。企业经济效益显著改善，全部国有及规模以上非国有工业企业实现利润由1998年的1458亿元增加到2002年的5620亿元，增长2.9倍，年平均增长40.1%；工业成本费用利润率由2.41%提高到5.56%；总资产贡献率、资产负债率、流动资金周转次数等主要经济效益指标也都有较大程度的改善。

(七)经济体制改革攻坚取得重要进展，经济发展的活力明显增强。

五年来，在经济较快发展的同时，经济体制改革也在不断深化，社会主义市场经济体制进一步建立健全。

一是初步形成了以公有制为主体、多种所有制经济共同发展的新格局。以建立现代企业制度、“抓大放小”、优化国有经济布局为主要内容的国有企业改革取得较大进展，国有企业的管理体制和经营机制发生了较深刻变化。国有工业企业数量虽从1997年的74388家减少到2002年的42696万家，但国有经济的控制力和竞争力明显增强，国有及国有控股工业企业实现利润由1997年的807亿元增加到2002年的2636亿元，国有经济在关系国民经济命脉与安全的重要行业和关键领域继续居于支配地位。在国家政策扶持、鼓励和引导下，城乡集体、个体、私营、外资等企业发展迅速，对经济增长的贡献率明显提高。据初步测算，目前在GDP总量中，非公有制经济创造的增加值已超过1/3。

二是市场体系建设进展顺利，市场在资源配置中的基础性作用进一步增强。目前，90%以上的商品价格已由市场决定，电力、供水、电信、民航等行业打破垄断、引入竞争的改革逐步展开，政府定价行为进一步规范，市场价格形成机制进一步健全。资本、土地、技术、劳动力等要素市场有了很大的发展。通过严厉打击走私、骗税和制售假冒伪劣商品，整顿和规范市场经济秩序取得了阶段性成果。

三是财税、金融、外贸、投融资各项宏观管理体制改革取得明显成效，社会保障体制建设在探索中前进。与社会主义市场经济体制相适应的公共财政体制框架初步建立，国有商业银行的金融不良资产比例不断降低，投资主体的风险约束进一步增强，以“两个确保”和“三条保障线”为主要内容的社会安全网建设进展较好，目前全国有2054万人城市困难居民得到最低生活保障。

(八)对外贸易连续跨上几个大的台阶，对外开放进入新阶段。

五年来，我国坚定不移地继续实施对外开放政策，通过多次提高出口退税率、放宽外贸经营权、实施市场多元化战略等一系列政策措施，有力地促进了外贸出口的增长。全国进出口总额由1997年的3252亿美元增加到2002年6208亿美元，增长了近一倍，世界排名由第十位跃居到第五位，成为名副其实的贸易大国。其中出口总额从1828亿美元增加到3256亿美元，年平均增长12.2%，出口商品结构明显优化，深加工、高附加值产品已逐渐占据主导地位。机电产品和高新技术产品出口占全国出口总额的比重分别由1997年的32.5%和9.0%上升到2002年的48.3%和20.9%，剔除交叉部分，这两类商品在出口中的比重已达到49%。利用外资规模扩大，领域拓宽，层次提高。1998－2002年实际利用外商直接投资达2261亿美元，超过1979－1997年的总和。外商投资领域明显向高新技术产业、基础设施和服务业倾斜，全球最大的500家跨国公司中有400余家在华投资，设立研发中心近400家。利用两种资源、两个市场，积极实施“走出去”战略取得初步成效。截止2002年底，我国在境外设立的中资企业总数达6960家，协议投资总额达138亿美元。2001年12月我国正式加入世界贸易组织，标志着我国对外开放进入到一个新的发展阶段。

(九)人民生活水平显著提高，总体上达到小康。

五年来，党和政府始终把不断提高人民生活水平作为解放生产力、发展生产力的根本出发点和归宿，人民的收入水平、生活水平和生活质量随着经济的迅猛发展显著提高。

城乡居民收入水平不断提高，消费结构大大优化。农民人均纯收入由1997年的2090元增加到2002年的2476元，扣除价格因素，年平均实际增长3.8%；同期城镇居民家庭人均可支配收入从5160元增加到7703元，年平均实际增长8.3%。城乡居民人民币储蓄存款余额从4.6万亿元增加到8.7万亿元。消费结构进一步改善，住、用、行、文化娱乐、教育等享受和发展方面的消费支出明显增加。过去五年是改革开放以来我国居民恩格尔系数(食品支出占消费支出的比重)下降最快的时

专栏 我国吸引外国直接投资活动指数与吸引外国直接投资潜力指数迅速提高

联合国开发计划署(UNDP)近期测算并公布了世界140个国家(地区)1988－1990年及1998－2000年吸引外国直接投资活动指数与吸引外国直接投资潜力指数①。结果显示,我国吸引外国直接投资活动指数与吸引外国直接投资潜力指数均迅速提高。

1998－2000年,吸引外国直接投资活动指数最高的十个国家(地区)分别是:比利时－卢森堡,13.8;中国香港,5.9;安哥拉,5.1;爱尔兰,5.1;马尔他,4.6;瑞典,4.1;荷兰,3.3;阿塞拜疆,3.3;尼加拉瓜,3.1;玻利维亚,3.0。我国为1.2,居第47位。

1998－2000年,吸引外国直接投资潜力指数最高的十个国家(地区)分别是:美国,0.666;瑞典,0.650;新加坡,0.641;挪威,0.634;加拿大,0.629;芬兰,0.626;瑞士,0.617;丹麦,0.615;冰岛,0.604;比利时－卢森堡,0.604。我国为0.251,居世界第84位。

1998－2000年与1988－1990年相比,吸引外国直接投资活动指数提高最快的4个国家分别为安哥拉、巴拿马、尼加拉瓜和亚美尼亚;我国从0.9上升至1.2,居世界位次从第61位上升到第47位。吸引外国直接投资潜力指数提高最快的3个国家分别是圭亚那、萨尔瓦多和黎巴嫩;我国从0.234上升至0.251,但由于一些国家或地区上升的更快,反而我国居世界位次从第59位下降到第84位。

注:①吸引外国直接投资活动指数为某国(经济体)三年平均吸收外国直接投资(FDI)占全球FDI比重与该国(经济体)三年平均国内生产总值(GDP)占全球GDP比重之比。与UNDP上年发布报告中提出计算方法不同,现有的指数计算公式中的分母不再包括另外两个项目,即该国(经济体)劳动力占全球劳动力的比重与该国(经济体)出口额占世界出口总额的比重。

吸引外国直接投资潜力指数为八个影响FDI流入的主要指标无量纲标准化分值的简单平均数。这八个指标分别为:人均GDP、实际经济增长率、出口占GDP比重、每千人电话主线数、人均商业能源消费量、研发经费占国民生产总值的比重、每万人在校大学生数和国家风险。其中国家风险包括影响投资的政治和商业风险。

(执笔:闫海琪)

期,其中农村居民家庭恩格尔系数从1997年的55.1%下降到2002年的46.2%,下降了8.9个百分点,年平均下降1.8个百分点,大大快于1978－1997年平均下降0.58个百分点的水平;同期城镇居民恩格尔系数从46.4%下降到37.7%,下降了8.7个百分点,年平均下降1.72个百分点,而1978－1997年平均仅下降0.58个百分点。

居民居住条件和居住环境大为改善,耐用消费品拥有量明显增加。2002年城镇居民住房人均建筑面积为近22平方米,比1997年增加4平方米左右。到2002年底,城镇居民家庭中有82.1%的家庭拥有自己的住房,比1997年增加26.3个百分点。居民居住的舒适程度大大提高。82.8%的家庭住上了厨房、厕所配套设施齐全的住房,比1997年提高13.4个百分点;85%的家庭使用管道燃气和液化石油气,提高14.9个百分点。居民家庭耐用消费品的普及程度继续提高,家用电脑、微波炉、空调、移动电话、汽车等的拥有量成倍增长。2002年城镇居民平均每百户电冰箱拥有量87台,比1997年增加14台;家用电脑21台,增加18台;微波炉31台,增加26台;空调51台,增加40台。2002年农村居民人均住房面积为26.5平方米,比1997年增加4平方米,增长17.8%。其中:砖木及钢筋混凝土结构住房面积21.6平方米,比1997年增加4.6平方米。农村居民家庭中,彩电、冰箱等的拥有量增长较快。2002年农村居民平均每百户拥有彩色电视机60.5台,比1997年增加33.2台,增加一倍多;电冰箱14.8台,比1997年增加6.3台,增长74.1%;洗衣机31.8台,比1997年增加9.9台,增长45.2%;电风扇134.3台,比1997年增加28.4台,增长26.8%。电话、移动电话、空调、电脑等也开始进入农民家庭。

人民的医疗保健水平和身体素质不断提高。到2002年底,全国共有卫生机构29万个,医院、卫生院床位321万张,卫生技术人员444万人。比较健全的医疗卫生保障体系,大大缓解了人们“看病难”的问题。历史上一些长期危害人民身体健康的疾病得到了有效的控制，有的已经基本灭绝。2002 年的人口死亡率仅为 6.41‰，2000 年人口平均预期寿命达到 71.4 岁，高于世界平均预期寿命 4.4 岁。反映居民身体素质的身高、体重都有了明显的改善。人民在物质生活逐渐丰富的同时，享受着健康快乐的人生。

（十）科教兴国战略取得实质性进展，各项社会事业全面进步。

科研投入明显增加，科技创新能力显著提高。科学研究与试验发展经费支出从 1997 的 207 亿元增加到 2002 年 1161 亿元，占国内生产总值的比重由 0.64% 提高到 1.1%。科技队伍不断发展壮大，2002 年全国从事研究与试验发展人力达 96 万人年，其中科学家和工程师 75 万人年，分别比 1997 年增长 15.6% 和 27.1%。科研成果显著，五年来在信息技术、航空航天技术、生命科学、纳米技术等许多重要领域的研究都取得了新的突破。“神舟”系列飞船飞行实验成功、国际人类基因组计划 1% 测序工作的完成、高性能“曙光”系列大规模并行处理计算机研制成功、杂交水稻基因组工作框架图顺利完成等，标志着我国基础研究能力和科研创新能力有了明显的提高。科研成果向市场化、产业化转化的进程明显加快，五年来每年取得的省部级以上科技成果都在 2.9 万项左右，2002 年技术合同成交金额 880 亿元，比 1997 年增长 1.5 倍。

基础教育和高等教育得到了大力加强。教育投入大幅度增加，办学条件明显改善。全国教育经费投入从 1997 年的 2532 亿元增加到 2001 年的 4638 亿元，年平均增长 16.3%；国家财政性教育经费占国内生产总值的比重逐步提高，从 1997 年的 2.5% 提高到 2001 年的 3.2%，办学条件、教师待遇得到了明显的改善。基本普及九年义务教育和基本扫除青壮年文盲的“两基目标”顺利实现，“两基”人口覆盖率由 1997 年的 65% 提高到 2002 年的 91%，6 岁以上人口平均受教育年限由 1997 年的 7.00 年提高到 2002 年的 7.73 年。高等教育发展迅速，多层次、多学科、多样化的高等教育体系初步形成。2002 年全国共招收本专科学生 543 万人，其中普通高校招生首次突破 300 万人，达到 321 万人，比 1997 年增长 3.2 倍；研究生招生 20.3 万人，增长 3.2 倍。五年间，普通高校招生人数达 1078 万人，研究生招生人数 66.1 万人，分别接近或超过了其 1978 – 1997 年招生人数的总和。此外，文化、卫生、体育等各项社会事业继续蓬勃发展，环境保护和资源管理工作成效显著。

总之，过去的五年，是各项改革进一步深化，对外开放进入新阶段的五年；是综合国力明显增强，国际地位显著提高，经济持续较快发展，人民生活大步改善的五年。

五年来，我国取得了举世瞩目的成就，成绩确实来之不易。国际上，先是亚洲金融危机肆虐及其影响不断扩大和加深，2001 年，受新经济泡沫破裂、“9.11”恐怖袭击事件以及国际市场石油价格剧烈波动等影响，美国、日本、欧盟世界三大主要经济体同时陷入衰退，全球经济和贸易量增长速度明显放慢，与此同时，拉美经济受阿根廷金融危机的拖累走入低谷；国内方面，除了 1998 年特大洪涝灾害给工农业生产造成巨大损失外，面临的挑战主要来自以下两个方面：一是市场供求环境的变化进一步强化了供大于求的矛盾；二是随着市场取向改革的深化和结构调整力度的加大，原有的劳动力素质低、数量大的矛盾趋于显性化，下岗失业问题突出，就业压力明显增大。

五年成就的取得，主要归功于党中央、国务院的正确领导和科学决策，归功于全国人民的共同努力。五年来，面对这种险象环生的困难局面，党中央、国务院高瞻远瞩，总揽全局，准确把握国际政治经济格局的基本趋势，全面分析国内经济发展各种有利不利因素，牢牢坚持把发展作为主题，把结构调整作为主线，把改革开放和科技进步作为动力，把提高人民生活水平作为根本出发点，适应不同时期经济形势发展变化的需要，及时果断地作出了一系列重大的决策，有效抵御和化解了各种不利因素对经济发展的影响，保持了国民经济的持续较快发展，显示出了驾驭复杂局势调控经济的娴熟技艺。1998 年，面对亚洲金融危机和国内发生严重自然灾害的双重夹击，我国政府审时度势，从容应对，对外坚持人民币不贬值政策，树立了一个负责任的大国形象；对内果断实行宏观调控政策取向的转型，适时提出扩大内需的方针，改适度从紧的财政货币政策为积极的财政政策和稳健的货币政策，从发行长期建设国债、提高城乡居民收入和鼓励出口三个环节入手，促进了经济的较快增长。以后，在实践中又进一步调整、充实、完善扩大内需的政策内容，把扩大内需同经济结构的战略性调整、深化经济体制改革、改善人民生活、增加就业以及推进可持续发展战略紧密结合起来，认真搞好财政政策与货币政策的协调联动，实行扩大内需与提高对外开放水平“双轮驱动”，增加投资与刺激消费并举，牢牢把握宏观调控的主动权。

展望未来，党的十六大明确提出了要在21世纪的头20年，集中力量，全面建设惠及十几亿人口的更高水平的小康社会。尽管目前我国经济和社会生活中面临的矛盾和困难还不少，但这些都是前进中的问题，发展中的问题，经过努力是可以逐步解决的。总的看，下阶段我国经济发展机遇大于挑战的大环境仍未改变。国际方面，尽管短期内还存在许多不确定因素，但长期来看，和平和发展仍是当今时代的两大主题，世界多极化、经济全球化是人类社会发展的大趋势，争取较长时期的国际和平环境，加快本国经济的发展是可能的。国内方面，我国在经济发展空间、物质技术基础和资金供应等方面仍具有快速发展的潜力。首先是我国工业化进程尚未完成，人民生活刚刚从温饱进入小康，城乡之间、地区之间、不同产业之间发展还很不平衡，结构的升级、城镇化进程的加快、地区的协调发展、人民生活水平的改善等都将为经济的加快发展提供动力。其次，经济增长的物质技术基础比较雄厚，经过建国50多年特别是改革开放20多年来的大规模投资建设，以及近5年利用国债资金大力加强基础设施建设，过去长期困扰我国经济发展的能源、交通“瓶颈”制约状况得到根本的缓解，支撑经济继续保持较快增长的基础更加坚实。同时，随着我国正式加入世贸组织，可以更好地借鉴、利用国际资源、技术和先进的管理经验，发挥比较优势和后发优势，加快经济的发展。第三，资金供应比较充裕，居民储蓄和外汇储备已有相当规模。更为重要的是，我们有中国共产党的坚强领导，有来源于实践并被实践证明行之有效的建设中国特色社会主义的基本理论、基本路线和基本纲领的正确指引。

我们相信，在以胡锦涛为总书记的党中央的正确领导下，只要我们继续高举邓小平理论伟大旗帜，全面贯彻“三个代表”重要思想，坚持以经济建设为中心，坚持改革开放，努力做到发展有新的思路，改革有新的突破，开放有新的局面，各项工作有新的举措，上下同心，扎实苦干，我们就一定能够顺利实现现代化建设的第三步战略目标，实现中华民族的伟大腾飞。

（执笔：郑京平　万东华）

2002年财政政策回顾及2003年展望

2002年是我国实施积极财政政策的第五年。根据经济发展的实际需要，我国政府决定2003年继续实施积极财政政策。

一、2002年中国财政政策回顾

2002年，针对国内需求仍然不足、世界经济发展前景仍不明朗的情况，党中央、国务院决定继续采取扩大内需的方针，实施积极财政政策，保持了经济稳定健康发展。

（一）继续发行长期建设国债，重点用于对基础设施建设的投资。

2002年，中央财政共发行长期建设国债1500亿元，其中，1250亿纳入中央预算，250亿转贷地方，全年实际安排国债项目投资1428亿元。国债投资的重点是农业、水利、交通、农网改造、技术进步和产业升级、城市基础设施、环境保护等基础设施在建项目、续建项目和重大新开项目。截止到2002年底，国家已累计安排国债投资6600亿元，涉及8600个项目。

（二）加大对西部的财政投资力度，加快西部开发步伐。

2002年，国债用于西部地区的投资占全部国债投资的49.2%，是近几年以来的最高水平。国家在西部地区新开工重大项目36个，总投资规模6000多亿元。国债投入有力地带动了西部地区投资快速增长，促进了西部地区国民经济和社会事业全面发展：青藏铁路、西电东送、西气东输、八条公路主干线、近700个无电乡电力设施、骨干枢纽工程建设全面展开；2.1万公里的通县油路基本建成；农村贫困人口饮水困难问题得到较大缓解；一大批城市基础设施项目竣工投产。

（三）加大对生态环境保护的投资力度。

2002年，国家从多个方面加大对生态环境保护的财政投资力度。一是安排国债投资31.38亿元用于林业生态环境建设；二是安排森林生态效益补助资金10亿元，用于11个试点省区的重点公益林管护；三是继续支持天保工程的实施；四是支持退耕还林工程和京津风沙源治理工程；五是支持退牧还草工程建设，将其作为全国生态保护建设规划的一部分先行启动。截止2002年底，全国共完成退耕还林5800万亩、宜林荒山荒地造林6200万亩，完成人工造林2387万亩；天然林保护、重点防护林、自然保护区、京津风沙源区治理、天然草场建设等重大工程初见成效。

（四）进一步加大对农业投入，巩固农业的基础地位。

2002年，财政支持农业发展的政策主要有：一是按照特事特办、急事急办的原则，及时拨付资金支持防汛抗旱工作，组织灾区恢复生产，抗灾自救；二是认真做好农业病虫疫情防治和救灾工作；三是落实农业税灾歉减免政策。根据各地农业受灾和农业税负担等情况，经国务院批准，全年共核减各地农业税任务29亿元，其中中央财政补助10亿元；四是支援农村生产和各项农业事业发展。2002年财政用于农业支出达1088亿元，比2001年增长了15.6%，重点支持了农业基础设施建设、结构调整、综合开发及抗灾救灾等。对农业投入的大幅增加改善了农业生产条件，提高了农业综合生产能力，增强了农业发展后劲。

（五）促进了教育事业的快速发展。

一是增加财政支出，积极支持高等教育体制改革；二是继续支持“211工程”二期工程建设；三是针对高校扩招后基础设施老化，教学、实验设备缺乏的实际情况，财政安排高校修购专项资金，大大改善了中央本级高等学校的办学条件；四是积极推进国家助学贷款工作，继续安排高校学生助学贷款贴息；五是继续实施全国中小学危房改造工程；六是大力支持职业教育发展，2002年中央财政将原设立的职业教育专款4000万元提高到2.1亿元，增加了4.25倍，主要用于全国73所示范性职业院校建设和这些院校的贫困生助学；七是加大对贫困地区义务教育阶段学生的资助，积极推动地方政府建立和完善中小学生助学制度。2002年，全国财

专栏 企业实收资本近14万亿 其中54.4%为国家所有

第二次全国基本单位普查资料显示,2001年我国302.6万个企业法人的实收资本总额为13.66万亿元,其中:国家资本占54.4%、集体资本11.3%、个人资本18.4%、港澳台资本8.1%、外商资本7.8%。

从企业资本的构成看,国有企业资本中99%来自国家资本,其他资本来源仅占1%;集体企业资本的82.3%来自集体资本,个人资本、国家资本等也各占一定比例;私营企业资本的97.9%源于个人资本,其他资本只占2.1%;股份制企业资本中国家资本占了一半以上,为53.6%,个人资本占31.6%,集体资本占12.8%,其余2%为港澳台及外商资本;港澳台商投资企业资本的83.8%来自港澳台资本,10.5%来自国家资本;外商投资企业资本的85%来自外商资本,9.5%来自国家资本;其他企业资本的主要构成依次为集体资本、国家资本和个人资本,分别占44%、34.1%和19.7%。

表1 资本属性构成

单位:%

	总资本	国家资本	集体资本	个人资本	港澳台资本	外商资本
合 计	100.0	54.4	11.3	18.4	8.1	7.8
国有企业	100.0	99.0	0.4	0.4	0.1	0.1
集体企业	100.0	5.4	82.3	11.7	0.4	0.2
私营企业	100.0	0.4	1.5	97.9	0.1	0.1
股份制企业	100.0	53.6	12.8	31.6	1.0	1.0
港澳台商投资企业	100.0	10.5	3.5	1.9	83.8	0.3
外商投资企业	100.0	9.5	2.3	1.4	1.8	85.0
其他企业	100.0	34.1	44.0	19.7	1.0	1.2

上述资本的分布表明,实收资本在我国不同注册登记类型企业中呈现出“你中有我、我中有你”的格局。国家资本的74.7%分布在国有企业,20.6%分布在股份制企业;集体资本的66.6%分布在集体企业,23.7%分布在股份制企业;个人资本的54.9%分布在私营企业中,36.1%分布在股份制企业;港澳台资本的94.3%分布在港澳台投资企业,2.6%分布在股份制企业;外商资本的96.3%分布在外商投资企业,2.6%分布在股份制企业。

表2 资本使用构成

单位:%

	总资本	国家资本	集体资本	个人资本	港澳台资本	外商资本
合 计	100.0	100.0	100.0	100.0	100.0	100.0
国有企业	41.0	74.7	1.3	0.9	0.4	0.4
集体企业	9.2	0.9	66.6	5.8	0.5	0.2
私营企业	10.3	0.1	1.4	54.9	0.2	0.1
股份制企业	20.9	20.6	23.7	36.1	2.6	2.6
港澳台投资企业	9.1	1.8	2.8	0.9	94.3	0.3
外商投资企业	8.9	1.5	1.8	0.7	1.9	96.3
其他企业	0.6	0.4	2.4	0.7	0.1	0.1

(执笔:杨宽宽)

政教育事业费支出达到2590亿元,比1997年增加1.3倍,用于教育的财政性投入占GDP的比重预计将超过3.2%,有力地支持了一批重点教育项目的建设。

(六)积极支持了社会保障体系的建设和完善。

2002年,仅中央财政用于"两个确保"和城市"低保"的支出就达594亿元,是1998年的6.2倍。目前,全国企业离退休人员基本养老金按时足额发放率达到99%;进再就业服务中心的国有企业下岗职工99.8%能够按时足额领取基本生活费;在提高标准增加支出的情况下,城市居民最低生活保障对象的覆盖面由1998年底的184万人增加到2002年底的1985万人。同时,较大幅度提高了各类社会保障对象的补助标准,保障了低收入群体的基本生活。

(七)调整税收政策,促进经济发展。

一是进一步降低了关税水平,完善出口退税机制。2002年是我国履行WTO关税减让承诺的第一年,我国关税总水平由15.3%降低到12%。同时对有进出口权的生产企业自营或委托出口货物全面实行"免抵退"税制度,优先保证出口创汇多、信誉好的重点企业及时、足额退税,促进出口增长。二是国家财政采取税收优惠政策吸引外资。主要是对于从事国务院批准的《外商投资产业指导》中鼓励类项目的外商投资企业出台了新的税收优惠政策;鼓励外商投资高新技术产业;积极采取措施吸收外商直接投资。

(八)加大了对国企改革的支持力度。

一是支持国有企业关闭破产工作和职工安置工作,保证国有经济结构调整的顺利进行和社会稳定;二是支持国有企业重组改制。2002年,以改制后不增加企业的总体税收负担为原则,对石油、石化、冶金、有色、汽车等行业进行重组改革,中央财政对重点企业集团继续实行所得税返还政策。

(九)支持了粮食流通体制改革。

2002年粮食流通体制改革进一步深化。一是改革力度加大,不少地方进行了补贴方式改革的试点;二是国有粮食企业改革得到进一步深化,积极推进企业改制;三是进一步完善保护价政策;2002年对粮食主产区坚持保护价收购,同时适当缩小保护价范围,对一些劣质滞销品种退出保护价收购,以进一步促进种植结构的调整,适当降低保护价水平,缩小保护价与市场价的差价;四是稳妥处理陈化粮。2002年中央财政安排的粮食风险基金支出,预计由1997年的40亿元增加到173亿元,地方配套资金由56亿元增加到129亿元,较好地支持了粮食流通体制改革。

二、2003年财政政策展望

2003年是"十五"计划的第三年,也是新一届政府执政的第一年。由于连续实施正确的宏观调控政策,中国国内需求持续增长的机制正在逐步形成;经济发展的活力进一步增强;尤其是党的十六大胜利召开,极大鼓舞了党心、民心,全党全国人民欢欣鼓舞、精神振奋,投身全面建设小康社会的热情高涨,将为2003年及今后经济发展提供强大动力。同时,国内有效需求不足、供给结构不合理仍然是制约经济增长的主要矛盾;社会投资自主增长机制还不健全,农民收入增长仍很缓慢;从国际看,美国经济增长起伏不稳,欧盟经济回升乏力,日本经济复苏步履维艰,可能导致我国经济发展外部环境恶化。此外,美伊战争打破了原来的世界政治经济利益格局,进一步增加了今后一段时期国际政治经济发展的不确定性。

根据党的十六大精神和中央经济工作会议的要求,考虑当前的财政经济发展形势,按照全面建设小康社会的要求和坚持扩大内需的方针,2003年,我国将继续实施积极的财政政策,努力促进国民经济稳定快速增长。

(一)继续发行长期建设国债,稳保经济发展大局。

2003年拟发行建设国债1400亿元,其中1150亿元纳入中央预算,250亿转贷地方。在国债资金的使用和管理上,一是调整优化国债资金的投向和结构,优先保证在建项目的扫尾,确保重大项目的投入与建设。重点是改善农村生产生活条件,促进技术进步和产业升级,支持引导服务业发展,确保青藏铁路、西气东输等重大项目建设,以及促进科教兴国和可持续发展战略的实施等。二是加强国债资金管理,提高资金使用效益,规范资金拨付使用程序,全面推行追踪问效管理,强化国债资金使用的监督管理。三是注意积极财政政策与其他宏观调控政策的协调配合,扩大政策实施效果。将实施积极财政政策、扩大投资需求同扩大就业、改善人民生活、促进消费结合起来,将扩大政府投资与鼓励和引导社会投资、利用外资结合起来,将财政支持经济发展与防范财政风险结合起来，加快培育和完善经济增长的内在机制。

（二）加大投入，确保社会保障、工资发放和再就业工作稳步推进。

社会保障、工资和就业事关人民群众切身利益、改革发展稳定大局和“三个代表”重要思想能否贯彻落实并深入人心。2003 年，我国将继续大力调整财政支出结构，促进各项工作稳步推进。一是加大对社会保障的支持力度，确保企业离退休人员基本养老金和国有企业下岗职工基本生活费按时足额发放，继续做好城市居民最低生活保障工作，搞好“三条保障线”的衔接工作，依法扩大社会保障资金的覆盖面，将长期亏损、停产、半停产困难企业符合条件的在岗职工全部纳入“低保”范围，做到应保尽保。2003 年有关部门将对建立农村养老、医疗保险和最低生活保障等社会保障制度展开调研，从 2003 年开始在全国建立新型农村合作医疗制度和贫困农民医疗救助制度。二是继续做好工资保障工作。要坚持“一要吃饭，二要建设”的方针，规范财政支出次序，加大对困难地区和基层财政的转移支付力度，完善工资统发制度，尽快解决工资拖欠问题。中央已经决定将原定 2002 年实施的增加机关事业单位职工工资和机关离退休人员离退休金的政策，在 2003 年出台。三是全面落实就业和再就业的各项政策。党中央、国务院在 2002 年召开了全国再就业工作会议，下发了《关于进一步做好下岗失业人员再就业工作的通知》（中发[2002]12 号）及 8 个配套文件，在税费减免、小额担保贷款和贴息等方面制定了一系列优惠政策，进一步加大了促进再就业政策的力度。2003 年，财政要扎实贯彻落实全国再就业工作会议精神，认真实施扶持再就业的各项财税政策，主要措施包括：制定优惠的税收政策，明确小额贷款担保和贴息办法，鼓励支持下岗失业人员自谋职业；鼓励服务型企业吸纳下岗人员；减免企业所得税，鼓励有条件的国有大中型企业主辅分离。在此基础上，中央将增加再就业的专项转移支付资金，认真制定落实税收优惠及免费政策，落实小额贷款担保贴息政策。

（三）推动农业结构调整，增加农民收入。

2003 年财政农业工作要以提高农民收入为核心，以推进农业结构战略性调整为主要任务，调整优化农业财政资金投入结构，确保重点项目建设和重点工程建设顺利推进。一是继续推进农村税费改革，在进一步总结试点经验的基础上，2003 年农村税费改革工作将在全国范围铺开；二是进一步减轻农民负担，逐步缩小农业特产税的征收范围，降低税率，争取逐步取消农业特产税；三是加大对农业的支持力度，积极研究探索对粮食主产区的扶持，在遵循 WTO 规则前提下，支持农业发展和农民脱贫致富，改善农村生产生活条件，优化农村经济结构，促进农村经济发展，千方百计增加农民收入。同时，依法增加并保证对农村的科技教育文化投入，支持完善农村义务教育体制，搞好教师工资和教育经费保障工作，加大中小学危房改造力度。

（四）继续支持国有企业改革。

一是积极参与做好国务院确定的重大企业改组改制工作，拟定并实施改组改制企业相关财政政策，积极研究利用外资改组国有企业、促进国有经济结构战略性调整的财政政策措施。二是积极做好中央及中央下放国有企业政策性关闭破产工作，确保社会稳定。三是继续支持外贸企业出口和实施“走出去”战略，保持现行外贸出口政策的连续性和稳定性，进一步推动外贸出口。四是推动分离企业办社会职能，并组织中央企业分离办社会职能试点。五是认真贯彻落实《中小企业促进法》，制定完善相关政策促进中小企业发展。

（五）调整完善税收政策，规范税收征管。

2003 年，要按照 WTO 的要求，进一步下调关税，规范税收征管秩序，同时，继续贯彻“加强征管，堵塞漏洞，惩治腐败，清缴欠税”的方针，应收尽收。一是继续清理现行各种税收优惠政策，坚决维护税法的统一性、权威性和严肃性。二是进一步完善税制，加强相关配套制度建设，解决如私营企业主把个人消费列入企业成本、外资企业虚假亏损等逃避税款的问题，堵塞税制漏洞。三是加强出口退税管理，完善出口退税机制，严厉打击骗取退税的犯罪行为，提高出口退税政策的实际效果。四是积极支持和配合税收征管部门强化税收征管，堵住税收跑冒滴漏，大力清缴欠税，严厉打击各种偷逃税行为，确保应收尽收。五是加强各种非税收入的征收管理，挖掘潜力，千方百计增加收入。

（执笔：柴　宗）

2002年货币政策执行情况及2003年趋势

2002年中国人民银行继续执行稳健的货币政策，加大对经济增长的支持力度。货币信贷增长明显加快，信贷结构继续调整，金融机构流动性充足，国际收支状况良好，人民币汇率保持稳定，金融运行基本平稳。

一、2002年货币信贷基本情况

（一）金融机构贷款增加较多，信贷结构继续调整。

全部金融机构（含外资，下同）人民币贷款年末余额13.1万亿元，其中当年增加18475亿元，同比多增6036亿元；外汇贷款年末余额890亿美元，其中当年增加92亿美元，同比多增134亿美元（去年同期为下降43亿美元）。金融机构本、外币贷款合计，年末余额14万亿元，其中当年增加19228亿元，同比多增7277亿元。

2002年金融机构人民币贷款增加较多，主要是下半年贷款加快。一季度增加3324亿元，同比多增318亿元；二季度增加4976亿元，同比多增922亿元；上半年合计增加8300亿元，同比多增1240亿元。三季度增加5241亿元，同比多增2919亿元；四季度增加4935亿元，同比多增1877亿元。下半年合计贷款同比多增4796亿元，占全年多增贷款的79.5%。

贷款结构进一步调整。全年新增人民币贷款按多增额排序，依次为以下七方面：一是短期工业贷款增加2713亿元，同比多增1717亿元；二是票据贴现贷款增加2232亿元，同比多增1279亿元；三是个人消费贷款增加3694亿元，同比多增938亿元。其中，个人住房贷款增加2671亿元，同比多增389亿元；汽车贷款增加716亿元，同比多增468亿元；四是基建和技改贷款增加3240亿元，同比多增783亿元；五是短期建筑业贷款增加884亿元，同比多增加525亿元；六是农业贷款增加1177亿元，同比多增388亿元；七是乡镇企业、私营企业和个体贷款增加706亿元，同比多增245亿元。以上七方面合计新增贷款14646亿元，占同期金融机构全部贷款增加额的79%；上述七方面贷款同比多增5875亿元，占全部贷款多增额的97%。

不良贷款比例继续下降。2002年9月末，国有独资银行（一逾两呆）不良贷比例平均为22.4%，比年初下降2.97个百分点。不良贷款率从2000年开始下降，2000年至今国有独资商业银行不良贷款率已累计下降6.8个百分点。

在信贷快速增长的同时，我们要注意其可持续性的问题。1998－2001年四年间，前两年贷款增加1.1万亿元左右，后两年增加1.3万亿元左右，四年平均年增加12149亿元，基本稳定。广义货币M2增幅基本在14－15%之间，四年年均增长14.6%，也基本稳定。2002年货币和贷款增幅明显高于前四年，这虽然有利于扩大市场需求，支持物价尽快走出负增长局面，但是另一方面也要看到，贷款增加太多，M2增幅过高，将对2003年金融宏观调控形成压力。我们要防止货币和信贷供应出现大的波动。

（二）货币供应量增速加快，货币流动性明显提高。

年末广义货币M2余额18.5万亿元，同比增长16.78%，增幅比上年高2.36个百分点；狭义货币M1余额7.1万亿元，同比增长16.82%，增幅比上年高4.17个百分点；流通中现金M0余额1.73万亿元，同比增长10.13%，全年累计净投放1589亿元，同比多投放553亿元。

广义货币M2年初计划增长13%，后调整为14%，以后实际放弃了对M2指标的控制。增幅年初以来逐月走高，1、2月份增长12－13%，3－7月份增长14%略高一点，8月份达到15.48%，9月份以后均超过16%；狭义货币增幅由于股民保证金因素干扰各月波动较大，但逐步走高的趋势更为明显，最低时1月份为9.4%，到11月份超过18%，12月略有回落。

（三）企业存款大幅增加，居民储蓄存款快速增长。

年末全部金融机构人民币存款余额17.1万亿元,比年初增加2.78万亿元,同比多增7631亿元;外币存款余额1441亿美元,比年初增加94亿美元,同比多增33亿美元。本外币存款合计,年末余额18.3万亿元,比年初增加2.87万亿元,同比多增加7983亿元。

在全年新增人民币存款中,企业存款增加9535亿元,同比多增2295亿元;居民储蓄存款增加13233亿元,同比多增3775亿元。

(四)基础货币增长适度,金融机构流动性总体充足。

年末基础货币余额4.48万亿元,同比增长11.9%,与上年增幅基本持平。一季度,由于贷款增长较慢,人民银行货币政策操作有意保持较高的基础货币增长率,季末基础货币增幅为18.3%,金融机构超额准备金率为7.9%。二季度,贷款和货币供给开始加快,季末基础货币增长17.1%,超额准备金率为6.8%。6月25日开始,人民银行开始通过人民币公开市场业务操作"对冲"由于外汇占款增加较多而导致的基础货币过快增长。三季度末,基础货币增幅下降为11.1%,超额准备金率为4.93%;四季度基础货币增速在11月末跌至全年谷底7.8%后于年末回升到11.9%,与上年末基本持平。年末全部金融机构超额准备金率为6.47%,其中,国有独资商业银行平均为5.53%,农村信用社、城市商业银行分别为5.46%和5.92%,股份制商业银行、城市信用社分别为10.57%和9.84%。目前金融机构流动性总体充足。

(五)货币市场成交活跃,市场利率稳定。

全年全国银行间同业拆借市场累计成交1.2万亿元,同比增长49.8%;全国银行间债券市场债券回购成交10.2万亿元,同比增长1.54倍。

年末全国同业拆借加权平均利率为2.227%,比年初下降0.141个百分点;债券回购加权平均利率为2.31%,比年初上升0.169个百分点。同业拆借和债券回购加权平均利率基本保持稳定。

(六)外汇储备大量增加,人民币汇率继续保持稳定。

2002年,银行间外汇市场供应大于需求,中央银行持续买入外汇,全年中央银行通过公开市场业务购入外汇845亿美元。2002年末,国家外汇储备余额达2841亿美元,比年初增加719亿美元。人民币兑美元汇率为8.2773元,继续保持稳定。

二、2002年以来采取的主要货币信贷政策措施

(一)适时下调金融机构存贷款利率,稳步推进利率市场化改革。

针对2001年下半年我国经济增速减缓和消费物价下降的形势,经国务院批准,2002年2月21日,人民银行降低了金融机构存贷款利率,其中,存款利率平均下调0.25个百分点,贷款利率平均下调0.5个百分点。降息有利于刺激国内投资和消费,也带动货币市场利率下行,大幅度降低国债和政策性金融债发债成本,支持了积极财政政策的实施。

稳步推动利率市场化改革。在1998年和1999年两次扩大贷款利率浮动幅度的基础上,2002年年初在全国八个县农村信用社进行利率市场化改革试点,贷款利率浮动幅度扩大到100%,存款利率最高可上浮50%。9月份,进一步扩大到直辖市以外的每个省、自治区都有改革试点,为深化农村金融市场利率改革积累经验。温州利率改革方案已拟定并开始实施,温州地区县城以下的乡镇(不含GDP大于县城城区的乡镇)农村信用社,其存款利率上浮幅度为0-30%,民间借贷利率高的地区经批准最高可上浮50%;贷款利率上浮幅度由50%扩大到70%,最高可上浮100%。县城城区及GDP大于县城城区的乡镇的农村信用社执行银行利率改革方案。温州地区商业银行的存款利率不上浮,贷款利率上浮幅度扩大到50%。

统一中、外资金融机构外币利率管理政策,适时下调境内小额外币存款利率水平。根据我国加入世界贸易组织后金融对外开放的需要,2002年3月将境内外资金融机构对中国居民的小额外币存款,纳入人民银行现行小额外币存款利率管理范围,从而统一中外资金融机构在外币利率政策上的国民待遇。

根据美联储2002年11月6日降息后国际金融市场利率下行的形势,11月19日下调了境内小额外币存款利率。

督促商业银行强化利率风险意识,建立合理的利率定价机制,提高利率风险管理水平。举办商业银行利率风险培训班。对目前商业银行面临的利率风险及管理状况、贷款浮动利率、协议存款业务发展、金融创新与计结息规则的完善、贴现与再贴现利率机制等问题进行了调查研究,为今后出台有

关利率政策做好准备工作。

(二)继续扩大公开市场操作,灵活调节基础货币投放。

2002年外汇供给持续大于需求,人民银行通过公开市场业务买入外汇数量持续上升,导致基础货币快速增长。为稳定基础货币增长,人民银行于6月25日开始进行收回流动性的公开市场正回购操作。每次正回购招标量根据外汇占款增长及公开市场业务回购交易到期情况确定,从50亿元至250亿元不等,主要采用利率招标方式,即人民银行只公布正回购期限和招标数量,利率由公开市场业务一级交易商(40家)投标决定。

由于连年进行正回购操作,为了防止原有的债券将陆续到期而出现债券不足问题,经与商业银行商量,9月24日将当年(6月25日至9月24日)公开市场业务操作未到期的正回购转换为中央银行票据。转换后中央银行票据共19只,总量为1937亿元。央行正回购转换为央行票据后,在收回流动性的作用上是相同的;但转换央行票据后,可以解冻人民银行原用于正回购质押的债券,相应增加了后续操作工具,为继续进行正回购提供了条件。由于央行票据规模小、期限短(1年以内),又是过去已经形成的正回购,而国债绝大部分是五年期以上的,因而正回购转换为央行票据不会对国债发行产生不利影响。

(三)加大信贷政策的指导力度。

1. 建立、健全贷款营销机制。

针对货币政策传导机制不畅的问题,2002年5月28日、6月12日和7月8日,人民银行主要领导三次召开国有独资商业银行行长会议,研究部署建立和完善贷款营销机制问题,要求商业银行增强经营货币的理念和贷款营销的意识,主动深入市场,深入企业,培养和选择客户;督促商业银行建立统一领导、分级经营、综合考核的资金营销管理体制,注意发挥基层行的作用,合理确定基层行的贷款审批权限;把编制和执行业务经营综合计划作为改善经营管理的重要措施;实行全面考核,健全激励约束机制,充分调动基层行领导和信贷人员营销贷款的积极性。各国有独资商业银行按照人民银行要求加强贷款营销指导精神,认真贯彻落实,普遍加强了系统内业务经营计划的编制和执行工作,推行了客户经理制,改进和完善了信贷审批、授权授信制度和信贷考核评价办法,这些加强贷款营销的措施产生了积极效果,货币政策传导机制不畅问题得到一定程度改观。

2. 积极改进对中小企业的信贷服务。

在深入调研近几年商业银行落实支持中小企业信贷政策措施及其实际效果的基础上,2002年8月1日,人民银行下发了《关于进一步加强对有市场、有效益、有信用中小企业金融服务的指导意见》,提出了商业银行要建立健全中小企业信贷服务的组织体系,建立和完善适合中小企业特点的评级和授信制度,适当下放流动资金贷款审批权限等十条指导意见。促进《中华人民共和国中小企业促进法》的贯彻,银行对中小企业的金融服务水平进一步提高。

3. 积极支持国债项目建设。

指导商业银行积极做好国债项目的配套贷款,始终是近年来信贷政策的一项重要工作。2002年主要从加快评估、简化手续、提高评审效率,及时总结国债项目贷款工作经验,协助做好"国债项目展"的服务等方面做好工作,保证配套贷款及时到位。实行积极的财政政策五年,国债项目累计投资3.28万亿元,除财政增发国债6600亿元外,大部分为银行贷款。银行贷款对积极的财政政策,发挥了重要作用。

4. 促进住房信贷业务继续规范发展。

发挥房地产金融的宏观调控作用,与建设部、财政部等八部委联合下发了《关于加强房地产市场宏观调控促进房地产市场健康发展的若干意见》(建住房[2002]217号),并提出有关调控房地产市场、防范金融风险的措施;布置房地产贷款专项检查,全面检查商业银行执行《中国人民银行关于规范住房金融业务的通知》(银发[2001]195号)情况;同时加强资产证券化工作研究,积极推进住房贷款证券化工作。

5. 大力推动国家助学贷款工作。

2002年初,召开全国助学贷款工作电视电话会议,并会同教育部、财政部下发了《关于切实推进国家助学贷款工作有关问题的通知》,制定了"四定(定学校、定范围、定额度、定银行)"、"三考核(指申请、审批及实际发放三个阶段的考核)"政策措施。建立助学贷款临时统计制度,下发《关于上报国家助学贷款业务情况的通知》。牵头组织对十省市联合检查和调研,针对银校协议不落实等突出问题,在反复磋商的基础上,对四家银行下发了《关于下达2002年度国家助学贷款指导性贷款计划的通知》,根据教育部提供的分地区、分学校的国家助学贷款需求,下达了直至基层经办银行的指导性贷款计划。

由于上述措施出台,今年以来国家助学贷款业务进展显著。据统计,自开办至2002年9月,提交到金融机构申请各项助学贷款的人数为149万人,金融机构已审批贷款人数119万人,其中国家助学贷款累计已审批人数46万人,申请人数满足率为71%。各项助学贷款实际发放人数累计已达118万人,实际发放金额累计72.9亿元,其中国家助学贷款实际发放人数46.3万人、金额26.9亿元,其他助学贷款(主要是生源地助学贷款)实际发放人数71.9万人、金额46亿元。

6. 制定再就业信贷政策,开办下岗失业人员小额担保贷款。

与劳动与社会保障部、全国妇联等有关部门共同对再就业工作进行调查。在全国再就业工作会议上,党中央、国务院充分肯定了及时、方便地发放小额贷款是支持下岗职工再就业的有效方式。按照党中央、国务院要求,人民银行会同有关部委共同制定了《关于下岗失业人员小额担保贷款的管理办法》,对通过小额贷款、支持再就业的一系列政策问题作了规定。

7. 促进外经贸健康发展。

人民银行与外经贸部联合召开银贸协作会,联合下发了《关于进一步加强银贸协作的指导意见》。此外,还参与研究出台《带资对外承包工程指导意见》,在切实防范信贷风险的前提下,支持企业"走出去"战略的实施。进一步落实出口退税账户质押贷款政策。

(四)规范和加强再贷款管理,收回再贴现。

控制再贷款总量,调节再贷款结构。根据2002年以来货币信贷增长较快的情况,人民银行收回部分再贷款。同时,对再贷款结构进行了调整,增加支农再贷款。2002年,人民银行对农村信用社新增260亿元支农再贷款限额,有力地支持了农村信用社扩大支农信贷投放,缓解了农民贷款难问题。此外,人民银行还安排各分行继续周转使用对中小金融机构再贷款,用于支持资信情况良好的城市商业银行和城市信用社增加对中小企业贷款。继续发挥货币政策稳定金融的作用,安排再贷款用于防范和化解金融风险。根据近几年来再贷款用于化解金融风险和财政性支出较多的情况,加强再贷款管理。对专项借款从借、用、还等各环节加强监督,建立健全检查报告制度,打击违法犯罪行为。进一步严格紧急贷款的审批、发放程序,依法维护紧急贷款的债权和资产安全。研究完善和修改再贷款管理办法,加强再贷款制度建设,并于11月组织召开了再贷款工作会议,讨论进一步完善再贷款管理的措施,要求人民银行各分支行进一步加强再贷款管理,努力提高再贷款工作水平。

2002年以来,由于再贴现年利率(2.97%)已高于货币市场利率平均水平(2.20%),再贴现大幅度下降。11月末,再贴现余额为8.1亿元,比年初减少647.3亿元,再贴现收回了99.4%,它表明最近几年再贴现资金安全是有保障的,管理制度是完善的。

(五)进一步推动货币市场发展。

银行间债券市场继续快速发展。2002年在完善债券市场制度框架方面突出做了三件事:一是年初调整了银行间债券市场的准入制度,将银行间债券市场的准入由审批制改为备案制。实行备案制后,银行间债券市场交易主体大幅增加,当年增加245家,年末达到940家。二是颁发《商业银行柜台记账式国债交易管理办法》,组织实施记账式国债柜台交易试点,将银行间债券市场扩大到居民个人。三是颁发《中国人民银行关于中国工商银行等39家商业银行开办债券结算代理业务有关问题的通知》,将银行间债券市场商业银行债券结算代理业务的范围由金融机构扩展到非金融机构,即将银行间债券市场交易主体扩大到企业法人。通过几年的努力,银行间债券市场的覆盖面已经扩大到全社会,基本形成了相对完整的市场体系,其作用将在未来相当长一段时间内逐渐显现,它也为以后一系列的金融体制改革创造了良好的市场条件。

做好全国银行间同业拆借市场的各项管理工作。适时调整各类金融机构的拆借限额。及时与证监会就证券公司拆借问题交换意见。根据证监会推荐,2002年批准了18家符合条件的证券公司加入银行间同业拆借市场。

(六)提高货币政策实施的透明度,引导社会的合理预期。

按季发表货币政策执行报告,对社会各方面了解货币信贷的运行情况、面临的主要问题、近期的货币信贷政策趋势,以及引导市场预期发挥了良好作用。

中国人民银行货币政策司连续五年坚持按月召开经济金融形势分析会,与国家综合经济管理部门、各政策性银行、商业银行及时交流、沟通信息,及时把握经济金融运行中的新变化;使商业银行全面了解货币信贷政策措施和意图,并及时获得有关方面对货币政策的意见和建议;传达央行货币政策意图,对商业银行信贷行为实施窗口指导,促进稳健货币政策的贯彻和有效实施。

从2002年开始,人民银行还就新拟订的货币信贷政策,在正式出台前向社会公示,征求意见,以使有关政策规定更切合实际。

三、2003年货币趋势

2003年是落实十六大提出的全面建设小康社会目标的第一年,也是新一届政府的第一年,搞好2003年的经济和金融工作具有重要意义。初步分析,2003年美国、欧洲和日本经济都有可能好于2002年,世界经济增长可能快于2002年,我国经济发展的国际环境基本稳定,对外贸易和利用外资将继续保持较好趋势。

从国内环境来看,1998年以来坚持扩大内需的方针,实施积极的财政政策和稳健的货币政策以及一系列旨在推动市场化的改革,使我国经济发展的内在机制有所增强,消费和投资增长稳定,国内经济环境总体较好。2003年宏观调控目标,国内生产总值预期增长7%,消费物价指数预期上升1%。为了实现上述目标,货币政策需要注意以下几点:

(一)努力保持货币信贷适度增长。

1998-2001年M2年平均增长14.6%,贷款年均增长13.2%。2002年M2增长16.8%,贷款增长18.9%,显然高了一些。1998年实行稳健货币政策以来一个很大的成功是没有盲目增加贷款,正因为如此才有近几年比较稳定的货币环境。2003年应努力保持货币和贷款适度增长。考虑货币政策的连续性和稳定性,2003年广义货币供应量应控制在15%左右比较合适,16%应视为高限;贷款应控制在16000亿元左右比较合适,18000亿元应视为高限。与2002年以前的四年相比,2003年货币政策操作会面临一些困难,主要是,一方面由于2002年强调国债在建项目争取在年内完工,当年投资增长比较快,2003年国债项目投资增幅可能不会比上年高,而当前直接融资比例下降,因此,社会各方面对增加贷款的期望继续增长;另一方面,由于2002年贷款增加较多,也使2003年贷款继续保持高速增长的压力增加。要防止货币和贷款持续高增长。货币和贷款持续超经济增长,将不可避免地带来不良贷款增加、通货膨胀压力增大和对人民币汇率产生冲击等问题。

(二)人民币存贷款利率水平近期应继续保持基本稳定,同时稳步推进利率市场化改革。

目前,经济增长速度较快,消费物价月环比自8月份以来已经出现上涨,现行利率已经是建国以来最低水平,近期应继续保持人民币存贷款利率基本稳定。在保持利率水平基本稳定的同时,根据经济形势需要适当调整利率结构。

稳步推进利率市场化改革。根据利率市场化改革的总体思路,贷款利率上浮幅度需要进一步扩大。目前保险公司的大额协议存款是一种半市场化的金融工具,可以考虑以无纸化的大额存单逐步取代协议存款,通过发展可转让存单推进长期、大额存款利率市场化。总结县以下农村信用社利率改革试点经验,进一步扩大试点范围。稳步推进县以下农村信用社利率改革试点,有利于增强农村信用社资金实力,明年要密切跟踪分析试点情况,在深入调查研究、分析存在问题的基础上,保证这项工作稳步发展。

(三)继续维护人民币汇率稳定,同时有效利用外汇资金。

目前人民币汇率稳定,中国商品有一定的出口竞争力。由于世界经济出现周期性波动,人们可支配收入下降,消费需求转向价格低廉的中国商品;同时劳动力成本低,外资大量流入,增强了中国作为世界工厂的地位。虽然从新兴市场经济国家发展的历程看,它们大多经历了货币由贬值到升值的过程,但是货币大幅度升值后给它们又带来了严重后果。经过亚洲金融危机的冲击,这些国家的货币又重新大幅度贬值。而货币的这种剧烈波动,对这些国家经济、社会、政治稳定产生了巨大负面影响。为了中国经济的长期稳定,人民币汇率政策目标首先要服务于维护中国出口商品的竞争力,维护国际收支经常项目平衡,服务于保持对外商的吸引力。

目前,应进一步考虑如何有效利用外汇资金的问题。由于我国将逐渐成为世界制造业大国,因而同时也将成为世界主要的能源和原材料消费国。在目前世界经济相对低速增长时期,可以有计划地适当增加我国对于世界能源和原材料行业的投资,在时机适当时,适当增加战略物资储备,从而为我国中长期经济发展奠定基础。

(四)加强公开市场业务操作。

预计2003年国家外汇储备还将保持较快增

专栏　港澳台投资企业五年净增 31460 家

第二次全国基本单位普查资料显示，2001 年末全国港澳台投资企业已达到 81689 家，占全部法人企业的 2.7%；从业人员已达到 997.4 万人，占全部法人企业的 6%，港澳台投资企业在我国经济建设中发挥着重要作用。

一、五年新增港澳台投资企业 31460 家

在 2001 年末的 81689 家港澳台投资企业中，1997 年以来新开业的 31460 家，占全部港澳台投资企业的 38.5%。五年中新开业企业呈逐年上升趋势，1997 年为 5178 家，占全部港澳台投资企业的 6.3%；1998 年为 5299 家，占 6.5%；1999 年为 6192 家，占 7.6%；2000 年为 6822 家，占 8.4%；2001 年为 7969 家，占 9.8%。上述资料表明，香港、澳门的回归激发了港澳台商在大陆投资的热情，港澳台投资保持逐年增长态势。

二、港澳台独资企业增加最多

在 2001 年末的 81689 家港澳台投资企业中，与港澳台合资经营的企业为 31370 家，占港澳台投资企业的 38.4%；与港澳台合作经营的为 8253 家，占 10.1%；港澳台独资企业为 40730 家，占 49.9%；港澳台投资股份有限公司为 1336 家，占 1.6%。在 1997 年以后新开业的 31460 家港澳台投资企业中，与港澳台合资经营的企业为 8859 家，占 28.2%；与港澳台合作经营的企业为 2071 家，占 6.6%，而港澳台独资企业达到 19885 家，占 63.2%，港澳台投资股份有限公司为 645 家，占 2%。以上数据表明近五年港澳台独资企业是港澳台投资企业快速增长的主体。

三、港澳台独资企业资本产出率较高

在 1997 年以来新建的港澳台投资企业中，港澳台独资企业的从业人员为 159.8 万人，占港澳台投资企业的 56.2%；资本金达到 1768 亿元，占 49%；全年营业收入为 3193 亿元，占 55%。资本产出率（营业收入与资本金之比）高达 180.6%，比港澳台合资企业的 161.8% 高出 18.8 个百分点，比港澳台合作企业的 70.8% 高出 109.8 个百分点。港澳台独资企业的平均从业人员为 80 人，比港澳台合资企业少 24 人；比港澳台合作企业少 15 人。从上述资料可以看出，港澳台独资企业以较少的资金和人员的投入，获得了较大的产出收益，同时也体现出多数港澳台独资企业规模小、效益高、充满活力的特点。

（执笔：王　纬　李忠生）

长，人民银行有可能仍将收购部分外汇。同时，人民银行还应适当增加再贴现和再贷款，以达到优化结构的政策目的。为调控货币供应量适度增长，需要继续大幅度进行公开市场的"对冲"操作。

2003 年，要继续加强公开市场业务操作。继续密切关注外汇市场、货币市场、商业银行流动性情况，协调本外币公开市场操作，调控基础货币，调节商业银行流动性，引导货币市场利率。要适当加大现券操作力度，保持人民银行债券资产的一定规模，优化债券资产结构，为公开市场操作提供条件。要增加公开市场业务一级交易商成员，扩大公开市场业务影响面。要研究改进公开市场操作方式和增加交易频率。要逐步完善对商业银行流动性的监测制度，为公开市场操作的科学决策提供依据。要按照中国现代化支付系统建设进程以及公开市场操作系统与支付系统接口开发情况，增加公开市场操作自动质押融资机制。

（五）加强房地产信贷管理，支持房地产健康发展。

最近几年，我国房地产投资持续保持高速增长，成为支持国民经济稳定增长的重要因素，商业银行住房抵押贷款发挥了重要作用。与 1992－1993 年相比，当前房地产投资增长有明显不同的特点。从全国范围看，房地产市场总体形势是好的。但是，目前部分城市和地区确实显现出房地产过"热"，应当引起警惕。房地产是不动产，房地产过热表现为明显的地区性特征。目前部分城市和地区房地产市场的主要问题：一是投资增幅过快；二是商品房空置（尤其是高档房空置）面积增加过快；三是商品房销售价格上涨过快。从国内外历史经验看，房地产泡沫对经济具有极大的破坏力，其主要表现是抬高整个经济运行成本，使这些城市或地区经济逐渐失去竞争力，并最终导致银行不良贷款的产生。与 1992－1993 年房地产过热主要发生在海南等边远地区不同，近几年房地产过热主要出现在我国主要中心城市，房地产泡沫对经济的打击将更为严重，更应引起高度重视。

目前，对房地产信贷业务所隐含的风险，金融机构应当引起高度重视。商业银行贷款是当前房地产投资的主要资金来源，约占 2/3，据此推算目前空置商品房所占压的资金大部分应为银行贷款。此外,个人住房贷款风险也开始显现。由于个人住房贷款期限较长(最长30年),通常不会在贷款初期出现不良贷款。从国际经验看,个人住房贷款的风险一般在发放贷款后3-8年逐步显现。在现有个人住房贷款余额中,80%是2000年以来发放的,换言之,只有约20%的贷款进入第3年。因此,目前住房不良贷款低,并不表明以后不良贷款低。未来几年个人住房不良贷款很有可能是陆续暴露的趋势,对此现在应有充分的估计。

当前房地产金融工作,在指导思想上,一方面要加强房地产贷款管理,控制房地产金融风险,防止引发房地产泡沫;另一方面又要支持房地产健康发展,防止出现由于房地产市场下滑对经济增长带来的负面影响。为此,要做好多方面的工作:

第一,去年针对房地产金融中出现的问题,人民银行在充分调查研究的基础上,发出《关于进一步规范住房金融业务的通知》(银发[2001]195号)。实际情况表明,一些商业银行的基层行并没有很好执行。目前人民银行已经发出通知,要求重点检查商业银行执行通知有关规定的情况,对违反有关规定的要严厉查处并责令整改。

第二,要研究对开发商贷款和个人多套住房及高档住房贷款的条件,择时出台。在一些发达国家,商业银行对房地产开发商是很少贷款的。房地产开发所需资金主要靠各类基金提供,其盈利和风险共担。我国开发商大量依靠银行贷款,一旦出现房地产市场波动,银行不良贷款问题将会十分突出。个人多套住房大多是经营性房地产投资,其风险大于个人住房投资。对这两类贷款需要适当加强管理。

第三,要进一步扩大个人住房贷款的覆盖面,扩大住房贷款的受益群体。中国工商银行住房信贷部门反映,虽然该行住房贷款近几年发展较快,但主要集中于北京、上海等六个经济发达省市。如能将住房贷款更多地支持广大内地中低收入者购房,既有利于保持房地产投资的稳定,同时也将有利于防止房地产泡沫的产生。根据党的十六大提出的新型工业化和提高城市化程度的要求,未来大量进入城市的新居民的住房贷款需求也理应得到满足。在建立全国统一住房担保制度的基础上,扩大住房贷款的覆盖面,特别是支持中低收入群体的购房需求,规范住房贷款标准,是进一步完善住房金融的重要任务。

(六)继续充分运用再贷款、再贴现手段,改善对中小企业、县域经济的金融服务。

目前存在的农民、中小企业、县域经济金融服务问题,主要是制度性的。解决问题的根本办法是进一步完善适合中国国情的金融机构体系。在体制性问题难以一时根本解决的情况下,需要发挥现有金融机构的作用,进一步加强工作力度。要进一步扩大对中小企业的贷款利率浮动幅度,以便提高商业银行增加中小企业贷款的积极性。要继续检查落实去年人民银行发布的《关于进一步改进对有市场、有效益、有信用中小企业金融服务的指导意见》,确保各项措施的落实。要继续推广农户小额信用贷款,进一步提高农户贷款面。采取有效措施,增加扶贫贴息贷款,可考虑在部分地区进行农村信用社开办扶贫贴息贷款试点。建议2003年再继续增加对农村信用社的支农再贷款,支持农村信用社发放农户贷款。

适当增加再贴现,充分发挥票据市场对中小企业的支持作用。最近几年,在推动票据市场发展的过程中,我们首先强调票据的真实贸易背景,现实情况是出票人大多是大企业,持票人大多是中小企业,强调真实贸易背景有利于充分发挥票据市场对中小企业的支持作用。再贴现的80%是投放在中小商业银行的,现在实践已经证明,央行再贴现是央行资金安全进入中小商业银行、并进而支持中小企业的最有效途径。今年需要适当增加再贴现投放。

规范和加强再贷款管理。一是通过与其他货币政策工具的协调配合,适时调节货币供应量;继续运用再贷款支持农村信用社和城市商业银行等中小金融机构,引导信贷资金流向,促进信贷结构调整,支持扩大中小企业融资;二是要利用再贷款防范和化解金融风险,确保金融稳定,正确处理好货币政策与金融监管的关系。

(七)继续推动助学贷款发展。

目前,助学贷款继续稳定增长,但贷款增长仍然与经济困难学生的需求有较大差距。2003年,要鼓励创新,拓宽助学贷款发放渠道,在鼓励发放国家助学贷款的同时,鼓励各商业银行和金融机构在生源地发放助学贷款。各地特别是在中西部地区根据实际情况,开展多种形式的助学贷款业务。要积极探索完善助学贷款风险控制和补偿的机制。

(中国人民银行货币政策司　戴根有)

2002 年世界经济形势回顾及 2003 年展望

2002 年世界经济在波动中和不平衡中总体运行好于预期，也好于 2001 年。展望 2003 年，尽管存在着一些不利因素或不确定因素，世界经济运行可能会出现波动甚至反复，但随着主要国家刺激经济计划的实施以及 2002 年世界经济形势的好转，2003 年世界经济总体运行可望进一步好转。

一、2002 年世界经济总体运行好于 2001 年

2002 年世界经济增速加快，世界贸易止跌回升，外国直接投资降幅缩小，与此同时美元大幅贬值，股市急剧下跌，通货紧缩加剧，石油价格上涨，但总体上看，世界经济运行要好于 2001 年。

(一)世界经济增速加快。

世界各主要国际组织普遍预测 2002 年世界经济增速要快于上年，国际货币基金组织预测增长 3.0%，比上年加快 0.7 个百分点；联合国预测增长 1.7%，比上年加快 0.6 个百分点；世界银行预测增长 2.8%，比上年加快 0.7 个百分点。这些预测结果虽略有不同，但在预测世界经济增速加快趋势上却完全一致。

表 1 主要国际组织对 2002 年世界经济增速的预测

单位：%

	国际货币基金组织		联合国		世界银行	
	2001 年	2002 年	2001 年	2002 年	2001 年	2002 年
世界	2.3	3.0	1.1	1.7	2.1	2.8
美 国	0.3	2.4	0.3	2.4	0.3	2.4
欧元区	1.4	0.8	1.5	0.9	1.5	0.8
日 本	0.4	0.3	-0.3	-0.4	0.3	-0.3

注：世界经济增长率汇总数据，国际货币基金组织和世界银行是按 PPP 方法进行的汇总，联合国是按汇率法进行的汇总。

资料来源：国际货币基金组织《世界经济展望》2003 年 4 月，联合国《世界经济形势及展望》2003 年，世界银行《全球经济展望》2003 年 4 月。

从变化过程看，世界经济增速因受汇率、股市及财务假案暴露等因素的影响，呈现出明显的波动特征。美国 GDP 增速呈现"快慢快"的趋势。2002 年一季度美国经济增长了 5%（对季节因素调整、折年率的环比增长速度），但进入二季度后，美国经济增速急剧回落，三季度经济增长又开始加快。二、三季度美国经济增长率分别为 1.3% 和 4.0%。与此同时，有关指标预示美国第四季度将可能再次回落。工业生产 10 月份下降 0.6%，11 月份增长 0.1%。欧元区 GDP 增速平稳。2002 年前三个季度欧元区经济分别增长 0.4%、0.3% 和 0.3%（为环比增长率）。有关指标显示第四季度欧元区经济仍将继续保持平稳增长势头。日本 GDP 先慢后快。2002 年前三个季度 GDP 环比分别增长 0.2%、1.0% 和 0.7%。前三季度经济增长呈现出较快的回升势头。但到了第四季度，日本经济形势十分严峻，工业生产速度在 2002 年 9 月份环比下降 0.1% 的基础上，10 月份和 11 月份分别下降 0.2% 和 2.2%。预计第四季度 GDP 增速将会回落。①

从地区看，发展中国家经济增速快于发达国家，但不同国家之间差距较大。世界银行预测，2002 年发展中国家经济增长 2.8%，高于高收入国家 1.5% 的增长速度。在发展中国家中，东亚和太平洋、欧洲和中亚、南亚经济增长较快，分别增长 6.3%、3.6% 和 4.6%；拉美和加勒比经济下降

① 文中关于世界的数据，除特别说明外，均来自于世界银行。

0.7%，撒哈拉以南非洲、中东和北非均增长2.5%。在高收入国家中，美国经济增长2.4%，欧元区增长0.8%，日本为负增长。

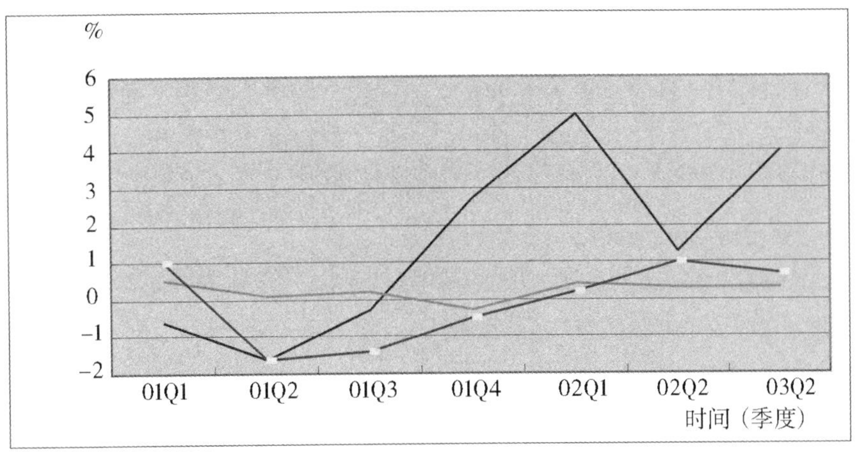

图1　美国、欧元区和日本季度GDP增长速度

表2　世界主要国家和地区经济增长率

单位:%

	2000年	2001年	2002年
世界	4.5	2.2	2.8
高收入国家	3.5	0.8	1.4
美　国	3.8	0.3	2.4
欧元区	3.7	1.5	0.8
日　本	2.1	0.3	-0.3
发展中国家	5.2	2.9	2.8
东亚和太平洋	7.0	5.5	6.3
欧洲和中亚	6.6	2.3	3.6
拉美和加勒比	3.7	0.4	-1.1
中东和北非	4.2	3.2	2.5
南亚	4.8	4.4	4.6
撒哈拉以南非洲	3.2	2.9	2.5

注:1. 世界经济增长率汇总数据是按PPP方法进行的汇总。

2. 2002年及2003年为预测数。

资料来源:世界银行《全球经济展望》2003年4月。

2002年世界经济增速保持加快的增长势头，主要原因在于个人消费支出保持了一定速度的增长，年初石油价格的低位运行，主要国家采取的扩张的财政政策和货币政策，稳步推进经济结构调整。至于世界经济增长在加快中出现波动，主要是由美元大幅度贬值、股市急剧下跌、石油价格在波动中攀升、美国部分大公司财务假案的频频暴露以及投资不振等因素引起的。

（二）世界贸易止跌回升，外国直接投资降幅缩小。

2002年世界贸易增速在经历了2001年下降0.5%之后止跌回升。国际货币基金组织预测2002年世界贸易量增长2.9%。联合国预测2002年世界贸易量增长1.9%。世界银行预测增长2.9%。

2002年，美国贸易逆差不断扩大，欧元区和日本贸易顺差在波动中有所扩大。2002年，美国出口9716.7亿美元，同比减少2.6%；进口14073.4亿美元，同比增长3.8%；贸易逆差达3456.8亿美元，同比扩大21.6%。2002年，欧元区出口总额为10731亿欧元，同比增长1.2%；进口额为9704亿欧元，同比下降4%；贸易顺差为1027亿欧元，同比增长106.6%。2002年，日本出口521083亿日元，同比增长6.4%；进口421765亿日元，同比减少0.6%；贸易顺差达99318亿日元，同比扩大51.3%。

2002年外国直接投资（FDI，以下简称FDI）在上年大幅度下降的基础上呈现继续下降的态势，但降幅缩小。预测2002年全球FDI为5340亿美元，比上年减少27%。但与上年相比，降幅缩小24个百分点。

美国对外直接投资2002年为1090亿美元，同比减少4%；吸引外国直接投资236亿美元，同比减少81%。这主要是由美国股市下跌以及公司财务假案频频暴露等因素造成的。欧元区FDI流出1510亿欧元，同比减少41%；流入1299亿欧元，同比增长21%。日本FDI流出11694亿日元，同比减少7.5%；流入39474亿日元，同比增长420%。

（三）美元大幅贬值，股市急剧下跌。

2002年全年美元兑欧元贬值13.7%，兑日元贬值10.2%。2002年一季度美元基本保持稳定，但3月份以来开始持续下跌。美元兑欧元在2002年年初的比率为1∶1.11，兑日元的比率为1∶132。美元兑欧元在2002年7月21日的比率为1∶0.99，美元兑日元在2002年7月22日的比率为1∶116，均为年初以来的最低点。至12月30日，美元兑欧元和日元的比率分别为1∶0.9584和1∶118.5。

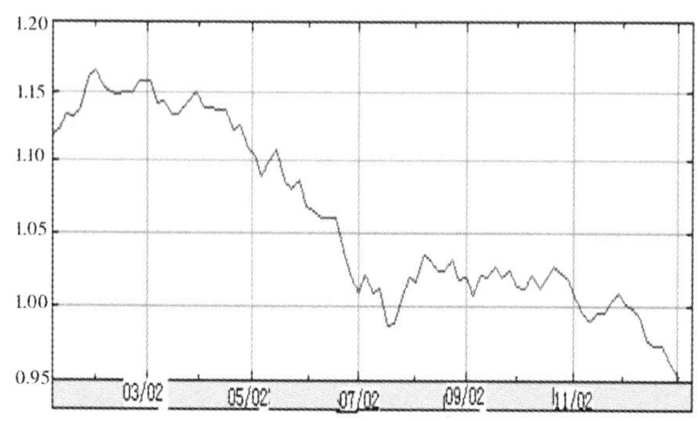

图2 美元兑欧元走势

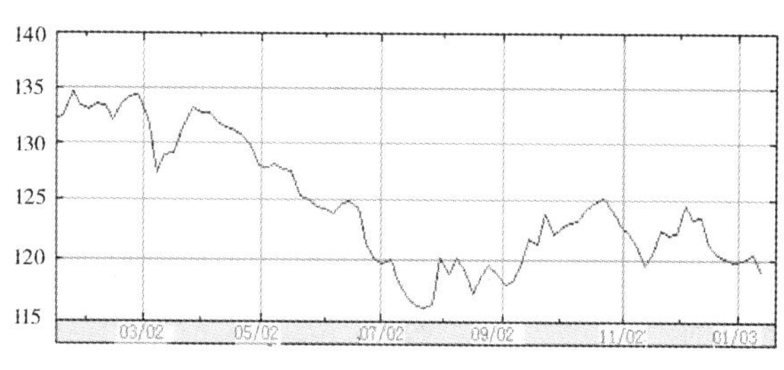

图3 美元兑日元走势

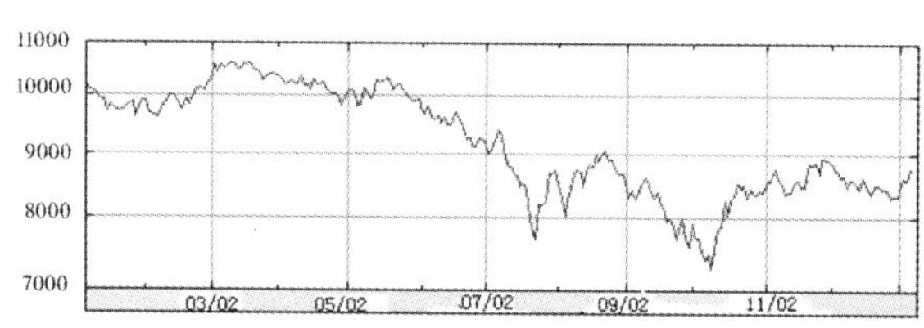

图4 道琼斯股指走势

2002年世界主要股票市场的股指在波动中走低。2002年5月份之前世界各大股市尽管出现了波动，但总体上运行平稳，但进入6月份以后开始急剧下跌。2002年初（1月2日）的主要股票市场指数是：道琼斯工业指数10073.4，纳斯达克指数1979.3，日经指数10542.6，伦敦金融时报指数5218.3。从全年看，道琼斯工业指数2002年最高点为10635.3，最低点为8303.78；纳斯达克指数2002年最高点为2059.4，最低点为1114.1；日经指数2002年最高点为11979.9，最低点为8543.7；伦敦金融时报指数2002年最高点为5323.8，最低点为3671.1。

（四）价格持续低位运行，石油价格在波动中攀升。

价格持续低位运行。2002年美国消费者价格同比上涨率为1.6%。但从变化过程看，消费者价格上涨幅度不断攀升。1月份和2月份消费者价格均同比上涨1.1%，10月份、11月份和12月份分别上涨2.1%、2.3%和2.4%。欧元区价格同比上涨率目前基本维持在2%左右，但幅涨缩小。二季度欧元区消费者价格同比上涨2.5%，比一季度回落0.1个百分点；三季度上涨2.1%，回落0.4个百分点，是两年以来的最低水平，四季度略有上升，上涨0.2个百分点。日本消费者价格持续下降。一季度日本消费者价格同比下降1.4%，二季度下降0.9%，三季度下降0.8%，四季度下降0.5%。到2002年三季度，日本消费者价格已连续18个季度下降。

2002年世界石油价格在波动中攀升。石油输出国组织（OPEC）一揽子综合油价在震荡中攀升，9月中旬，超过了OPEC28美元/桶的目标价格上限，12月下旬甚至达到31.06美元/桶。英国布兰特和美国西德洲中级石油价格都超过了目标价格上限，屡次超过30美元/桶的心理界限。到2002年底，世界主要市场石油价格仍然保持在每桶30美元的高位。

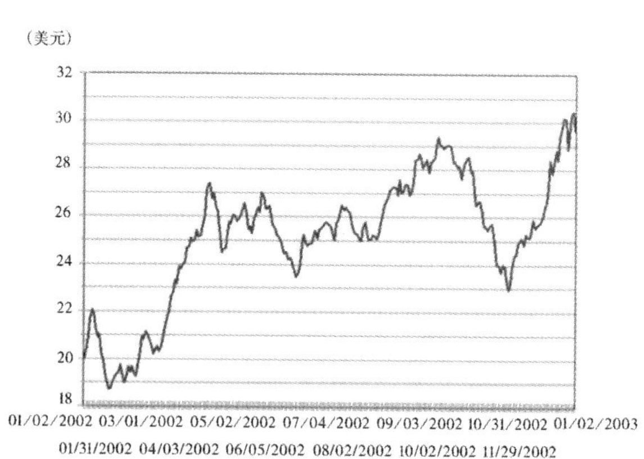

图5 北海布伦特原油价格走势

二、2003年世界经济发展趋势的初步展望

随着主要国家刺激经济计划的实施以及2002年世界经济形势的好转，预计2003年世界经济总体运行将好于2002年，经济增长速度将在上年加

快的基础上继续保持加快的态势。但经济运行中的一些不利因素或不确定因素，如通货紧缩的加剧、需求缺乏热点、海湾局势、“非典”影响等，都将会对世界经济发展产生负面的影响，世界经济出现波动甚至反复的可能性也是存在的。

（一）国际组织预测结果表明世界经济增长将加快。

表3 世界经济增长速度

单位：%

	国际货币基金组织		世界银行		联合国		Concensus Mean	
	2002年	2003年	2002年	2003年	2002年	2003年	2002年	2003年
世界	3.0	3.2	2.8	3.2	1.7	2.75	1.8	2.1
发达国家	1.8	1.9	1.4	1.5	1.3	2.25		
美国	2.4	2.2	2.4	2.5	2.4	3.0	2.4	2.3
欧元区	0.8	1.1	0.8	1.4	0.9	2.0	0.8	1.0
日　本	0.3	0.8	-0.3	0.6	-0.4	1.0	0.3	0.8
发展中国家	4.6	5.0	3.1	4.0	2.9	4.25		

注：1. 联合国和 Concensus Mean 的汇总数据按汇率法进行汇总，国际货币基金组织和世界银行的汇总数据按 PPP 方法进行汇总。

2. 发达国家的世界银行预测值指高收入国家。

资料来源：国际货币基金组织《世界经济展望》2002 年 9 月，联合国《世界经济形势及展望》2003 年，世界银行《全球经济展望》2003 年 4 月，Concensus Forecast 2003 年 4 月。

国际货币基金组织预测 2003 年世界经济增长 3.2%，比上年加快 0.2 个百分点，发达国家和发展中国家分别加快 0.1 和 0.4 个百分点。世界银行预测 2003 年世界经济增长加快 0.4 个百分点。联合国预测 2003 年世界经济增长加快 1.05 个百分点。Concensus 综合世界 240 多个预测机构的预测结果显示，世界经济 2003 年增长加快 0.3 个百分点。

（二）宏观经济政策将为世界经济加快增长提供政策支持。

针对世界经济增长乏力、后劲不足的情况，各国根据本国的特点先后采取了一系列刺激经济计划或改革措施，这为世界经济的继续加快增长提供了有力的政策支持。

美国的减税计划。2003 年 1 月美国政府提出了 10 年减税 6740 亿美元的刺激经济计划，其中 2003 年就可使 920 万纳税人平均每人减税 1083 美元，减税额达到 1020 亿美元，估计这一措施的落实可拉动 2003 年美国经济增长 0.5－1%。

日本的改革计划。2003 年日本将推进包括金融、税制、规制和政府支出四项改革，其中金融改革重点解决银行不良资产，税制改革重点降低所得税率，规制改革重点是向民间资本开放公共领域，政府支出改革重点是加大向低收入阶层的转移支付。与此同时，政府还明确提出要把治理通货紧缩作为重点工作来抓。这些措施的落实，都将会活跃日本经济，促进日本经济增长。

世界利率水平较低，加之股市逐步趋于稳定，企业投资有望出现恢复性增长。继 2001 年 11 次降息之后，美国于 2002 年 11 月再次降息；继 2001 年 4 次降息之后，欧元区于 2002 年 12 月再次降息。目前美国、欧元区和日本的基准利率分别为 1.22%、2.50% 和 0.10%。美国的利率水平为 41 年来的最低水平，日本实际上已是零利率。

美国、欧元区和日本等都注重了对货币政策、财政政策与结构调整的综合协调，加大了结构调整的力度。尽管 2003 年世界经济将会继续保持加快增长的趋势，但决不可忽视一些不利因素或不确定因素可能对世界经济加快增长产生的负面影响。主要有通货紧缩趋势加剧、投资和消费需求缺乏热点、美国打击伊拉克以及石油价格上涨幅度等。这些问题的存在都可能会导致世界经济在加快增长中出现一定的波动甚至反复，需要认真观测分析。

（执笔：李晓超　闫海琪
刘　冰　马　岩）

专栏 2001 年世界500家最大企业的排名与比较分析

美国《财富》杂志公布的2001年世界500家最大企业排行榜结果显示，2001年世界500家最大企业的营业额和利润额同时出现下滑，上榜企业及其排位在行业、国家或地区的分布上都发生了新的变化。中国企业上榜数量继续增加，所占份额持续上升。

一、世界500强企业营业额和利润额首次出现双双下降，成为自1995年第一次发布包括服务类企业以来表现最为不理想的一年

从营业额看，世界500强营业额为140100亿美元，比2000年下降了0.4%，这是自1995年第一次发布包括服务类公司以来的全球500强营业额首次出现下降。

从利润额看，2001年世界500强企业创下了业绩下滑的纪录。500强企业中，共有297家利润下降。2001年500强企业的利润总额为3060亿美元，比上年下降了54.1%，利润总额不到上年的一半，这也是自1995年第一次发布包括服务类公司以来的全球500强利润额降幅最大的一年。

二、世界500强企业排名在行业分布上发生了变化，服务业企业营业额首次位居世界500强榜首

1. 沃尔玛公司首次成为位居世界500强企业榜首的服务业企业。

2001年美国沃尔玛公司营业额达到2198亿美元，跃居世界500家最大企业的第一位。这是服务业企业首次位居世界500强榜首，从而改变了工业企业一直位居世界500强榜首的局面。美国埃克森－美孚石油公司以1916亿美元的营业额退居第二位；美国通用汽车公司仍居第三位，营业额为1773亿美元。

2. 银行业继续保持世界500强的营业额第一地位。

2001年银行业有62家企业上榜，比上年增加了4家；其营业额规模进一步扩大，营业额达15052亿美元，占世界500家大企业营业总额的10.7%，企业上榜数和营业额仍居各行业首位。营业额排在第二位至第五位的行业依次是：汽车及汽车零件业（营业额为13032.12亿美元，占500家最大企业营业总额的9.3%，高于上年的9.2%）、石油精炼业（营业额为12048.11亿美元，占8.6%，低于上年的9.2%）、电信业（营业额为7330.47亿美元，占5.2%，与上年持平）和贸易业（营业额为7316.11亿美元，占5.2%，低于上年的6.2%）。

3. 石油精炼业的利润额排名升至第一位。

2001年石油精炼业的利润额达718亿美元，在2000年利润增长1倍的基础上虽然比上年下降了22%，但利润额的行业排名从上年的第二位上升到第一位。石油精炼业的利润额占500家最大企业利润总额的比重，从上年的13.8%上升到23.5%。

利润额排在第二位至第五位的行业依次是：银行业（利润额达563.93亿美元，占500家最大企业利润总额的18.5%）、制药业（利润额达492.21亿美元，占16.0%）、多元化财务公司业（利润额达410.86亿美元，占13.4%）、天然气和电力事业（利润额达206.43亿美元，占6.7%）。

4. 能源行业营业额和食品消费行业利润额的增长幅度最高。

从各行业营业额的增长速度来看，2001年能源行业的营业额达6866亿美元，比上年增长38.5%，增长率居各行业之首。从各行业利润额的增长速度来看，2001年食品消费行业的利润额达86.3亿美元，比上年增长54.5%，增长率居各行业首位。

5. 信息产业相关企业出现巨额亏损。

世界500强企业中24家电信公司的利润亏损额为779.1亿美元，6家网络通讯设备公司的利润亏损额达485.4亿美元，亏损额共达1264.5亿美元，信息产业相关企业的巨额亏损成为2001年世界500强企业利润额下降的重要因素。

三、美国企业在世界500强中的霸主地位得到进一步巩固，新兴市场国家进入世界500强的企业数量继续增加

2001年世界500家最大企业分布在27个国家和地区，美、日、欧等发达国家的大企业数达463家，占世界500强企业总数的92.6%，占据统治地位。

1. 美国企业在世界500强中的霸主地位得到进一步巩固。

从企业数量看，2001年美国上榜企业达到197家，比上年增加12家；上榜数量占世界500强的比重，由1995年的30.6%上升到2001年的39.4%。

从企业营业额看，2001年美国上榜企业营业额达58856亿美元，比上年增长6.9%；占世界500强营业总额的比重，由1995年的28.3%上升到2001年的42%。

从企业利润额看,2001 年美国上榜企业的利润额达 2172 亿美元,比上年下降 33.1%;占世界 500 强利润总额的比重,由 1995 年的 48.9% 上升到 2001 年的 71%。

2. 日本企业在世界 500 强中的地位每况愈下。

1995 年日本上榜企业为 141 家,比美国仅少 8 家,到 2001 年只有 88 家日本企业上榜,比美国上榜企业数少了 109 家,日本上榜企业数由 1995 年占世界 500 强的 28.2% 下降到 2001 年只占 17.6%。2001 年日本企业营业额为 24573 亿美元,比上年下降了 16.3%,比 1995 年下降了 38.3%;占 500 家大企业营业总额的比重,由 1995 年的 35% 下降到 2001 年的 17.5%。2001 年日本大企业亏损额达到 336.1 亿美元。

3. 欧洲企业在世界 500 强中的地位基本稳定,具有较大竞争潜力。

虽然受世界经济环境的影响,2001 年欧洲经济增长有所放缓,但欧洲企业在世界 500 强中的地位基本稳定。2001 年欧洲上榜企业数与上年持平,仍为 156 家,占世界 500 强的 31.2%;营业额达 45703 亿美元,比上年增长 1.7%,占世界 500 强营业总额的 32.6%,比上年提高了 0.7 个百分点;利润额达 1025 亿美元,占世界 500 强企业利润总额的 33.5%。

4. 新兴市场国家(地区)在世界 500 强企业的数量继续增加。

2001 年新兴市场国家(地区)上榜企业数由上年的 35 家增加到 37 家,除南非落选外,中国、韩国和巴西各增加一家。

2001 年新兴市场国家(地区)上榜企业营业额达到 7961 亿美元,比上年增长了 0.6%,占世界 500 强企业营业总额的 5.68%;利润额为 324 亿美元,比上年下降了 30.2%,但由于日本等大企业的巨额亏损,使新兴市场国家(地区)企业利润额占世界 500 强利润总额的比重上升到 10.6%,比上年提高了 3.6 个百分点。

四、中国企业上榜数量继续增加

2001 年中国有 13 家企业进入世界 500 强,比 2000 年增加了 1 家。其中,内地企业有 11 家,台湾省企业有 2 家。中国国家电力公司以 483.7 亿美元的营业额居中国上榜企业的第一名,在世界 500 强企业排名为第 60 位,这是迄今中国上榜企业在世界 500 强中的最高排名。

2001 年 13 家上榜企业营业额合计为2829.16 亿美元,占世界 500 强营业总额比重为 2%,比上年提高了 0.1 个百分点。其中内地上榜企业营业额为 2605.44 亿美元,占营业总额比重为1.9%,所占比重与上年持平。

2001 年 13 家上榜企业利润额合计为 126.77 亿美元,占世界 500 强利润总额比重为 4.1%,比上年提高了 2.1 个百分点。其中内地上榜企业利润额为 121.77 亿美元,占利润总额比重为 4%,比上年提高了 2.1 个百分点。

(执笔:杨京英 王强)

行业篇

2002年农业生产发展报告

2002年,农林牧渔生产稳定增长;农业生产结构调整步伐加快,品种结构和区域布局更加合理,主要农产品价格止跌回稳。

一、种植业

2002年种植业生产继续面向市场,优化结构,在自然灾害依然较重的情况下,经过努力,克服困难,取得了较好的收成。

(一)粮食产量达4.57亿吨,比上年增产1.0%。

2002年全国粮食总产量呈恢复增产,主要原因是单产提高所致。受严重自然灾害影响,2000年以来,我国粮食单产有较大幅度下降,2002年灾害程度偏轻,尤其是东北地区农业生产气象条件明显好于去年。全国粮食单产平均每公顷增加132.5公斤。

1. 谷物产量增加。据统计,2002年全国谷物产量3.98亿吨,比上年增加151万吨,增长0.4%。

(1)小麦产量减少。受小麦价格低迷和供需影响,2002年小麦播种面积又调减76万公顷,调减3.1%。全国小麦产量为9029万吨,比上年减少358万吨,减3.8%。小麦主产区除山西、四川和甘肃省外,大部分地区都有不同程度减产。其中减产较多的有:山东减产108万吨、湖北减产62万吨、江苏减产59万吨、河南减产51万吨、河北减产23万吨。

(2)稻谷产量减少。据统计,2002年全国稻谷产量1.75亿吨,比上年减少304万吨,减少1.7%。分地区来看:全国30个生产稻谷的省(区、市)有18个是减产的,其中减产较多的有:湖南减产210万吨、贵州减产112万吨、浙江广东各减产96万吨、黑龙江减产95万吨、云南减产53万吨、福建减产49万吨、江西减产40万吨。

(3)玉米面积和产量持续增加。由于2000年我国玉米产量大幅度减产,国内玉米价格止跌回升,近两年农民种植玉米积极性提高,玉米播种面积持续扩大。据统计,2002年全国玉米播种面积在上年扩大119万公顷的基础上,又增加35万公顷,增长1.4%。全国玉米产量达1.21亿吨,比上年增加722万吨,增长6.3%。分地区看:增产较多的有黑龙江增加251万吨、吉林增加212万吨、山西增加125万吨、安徽增加77万吨、四川增加73万吨、内蒙古增加65万吨、辽宁增加40万吨、河南增加38万吨。

(4)高粱、谷子、其它谷物产量增加。2002年高粱、谷子、其它谷物产量分别比上年增加63万吨、21万吨和7万吨。

2. 豆类面积减少,产量增加。2002年豆类面积比上年减少72万公顷,减少5.5%,产量比上年增加188万吨,增长9.2%。豆类形势的变化主要受大豆的影响,2002年全国大豆面积872万公顷,比上年减少76万公顷,减少8%,产量1651万吨,比上年增加110万吨,增长7.1%。

3. 薯类面积减少,产量增加。2002年全国薯类播种面积988万公顷,比上年减少34万公顷,减3.3%;产量3666万吨(折粮),比上年增加103万吨,增加2.9%。

(二)棉花种植面积大幅度减少,单产提高,总产量下降。

2001年国内棉花产量大幅增产,棉花资源供大于求,国际、国内市场价格持续下跌,农民植棉积极性受挫。2002年全国棉花播种面积为418万公顷,比上年减少63万公顷,减13%。分地区看,8个主产区棉花面积均减少,减少较多的有:新疆18.6万公顷、江苏7.2万公顷、山东7万公顷、河南6.5万公顷、湖北5.4万公顷;由于棉花主产区大力推广抗虫棉和地膜覆盖及营养钵育苗移栽等技术,对提高单产发挥了作用,加之农业气候条件总体上有利于棉花生长,2002年全国棉花平均单产为每公顷1175公斤,比上年增加68公斤,增6.1%;2002年全国棉花产量为492万吨,比上年减产41万吨,减7.7%。

(三)油料面积增加,总产增加。

2002 年我国油料作物播种面积 1477 万公顷，比上年增加 14 万公顷，增长 0.9%；总产量为 2897 万吨，比上年增加 32 万吨，增长 1.1%。分品种看：花生年产量 1482 万吨，比上年增加 40 万吨；油菜籽产量 1055 万吨，比上年减少 78 万吨；芝麻产量 90 万吨，比上年增加 9 万吨；胡麻籽产量 41 万吨，比上年增加 16 万吨；向日葵产量 195 万吨，比上年增加 47 万吨。

（四）糖料、麻类及烟叶产量均增。

据统计，2002 年全国糖料产量 10293 万吨，比上年增加 1638 万吨，增长 18.9%。其中：甘蔗产量 9011 万吨，比上年增加 1444 万吨，增长 19.1%；甜菜产量 1282 万吨，同比增加 193 万吨，增长 17.7%。2002 年全国麻类产量 96 万吨，比上年增加 28 万吨，增长 41.4%。分品种看：黄红麻产量 16 万吨，比上年增加 5 万吨；亚麻产量 52 万吨，比上年增加 18 万吨；苎麻产量 24 万吨，比上年增加 4 万吨；大麻产量 3 万吨，比上年增加 1 万吨。2002 年全国烟叶产量 245 万吨，比上年增加 10 万吨，增长 4.1%。

（五）水果、蔬菜生产继续保持快速增长。

随着农业种植结构不断调整，2002 年我国的水果、蔬菜种植面积又有了较快发展。据统计，到 2002 年底全国果园面积达 910 万公顷，比上年增加 6 万公顷。2002 年全国园林水果年产量达 6951 万吨，比上年增加 323 万吨，增长 4.9%。据统计，2002 年全国苹果、柑桔、梨、葡萄和香蕉产量分别为 1924 万吨、1199 万吨、930 万吨、448 万吨和 56 万吨，与上年相比，除苹果产量略有减少以外，其它分别增长 3.3%、5.8%、21.7%、和 5.4%。2002 年全国蔬菜种植面积 1735 万公顷，比上年增加 95 万公顷，增长 5.8%，总产量、上市量都有增加，细菜、鲜菜和反季节蔬菜品种增多，南菜北运、西菜东调规模逐步扩大。水果、蔬菜市场供应充足，价格平稳。

（六）种植业结构调整更加合理。

面对市场的需求，2002 年我国农作物的种植结构进一步向市场化目标迈进。种植品种不断向优质、专用、高效方向发展，优质早稻、专用小麦、特用玉米、“双低”油菜、名特优水果和蔬菜种植比例不断提高。据了解目前，我国优质专用小麦面积占小麦总面积的 31%，比上年提高 7 个百分点；优质早稻面积约占早稻总面积的 66%，比上年提高 6 个百分点；优质专用玉米面积占玉米总面积的 26%，比上年提高 4 个百分点；优质油菜面积占油菜总面积的 62%；比上年提高 6 个百分点。粮、棉、油、糖等主要农作物生产进一步向优势产区集中。优质粮油、水果、无公害蔬菜等优质农产品开发进程加快。

二、造林绿化保持良好势头，林业重点工程进展顺利

2002 年随着重点生态工程建设步伐的加快，造林继续保持良好的发展势头，全年造林面积 747 万公顷，是 1985 年以来造林面积最多的一年。

（一）造林绿化保持良好势头。

据统计，2002 年全国完成造林面积 747 万公顷，其中人工造林 661 万公顷，飞播造林 86 万公顷，封山育林 2892 万公顷，完成迹地更新 40 万公顷。全国零星植树 27 亿株。

（二）林种结构得到合理调整。

近年来，我国在加强造林绿化工作的同时，特别注意调整林种结构，以提高营造林的生态防护功能。据统计，2002 年全国共营造用材林 96 万公顷，经济林 88 万公顷，防护林 555 万公顷，薪炭林 5 万公顷，特种用途林 3 万公顷，其中防护林比上年增长 90.7%，用材林、薪炭林、特用林分别比上年增长 5.8%、20.1% 和 56.4%。经济林比上年减少 17.7%。经济林、防护林、薪炭林、特种用途林的造林面积比例由上年的 81.7% 提高到 2002 年的 87.2%；用材林占全部造林面积的比重比上年下降了 5.5 个百分点；防护林比重提高了 15.4 个百分点。

（三）林业重点生态工程进展顺利。

2002 年，林业重点生态工程建设进展顺利，全国安排的各项林业重点工程基本按计划完成。

1. 天然林资源保护工程。“九五”期间，新启动了淮河太湖流域、珠江流域、黄河中游、辽河流域四大防护林体系工程及全国生态环境建设重点工程，林业重点生态工程建设上了一个大台阶。据统计 2002 年完成生态公益造林面积 114 万公顷。

2. “三北”防护林四期工程和长江中下游等防护林体系建设工程继续加强。2002 年共完成造林面积 76 万公顷，为年度计划的 90%，新增封山育林 139 万公顷，为年度计划的 94%。

3. 退耕还林工程，该工程以加快长江上中游、黄河上中游、重要湖库集水区坡耕地以及生态区位

重要地区的沙化耕地退耕还林还草为重点。2002年完成退耕318万公顷,荒山荒地造林325万公顷。

4. 环北京地区防沙工程,完成治理面积130多万公顷。

5. 野生动植物保护和自然保护区建设。完成15个重点物种拯救、自然保护区和湿地示范工程建设规划,新建保护区249处,新增保护区面积359万公顷;使全国林业系统建立和管理的自然保护区达到1405处,总面积达1.09亿公顷。

6. 重点地区速生丰产用材林基地建设。河北、山西、辽宁、湖北、江西和四川等省通过实施林业发展项目,进一步加快了基地建设。利用国家开发银行和世行贷款营造丰产林39万公顷。

据统计,2002年全国木材产量3494万立方米,比上年增加173万立方,增长5.2%;全国商品材、人造板生产、花卉业、森林食品和森林旅游业继续保持良好的发展势头,成为新的林业增长点。

(四)大力发展名特优新经济林,主要林产品产量大幅度增加。

近年来,全国各地以市场为导向,以经济效益为中心,大力调整经济林种植结构,并加大对经济林树种和品种的改造力度,以不断适应市场对名特优新经济林品种的需求。2002年全国可食用的主要林产品核桃、板栗、竹笋片、油茶籽产量分别为34万吨、70万吨、39万吨和85万吨,分别比上年增长34.8%、17.6%、11%和3.6%。工业原料中紫胶、生漆、乌桕籽、五倍籽和棕片产量分别为0.26万吨、0.64万吨、3.2万吨、0.85万吨和6万吨,分别比上年65.9%、29.3%、8.5%、2.1%和1.3%。油桐籽产量39万吨,比上年减少4.3%。

三、畜牧业生产继续保持稳定发展

2002年以来,在畜禽及其产品处于买方市场激烈竞争的大环境下,畜牧业经受住了生猪价格下跌的考验,牧业生产继续保持了稳定增长势头,主要畜产品产量稳步增长,饲养规模不断扩大。

(一)主要畜产品产量继续增长,市场货源充足。

据统计,2002年全国肉类产量达到6586万吨,同比增加253万吨,增长4.0%。其中:猪肉产量4327万吨,增长3.4%;牛肉产量585万吨,增长6.5%;羊肉产量317万吨,增长8.2%;禽肉产量1250万吨,增长3.3%;禽蛋产量2463万吨,增长5.4%;牛奶产量1300万吨,增长26.8%;绵羊毛产量31万吨,增长3.1%。

(二)牲畜饲养量和当年出栏量继续增加。

到2002年底,全国大牲畜存栏达到1.52亿头,其中:牛存栏1.31亿头。全国年末羊存栏3.17亿只,比上年增加1829万只,增长6.1%;猪年末存栏4.63亿头,比上年增加549万头,增长1.2%。2002年全年出栏猪、牛、羊分别达到5.67头、4401万头和2.32亿只,分别比上年增长3.2%、6.9%和7.2%。

(三)畜禽结构继续向牛羊禽方向发展。

随着城乡居民收入水平的提高,人们对肉类的消费从以猪肉为主向牛、羊、禽等多元化方向发展,市场对牛、羊、禽等畜产品的需求越来越大。2002年畜牧业生产继续向牛、羊、禽等品种倾斜,从肉类总产量看,猪肉比重进一步下降,牛羊肉、禽肉占的比重进一步提高,据测算,2002年猪肉产量占肉类总产量比重由上年的66.07%下降到65.69%;牛羊禽等其它肉类占的比重由上年的33.93%提高到34.31%。

四、渔业生产健康发展,主要水产品市场供应充足

眼下走进超市,冰柜里各式各样的水产品活脱脱就是一个冰冻的海洋公园;人们从批发市场买到的也不再只是"青草鲢鳙",三文鱼、白枪鱼以及一大批叫不上名字的水产品走上了人们的餐桌,"食有鱼"已开始向"食好鱼"转变。这种市场变化应归功于近年来我国渔业生产健康发展。

(一)水产品总产量增加,渔业综合生产能力显著增强。

2002年,我国渔业经济呈现良好的发展态势,水产品产量已达到较高水平,水产品供需关系已发生了根本性变化,渔业的作用已从原来的扩张数量、满足市场供应,丰富城乡居民"菜篮子"为主转向更多地体现地方经济的新的增长点以及促进农村和地方经济结构调整和增加农民收入方面。据统计,2002年全国水产品产量达到4565万吨(按新统计标准,下同),比上年增加183万吨,增长4.2%。

专栏 退耕还林工程进展情况

针对我国水土流失和风沙危害严重的状况，1999年按照“退耕还林、封山绿化、以粮代赈、个体承包”的政策措施，四川、陕西、甘肃3省率先开展了退耕还林试点。2002年退耕还林工程全面启动，范围涉及全国25个省、自治区、直辖市和新疆生产建设兵团，总任务572.9万公顷。为规范退耕还林活动，保护退耕还林者的合法权益，巩固退耕还林成果，把退耕还林工作扎实、稳妥、健康地向前推进，在《国务院关于进一步做好退耕还林还草试点工作的若干意见》（国发[2000]24号）的基础上，2002年4月国务院出台了《关于进一步完善退耕还林政策措施的若干意见》（国发[2002]10号），2002年12月国务院又颁布了《退耕还林条例》。1999－2002年，全国共安排退耕还林任务803.2万公顷，其中退耕地造林385.3万公顷，宜林荒山荒地造林417.9万公顷；国家累计投入235.8亿元，其中基本建设投资64亿元，直接补助给退耕农户的生活费和粮食补助167.8亿元，财政转移支付4亿元。到2002年底，共完成退耕还林770.3万公顷，其中退耕地造林372.3万公顷，宜林荒山荒地造林398万公顷。

目前，退耕还林工程建设已取得了明显的阶段成效：一是退耕还林工程省区林草覆盖率平均增加1.1个百分点，局部地区生态环境明显改善，全民生态意识大大增强；二是平均每户退耕地造林0.3公顷左右，国家补助钱粮直接增加了农民收入，加快了脱贫致富步伐；三是改变了传统的种植习惯，调整了不合理的土地利用结构，促进了农村产业结构调整，加快了地方经济发展。实践证明，党中央、国务院实施退耕还林的决策是十分正确的，退耕还林是一项得人心、顺民意的德政工程、民心工程。

（国家林业局退耕还林办公室）

（二）养殖渔业快速发展。

近年来，我国继续坚持“以养殖为主”的渔业发展方针，走出了一条具有中国特色的渔业发展道路，使我国成为世界主要渔业国家中唯一养殖产量超过捕捞产量的国家。据统计，2002年全国海水、内陆水产养殖面积达685万公顷，比上年扩大了17万公顷，增幅为2.5%。其中海水养殖面积134万公顷，比上年增长4.5%；内陆水域养殖面积551万公顷，比上年增长2%。2002年全国海水、内陆水产养殖总产量为2906万吨，占水产品产量的比重为63.7%；其中，海水养殖产量为1213万吨、内陆水养殖产量为1693万吨，分别比上年增长7.2%和6.1%。

（三）捕捞渔业稳定发展。

为保护我国近海渔业资源实现可持续发展，我国从1995年起开始实施伏季休渔制度。几年来的伏季休渔使主要经济鱼类资源得到了有效的保护，渔业资源种群结构得到一定的改善，质量明显提高。2002年全国捕捞渔业产量达1659万吨，同比增0.2%。其中海洋捕捞产量达1434万吨，减0.5%；内陆捕捞产量225万吨，增4.9%。

（执笔人：张延华　黄秉信）

2002 年工业经济发展情况

2002 年，在持续的扩大内需政策效应以及出口明显增加的共同带动下，全国工业经济总体运行情况良好，明显超出预期，明显好于上年水平，是近年来发展势头和运行质量最好的一年。

一、工业经济总体发展水平迈上新的台阶

1. 工业生产增速明显提升，产出规模上升到新水平。2002 年全国规模以上工业完成增加值首次突破 3 万亿元，达到 31482 亿元，比上年增长 12.6%，增速比上年加快 2.7 个百分点，成为 1997 年以来的最高增速。

拉动 2002 年工业生产快速增长的行业主要是：电子及通信设备制造业、以汽车为代表的交通运输设备制造业、化学工业、电气机械及器材制造业、纺织工业、冶金工业以及普通机械制造业等。上述 7 个行业对全国工业增长的贡献率合计高达 58.5%，拉动 7.4 个百分点。

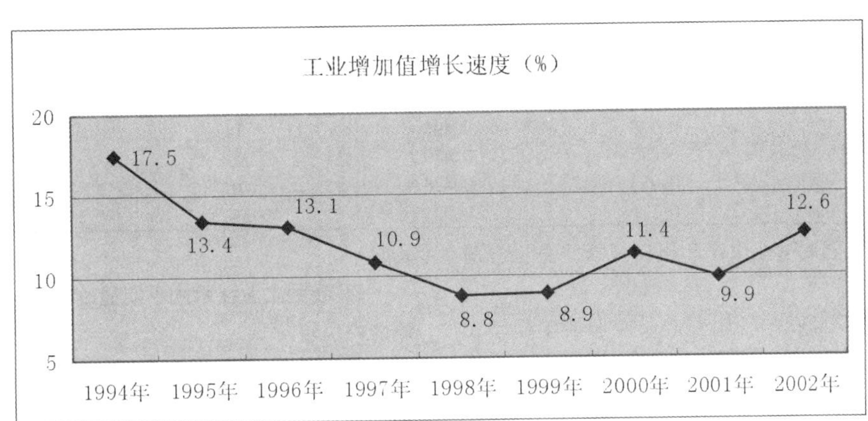

2. 工业产销衔接较好，库存趋向合理。在生产规模迅速扩大的同时，工业产销衔接保持稳定提高。全年工业企业实现产品销售收入 108186 亿元，比上年增长 16.7%，企业产成品库存占用资金 7511 亿元，同比仅上升 5.2%，远远低于生产增长的幅度。全年产品销售率达到 98.03%，比上年提高 0.31 个百分点，也是近年来产销衔接的最好水平。

3. 工业经济效益继续大幅度上升，实现利润再创历史新高。继2000年利润总额突破4000亿

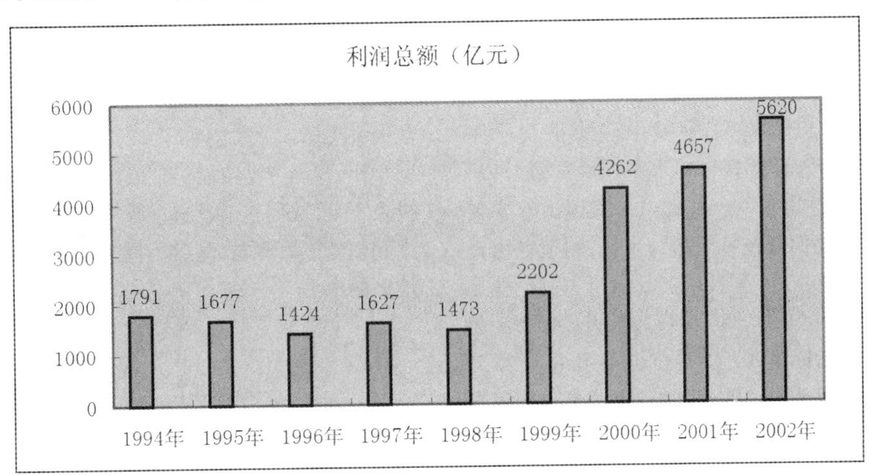

专栏 我国工业竞争力居世界第37位

联合国工业发展组织(UNIDO)公布的《工业发展报告2002/2003年》以人均制造业增加值、人均制造业出口额、中高技术产业占制造业增加值比重、中高技术产业占制造业出口比重这4个指标为基础,测算1985年和1998年世界87个国家和地区的工业竞争力指数(The Competitive Industrial Performance Index),即4个指标无量纲化后数值的简单算术平均。统计结果表明,我国工业发展实力明显增强,工业竞争力在国际上的地位大幅度提高,但是在工业技术创新能力方面与先进国家水平仍有一定的差距。

一、我国工业竞争力居世界第37位,是世界上提升速度最快的国家

根据测算结果,我国工业竞争力在世界上的位次从1985年第61位,上升至1998年第37位,居世界中等水平,是所有国家中工业竞争力提升幅度最大的国家。工业竞争力最强的是新加坡、美、日、欧等工业化国家,紧随其后的是中国台湾、韩国、马来西亚、中国香港、菲律宾等东亚国家和地区。

1985年和1998年工业竞争力指数居世界前十位的国家和地区

国家	工业竞争力指数		位次	
	1998年	1985年	1998年	1985年
新加坡	0.883	0.587	1	6
瑞士	0.751	0.808	2	1
爱尔兰	0.739	0.379	3	15
日本	0.696	0.725	4	2
德国	0.632	0.635	5	3
美国	0.564	0.599	6	5
瑞典	0.562	0.633	7	4
芬兰	0.538	0.494	8	7
比利时	0.495	0.489	9	8
英国	0.473	0.426	10	12
中国	0.126	0.021	37	61

二、我国制造业生产和出口规模跻身世界前10位

1985-2000年我国制造业增加值年均增长13%,是世界上发展速度最快的国家。1998年我国制造业增加值为3555亿美元,占全球制造业增加值的比重从1985年的4.3%提高到6.3%,居世界的位次从第6位升至第4位,仅次于美国、日本和德国。制造业出口额达1677亿美元,居世界的位次从第29位升到第7位,占世界总额4%。

三、我国制造业技术含量明显提高,但是技术结构依然落后于世界平均水平

1985-1998年我国制造业生产和出口技术结构有所改善。低技术产业和资源型产业的生产比重从51%降至49%;中、高技术产业生产比重从49%升至51%,高于发展中国家平均水平(47.8%),但低于世界平均水平(58.7%),落后于发达国家平均水平(61.2%)。我国出口主要以劳动密集型的低技术产品为主,占制造业出口总额的45.6%。中、高技术产品出口占制造业出口总额的比重从1985年1.2%,升至1998年18.2%。该指标在世界的排位也从第48位猛升至第29位,但低于世界平均水平和发展中国家平均水平。

四、我国工业技术水平明显改善,但是技术创新能力仍较薄弱

在此期间,我国在推动国内技术进步和引进外国先进技术两个方面做了大量的工作,取得了明显的效果,各项指标在世界上的排位均有所上升。在国内技术成就方面,1998年我国人均企业用于研究和开发支出居第44位,比1985年上升了2位;劳动技能指数居世界第59位,上升了8个位次。在引进外国先进技术方面,我国外国直接投资居世界第2位,仅次于美国,人均外国直接投资额居第49位,前移了16位;人均支付给国外的特许权使用费居第57位,上移了7位。在现代工业发展的基础设施方面,每千人拥有电话主机数居世界第55位,上移了22位。与世界先进国家相比,我国劳动技能仍较低,企业对研究与开发投入不足,现代基础设施有待进一步加强,主自技术和创新能力薄弱,落后于周边新兴工业国家和地区的水平。

(执笔:余芳东)

元之后,2002 年工业企业实现利润又再上 5000 亿元的新台阶,达到 5620 亿元,比上年增长 20.6%。这是自 1999 年以来连续第 4 年创造历史新高。

带动 2002 年工业实现利润上新台阶的行业主要是:交通运输设备制造业、化学工业、冶金工业、石油加工业、普通机械制造业等。上述 5 个行业新增利润合计 534.4 亿元,占全部新增利润的 55.7%。其中,由于汽车行业的突出表现,使交通运输设备业新增利润 219 亿元,占全部新增利润的 22.8%,高居各行业之首。

4. 工业产品出口大幅度增长,出口总额迈上新台阶。2002 年我国工业产品出口表现之好,可谓超乎预料。全年工业企业实现出口交货值接近 2 万亿元,达到 19916 亿元,比上年增长 23.4%,远远高于 2001 年 9.9% 的增幅。工业出口总值折算成美元首次超过 2000 亿美元,出口规模上升到一个新的水平。其中占我国工业产品出口半壁江山的 4 大出口行业均有不俗表现,电子通信设备制造业和电气机械器材制造业出口交货值分别增长 42.7% 和 21%,传统的纺织和服装行业也分别有 14.2% 和 12.2% 的增长。

5. 国有企业改革与发展迈出了新步伐。在实现三年脱困的基础上,国有企业适应市场经济发展的改革更加深入,减员增效进一步稳定推进,企业生产经营总体状况继续明显改善。2002 年,国有及国有控股企业实现增加值比上年增长 11.7%;实现利润 2636 亿元,增长 15.3%,也创出了历史最好水平。与此同时,企业亏损明显减少,亏损企业亏损额同比下降 12.2%;企业从业人员减少 4.5%;产成品库存保持稳定,应收账款呈下降趋势。

6. 重要工业产品生产水平显著提高,一些产品产量位居世界前列,进一步增强了我国经济的综合实力。2002 年,我国钢产量达 1.8 亿吨,比上年增长 19.7%,超过了美国、日本的总和,高居世界首位;年产量 13.8 亿吨的原煤、7.25 亿吨的水泥、3791 万吨的化肥、5155 万部的彩电等产品也排列在世界第一的位置。此外、原油、发电量、布、化学纤维等产品产量位居世界前列。汽车生产呈现跨越式发展,全年汽车产量首次超过 300 万辆,达到 325.1 万辆;轿车产量首次超过 100 万辆,达到 109.2 万辆。我国的移动电话机随着消费群体的迅速扩大,生产量增长接近五成,全年生产总量达到 1.2 亿部,进入到世界手机生产大国的行列。

二、市场机制作用增强,工业结构调整取得新进展

主要表现为以下三个方面:一是工业产出适应需求变化的能力进一步提高。高技术型产品、投资导向型产品、出口导向型产品以及适应市场消费热点和消费结构升级的产品大都呈现出快速良好的发展势头。二是围绕发展具有国际竞争力的大公司大企业集团,着重推进了企业重组工作。汽车、电力以及烟草等行业重组、改组、组建、优化等工作取得积极进展。劣势企业退出稳步推进,全年共实施关闭破产项目 533 项,主要集中在军工、有色、煤炭等行业。三是适应“入世”后市场更加复杂多变的情况,加大了可能受冲击行业及重点产品的结构调整力度,使这些行业和产品(如钢铁、汽车、化肥、成品油等)生产和效益保持了较快增长势头。

三、2002 年工业经济运行保持良好态势的原因分析

1. 政策因素的作用。1998 年以来,国家已连续 5 年实施积极的扩大内需政策,累计增发国债 6600 亿元,带动几万亿的投资规模,特别是 2002 年要求绝大多数国债项目在年内完成,带动工业相关投资类产品的需求进一步增加,生产规模明显扩大。突出表现为钢材、建材类产品的快速增长。据有关部门估计,我国钢和钢材产量约占世界的 1/5。主要建材产品水泥、玻璃等产量也都达到两位数增长。生产的快速增长也带来了效益的迅速提高,全年冶金、建材行业实现利润分别比上年增长 40% 和 22.9%。

2. 消费热点的拉动。2002 年我国市场消费热点突出,对经济发展的带动作用十分明显。一是汽车消费热点的带动。随着人们收入的不断提高、财富的积累以及消费观念的改变,汽车进入家庭的梦想正在变为现实。2002 年汽车的生产和销售形势是历史上最好的时期,犹如 80 年代中前期彩电、冰箱开始进入城市家庭的景象。在北京“火爆”的汽车市场中,90% 左右的消费者都是私人,全国的这一比例也高达 60%。全年汽车类商品销售额同比增长 70% 左右,汽车生产量同比增长 38.5%,其中轿车增长 52.8%。汽车工业的高速发展,使其所属的交通运输设备制造行业成为带动生产增长加快和提高效益作用最突出的行业。全年该行业对

专栏　突飞猛进的中国汽车制造业

2002 年是中国加入世界贸易组织的第一年，汽车产业在爆发性启动的市场中获得迅速发展，汽车制造业出现了十年来的最好形势。据统计，2002 年全国汽车产量为 325.1 万辆，比上年增长 38.8%；其中轿车产量为 109.2 万辆，比上年增长 55.2%。汽车和轿车生产增幅均为近十年来最高水平。

1997－2002 年的五年间，中国汽车产量年均增长 15.5%；轿车产量年均增长 17.5%，是同期世界上汽车制造业发展最快的国家。1997 年中国汽车产量为 158.3 万辆，位居世界第 11 位；2001 年中国汽车产量为 234.2 万辆，位居世界第八位；2002 年中国汽车产量达 325.1 万辆，超过韩国、西班牙和加拿大，跃居世界第五位。预计 2003 年中国汽车产量将超过法国，从而在美国、日本、德国之后成为世界上第四大汽车生产国。

加入世界贸易组织以后，中国汽车制造业开始真正融入世界汽车产业，世界主要汽车巨头美国通用、福特、克莱斯勒、德国大众、法国雪铁龙、日本丰田、本田等均已和中国汽车企业合资或合作生产汽车，2002 年有近 30 种新车型上市，超过以往任何一年。

汽车制造业在中国工业中的地位迅速提高。1997 年中国汽车制造业增加值占工业的比重为 2.7%，2002 年这一比重迅速提高到 4.7%。2002 年汽车制造业对工业生产增长的拉动作用仅次于电子及通信设备制造业，位居行业第二位；汽车制造业对工业利润增长的贡献达 20%，位居各大工业行业之首。

汽车进入中国家庭的步伐明显加快。2002 年私人购车比例首次超过公务用车，成为汽车消费的主导力量。汽车制造业正在成为拉动中国经济增长、实现消费结构升级、提高人民生活质量的重要力量。

（执笔：江　源）

全国工业增长的贡献率为 13.5%，对全国工业新增利润的贡献超过 22%，成为拉动工业增长的第二大行业和新增利润的第一大行业。二是信息通信产品热点的带动。信息通信产品的需求是一个持续性的热点。通讯器材类商品销售同比增长 70%，带动了该行业在整个工业增长中的贡献达到 18.9%，拉动 2.4 个百分点，继续保持着领衔地位。移动通信设备、移动电话机、微型电子计算机、彩色电视机、激光视盘机等电子通信产品生产均增长 30% 以上。三是房地产热点的带动。房地产市场的持续旺盛一方面对钢材、建材等产品生产形成强劲拉动。据有关测算，2002 年钢材增量中的 48% 都用于了建筑、房地产方面；另一方面也带动了建筑装修装饰产品以及家电、家具等相关产品的需求。

3. 出口的拉动。初步测算，出口对工业增长的贡献率达到 22%，比上年提高 10.3 个百分点，拉动工业增长 2.8 个百分点，比上年提高 1.6 个百分点。

4. 市场经济体制不断完善，是工业保持快速发展的深层次原因。近年来，我国经济改革和宏观调控更加注重和发挥了市场对资源配置的基础性作用，强化了企业在市场竞争中的主体地位，垄断行业也在逐步被打破。与此同时，在积极有效的宏观调控政策下，企业的自我发展能力、创新能力有了进一步发展的空间，竞争能力有了进一步提高，依靠企业内生性发展的动力有了进一步加强。

（执笔：张卫华）

2002年建设领域成绩斐然

2002年,在国家继续实施积极财政政策和稳健货币政策的推动下,全社会固定资产投资43202亿元,比上年增长16.1%,为1996年以来的最高增速,增幅比上年提高了3.1个百分点。其中,基本建设、更新改造和房地产开发投资分别拉动国有及其他投资增长8.7、2.4和5个百分点。固定资产投资的快速增长,为建筑业企业的发展和改革提供了较大的发展空间。全年全社会建筑业增加值7047亿元,比上年增长8%,占国内生产总值的比重为6.9%,比上年提高0.2个百分点。据2002年快报资料初步测算,按当年价格计算的全社会固定资产投资占当年国内生产总值的比重达到42.2%,为近年来的最高水平。

一、固定资产投资

(一)2002年固定资产投资运行情况

1. *总量突破4万亿元*。2002年,全社会固定资产投资达43202亿元,各种经济类型固定资产投资增速均比上年有所提高。其中,国有及其他经济类型完成投资31020亿元,比上年增长17%;集体经济投资5901亿元,增长11.8%;个体经济投资6280亿元,增长15.7%。

按管理渠道分,2002年,基本建设投资17251亿元,比上年增长16.4%;更新改造投资6584亿元,增长11.1%;房地产开发投资7736亿元,增长21.9%。

2. *投资结构进一步好转*。分地区看,国有及其他经济类型投资中,东部地区投资18456亿元,比上年增长16.2%;中部地区投资7580亿元,增长20%,西部地区投资5672亿元,增长20.6%,比上年分别加快2.9、3.7和1.3个百分点。

分行业看,第一产业投资随着水利工程建设以及国家退耕还林还草计划的逐步实施,呈恢复性快速增长态势,全年共完成投资1106亿元,同比增长23.5%;第二产业投资10703亿元,增长22.9%,其中一些主要工业行业如原材料工业、机械电子工业、轻纺工业等投资增速普遍加快,分别增长32.0%、33.3%和33.9%;占全部投资比重64%左右的第三产业投资21132亿元,增长14.4%。第三产业中,对投资快速增长贡献较大的主要是房地产业、交通业、社会服务业,三个行业对第三产业投资的贡献率达92.6%。

3. *重大工程进展顺利*。2002年,世界上最大的水利枢纽工程—长江三峡工程导流明渠截流成功,左岸大坝主体工程基本完成。总投资262亿元的青藏铁路开工以来进展顺利,已累计完成投资65亿元。西电东送工程南部通道建设全面展开,已形成了在南盘江天生桥水电站地区汇集送电广东300万千瓦的能力,中部通道抓紧推进,已形成葛洲坝至上海120万千瓦的送电能力,北部通道建设步伐加快,已形成山西、蒙西送电北京260万千瓦的能力。西气东输管道工程和南水北调工程已正式开工建设。

列入2002年计划的76个国家重点建设项目,全年共完成投资2466亿元,占年度计划的94.1%,共有12个国家重点建设项目投产或试运营。

4. *国债建设成就显著*。1998－2002年,国家共发行长期建设国债6600亿元,累计安排项目总投资32800亿元,2002年完成4950亿元,五年累计完成24600亿元。通过各方面的共同努力,大部分国债建设项目在2002年底建成,创造了巨大的社会效益和经济效益。其中:加高加固长江干堤3576公里,抗洪能力显著增加;在长江沿岸实施了平垸行洪、退田还湖、移民建镇工程,除险加固大中型病险水库680个,保障了人民群众生命财产安全;建设铁路新线5500公里,新增公路7.6万公里,改建和新建机场35个,交通运输对经济发展的瓶颈制约大大缓解;农村电网建设与改造使全国农村到户电价平均每度下降了0.1—0.3元,每年可减轻农民电费负担400多亿元;农村人畜饮水工程建设解决了3000多万人的饮水困难,建成近1000项城市供水、道路、污水和垃圾处理工程,为提高人民物质和文化生活水平创造了条件。

专栏 电子通信设备制造业发展迅猛

十年前的中国电子通信设备制造业，其销售总额仅为全国总量的3.5%，在各行业的位次排第十一位；然而经过近几年的快速发展，1999的比重已上升到7%，在工业各行业的位次跃升为第一位，2002年的比重继续提高到10%。电子通信设备制造业连续四年稳坐工业行业第一把交椅，实现了从国民经济新兴产业到第一支柱产业的历史性跨越。

1998－2002年，电子通信设备制造业平均每年以24.2%的产值速度增长，远远高于同期全部工业产值年均15.7%的增长幅度。其中电子计算机、通信设备、电子元器件生产较快，年均增速都在24%以上，日用电子器具受前两年市场销售不旺影响，年均增长17.9%。

2002年是中国加入WTO后的第一年，在世界IT业依然不景气的环境下，我国电子通信设备制造业仍保持良好发展态势。全年产值增长23.8%，比上年加快3.8个百分点，对工业生产的贡献达18.9%，拉动整个工业生产增长(12.6%)约2.4个点，在工业各行业中位居首位。

由于电子通信设备制造业是我国利用外资最多和外贸出口最大的行业，出口占了销售总值的一半，因此出口的拉动作用非常明显。2002年电子通信设备制造业完成出口交货值5457亿元，比上年增长42.7%，占全部工业出口额的27.4%，拉动工业生产增长约2.76个点。但行业内部发展格局出现变化，电子计算机和曾不太景气的日用电子器具出口形势较好。电子计算机2002年出口交货值占其全部销售产值的69%，比上年增长72.8%，出口额占整个电子通信行业的38.9%；日用电子器具制造业全年完成出口交货值增长36.1%，同比增幅提高24.5个点。其代表产品彩电更是打了个漂亮的翻身仗，当年出口量竟占了全部产量的1/3强，达1800万台，比上年增长100%，比97年增长4倍。电子元件、电子器件业出口交货值也分别增长27.6%和36.1%。但产品已进入40多个国家和地区的通信设备制造业，2002年因受世界IT业滑坡影响，出口交货值由上年38.9%的增幅，下降到18.7%，回落了20多个百分点。

主要电子通信产品产量大幅度增长。电子计算机产量2002年已达到2.6万部，比上年增长1倍多，比98年增长5.3倍，年均增长58.3%；彩电2002年产量已超过5000万台，比上年增长35%，比98年增长55.8%，年产量居世界第一位。半导体集成电路生产平稳增长，2002年生产96亿块，比上年增长38%，比98年增长2.7倍，年均增长38.4%。移动通信产品从无到有、从小到大，2002年移动通信设备已发展到405万部，移动电话机超1亿部，分别比上年增长44%和45.6%。电子通信设备制造业正是以这种迅猛发展的势头，改变了长期以来传统产业占主导地位的格局，为国民经济其他行业的高技术装备和发展提供了坚实基础。

（执笔：隋秀芹）

5. 各类资金到位快速增长。2002年，国有及其他经济类型投资共到位资金33998亿元，比上年增长21.8%，高于同期投资增幅4.4个百分点。其中，国家预算内资金、国内贷款、外商直接投资、自筹资金四大资金来源增幅都在二成以上，分别增长26.8%、24.6%、25.9%和20.5%，这说明投资增长过度依赖国债资金的状况正在逐步改变。

（二）存在的主要问题

1. 民间投资的全面启动仍存在一些制约因素。2002年，民间投资的主体集体和个体投资保持了较快的增长速度。全年完成投资12182亿元，比上年增长13.8%，快于上年1.2个百分点。增速之所以能比上年有所加快，主要有以下两个方面的原因：一是随着投融资体制改革的深入以及国家计委《关于促进和引导民间投资的若干意见》文件的出台，各地区切实清理现行投资准入政策，完善投资环境，积极鼓励和扩大民间投资；二是江苏、浙江、广东等沿海发达地区的民间资本在完成了最初的原始积累后，开始二次创业。

但是，民间投资的全面启动仍然受到了一些现实的制约，使其投资增长速度落后于非国有经济中其他经济成份如股份制、外商投资的增长速度。主要制约因素表现在：

(1)市场制约。目前，国内市场上大部分商品供过于求，主要农副产品和工业品价格普遍下降，企业难以找到好的投资项目。

(2)资金制约。农户收入增长缓慢,民营企业规模不大、经济实力有限,要进行一定规模的投资必须有相应的融资渠道。但实践表明,由于多方面的原因,民营企业的融资能力仍然受到了现实的制约。

(3)投资运行环境制约。主要表现为技术上的制约。例如,从中介服务环境看,社会上没有专门的部门或机构为民间投资提供中介服务,如信息咨询、技术咨询等,造成民间资本不知往哪投或不知怎么投。

2. 投资领域中忽视效益的现象有所抬头。这几年,各地为了启动内需,加快经济的发展,对固定资产投资拉动经济增长的作用给予了高度关注。但也有不少地方对投资效益的问题却有所忽视。特别是有的地方政府,或急功近利,搞一些不切实际的形象工程;或超越地方经济发展水平,过多修建各种类型的园区或开发区,致使有些园区"巢"修好了,"凤"却引不来,投资效益无从谈起,珍贵的耕地资源也大量流失。

(三)2003 年投资展望

2003 年是我国新一届政府成立后的第一年,是"十五"计划的关键年,固定资产投资继续快速增长是保证经济稳定快速发展的关键。从投资主体的积极性、从资金供给状况以及投资环境等多方面因素看,2003 年投资仍将保持快速增长态势。

1. 投资主体积极性上涨。

(1)新一年,为保持经济稳定发展,各地将会遵循"聚精会神搞建设,一心一意谋发展"的指示精神,采取各种有效的新举措,继续加大投资建设的力度,投资者的投资行为将会得到各级政府的极大支持。

(2)经过多年的企业改革,企业逐步适应市场经济的要求,而且也积累了一定的资金,在目前市场商品供给过剩的情况下,主动求新求变,开始二次创业。

(3)积极财政政策取得巨大成就,经济活力和稳定性进一步增加,生产成本低的优势明显。加入 WTO 后,外商投资领域进一步拓宽,行为更加规范。特别是在当前世界局势不稳定的情况下,中国政治的稳定,经济的活跃,使得 2003 年外商对华投资的积极性增加。

2. 资金支撑有保证。2003 年国家继续发行特别国债 1400 亿元,加上上年结转 100 亿元左右,共有 1500 亿元左右,力度与上年比基本持平;银行资金比较充足,而且环境较为宽松;企业经过几年的发展,也积累了一定的资金,尤其是沿海地区的一些企业,具备了进一步自我发展的能力;外资流入还将保持一定的水平。

3. 投资环境进一步好转。

(1)1998 年以来的国债投资大幅度缓解了我国基础设施瓶颈制约。特别是在位置偏远及经济落后的地区,通过国债投资建设,基础设施不断完善,为 2003 年投资和经济发展创造了良好的物质条件。

(2)民间投资的投融资环境得到一定改善,尽管这种改善还较为有限,但仍然有利于提升民间投资者的信心。

但是,也存在一些不利于投资发展的因素,从目前看主要有两个方面:从国内看,一是,近两年来,我国股市行情持续低迷,股市筹资功能下降;企业债券发行的审批管理仍然十分严格,能够通过正规渠道上市融资的企业十分有限,这不利于 2003 年企业融资环境的改善。二是,我国建设领域工程款拖欠问题尚未得到有效的解决,在一定程度上会成为影响投资进一步快速增长的潜在隐患。从国际环境看,世界动荡因素日增,经济增长脆弱,或多或少对我国经济有些影响,如果出口受阻,内需压力又会增大,从而对投资的进一步增长产生不利影响。

(四)2003 年投资的政策建议

为了使 2003 年固定资产投资健康发展,要从以下两个方面加强宏观调控:

1. 进一步改善民间投资的投资环境。国有商业银行设立专门为中小企业服务的信贷部门,制定适合中小企业特点的贷款政策和管理办法;研究建立为中小企业服务的信用担保机构和风险投资基金;各有关方面要积极鼓励民间投资和中小企业发展,在技术、管理等多方面给予支持。

2. 抓住有利时机吸引外资。目前,国际形势因为局部战争动荡不安,我国政治稳定,经济发展迅速,对外资有较大的吸引力。我们要努力做好工作,不断提高投资效益,使中国成为对外资最有吸引力的地方。

二、房地产开发市场

(一)2002 年房地产开发市场的基本特点

1. 投资保持稳定增长,开发总量再创新高。

(1)开发投资快速增长,占固定资产投资的比重继续上升。2002年,全国完成房地产开发投资7736亿元,增长21.9%,增幅低于上年4个百分点。分地区看,中部地区投资增幅领先。东部地区完成投资5568亿元,增长23.8%;中部地区完成投资1111亿元,增长26.7%;西部地区完成投资1057亿元,增长21.3%。全国房地产开发投资占国有及其他经济类型投资的比重由上年的22.6%进一步提高到23.5%。

(2)商品房施工面积继续扩大,但商品房新开工面积增势有所减弱。2002年,商品房施工面积92757万平方米,增长20.1%,增幅与上年基本持平。分物业观察:商品住宅施工72077万平方米,增长20.6%;办公楼4416万平方米,增长4.5%;商业营业用房11252万平方米,增长76.6%。分地区观察:施工面积数量排前十名地区是:广东11355万平方米,浙江8243万平方米,北京7511万平方米,上海6853万平方米,江苏6117万平方米,四川5256万平方米,山东5064万平方米,辽宁4751万平方米,重庆4415万平方米,福建4141万平方米。商品房新开工面积增幅低于上年。2002年,全国商品房新开工面积42260万平方米,比上年净增6314万平方米,增长17.6%,增幅远低于上年增长39.9%的水平。分物业看:商品住宅新开工面积34224万平方米,增长16.8%;办公楼新开工面积1288万平方米,增长18.7%;商业营业用房新开工面积4822万平方米,增长22%。

2. 到位资金增势强劲,利用外资止跌回升。2002年,房地产开发到位资金持续快速增长,为房地产开发投资的快速增长奠定了坚实的基础。全年全国房地产开发资金源累计达到9542亿元,比上年增长29.3%,增幅略低上年0.5个百分点。其中,国内贷款为2149亿元,增长31.1%;企业自筹资金为2720亿元,增长29.5%;定金及预收款为3683亿元,增长29.3%;利用外资资金达156亿元,增长20.1%,近年来首次增长,表明入世后外商开始增加进入房地产开发市场的资金。

3. 土地购置增势明显,土地开发明显减缓。

(1)土地购置面积继续快速增长。2002年,全年购置土地面积30382万平方米,增长40.3%,增幅与上年基本持平,继续保持高增长态势。其中,土地购置面积超过2000万平方米的地区有北京、江苏、浙江、山东;土地购置面积增速超过50%的地区有河北、浙江、福建、山东、黑龙江、安徽、江西、湖北、湖南、云南和青海。全国土地购置费1459亿元,增长41.5%。

(2)土地开发投资和开发面积继续增长,但增势比上年有所减缓。全年完成土地开发投资551亿元,增长13.1%,增幅比上年的28.6%明显减缓,但全年完成土地开发投资超过20亿元的地区由上年的8个增加到2002年的10个。全年完成土地开发面积17347万平方米,增长19.6%,增速也比上年的40.9%大幅减缓。

4. 商品房销售额增势回落、销售价格小幅上涨。

(1)商品住宅销售额所占比重持平。全年商品房销售额5721亿元,增长23.7%,增幅回落5.8个百分点。分物业看:商品住宅销售额4710亿元,增长23.1%;办公楼销售额221亿元,下降5%;商业营业用房销售额721亿元,增长38%。商品住宅销售额占全部销售额的比重82.3%,与上年基本持平。其中,销售给个人的商品住宅占全部住宅的比重高达95.3%,比上年增加8.4个百分点。

(2)商品房销售价格涨幅不大,价位格局基本未变。全年商品房平均销售价格为2291元/平方米,比上年增长2.9%,增幅比上年回落2.9个百分点。分物业看:商品住宅平均销售价格2130元/平方米,增长3%;办公楼4354元/平方米,下降7.7%;商业营业用房3579元/平方米,增长6.1%。分地区看,北京商品房平均销售价格为4761元/平方米,排名第一,但与上年相比下降了5.9%。上海为4121元/平方米,排名第二,增长10.1%。广东为3287元/平方米,排名第三,但也是下降3.7%。

5. 商品房竣工面积增长加快,但销售面积增幅仍大于竣工(面积)。

(1)商品房竣工面积快速增长。全年商品房竣工面积32523万平方米,比上年净增5220万平方米,增长19.1%,增幅高于上年0.5个百分点。分物业看:商品住宅竣工面积26613万平方米,增长18%;办公楼竣工971万平方米,增长9%;商业营业用房竣工3571万平方米,增长28.1%。

(2)商品房销售面积增幅略低于上年,但仍高于竣工面积增幅。全年商品房销售面积24969万平方米,比上年增加4190万平方米,增长20.2%,增幅比上年低2.1个百分点,但仍比竣工面积增幅快1.1个百分点。分物业看:商品住宅销售面积22117万平方米,增长19.6%;办公楼508万平方米,增长3%;商业营业用房2014万平方米,增长

30.1%。

(二)2002年房地产开发市场存在的主要问题

2002年,全国房地产开发市场的发展态势基本正常。根据"国房景气指数"的测算结果,2002年12月份"国房景气指数"为104.18点,比当年11月份下降0.72点,比2001年12月下降1.31点,处在正常发展区间内。但不可忽视的是,部分地区的商品房销售价格有快速攀升之势,出现了"过热"现象,必须引起国家和有关部门的高度重视。其"过热"现象主要表现在以下六个方面:

1. *有些地区出现"过热"的苗头*。我国房地产开发与我国经济的发展一样,存在发展不平衡情况。2002年,东部地区房地产开发投资占全国的比重为72%,超过东部地区GDP占全国约60%的比重;中部地区房地产开发占全国的比重仅为14%,远低于该地区GDP占全国约27%的比重;西部地区房地产开发投资的比重与GDP基本持平。

从房地产价格来看,部分地区也存在着"过热"的现象。据全国35个大中城市房地产市场调查资料,2002年第四季度,沈阳、太原、南昌、杭州和上海土地交易价格增幅分别达到32.3%、27.1%、24.6%、24.4%和13.4%。同期,东部地区的宁波、南昌、青岛、上海、杭州和南宁等城市的房屋销售价格分别增长了17.8%、14.6%、11.5%、9.7%、6.6%和4.2%。

2. *房地产市场中投机性因素增加*。房地产开发的高速发展是由对商品房屋的需求所支持的。房地产的需求由三部分组成,一是居住需求,二是投资需求,三是投机需求。在这三种需求中,第一种需求是真实的需求,对房地产开发的发展具有积极的作用,后两种需求属于虚拟需求,尤其是第三种需求,具有较强的投机性质,对房地产开发的正常发展具有一定的破坏作用。近两年来投资和投机需求出现快速增长的态势,尤其是随着近两年我国股市的低迷,部分游资从股市撤出进入房地产交易市场,更增加了房地产市场中的投机性成份。据典型调查,个别城市中投机性需求已达到15%。投机需求的过度增加,导致房地产市场繁荣的假象,引起市场地价和房价不断攀升。一旦遇到经济波动,房地产市场就会出现供过于求的局面,房地产中的泡沫就将迅速破裂,对整个经济发展造成重大影响。

3. *土地供应增长过快,个别地区出现圈地热*。近几年来,全国房地产开发土地购置面积呈高速增长的趋势。从1998年到2002年,平均增长38%左右,高于同期房地产开发投资的增长速度。全国每平方米的土地购置费也从1998年的371元上涨到2002年的480元,上涨速度明显快于同期商品房销售价格的涨幅。一般来讲地价只应占房价的20%,但有的地方占到40%,杭州市区个别黄金地段的楼面地价甚至有的超过50%。

4. *商品房空置面积增速加快,住宅空置的增量最大*。由于房地产投资规模扩大,商品房供应量增加,销售面积增势趋缓,2002年全国商品房空置面积比上年增长10.9%。分物业观察:商品住宅空置面积增长9.8%,略高于上年0.3个百分点;办公楼空置面积下降3.6%,去年同期为增长2.5%;商业营业用房增长19.7%,去年同期为增长17.8%。全年,新增加商品住宅的空置面积762万平方米。办公楼空置面积减少32万平方米;商业营业用房空置面积新增加398万平方米。

分地区观察:东部地区空置面积占全部空置面积的比重为62.4%,中部地区所占的比重为21.5%,西部地区所占的比重为16%。

5. *房地产开发对银行资金的依赖较大,金融风险增加*。在房地产开发资金来源中,银行资金由两部分组成。一是银行对开发企业的直接贷款,二是银行对个人购房贷款转化为开发企业的自有资金。据调查,房地产开发中实际使用银行资金占其全部资金来源的50%以上。一旦房地产市场发生逆转,开发商和个人发生还款困难,金融机构的风险就会加大。尤其是出于投资和投机需求的商品房购买者,如果也大量运用银行资金,更易对银行带来风险。

6. *房地产开发企业资金不足,拖欠款大量增加*。2002年,房地产开发企业的拖欠款达1302亿元,比上年增长16.5%,占房地产完成投资的比重达16.8%,明显高于同期固定资产投资中拖欠款占全部投资11.1%的水平。其中,工程款拖欠856亿元,同比增长13.4%。拖欠款的大量增加,扰乱了房地产开发市场的经济秩序,造成了房地产开发的虚拟繁荣,是房地产发展的一大隐患。

(三)2003年的走势判断和政策建议

2003年,全国房地产开发市场由于国家宏观调控政策力度加大将会使部分地区"过热"的现象逐步"降温"。在市场的作用下,商品房平均销售价格的涨幅有望走低。但从总体上讲,全国房地产开发投资仍将保持两位数的增长速度,房地产市场仍将呈现产销两旺的局面，房地产业发展的总体景气水平将在景气空间中保持上升态势。主要原因是：

1. 国内稳定的投资环境有利于房地产业的快速发展。“十六”大提出了全面建设小康社会的奋斗目标，“小康不小康，关键看住房”。中央经济工作会议也明确指出，要保持政策的连续性，继续实施积极的财政政策和稳健的货币政策。这些政策都有利于房地产开发的进一步发展。同时，房改政策的不断深化仍将对房地产市场的发展发挥巨大的作用。

2. 推动房地产开发投资快速增长的主要因素仍将发挥作用。一是国民经济的快速发展必将推动房地产业的快速发展。有关部门预计 2003 年 GDP 的增长将超过 7%，房地产开发投资的增速也会在 20% 左右；二是我国城市化水平的不断提高，城市建设规模的不断扩大，为房地产的发展提供了新的空间；三是非国有经济的壮大和外资的投入必将给房地产市场增加活力。

3. 随着“二手房”市场的启动和经济适用房的增加，居民购房能力还会进一步释放。目前，高档商品房过多、商品房销售价格水平较高，极大地影响了广大城镇居民对住房的消费。为真正解决中低收入家庭的购房问题，政府将继续采取一系列措施启动“二手房”市场和扩大经济适用房建设规模，改变高档房地产开发过多的现象，使投资结构不断改善，供需不平衡的矛盾得到缓解，商品房销售的持续增长是房地产业发展的根本动力。

针对局部地区存在的“过热”现象和房地产开发中存在的问题，2003 年房地产开发市场宏观调控的主要政策取向：

1. 对房地产开发中的“过热”现象及时进行适度调控。近两年来，房地产开发对我国经济快速发展的作用越来越大。因此，宏观调控的主要任务是保持房地产开发的健康发展，珍惜房地产市场来之不易的繁荣局面。同时，对部分地区存在的“过热”现象，既不能任其发展，也不能采取过激措施。应按照市场经济的规律，适度调控，实行“软着陆”，使“过热”的势头逐步降温。同时，要尽快建立和完善宏观预警机制与信息定期发布制度，不断提高房地产市场的宏观调控水平。

2. 严格控制城市土地供应，完善土地招标拍卖制度。有关部门要加强对土地供应的监管，改革土地出让金一次交清的规定，减少政府批地的利益驱动，从源头上稳定房地产开发市场。对空置面积存量和增量较大的地区，要减少新增建设用地的供应量。

3. 加强金融监管，抑制投机需求。一是要严格执行发放企业开发贷款需“四证”、预售条件、30% 自有资金的规定。原则上，银行贷款不能用于土地购买。土地购置和商品房开发的数量要与企业的资本金数量挂钩；二是要严格控制对投资和投机购房者的住房消费贷款；三是对拖欠款严重的企业，暂停其开发资格或减少银行贷款的数量。

4. 大力整顿市场经营秩序，培育住房消费。2002 年，房地产市场仍然存在各种违规和欺诈行为。据了解，有关投诉案件比上年增长 60%，严重损害了消费者的权益。有关部门要高度重视，采取建立市场信用、社会监督、依法处罚等切实有效的措施，整顿经营秩序、规范市场行为，推动我国房地产市场持续、健康地发展。

三、建筑业

（一）建筑业发展状况

1. 建筑业企业生产逐步增长，经济效益有所提高。2002 年，全国资质等级四级及四级以上的建筑业企业（下同）生产快速发展，企业经济效益有了明显的提高，具体表现在：

（1）施工产值和施工面积快速增长。2002 年，全国建筑业企业 4.75 万个，完成建筑业总产值 17116.8 亿元，比上年增加 1755.2 亿元，增长 11.4%，同 2001 年增长 11.2% 相比，提高了 0.2 个百分点。建筑业企业完成竣工产值 11465.4 亿元，比上年增加 253.6 亿元，增长 2.3%。施工房屋建筑面积为 21 亿平方米，比上年增加 2.17 亿平方米，增长 11.5%。其中：新开工房屋面积 11.66 亿平方米，比上年增加 0.92 亿平方米，增长8.6%；投标承包工程房屋面积 15.27 亿平方米，比上年增加 1.67 亿平方米，增长 12.3%。竣工房屋建筑面积为 10.07 亿平方米，比上年增加 0.3 亿平方米，增长 3.1%。

（2）建安投资扩大，施工任务增加。2002 年，全社会完成固定资产投资总额 43202 亿元。其中：建安工作量完成 26000 亿元左右，比上年增加 3900 亿元，增长 17.6%。全年施工项目 158149 个，比去年同期增加 7432 个，增长 4.9%。其中：新开工项目 109971 个，比去年同期增加 8526 个，增长8.4%。在投资和施工项目全面增长的同时,建筑业企业单位工程施工个数839949个,比上年增加56509个,增长7.2%。其中:新开工的单位工程562642个,比上年增加42108个,增长8.1%;投标承包工程491390个,比上年增加98519个,增长25.1%,占全部施工工程个数的58.5%。

(3)劳动生产率得到较大提高。建筑业企业在着力发展生产的基础上,优化劳动组合,采取减员增效、控制建筑队伍规模等措施,使劳动生产率不断攀升。2002年,建筑业年平均人数2129.27万人,比上年减少154.13万人,减少6.8%。建筑业企业按建筑业总产值计算的劳动生产率为74046元/人,比上年增长10.1%,其中:国有及国有控股企业为93864元/人,在上年较高幅度增长的基础上又增长了14.7%。

(4)经济效益得到一定的改善。税金总额和人均创利增幅明显。经初步测算,2002年建筑业企业上缴税金总额达到531.8亿元,比上年增加32.8亿元,增长6.6%;2002年建筑业企业实现利润335.5亿元,比上年增加41.1亿元,增长14%;人均创利为1576元,比2001年的人均1289元高出287元,出现连续较高增长的好势头。

(5)建筑业企业的亏损面进一步下降。2002年,全国资质等级四级及四级以上的建筑业企业共有8586家亏损,比2001年减少543家,亏损面也由去年的18.8%下降到18.1%,下降了0.7个百分点。

2.建筑业企业改革逐步深入,市场秩序进一步规范。

(1)国有企业改革逐步深化。2002年各地区认真贯彻《中共中央关于国有企业改革和发展若干重大问题的决定》,积极推进国有企业改革和结构调整,全国有近15000家建筑业企业改制为股份有限公司、有限责任公司或股份合作企业。建筑企业总数中,国有独资公司的比重下降为15%左右。针对建筑施工企业队伍规模过大,大企业不强,中小企业不专,劳务层素质参差不齐的问题,各地引导建筑企业实行了作业层和管理层的分离,培育了一批大型骨干企业,促进了中小企业向专业化承包企业发展。

(2)整顿规范建筑市场秩序取得阶段性成果。根据国务院办公厅批转的《关于健全和规范有形建筑市场的若干意见》的精神,2002年,建设行政主管部门深入组织开展整顿和规范建筑市场秩序的工作,取得了一定成效,根据建设部的资料,2002年北京、上海、重庆、辽宁、山东等27个省、区、市查出有违法违规问题的工程项目7532个,占在建工程项目的4.5%;共查出4916家单位有建筑市场违法违纪行为,已对3215家单位进行了责令改正、罚款、责令停止施工、降低资质等级、吊销资质证书等处罚。

随着建筑业市场的整顿和规范,全国96.7%的地级以上城市设立了有形建筑市场。到2002年底,76%的有形建筑市场与政府管理部门实现了机构分设、职能分离、监督与服务分开,服务功能进一步健全,管理运作进一步规范。为了促进建立全国统一、开放、竞争、有序的建筑市场,各地清理并取消了带有地区封锁内容的规定,建筑市场的开放程度有所提高。与此同时,建设行政管理部门积极推进电子政务,初步建立了建筑市场有关企业和专业技术人员的信用档案制度。这项工作将会在增强建筑业企业信誉,规范建筑市场中发挥重要的作用。

(3)资质就位工作已全面完成。建筑业资质管理规定颁布实施以来,在各级建设行政主管部门的努力下,资质就位工作已全面完成。通过资质就位,优化了建筑业的企业结构:全国建筑业企业资质级别结构呈金字塔型,开始趋于合理;基本形成了总分包的企业格局;劳务分包企业也从无到有,今后将会得到进一步的发展;所有制结构得到了调整。

(二)建筑业在社会、经济发展中的作用

建筑业是国民经济中的一个重要行业,它一方面把投资转化为具体的物质成果,另一方面可以吸纳劳动力就业,发挥着重要的作用。

1.建筑业与国民经济基本保持同步增长,为经济的健康、快速发展作出了应有的贡献。2002年国内生产总值跃上10万亿元的新台阶,达到102398亿元,按可比价格计算,比上年增长8%。其中:建筑业生产和利润持续增长。全社会建筑业实现增加值7047亿元,比上年增长8%,占国内生产总值的比重为6.9%,比上年提高0.2个百分点,仅次于工业、农业、批发和零售贸易餐饮业而位居第四位。

2.城市基础设施和环境建设得到改善。1998年以来,各地认真贯彻积极的财政政策,加大了城市基础设施投资力度,促进了城市基础设施和环境建设和改善。2002年城市建设固定资产投资将达

2900亿元,比上年增长23%左右,快于全社会固定资产投资增长的速度。新增城市供水能力2421.4万立方米/日,污水处理能力1654.88万立方米/日,污水处理率达到40.3%;新增生活垃圾处理能力4.5万吨/日,生活垃圾无害化处理率达到58%;新增城市道路1.5万公里,集中供热面积6.6亿平方米。大批城市基础设施项目的建成投产,不仅改善了投资环境,增强了城市综合功能,而且提高了人民生活的质量。

3. *增强了经济发展的后劲*。2002年新增大中型发电机组容量1165万千瓦,新建铁路投产里程1696公里,新建公路30796公里,其中高速公路5545公里,港口万吨级码头泊位新增吞吐能力1547万吨,新增局用交换机容量2792万门,新增光缆线路长度63万公里,新增数字移动蜂窝电话交换机容量5205万户。

4. *改善了人民的居住条件,住宅建设成为新的经济增长点*。随着住房制度的改革,房地产开发成为经济增长的热点,同时也给建筑业企业带来了新的商机。2002年底,城镇居民人均住宅建筑面积将超过21.5平方米,80%的城镇家庭拥有了自有住房,住房成套率达到70%。

(三)建筑业存在的主要问题及建议

1. *存在的主要问题*

(1)拖欠工程款现象较为普遍。由于建筑市场不规范,由此造成拖欠工程款现象较为普遍,旧帐未清新欠又增,使企业流动资金非常紧张。2002年底建设单位(不含集体和个体)拖欠施工单位的工程款达2408亿元,与上年相比增长了21.4%,比全社会固定资产投资增速高5.3个百分点,比建筑业总产值增长速度高10个百分点。从管理渠道看,基本建设拖欠款达到1315亿元,占的比重最高,达54.6%。房地产开发项目拖欠比较严重,截止2002年底,房地产开发项目拖欠工程款865亿元,占全部拖欠款的35.9%,尽管比重低于基本建设的54.6%,但拖欠款依赖深度(期末拖欠款与报告期建设项目完成固定资产投资额的比值)高达11.2%,远远高于全国7.4%的平均水平。从地区分布看,东部地区拖欠工程款的比重比较大,占到54.3%;而中西部地区对拖欠款依赖深度高于东部地区,分别为8%和8.7%,高于全国平均水平。据有关资料反映,城市建设中拖欠建筑业企业的工程款数量相当大。由于建设资金不能及时到位,因而直接导致施工企业赊购材料,承担不应有的贷款利息支出,加大工程成本,企业生产举步维艰。这种情况,不仅形成全国巨额“债务链”,潜存着严重经济风险,而且直接影响了企业经济效益的提高,严重影响到建筑业企业的健康稳定发展。

(2)工程质量没有明显的提高。整顿建筑市场,努力提高建筑工程优良品率,已成为建设领域的工作重点,而2002年建筑业企业完成的工程质量优良品率为29.6%,优良面积品率为38%,与2001年相比,分别下降了3.7个百分点和5个百分点,特别是部分地区的工程质量优良品率、优良面积品率不足20%,低于全国平均水平十几个百分点。优良工程所占比例的高低能直观地反映出工程质量的优劣,也能间接说明我们在工程质量管理上存在问题,暴露出投资建设管理上的漏洞。

2. *建议*:

(1)解决工程质量问题。建筑质量的问题关系到企业的发展和存亡,针对目前工程质量较低这个问题,我们建议采取以下措施:一要加大监管力度,严格规范建筑市场,杜绝建设单位供应建筑材料这一非正常行为;坚决取缔一些非法的、劣质的建材市场,清除伪劣建筑材料。二是建筑业企业自身要把好技术质量关,作好施工培训工作。为确保有一支稳定的技术过硬的建筑施工队伍,提高施工队伍的素质和职业道德水平,要深化教育管理体制改革,加强职工培训,全面提高建设职工队伍素质,逐步建立起促进建设教育持续发展的有效机制。要在建设行业实行从业资格证书制度,进一步规范各类从业人员在学识、技术和能力方面的起点标准,并分别组织编制专业技术人员、基层专业管理人员和生产一线操作人员从业资格岗位目录、岗位规范和教育标准。三要严格质量责任制度。建设工程质量责任制度内容要严密,执行要严格,关键是质量责任一定要落实到人,无论是业主、设计者,还是项目经理、监理;无论是材料与设备采购,还是检验与验收;无论是企业自查,还是政府质检部门评优,每个环节都要责任清楚,哪个环节出了问题,都要追究责任者的责任。

(2)解决工程款拖欠问题。工程拖欠款问题的解决是一个错综复杂的问题,需要全社会各方面的共同努力。主要应从以下几个方面入手:一要在全社会加强诚信教育,大力发展资信评估业;二要完善法律法规,加大执法力度;三要强化监控,杜绝资金不到位工程进入建筑市场,从根本上遏制“拖欠、垫资”等现象的蔓延扩大;四要提高建筑市场

专栏 青藏铁路

青藏铁路不仅是国家重点工程,更是西部大开发的标志性工程。青藏铁路北起青海省的格尔木市,南至西藏自治区的首府拉萨,全长1142公里,计划总投资262.1亿元,2001年6月29日开工,计划2007年建成。

西藏自治区是目前我国唯一不通铁路的省级行政区。解放后,党中央、国务院对进藏铁路建设十分重视,三代领导人均作过重要指示。建设青藏铁路是全国人们的夙愿,是西藏人民多年的期盼。青藏铁路建成后,将填补我国西部铁路网的空白,形成北京——兰州——拉萨的运输大通道,对完善西部路网布局及西藏综合运输体系,加强西藏与内地的联系,促进西藏自治区经济建设快速持续发展,增进民族团结具有重要意义。

"建成一条生态环境保护型铁路",是青藏铁路在建设论证之初确定的目标。项目建设"以预防为主、保护优先、开发与保护并重"。为了保护好沿线的生态环境,青藏铁路全线用于环保工程的投资将达12亿元,创下中国铁路建设史上的最高纪录。

青藏铁路开工以来,工程进展顺利、质量良好,在解决多年冻土、环境保护和卫生保障三大难题上取得了可喜成果。截止到2002年,青藏铁路累计完成投资65亿元,为总投资的24.8%。

2002年,青藏铁路完成投资53亿元,为年计划的100.4%。完成路基土石方2348万立方米,大中桥5.04万折合米,隧道4501折合米。格尔木至望昆段的铺轨任务提前完成,正线铺轨121.8公里;望昆至楚玛尔河段5、6、11标段的线下工程基本完成;楚玛尔河至沱沱河段线下工程完成80%;沱沱河至望唐段线下工程完成70%。控制工程昆仑山、风火山隧道先后贯通,分别完成2352折合米和993折合米。不冻泉、巴拉大才曲、清水河、楚玛尔河特大桥已分别完成设计总量的95.1%、93.1%、95.0%和94.4%。南山口轨枕场生产轨枕26.7万根,制梁355.5孔。

青藏铁路建设者建立了科学、完善的管理体系,克服高原气候独特且复杂多样、生态系统非常脆弱、严重缺氧等恶劣的自然条件带来的重重困难,力争逐步解决好一系列世界性施工难题,把青藏铁路建设成为世界一流的高原铁路。

(执笔:高毅)

"准入"门槛。清理不符合条件的企业和人员,从源头上控制队伍总量,使我国建筑业真正做大做强;五要规范企业行为,促其在提高竞争力上下功夫。

(3)继续深化建筑业企业改革。

①深化企业改革,加快结构调整。树立与时俱进,开拓创新的意识,全面推进企业产权制度改革和经营机制的转换,建立和完善适应市场经济要求的经营管理新机制。按照"产权清晰、权责明确、政企分开、管理科学"的现代企业制度,强化法律意识,完善法人治理机构。继续发挥股份制企业在建筑业企业中的比较优势。同时调整行业结构,从传统的房屋建筑业向基础设施、社会公共事业转化,营造市政、水利、交通、装饰等行业新优势。延伸建筑产品两头,拓展建筑材料和房地产开发业务。

②培育"航母"企业集团,提高市场占有率。在建筑业产值超20亿元的建筑业企业中挑选一部分工程质量高、市场占有率大、资金技术力量雄厚的企业,进行重点扶持。通过跨地区、跨专业的强强联合、强弱兼并,使资金、人才等生产要素向优势企业和专业集聚,壮大企业规模,形成大型企业集团,成为能与任何跨国公司相抗衡的"航空母舰",成为发展建筑业大国的支撑力量。并以此开拓境外市场,不断提高市场占有率。

③努力提高建筑产品科技含量。一要利用政策引导和市场竞争的机制,促进建筑企业加大资金投入力度,使用新技术、新工艺、新材料、新机具,以提高工程建设的科技含量和工程质量。继续在建筑企业推广建设部的十项新技术,逐步建立起技术进步的良性机制,用高科技占领有限的建筑市场。二要加快国际经营人才的培养、开发与引进,以适应国际工程承包的需要和国际建筑大市场竞争的需要。

(执笔:金桂芳、贾海、倪春海、翟善清)

2002 年国内市场分析与预测

2002 年，在经济持续保持较高增速的同时，居民购买力持续增强，消费需求继续呈现较强增势，消费品市场也出现了不少亮点，生产资料市场供求快速增长。内需的扩大对经济增长的拉动作用不断增强。

一、四大消费亮点支撑着 2002 年消费需求的快速增长

2002 年社会消费品零售总额实现 40911 亿元，比上年增长 8.8%。考虑到商品零售物价下降因素，实际增幅在 10% 左右。消费品市场能保持稳定增长，主要是由以下四大消费亮点拉动的：

（一）汽车——消费热潮扑面而来。

受关税下调和汽车预期进口增加的影响，以及国内车价下调和众多新款车的不断推出，刺激了许多持币观望者的购买欲望，汽车市场出现了前所未有的旺销局面。据国家统计局统计数据显示，全国限额以上批发零售贸易业汽车零售额比上年增长 73%，其中 12 月份增长 124.7%，成为各类商品中零售增长速度最快的商品。新车型俏销市场，老车型稳中有增。由于购车热扑面而来，一些汽车销售出现断档脱销，一些品牌要提前预订。市场热驱动了生产热。全国轿车生产量已达到历史最高记录，为历史罕见。国内私人汽车的拥有量以年 20% 以上的速度增长。

（二）电子通信商品——普及速度不断加快。

近几年，由于电讯商品和服务费用的下调，以及服务方式的不断改进，促进了电子通讯商品的消费。通讯、IT 产品和数码产品以其技术含量高、产品更新速度快和时代感强，继续受到年轻消费者的青睐。2002 年，全国限额以上批发零售贸易业通讯器材类商品零售额比上年增长 69.2%。与此同时，电话用户增长迅猛，全国城镇居民移动电话每百户拥有量由年初的 32.4 台增加到年底的 62.9 台。

（三）商品房——消费热持续不减。

据统计，2002 年全国商品房销售比上年增长 23.7%，其中，销售给个人的增长 29.9%，占商品房销售总量的 91.3%。

个人住房消费的增长，带动了住房装饰、装修和家具、家电等相关消费品销售的增长。2002 年，全国限额以上批发零售贸易业家具类和建筑及装潢材料类零售额比上年分别增长 15.7% 和 35.6%，与住房配套的空调、大屏幕彩电、冰箱等商品销售增长速度也在 25% 以上。

（四）餐饮休闲消费——最为活跃的热点。

从春节、"五一"和"十一"的三个"黄金周"看，全国旅游总人数分别为 5158 万人次、8710 万人次和 8071 万人次，同比分别增长 15%、18% 和 26%，旅游收入均增长 15% 以上。休闲旅游消费的持续增长，活跃了旅游城市商品市场，特别是居民外出就餐增多，餐饮市场持续强劲。各类酒楼、饭店，城市晚间休闲广场纷纷采取系列促销和服务措施，也提升了餐饮市场的热度。2002 年，在社会消费品零售总额中，餐饮业零售额比上年增长 16.6%，居各行业增幅之首。

二、生产资料市场供需两旺

2002 年，生产资料市场呈现出供需两旺的特点。

据中国物流信息中心统计测算，2002 年实现生产资料销售总额 66800 亿元，比上年增长 12% 左右。从主要生产资料的销售情况看，多数产品始终保持旺盛增长态势。据全国限额以上批发零售业统计，2002 年建筑及装潢材料类销售额比上年增长 21.8%，机电产品及设备增长 33.8%，金属材料增长 28.3%，化工材料及制品增长 5.9%，石油及制品增长 8.2%，木材及制品增长 18.7%，煤炭及制品增长 14.4%。

专栏 餐饮市场为何越来越红火?

我国餐饮业零售额在上年增长16.1%的高基数上,2002年继续保持旺盛增长势头,全年餐饮业营业额实现5092亿元,比上年增长16.6%,比社会消费品零售总额的增长幅度高7.8个百分点,占社会消费品零售总额的比重达12.5%,比上年同期提高0.5个百分点。由于餐饮业市场的火爆,拉动社会消费品零售总额多增长1个百分点左右。餐饮业成为国内消费需求中发展速度最快、增长幅度最高的行业,也是目前消费市场的一大亮点。

我国餐饮市场持续红火,主要由以下因素:

——居民收入增长。2002年城乡居民收入水平增长较快。据统计,全年城镇居民人均可支配收入实际比上年增长13.4%,农村居民人均纯收入也加快,实际增幅达4.8%。收入水平的较大提高,直接对餐饮市场形成较强的购买力。

——国内旅游市场旺盛的带动作用。据国家旅游局统计,2002年入境旅游人数与上年相比有较大幅度的增加,全年入境旅游人数比上年增长10%。国内旅游也体现出良好的发展势头和深厚的发展潜力。国内旅游人数上升到8.78亿人次,比上年增长12%。旅游的兴旺发达,有力地拉动了老百姓的餐饮消费需求。

——社会经济交往活动的增加,也直接刺激了餐饮业的发展。社会经济交往和商务会展活动增加,加快了餐饮业发展的步伐。近两年,随着国民经济持续、快速、稳定增长,国内餐饮业发展步伐明显加快,特别是加入WTO后,国内外社会经济交往活动急剧增加,国内商务会展活动逐步增多,推动了餐饮业快速发展。据有的省市反映,一些地方特色的家常菜馆、火锅店(城)、小吃街、美食广场、中西式快餐相继开业,生意异常火爆。

——消费观念的更新。由于居民生活水平的不断提高,生活节奏的加快和消费观念的更新,外出就餐已成时尚。加上饮食观念的转变,消费档次也逐年提高。在饮食方面,讲究营养和风味,讲吃"精"、吃"怪"。城镇居民在外就餐越来越多,支出也明显增加,据统计,2002年城镇居民食品消费的另一大特点是在外用餐人次数和消费额明显增加,人均在外用餐消费支出为414元,比上年增长31.6%。餐饮业的火爆已成为消费市场持续闪现的亮点。

——餐饮业结构调整加快,服务质量提高活跃了市场。近年来,我国餐饮业发展很快,一是加快调整了餐饮业的经营结构,发展连锁经营、网络营销等现代经营方式,推进国际化战略,增强大众化的社区餐饮服务功能,扩大了服务消费领域。餐饮业的连锁经营、网络营销、中心厨房、集中采购、统一配送等现代经营方式显示强劲的发展势头,各地都涌现了不少于几十家或上百家连锁店的餐饮企业。二是拓展了新的经营空间,大力发展绿色饭店和绿色餐馆,引导绿色消费,尤其是做好品牌经营和技术创新两篇大文章,发挥好品牌、网络、技术在开拓市场中的作用;三是强化了饭店与餐饮业管理,加快传统餐饮业向现代餐饮业的转变步伐。以社区餐饮为载体,便民利民的餐饮消费、休闲消费也快速增长。以信息化改造传统餐饮业,加快了现代餐饮业的发展步伐。

为适应市场变化,无论是节日,还是平时,不少中高档宾馆、饭店和餐饮企业积极为不同需求层次的消费者提供周到的服务。餐饮业发展的社会经济条件越来越好,节假日消费成为市场的新亮点,大众化经营持续红火,小吃、快餐、家庭宴席和成品、半成品市场日趋扩大,市场更加看好,对餐饮业发展起到了有力的推动作用。

中国餐饮业发展潜力仍然巨大

——餐饮形式更加多样,且越来越随意。随着社会生活日益多样化、多元化,餐饮形式也会更加多种多样,休闲餐饮、浪漫餐饮、沙龙餐饮、旅游餐饮、娱乐餐饮、会展餐饮、网络餐饮、邮递餐饮等都会更多地进入人们的生活,而传统餐饮的形式会受到很大的挑战。

——与餐饮形式更加多样化相匹配,人们对就餐环境的要求会越来越高。一部分人会追求豪华、超豪华、异域环境,比如西安出现的欧洲皇家餐饮、皇家服务受青睐就是证明,但是大多数人对餐饮环境的要求是新颖、别致、典雅、舒适,花园式餐饮、园林式餐饮、野外餐饮、露天餐饮会被一部分人所接受,所向往。

——餐饮营养化将成为人们追求的重要目标。随着社会的进步,尤其是人们生活水平、生活质量的不断提高,人们吃饭不只是追求口感、口味,讲究色香味形,而且会越来越讲究营养,讲究饮食的合理和科学,讲究营养与搭配,讲究食品安全。营养餐饮、保健餐饮的出现将会对餐饮业提出更高的要求,烹饪营养学将会被人重视,营养技师将会受欢迎。

——餐饮品种会更加丰富。尤其是外域餐饮会大量进入中国,会更加丰富,在中国传统菜系越来越淡化的同时,国外的菜系却可能强化和突出,如法国大菜,俄罗斯大菜、意大利菜、土耳其菜、日本料理、南韩料理都会逐渐被人所接受。

从发展趋势看,居民在外就餐将继续增加,大众化餐饮经营的市场空间也将不断延伸,假日消费的空间继续看好,大众经营品种和餐饮食品开发将不断加快,由此推动我国餐饮业的发展。

预计今后几年我国餐饮市场将继续保持强劲发展势头,增幅将保持15%左右的较高水平。

(执笔:严先溥)

三、促进需求快速增长的主要因素

(一)城乡居民收入持续增长。

随着经济增长速度的加快,增加居民收入、加大社会保障力度、减轻农民负担等政策产生了积极的效果,居民收入保持较快增长。城镇居民人均可支配收入 7703 元,考虑价格下降因素,实际增长 13.4%;农村居民人均纯收入 2476 元,实际增长 4.8%。居民收入的稳定增长,增加了居民的资金储备,也提高了居民的支付能力。

(二)最低生活保障政策的落实,增强了城市低收入群体的购买力。

由于中央和地方政府对城市最低生活保障工作的高度重视,各级财政普遍加大了低保资金的投入力度,由于低收入阶层边际消费倾向较高,因此,这一部分财政投入直接拉动了消费的增长。

(三)商品供给充足使居民挑选空间加大。

据中华全国商业信息中心对 2002 年下半年 600 种商品供求情况的排队分析,供过于求的商品占全部被调查商品的 88%,比上半年增加了 1.7 个百分点,没有供不应求的商品。由于市场商品琳琅满目,居民购物方便,可选择余地加大,增加了购买欲望。

(四)物价持续走低使居民得到更多实惠。

2002 年,我国居民消费价格总水平呈不断下降趋势,全年居民消费价格总水平比上年下降 0.8%,其中城市下降 1%,农村下降 0.4%。由于多数商品价格持续下滑,大多数中低收入居民的购买欲望增强,使商品需求量进一步扩大。

四、2003 年国内市场仍可继续看好

从国际经济的大环境看,随着经济运行格局的基本确定,2003 年经济发展的环境和走势总体上略好于 2002 年的可能性较大。从供给角度分析,只要能逐步推进相关改革,供给能力可以支撑经济的快速增长。

从投资看,随着投资环境的改善、投融资体制改革的稳步推进以及行政管理体制改革的深化,民间投资的较高增长态势有可能继续延续;我国社会政治稳定和经济增长将会使外商直接投资继续较快增长;从消费看,虽然住房、汽车、通讯等消费热点会继续发挥作用,城镇居民家用电器也在逐步进入更新期,其他方面的居民消费也会随着收入的提高有所改善。但是,由于居民消费自身的惯性,一般不会大起大落;因此,国内消费的增长仍只能大致保持 8-10% 的水平。

从生产资料市场看,需求增长主要有三大带动因素:一是国家继续实行积极财政政策的带动,二是国际经济增长的带动,三是世界生产基地向中国大陆转移和跨国公司在中国采购的带动。由于受到需求拉动和加入世界贸易组织以后进口门槛的降低,新增资源也会保持较高水平,部分产品的增长甚至更为强劲,市场的买方格局不会发生大的变化。随着 2002 年市场价格回升到相对高位,加之货源宽松,价格进一步上涨的空间不大。

从资源看,供给将较为充裕,买方市场格局将依旧持续,是一个全球过剩的市场。一方面,我国许多物资产品的生产能力,如普通钢材、水泥、煤炭、玻璃、汽车、许多机电设备等,生产能力庞大,增产潜力很大,随时都可以满足消费需求的增长;另一方面,在全球经济一体化的情况下,国内外市场联系更加紧密。有些产品如石油、铜、橡胶等,尽管国内资源有限,但只要存在需求,完全可以通过进口加以弥补。2003 年是我国加入世界贸易组织的第 2 年,按照先前的承诺,许多产品配额增多,关税下降,进口门槛进一步降低,汽车、天然橡胶、石化产品等进口量将明显增多。

新一年内资源供应仍将充裕,不会出现长时期的、全局性的供应紧张。国内外需求形势大体平稳。全年全社会生产资料销售总额超过 73000 亿元,剔除价格因素后,增幅在 10% 以上,保持旺销

局面,但增长水平低于上年。

综上所述,可以预期 2003 年的国内市场仍将保持平稳的增长态势,继续保持繁荣、活跃的基调。

五、尽快形成消费需求快速稳定的增长机制

为使国内需求能够逐步形成持续快速稳定的增长机制,在政策方面:

(1)要千方百计扩大就业。

(2)要坚决遏制通货紧缩趋势的发展。

(3)采取有效措施,坚决抑制公共品价格(包括一些垄断产品)的随意上涨,以提高居民购买力水平和改善消费者的预期。

(4)加大实施调节收入分配的政策力度,努力缩小收入分配差距。提高个人所得税起征点,对高收入者要实行高额累进式税率。可考虑对私人购车、购房实施税收抵扣政策。加大对城乡低收入者的转移支付。

(5)减轻农民负担,加大政府对农村教育、交通、医院等公共品的投入。可考虑对中西部农村实施免费义务教育政策,增加对农村教育和学校危旧房改造的投入;增加政府对农村交通的投入,争取早日实现村村通公路的目标;建立农村以行政村为单位的医疗流动站,以解决农民看病难的问题。

(执笔:严先溥)

2002年市场价格形势及2003年走势

2002年，我国市场价格持续下降。与上年相比，工业品出厂价格下降2.2%，居民消费价格总水平下降了0.8%。

一、工业品价格继续下降

工业品出厂价格持续下降，但降幅逐月减小。截止到2002年11月，工业品出厂价格连续20个月下降。全年工业品出厂价格下降2.2%，降幅比2001年扩大0.9个百分点。

与上年同季相比，一季度工业品出厂价格下降4.1%，二季度下降2.7%，三季度下降1.8%，四季度下降0.3%。

1. 生产资料产品出厂价格下降2.3%，影响工业品出厂价格下降约1.6个百分点，降幅比2001年扩大1.1个百分点。11月份，出现当年以来的首次上涨，比上年同月上涨0.2%。分季度来看，与上年同季相比，一季度下降4.7%，二季度下降2.9%，三季度下降1.8%，四季度上涨0.3%。

(1) 采掘工业产品出厂价格比上年上涨1.9%，涨幅比上年扩大0.8个百分点，成为影响工业品出厂价格降幅逐渐减小的主要原因。2002年年初，受中东紧张局势的影响，国际原油价格逐步上扬，影响国内市场原油价格上涨，同时也增加了能源市场对煤炭的需求量，我国煤炭出口大幅度增长，带动采掘工业产品出厂价格上涨。在结束了9个月下降的局面后，采掘工业产品出厂价格从2002年5月份开始上涨，比上年同月上涨1.2%，到12月份，原油价格比上年同月上涨了24.3%，受其影响，采掘工业产品出厂价格比上年同月上涨13.5%。

(2)原材料工业产品出厂价格先跌后涨。原料工业产品出厂价格比上年下降2%，降幅比2001年增加1.7个百分点。截止到2002年8月份，原料工业产品出厂价格已经连续14个月下降。9月份，出现上涨，比去年同月微涨0.4%，之后涨幅逐渐扩大，到12月份，比去年同月上涨3.7%，

(3) 加工工业产品出厂价格比上年下降3.1%，降幅比2001年扩大1.2个百分点。2002年，加工工业产品出厂价格一直在低谷徘徊，小幅震荡，降幅保持在在2.4%至3.7%，其中食品、纺织、化学纤维、交通运输设备、电子及通信设备等加工产品价格均有不同程度的下降，降幅在1.5%至6.6%。

2. 生活资料产品出厂价格继续保持近几年来低位运行的态势，比上年下降2.1%，降幅比2001年扩大0.6个百分点。到2002年12月份，生活资料产品出厂价格已经连续67个月下降，

(1)食品类产品出厂价格降幅较小。2002年，食品类产品出厂价格比上年下降0.3%。9月份，由于受植物油、牛羊肉价格上涨的影响，食品类产品出厂价格与上年同月持平，至12月份，比去年同月微涨0.1%。

(2)衣着类产品出厂价格下降1.2%，降幅比上年扩大0.2个百分点。

分季看，降幅逐渐减小，其中，一季度下降2.2%，二季度下降1.3%，三季度下降1.1%，四季度下降1%。由于纺织品市场需求仍然疲软，以棉纱、混纺纱、化纤纱、棉布，毛、麻、丝织品为代表的纺织产品价格仍呈下降态势。

(3)一般日用品和耐用消费品出厂价格在生活资料中降幅最大。2002年，一般日用品类出厂价格下降2.1%，降幅比上年扩大0.4个百分点；耐用消费品类出厂价格下降5.3%，降幅比上年扩大0.6个百分点，其中：电视机、电冰箱、洗衣机、空调、电子计算机、打印机、无线电话机等产品价格降幅在3%至13.1%之间。

3. 重要生产资料产品价格有涨有跌

(1)石油价格开始走出低谷。2002年，国际原油市场价格波动较大。年初，受欧佩克减产、中东局势紧张的影响，国际原油价格逐步上扬，国际市场原油价格一度涨到27.6美元。5月中旬以后，在世界第二大产油国俄罗斯放弃减产、扩大出口、西方库存增加和欧佩克增产的影响下，国际市场油

专栏 我国亿元商品交易市场的发展变化

一、亿元市场趋向规模化，超大型市场发展迅速

2002年末，全国有年成交额一亿元及以上的商品交易市场（以下简称亿元市场）3258个，比上年减少15个，主要减少的是一些经营环境差、不利于城市规划和建设的小规模、混杂型市场，辐射功能强、经营环境好的专业性市场却增加了65个，年成交额10亿元以上的超大型市场以年均26%的速度递增，2002年发展到414家，比上年增加70家，成交额达12504.5亿元，比上年增长19.4%。

二、亿元市场专业化程度日渐提高

2002年末，以批发经营为主的亿元市场有1735个，占全部亿元市场的53.3%；零售经营为主的有1523个，占46.7%。

从成交额看，以批发经营为主的亿元市场成交额为15450.9亿元，占亿元市场成交额的77.9%；零售经营为主的4389.2亿元，占22.1%。

三、亿元市场经营环境大有改观，摊位出租率上升

2002年，封闭式市场2249个，占全部亿元市场的69%，露天市场仅占16.7%；半封闭式市场占14.3%。常年营业的市场占全部亿元市场98.8%，季节性市场仅占1%。

2002年，亿元市场摊位数为219.1万个，虽比上年减少近1万个，但亿元市场营业面积突破1亿平方米，比上年增长9.7%，平均摊位营业面积增长10.2%，平均摊位成交额增长12.8%，每平米创造成交额1.92万元，比上年增长2.1%。

如果以摊位出租率超过70%为繁荣、40%－70%为一般、40%以下为萧条，摊位出租率达70%以上的亿元市场有2822个，占86.6%，其中出租率100%的有808个，占24.8%，40%－70%的有367个，占11.3%，40%以下的有69个，占2.1%。

四、亿元市场的地区分布与个体经济的发展密切相关

个体工商户达百万户以上的地区全国有11个，依次是：广东、江苏、浙江、河北、辽宁、安徽、山东、四川、河南、黑龙江和湖北。东部地区和经济基础较好的中部地区是亿元市场分布集中的地区，江苏是拥有亿元市场最多的地区，有454个，其次，是浙江446个；其他依次还有山东322个、广东258个、河北253个、辽宁175个、湖北159个、湖南116个、河南106个、安徽105个等。

2002年，亿元市场成交情况达19840亿元，比上年增长12.1%，河南、湖北、上海、江西、山东、辽宁等地亿元市场成交额增速较大，高于全国亿元市场的平均增幅。

五、亿元市场成交类别结构出现新变化

2002年，成交额增长最多的是书报杂志类，增长71.6%；其次，是化工材料及制品类增长66.5%；五金电料类增长45%；汽车类增长38.2%。2002年，国家加大对市场经济秩序的整顿力度，使市场的发展更加规范有序，一些盗版制品得到有效的遏制，电子出版物及音像制品类成交额下降21.3%，为下降幅度最大的一类。

（执笔：李敏）

价出现回落。8月份，随着美国攻打伊拉克舆论的升温，国际市场原油价格突破30美元大关，随后稍有回落，但仍维持在28美元左右。年底，因美伊战争关系明朗和委内瑞拉罢工风潮的影响，导致油价涨到一年来的高峰，达到每桶近31美元。国内油价也随之逐步回升，但受2001年降价滞后因素的影响，全年原油出厂价格仍比上年下降5.9%，其中：成品油中的汽油价格下降3.7%，柴油下降4.8%。从时间序列上看，油价由年初的大幅下降转为年末的急剧上涨。至12月份，原油出厂价格比上年同月上涨24.4%，汽油和柴油分别上涨26%和17.3%。

（2）钢材价格逐步回升。2002年初，由于美国启动201条款，对部分进口钢材征收高额关税，使得大部分产钢大国纷纷制定自己的钢铁产品保护措施，国内的钢材出口受到了一定的影响。同时国内钢材产量的增长高于需求的增加，使得国内钢材价格普遍走低。进入二季度后，国际钢材市场在经历了低迷之后，世界范围内以板材为主的钢材价格上涨。我国外经贸部对韩国、日本、俄罗斯等国进行反倾销立案调查，对9种钢铁产品实施为期六个月的关税配额，刺激了国内钢材价格的回升。然

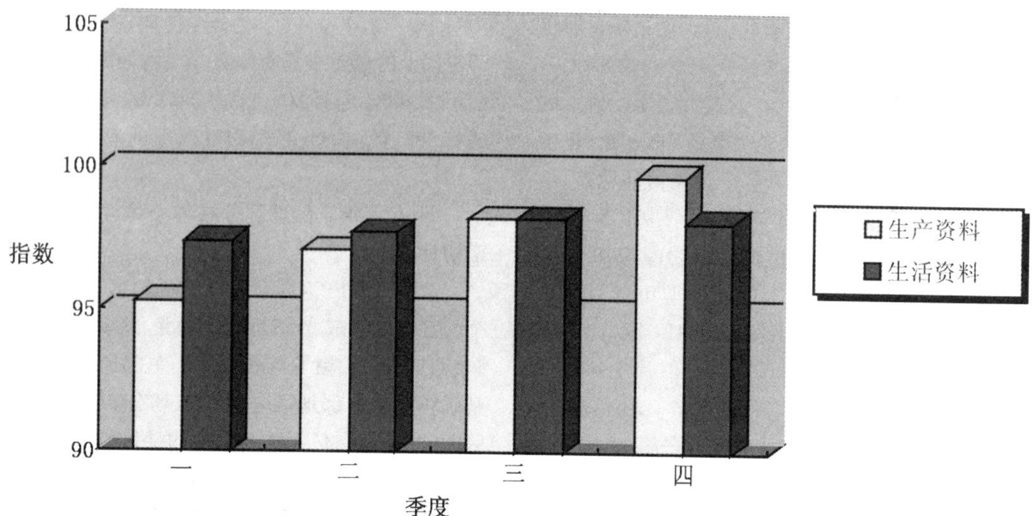

而，因受滞后因素的影响，部分钢材产品的价格还低于上年同期水平，但一些优质型钢材价格已经出现上涨势头。黑色金属冶炼及压延加工业出厂价格自10月份开始上涨，至12月，已经比上年同月上涨2.5%。其中，普通小型钢材价格全年下降2.8%，12月份上涨0.6%；薄钢板价格全年下降1.5%，12月份上涨8.6%；普通中型钢材价格全年下降3.5%，12月份上涨4.1%，线材价格全年下降1.6%，12月份上涨5.4%。

（3）有色金属价格仍然疲软。2002年我国有色金属加工产品产量继续增长，部分常用有色金属市场价格回升，但有色金属市场总体上仍处于供过于求的局面，价格仍处在较低价位。在有色金属中，锑、黄金、铅受国际市场价格连续走高的影响，全年保持上涨势头，分别比上年上涨24.6%、8.2%和1.5%。铝价在经历了震荡之后，年底攀升，但上涨动力不足，全年仍下降4.1%。其他几种有色金属价格均有不同程度的下降，其中铜价下降5.6%，锌价下降10.4%，镍价下降1.5%，镁价下降0.1%。

（4）煤炭价格涨幅较高。2002年，国家加大煤矿安全整治力度，关闭非法小煤窑，煤炭市场一直保持比较旺盛的需求，煤炭出口不断增加，煤炭价格稳步上涨，煤炭采选业出厂价格比上年上涨13%，其中无烟煤价格上涨19.2%，烟煤价格上涨11.5%，褐煤价格上涨3.8%。

（5）纺织产品价格继续下降。2002年国际纺织品市场需求仍然不旺盛，棉、纱价格虽有回升，但价格水平仍较低。2002年是我国入世的第一年，纺织工业生产增速逐月回升，纺织产品出口保持增长趋势，但2001年纺织行业产品出厂价格较低，纺织产品出口仍是以量取胜，价格偏低。受此影响，2002年纺织行业出厂价格比上年下降4.8%，其中棉纱价格下降10.5%，混纺纱价格下降7.2%，棉布价格下降7.6%，纯化纤布价格下降5.5%。

（6）水泥价格低迷不振。2002年我国国内水泥产量继续增长，落后的小水泥生产、低水平重复建设和严峻的出口形势都在一定程度上制约了水泥价格的回升。与上年相比，水泥出厂价格下降0.4%，从具体产品看：普通硅酸盐水泥价格下降10.5%，矿渣硅酸盐水泥价格下降0.3%，特种水泥价格下降0.4%。

二、居民消费价格低位运行

（一）全年居民消费价格总水平持续低位运行。

从2002年的各月走势看，居民消费价格全年降幅呈现两头小、中间大的态势。除2月份因春节不可比因素影响，价格与上年同月持平外，其他11个月居民消费价格均比上年同月低，其中4月份最低，比上年同月下降了1.3%。从4月份开始，价格降幅趋缓。

（二）2002年消费品价格持续下降，全年累计平均比上年同期下降了1.5%，拉动居民消费价格总水平下降1.18个百分点。

1. 食品价格比上年同期下降0.6%，影响居民消费价格下降0.2个百分点，是拉动居民消费价格下降的重要因素，其中水产品和糖类价格下降较多，分别下降3.3%和2.7%。

2. 主要工业消费品价格持续走低。衣着、家庭设备及个人用品、交通和通信工具价格都比上年有所下降。其中服装价格下降2.6%，影响居民消费价格下降0.16个百分点，耐用消费品价格下降4.1%，影响居民消费价格下降0.13个百分点。

（三）服务项目价格上涨仍是拉动居民消费价格上涨的重要因素，但其涨幅平稳回落，对居民消费价格总水平的上拉力明显减弱。

2002年，服务项目价格上涨1.8%，拉动居民消费价格上涨0.43个百分点，而2001年服务项目价格则比上年上涨了7%，拉动当年居民消费价格上涨1.6个百分点。

2001－2002年主要服务项目价格水平变动情况比较

（以上年价格为100）

项　目	2002年	2001年	项　目	2002年	2001年
医疗保健	8.2%	10.5%	通信服务	0.3%	1.1%
学杂托幼费	4%	14.1%	旅游及外出	－4.1%	0.3%
房租	5.1%	10.4%	飞机票	－3.8%	5.4%
家庭服务及加工维修	1.2%	1.5%	文娱费	4.2%	4.4%
个人服务（美容美发等）	1.2%	1.7%			

（四）从区域分布看，全国31个省（区、市）中，有24个省（区、市）居民消费价格总水平比上年同期下降，降幅在1.8%至0.2%之间，下降面为77%，超过了2001年的26%。

从2002年东、中、西部的价格走势看，东部地区居民消费价格下降0.8%，中部地区居民消费价格下降0.6%，而西部地区居民消费价格则上涨了0.8%。

分城乡看，2002年城市居民消费价格降幅继续大于农村，城市居民消费价格总水平比上年同期下降1%，农村居民消费价格下降0.4%。

三、导致我国价格持续低迷的原因

导致我国价格持续低迷的原因是多方面的。既有总量过剩的问题，也有结构性失调问题；既有体制性问题，也有市场秩序问题。此外，还有科技进步加快、加入WTO后国际市场冲击加剧等因素的影响。

（一）市场供过于求是导致当前我国价格走低的根本原因。

从供给看，国内供过于求局面没有根本改变。据有关部门对600种主要商品的供求状况调查，2002年上半年和下半年，供过于求的商品比重分别高达86.3%和88%，其余为供求平衡商品的比重，而供不应求的商品基本没有。目前供过于求的局面主要是由于多年来受各种眼前、局部利益驱使的非理性重复建设及其形成的过剩生产能力，而又因体制问题难以及时退出引起的。2002年，我国900多种主要工业产品的生产能力利用率不足60%，在生产能力严重过剩的情况下，需求的一定增长只能消化部分闲置的生产能力，而不会引起商品价格的上涨。再从需求看，工业品市场需求、消费需求都相对不足。虽然国家在刺激内需方面采取了很多措施，房地产、汽车等行业的投资都有所加强，但市场需求对工业品价格上涨的推动力仍然不足。在“社保”体系还不健全的情况下，市场化改革强化了居民支出预期，促使其增加储蓄。城市低收入群体和农民收入水平相对较低，且增收乏道。消费市场和信用体系发育不完善，有钱的没路消费，没钱的无能力消费。

（二）入世后关税和非关税壁垒降低使国内市场竞争压力加大。

2002年我国关税总水平从15.3%降至12%，实施配额许可证的商品品种由33种减少为12种。未来几年内，我国还将进一步降低关税和增加进口配额。进口增加进一步强化了国内业已过剩的供给能力，进口商品也由于关税的降低更具有价格上的竞争力，加上国内有些企业为了争夺市场而竞相降价，更加刺激了居民持币待购、降价预期的倾向，对相关产品价格下降形成较大压力。

（三）国际市场价格变动的影响。

入世以后，我国国内市场与国际市场进一步接轨，国际市场价格变动对国内市场价格的影响越来越明显。

专栏 五种消费行为主导城市市场

近几年来,居民收入差距的拉大,形成了不同的消费群体,消费分化日益显著。表现在消费取向上,则是多元化趋势,即一部分消费者循规传统,消费以实用为主,讲求节约和理性;一部分消费者则取向新潮,讲究精致的生活享受和消费品位。尤其是加入了WTO后,居民的消费心理和消费行为也发生了一定变化,持币待购观望的消费行为也普遍存在,影响了即期消费需求的扩张。关注这些变化,对于正确引导消费,扩大内需十分重要。

一、持币待购的观望心理

我国正式加入WTO后,不少消费者意识到,中国将加快融入全球化的步伐,消费国际化将会进一步明显,消费选择的范围、消费品价格的形成、消费时尚习惯的变化受许多国家和地区的影响将会加大,国内消费品市场在品种、质量、价格、服务、信誉等方面的竞争会更激烈,由此形成了商品价格下跌的强烈预期。如从2000年1月1日起,进口汽车关税将下调,进口车数量会有较大增加,进口车价将下降10%~12%,进而带动国产汽车价格下降。但价格的下降一方面增加了销售,另一方面也使消费者的观望心理增强,产生了很多持币待购的消费者,以使自己的钱花得最为合算

此外,这几年由于需求减弱,生意难做,厂家商家为争夺有限的市场,频繁地掀起降价大战,最为典型的有微波炉大战、空调机大战、彩电大战、VCD大战和百货商店降价大战等,也驱使居民已有的观望心理更为强化,越来越不爱买东西。

二、随用随买的理性心理

随着城镇居民生活水平的不断提高,多数居民对目前价格的涨跌变化已有较强的承受能力,不少居民已能较为理智地选购商品,居民消费雷同现象已经消失,正向消费多元化发展,昔日的盲目抢购和攀比消费已不可能重现。消费档次明显拉开,按需选购成为消费的主流。以有限的收入换取最大的效用成为消费者行为的基本原则。这条原则要求消费者在收入有限的前提下,凭借自己的消费经验和对各种消费信息的分析判断,在众多的商品和服务当中进行理性的选择。这一行为在目前消费市场占据重要部分。

三、谨慎的中长期消费心理

该特征表现为对未来收入与支出不良预期的影响,消费者的即期消费变得缩手缩脚。造成居民消费行为谨慎的原因,一是居民对未来预期收入增加缺乏信心。二是居民对未来预期支出增加深感担心。住房制度改革、医疗制度改革、职工养老保险制度和失业保险制度改革,虽宣传酝酿多时,却一直没有到位,增加了人们对未来支出预期的不确定性,加剧了谨慎消费心理。另外,目前我国股市低迷所造成的“财富损失效应”,以及国际经济的严峻形势所产生的示范效应,也在某种程度上对居民谨慎性消费行为的形成起了推波助澜的作用。

此外,传统消费仍在很大程度上对人们的消费行为仍然起着很大的支配作用。人们崇尚“收支相抵、略有结余”,忌讳“寅吃卯粮”,因而即期收入成为当前消费的最大极限。他们极少“负债”消费或“超前消费”,不愿意把明天的钱提前到今天来用。人们主张“节俭当前、聚财预后”,偏重远期消费,轻视近期消费,他们一旦有了收入结余,往往首先想到的是把它们积存起来,以作将来购房、养老、治病之用。

上述因素导致不少居民消费心理趋于保守,消费行为更加谨慎。大量的购买力沉淀下来,以获得“未来安全”需要。目前在城市居民中仍有相当一部分消费者抱有中长期的消费行为。

四、超前的潇洒性消费心理

如今生活宽裕的高收入居民,十分关注生活质量的提高,消费倾向也出现明显变化,投资意识日益高涨。调查显示,越来越多的高收入居民,超前消费,车、房齐全,注重追求精神消费和服务消费,教育、文化、通信、保健、住宅等成为消费热点,追求时尚化与个性化日趋明显。在饮食方面,讲究营养和风味,讲吃“精”、吃“怪”。穿着上崇尚名牌,讲究款式、品质和个性。在用品方面主要青睐一些科技含量高、时代感强的高档家电产品。

除了满足物质生活的需求外,外出游览名胜古迹,出境领略异国风情,成为高收入居民节假日消费的重要内容。

城市高收入阶层的消费示范效应已对市场产生一定影响。目前,收入不断增加的高收入群体越来越成为社会关注的对象。这一群体的消费倾向低,但投资意识不断增强,建立有序的投资环境和良好的消费环境,将有利于这一群体购买力的释放。

五、买涨不买落心理

“买涨不买落”是市场经济永恒不变的规律。一些消费者已从此起彼伏的降价浪潮中悟出,商家打折重点是一些库存积压商品或过季的商品。

如有些服装打折是为了增加销售额,完成销售目标和任务。一些商家急功近利,搞一些虚假的打折销售,严重影响了消费者的利益,使不少消费者产生"越是降价的商品越不购买"的消费心理,这种消费行为已在某种程度上左右目前市场的基本走势。

针对现阶段居民消费日益强烈的市场性特征,启动消费的政策必须立足于消费者的实际,政策力量应变成市场信号。只有在充分了解和把握居民的消费心理和消费行为时,才能正确引导居民科学消费,理性花钱。

(执笔:严先溥)

(四)部分垄断性行业市场化进程加快,竞争机制的引入有力地抑制了价格的上涨。

2002年,通讯服务价格比上年下降0.6%,飞机票价格下降3.6%,西药价格下降5.8%。与此同时,政府还加大了对市场秩序的整治力度,规范了部分产品和服务项目的定价行为。与往年相比,2002年出台的调价政策明显减少,服务项目政策性提价对居民消费价格的上升拉力明显减弱。

(五)科技进步、劳动生产率提高、上游产品价格下降导致部分企业生产成本降低,为产品价格下调腾出了空间。

2002年,电子及通信设备制造业产品出厂价格比上年下降6.9%,各月降幅均在6%以上。移动电话机,影碟机,电视机和电脑的市场销售价格分别比上年同期下降了25.4%、12.6%、12.2%和11.8%,这些商品的价格下降在较大程度上应归因于科技进步和生产规模的扩大。农村也调整种植结构,提高了农业生产的科技含量,"大棚菜"、"大棚瓜果"和精品农业技术的推广,平抑了农产品的市场价格。

四、2003年我国物价走势判断

2003年,国家仍将坚持扩大内需的方针,继续推行积极的财政政策和稳健的货币政策;"十六"大后新一届政府将推出更多促进经济快速发展的新政策;2002年下半年以来货币发行量的增加为2003的经济发展提供了更为充裕的资金;地区结构、产业结构和产品结构的调整力度将会加大,供需矛盾有望缓解;生产企业的活力在加入WTO后得以进一步激发,内、外商投资仍将较快增长,出口也将继续增长。同时,随着城乡居民收入水平进一步提高,社会保障体系逐步建立和完善,信贷消费普及加快,收入分配机制逐步理顺,将进一步提升我国居民的消费信心,最终推动市场需求较快增长。

然而,冷静分析我们目前所面临的形势,2003年我国经济发展仍将面临不少困难,抑制价格总水平上行的一些重要因素仍将发挥作用。

(一)从供给看,2003年生产资料市场供应将继续保持增长势头,钢材、煤炭、纺织品、水泥等重要生产资料资源总量将继续增长。

主要农产品总体上供求基本平衡,粮食产量将比去年略有增长或持平,棉花可能适当增产,畜产品、水产品产量可能继续有所增长。产品供给结构性过剩矛盾仍难以得到有效缓解,特别是生活资料中的食品、衣着以及一般耐用工业消费品供大于求格局十分明显,多数商品价格将持续走低。

(二)从需求看,需求拉动价格上行的动力仍显不足。

国际经济政治环境动荡影响全球经济复苏,发达国家内部的结构性调整尚需时日,国际经济环境因美伊战争结局存在较大的不确定性。国际贸易保护主义抬头和我国2002年出口增长的基数较高,2003我国外贸净出口继续高速增长的难度加大。由于部分地区出现了房地产过热现象,国家的调控力度加大,2003年房地产对投资增长的拉力难以达到2002年的水平。预计主要产品中除石油、钢材受国际市场价格波动影响会出现短期价格上涨外,食品、纺织、机械、电子等大部分工业品价格上行仍存在较大的压力。国内消费需求则受制于城乡居民收入水平,特别是农民和相当部分城镇居民的收入增长乏力,以及社会保障体系建设的滞后,新的消费浪潮尚待形成,就业压力和失业预期增大居民储蓄倾向,居民消费的潜力短期内仍将难以得到充分的释放。

(三)"WTO效应"对国内市场商品供求关系、价格水平以及与此相关的居民消费心态、价格预期的影响将进一步强化。

2003年是我国加入世贸组织后的第二年,随着进口关税进一步下调,一些非关税措施的继续调整或取消,更多的外国商品及服务将进入中国市场,国内市场供给总量将明显增长,进口原材料价格的下降也将为国内与此相关的下游产品价格的下调腾出空间。国内企业为保住市场,只能通过主动降低成本和价格来竞争,这又进一步推动市场价格总水平的下行。

(四)外资的大举进入,不仅带来了大量资金,更带来了较高的技术水平和先进管理经验,带动或促使我国企业技术水平和劳动生产率的提高。

虽然这些因素对我国经济发展具有十分积极的作用,但在客观上也加剧了我国价格总水平的下降。

综合考虑上述影响国内市场供求关系和价格总水平运行的各种因素,我们认为影响 2002 年我国价格运行走势的主要因素仍将继续,但由于 2002 年基数较低,2003 年价格上升的因素有所增加。由此判断,2003 年工业品价格将小幅上扬,居民消费价格总水平将与上年持平或小幅震荡,但其下行的压力将略小于 2002 年。

五、促使我国价格稳定运行的政策建议

从宏观经济运行的现状看,虽然我国价格相对低位运行还没有对宏观经济产生明显的消极影响,相反在目前体制转化时期,"社保"体系不健全和失业现象比较严重的情况下,较低的价格还有利于社会稳定,但价格持续走低毕竟反映了我国宏观经济运行中总体上供大于求的格局对我国经济的长期消极影响不能低估。为此,我们应采取积极的应对措施,力保我国价格的基本稳定。

(1)在宏观经济政策取向上,应继续坚持扩大内需特别是消费需求的方针,将培育和扩大居民消费放到特别重要的位置。要优化国债投资结构,将国债投资与解决"三农"问题、扩大就业、优化产业结构和技术升级结合起来。加快促进第三产业的健康发展,规范房地产市场建设,积极培育住房、汽车、旅游、教育等新的消费市场。要将扩大就业、提高收入作为政府工作的出发点和归宿。

(2)加大重组、兼并和改造力度,加快产业结构调整步伐。要将经济发展和结构调整结合起来,继续推进国有企业改革。进一步规范政府行为,严禁地方政府干预企业经营决策和区域市场割据。要鼓励企业跨地区、跨行业的兼并和重组,提高过度竞争行业的进入门槛,尽快实行国有企业、民有企业和外资企业在投资、融资、分配、税收和进出口等方面一视同仁的政策。

(3)高度重视和保护低收入群体的利益,加强财政转移支付力度,从教育、就业和税收等方面给予资助。应加快社会保障体系建设,明晰未来支出预期,确保"社保"基金的保值增值。同时要加强对高收入群体的税收征管,做到应收尽收,以强化税收的收入调节功能。

(4)继续整顿市场经济秩序,加快信用体系建设,进一步完善消费市场。要规范各类企业的经营行为,在继续推进电信、电力、民航、医药和教育等垄断行业市场化改革的同时,也要制止企业利用虚假广告、偷工减料和低于合理成本倾销等不正当手段进行恶性竞争。要树立市场诚信意识,依法查处假冒伪劣行为。要充分利用法律、经济和行政手段,加快推进信用体系的建设和完善。

(执笔:韩静波　韩淑娅)

2002年对外经济发展基本情况

在党中央、国务院的正确领导下,2002年中国坚持扩大内需,实施积极财政政策和稳健货币政策,借新加入世界贸易组织之势,进一步扩大对外开放,大力发展对外经济贸易,使中国经济“一枝独秀”,外经贸事业也实现了持续快速发展,并取得了显著成就:对外贸易高速增长,外商直接投资稳步扩大,对外经济技术合作保持良好发展势头,国际旅游业持续发展,国际收支状况良好,人民币汇率保持稳定,国家外汇储备大幅增加。

一、贸易大国地位已经确立

据世界贸易组织的统计数据,2002年中国进出口总额超过英国,比上年上升了1位,位居世界第5位;其中出口上升1位,位居世界第5位;进口位居世界第6位,与上年持平。中国的世界贸易大国地位已经确立。

进、出口全面高速增长。2002年中国进出口总额为6207.68亿美元,比上年增长21.8%。其中出口3255.65亿美元,增长22.3%;进口2952.03亿美元,增长21.2%。贸易顺差303.62亿美元,增加78.17亿美元。

实施市场多元化战略成效显著。2002年中国与之进出口额在1亿美元以上的贸易伙伴达112个,比上年增加9个;其中10亿美元以上的达52个,增加6个;100亿美元以上的达12个,增加3个。对其出口额在1亿美元以上的贸易伙伴为91个,从其进口额在1亿美元以上的为71个,分别比上年增加5个和4个;其中10亿美元以上的分别为36个和35个,各增加6个和4个;100亿美元以上的分别为5个和6个,各增加1个。中国前10位贸易伙伴依次为日本、美国、香港、台湾、韩国、德国、马来西亚、新加坡、俄罗斯、英国,其中出口前10位依次为美国、香港、日本、韩国、德国、荷兰、英国,新加坡、马来西亚、意大利,进口前10位依次为日本、台湾、韩国、美国、德国、香港、马来西亚、俄罗斯、新加坡、澳大利亚。

非国有经济进出口增长迅猛,国有企业比重下降。2002年在华外商投资企业出口1699.36亿美元,比上年增长27.6%,进口1602.72亿美元,增长27.4%,分别占全国总额的52.2%和54.3%,成为中国对外贸易的最重要力量。中国的集体企业出、进口分别增长32.6%和18.5%,私营和其他企业则分别增长1.5倍和76.8%,而国有企业仅分别增长8.5%和10.6%。因此国有企业虽然出口1228.58亿美元,进口1144.88亿美元,但所占全国总额比重则分别由上年的45.8%和42.5%下降到37.7%和38.8%。

机电产品和高新技术产品进、出口增长迅猛。2002年机电产品出口1570.78亿美元,比上年增长32.3%;高新技术产品出口678.65亿美元,增长46.1%。而机电产品进口1555.88亿美元,增长29.1%;高新技术产品进口828.46亿美元,增长29.2%。其中,电子信息产品进、出口分别达到851.3亿和920.4亿美元,在机电产品中份额已达到54.2%和59.2%。而以IT产品为主的高新技术产品出口677亿美元,增长46.1%。尽管这些产品中相当部分在国际产业分工中仍处于相对劳动密集环节,但在我国产业分类中却属资本、技术密集型产业。

传统商品出口有所恢复。2002年整体纺织服装类产品出口618亿美元,比上年增长16%,其中服装出口411.9亿美元,增长12.7%。家电、塑料制品、鞋类、玩具等轻工产品出口额890亿美元,增长19%。其中塑料制品出口60.5亿美元,增长18.8%;鞋类出口110.9亿美元,增长9.9%,玩具出口55.7亿美元,增长7.9%。

农产品出口增长较快、进口冲击不大。2002年农产品出口135.1亿美元,比上年增长13%;进口102亿美元,增长2%;农产品出口大于进口,顺差33亿美元。水果、蔬菜、花卉、畜产品、水产品等劳动密集型大宗农产品有明显比较优势,进口平稳,出口扩大,多数增长加快。

敏感行业产品进口未形成大冲击。2002年中

专栏 "入世"初年对外承诺全面兑现

2002年是中国加入WTO第一年,中国采取了一系列切实有效的行动,履行了加入世贸组织承诺。

在货物贸易领域,中国大幅下调了5300多种商品进口关税,算术平均税率由现行15.3%降至12%,降幅为21.56%。降幅为21.6%,关税加权平均税率从9.5%降到了5.6%,降幅达41.5%。工业品的平均税率由14.7%降低到11.3%,农产品(不包括水产品)由18.8%降低到15.8%。部分信息技术产品的关税甚至下调为零。同时,大幅减少暂定税率产品,由原来的523种减至209种;还取消了粮食、羊毛、棉花、腈纶、涤纶、聚酯切片、化肥、部分轮胎等产品的进口配额许可证管理,并根据《货物进出口管理条例》规定,制定了《进口配额管理实施细则》和《特定产品进口管理细则》。中国已修改和废止一批与世贸组织规则不符的法律、法规。同时一批新的法律、法规相继出台。其中《中华人民共和国反倾销条例》、《中华人民共和国反补贴条例》、《中华人民共和国保障措施条例》已施行,相关的配套措施也相继出台。

在服务贸易领域,中国颁布了一些新的审批外资进入中国的法规和条例,包括《外国律师事务所驻华代表机构管理条例》、《外商投资电信企业管理规定》、《中华人民共和国外资金融机构管理条例》、《外资保险公司管理条例》、《中华人民共和国国际海运条例》、《中外合作音像制品分销企业管理办法》、《国务院关于修改<旅行社管理条例>的决定》、《外资参股基金管理公司设立规则》和《外资参股证券公司设立规则》等,并根据需要再制定实施细则,以便更具操作性。《外商投资商业企业管理暂行办法》、《中外合资证券公司审批规则》等一些法规还上网公开征求公众意见,积极制定。

知识产权领域,中国已完成了对《专利法》、《专利法实施细则》、《商标法》、《著作权法》、《计算机软件保护条例》等法规的修改,制定了《集成电路布图设计保护条例》,并开始了对《商标法实施细则》、《著作权法实施细则》、《药品管理法实施办法》的修改工作,以便中国的知识产权保护在立法方面完全符合TRIPS协议的要求。

在投资领域,中国已对《中外合资企业法》、《中外合作企业法》和《外资企业法》等法规及实施细则进行了修订,取消了包括外汇平衡、"当地含量"、出口业绩和企业生产计划备案等要求的条款,通过税制改革统一了内外资企业的流转税制,取消了对外商投资企业的高收费,并废除了对外籍人员的一些双重收费标准。

在透明度领域,外经贸部通报咨询局已正式开展工作,网站公布了《中国政府世贸组织通报咨询局咨询办法》(暂行)和《中国政府世贸组织通报咨询局咨询办法登记表》,咨询问题在30个工作日内能得到答复。同时中国政府世贸组织咨询点开始向各界提供咨询服务,对咨询问题作书面解答,内容涵盖我国所有有关或影响货物贸易、服务贸易和与贸易有关的知识产权或外汇管制的法律、法规和其他措施的信息。为保证咨询工作的准确性和权威性,还成立了中国政府WTO通报咨询局咨询专家组。国务院也对需制定和修改的行政法规进行了清理,已完成25件,还废止了12件行政法规,停止执行了34件有关的政策文件,国务院有关部门修改或废止的部门规章更达1000多件,其中有580个部门规章,即一半以上被清理和取消。到目前,国务院近30个部门对有关涉外经济法律法规进行了清理和修订,共清理法规1400件,其中废止559件,修订197件。

由于中国全面履行了承诺,中国给WTO及其成员也给中国人民交出了一份满意答卷,年底WTO各相关委员会对中国17项过渡性贸易政策审议全部通过,给中国加入WTO一年表现画了圆满句号。WTO总干事说:"中国至今所做一切符合加入WTO承诺"。

(执笔:黄大中)

国汽车及其零部件进口78.5亿美元,增长45.5%,接近汽车进口配额准入量80亿美元。其中汽车整车进口12.7万辆,金额31.7亿美元,分别增长76.9%和81.6%;小轿车及其成套散件7万辆,金额16.1亿美元,分别增长50%和70.3%。由于整车进口有限,对国内市场直接冲击不大。全年钢材进口2449万吨,增长42.2%,增幅较大,但从11月28日起对大类与小类进口钢铁产品采取了最终保障措施。全年肥料进口1682万吨,增长54.1%,其中实施关税配额化肥进口量854万吨,占全年配额量980.5万吨的87.1%。进口多,是国内市场需求较旺所致,对国内化肥产业有一定冲击,但对农业生产有利。

进口增长主要动力来自加工贸易。2002年加工贸易进出口总额达3021.5亿美元,比上年增长25.1%,高出进出口总体增速3.3个百分点。其中进料加工贸易进口880.3亿美元,增长35.2%;来料加工装配贸易进口341.8亿美元,增长18.4%,合计增长30.1%,占全部进口增量的54.6%,而一般贸易进口仅增长13.8%。

进出口在国民经济中的作用进一步增强。2002年外贸依存度首次超过50%,达50.2%,比上年提高6.2个百分点。其中出口占国内生产总值比重为26.3%,进口占国内生产总值比重为23.9%,分别提高3.3个和2.9个百分点。全年外贸顺差比上年增加68.1亿美元,约占当年国内生产总值增加额的75.8%,比上年提高54.5个百分点。

二、吸收外商直接投资跃上新台阶

中国在连续九年居发展中国家吸收外资首位基础上,2002年又成为全球资本、技术和生产的新亮点,外商来华投资掀起新热潮。

首次跃居全球吸收外商直接投资第一位。2002年中国新批设立外商投资企业34171家,比上年增长30.7%;合同外资金额827.7亿美元,增长19.6%;实际使用外资金额首次超过美国,并突破500亿美元大关,达到527.4亿美元,增长12.5%,成为全球吸收外资"第一大国"。截至2002年底,全国累计批准设立外商投资企业424196个,合同外资金额8280.6亿美元,实际使用外资金额4479.66亿美元。

外商独资经营成为中坚力量,股份制形式发展迅猛。"入世"后,外资转向独资办企业倾向更加明显。2002年外商独资企业实际投资317.3亿美元,增长32.9%;新签合同外资572.6亿美元,分别占全部外商直接投资比重达60.2%和69.2%,比上年各增加9.3个和7.1个百分点。外商投资股份制形式异军突起,全年签定合同7.4亿美元,增长1.3倍,实际投资7亿美元,增长32.1%。合资、合作等传统投资形式渐趋萎缩,全年呈负增长。

外商投资制造业增势强劲。2002年1-9月,制造业外商实际投资275.7亿美元,增长29.7%。在制造业投资中,投资结构进一步优化,资金、技术密集型项目,如电子及通讯制造业明显增加,1-9月吸收外资63.8亿美元,增长36%。全年服务业实际吸收外资140.1亿美元,比上年增长27%。

外商投资来源日益多样化。2002年最大外资投资来源地仍为香港,来华港资投资178.6亿美元,增长6.8%,所占比重有所下降;来自台湾省、马来西亚、韩国、加拿大、美国及欧盟部分国家的投资增速均在20%以上,其中,美资54.2亿美元,增长22.4%,台资39.7亿美元,增长33.3%。

设立投资性公司成为外商投资新热点。目前跨国公司在中国已设立投资性公司218家,注册资本总额达128.63亿美元,其中外国投资者出资额为120.84亿美元。来中国设立投资性公司的跨国公司中,有120多家公司位居世界500强之列。在华近400家外商投资研发中心中,有一半以上由投资性公司设立。部分投资规模较大的投资性公司正计划向地区总部过渡。投资性公司为中国扩大吸引外资、引进国外先进技术、提高利用外资水平起到了良好的示范效应和积极的推动作用。

外资并购有所突破。据汤姆逊财务公司称,中国是2002年第二季度亚洲并购最为活跃市场,期间共进行了155笔交易,价值高达119亿美元。当年8月,赛格集团向三星康宁出让公司法人股50%;9月,美国新桥投资集团获准成为国外战略投资者进入深圳发展银行,并取得15%股权,总金额15亿元,新桥投资将成为深发展第一大股东,成为外资并购国内商业银行首例;10月,青岛啤酒与美国著名啤酒酿造商安海斯-布希公司签署协议,青岛啤酒将分三次向该公司发行总额为1.82亿美元定向可转换债券,该债券将在协议所规定7年内全部转换成股权,届时该公司在青岛啤酒中股权将从目前4.5%增加到27%,且所增持股份均为在香港联交所上市H股。

开发区成为吸引外商投资热点。由于各地都抓住国家级开发区、高新技术产业园区这些国家级重点区域,加大吸收外资力度,使开发区环境及配套设施好,各项指标均大大高于全国平均水平,因而开发区内外资项目增长快、技术含量高、出口多。开发区以高新技术项目为主,电子信息、化工等制造业成为外商投资新增长点,资金、技术密集型的大项目和基础设施项目增加较多。49个国家级经济技术开发区在利用外资方面的示范、辐射和带动作用明显增强。

跨国公司加快进入中国市场步伐，外资项目规模扩大。目前，世界500强中已有400余家在华落户，设立研发中心近400家。较早在中国有较大投资在中国市场上占有较高份额的跨国公司，也纷纷追加大额投资，如2002年9月德国大众汽车公司宣布，计划未来5年内在中国再投资25亿欧元，形成总投资55亿欧元规模。此外一些大型石化项目、大型IT项目近几年发展很快。壳牌、巴斯夫、拜耳等在中国设立项目资金都达几十亿美元。IT项目也如此，大规模集成电路项目涉及金额都在十几亿美元。

外商投资技术含量提高。2002年以来，外商在华投资项目技术水平继续提升，前三季度，有4/5以上新投资项目采用了其母公司最先进技术。下半年以来出现全新现象，即外商投资企业将中国作为其新产品全球首发市场，最先进产品首先在中国市场推出。外资在中国研发项目水平在迅速提升，原创型研发内容增加，这些研发中心所开发技术有些已达到全球同一行业尖峰水平。

外资在整个社会经济生活中所发挥作用越来越大。2002年外商投资企业出口额占中国出口总额的比重已由2001年的50%上升到52%，且中国主要制成品的出口大部分来自外商投资企业；外商投资企业的增加值占全国工业增加值的比重达25%；以外商投资企业税收为主的涉外税收增长最快，全年达3000多亿元人民币；目前外商投资企业直接从业人员2300多万人，占全国城镇劳动人口的10%。

三、实施“走出去”战略迈出可喜步伐

2002年中国共新批境外非金融类企业350家，协议投资总额14.5亿美元，中方投资额9.8亿美元，分别比上年增长12.28%、48.8%和25.22%。其中，境外加工贸易企业75家，中方投资额1.7亿美元。当年中国对外承包工程和对外劳务合作完成营业额142.7亿美元，新签合同金额178.1亿美元，分别比上年增长18.1%和8.89%。对外承包工程带动出口5.5亿美元，增长14.7%。年末在外人数49万人，增加1.4万人。截至2002年底，中国累计设立境外非金融类企业6960家，协议投资总额137.8亿美元，中方投资额93.4亿美元；累计签订对外承包工程合同额1147.8亿美元，完成营业额827.2亿美元。

境外投资方式日益多样化，并购或参股逐渐成为国内大型企业对外投资重要方式。2002年中国企业以并购或参股方式对外进行的投资达15项，中方投资金额近2亿美元。如北京东方科技集团股份有限公司、浙江华立集团分别收购韩国液晶显示器生产企业和飞利浦公司美国CDM A分部的股权等。而上海“军团”也频频抢滩跨国并购市场，先后用上亿美元成功吞并6家海外知名企业。中国海洋石油有限公司以5.85亿美元资金收购西班牙瑞普索公司在印尼资产五大油田的部分权益，并获得每年4000万桶份额原油，成为目前中国公司并购国外资产数额最大项目之一；中国石油天然气股份有限公司协议出资2.16亿美元，收购印尼戴文能源集团的印尼油气资产，包括油田和天然气，也迈出开拓海外业务的重要一步。

承包工程开拓拉美和欧美发达国家市场取得较大进展。2002年中国对拉美、欧洲和北美新签合作项目合同额分别增长105.8%、285.4%和27.8%。特别是开拓拉美市场取得成功，新签了3个合同额上亿美元的大项目，即委内瑞拉铁路项目和经济住房项目、巴拿马巴尔博亚港货柜码头项目。由中国水利水电工程总公司和葛洲坝水利水电工程集团公司组成的中国水电联营体与埃塞俄比亚电力公司签定的合作承建非洲最大水利枢纽工程－－特克泽水电站项目合同总金额为2.24亿美元，成为中国水电施工企业迄今为止在非洲承建的最大水电项目，也是中国和非洲国家之间最大合作项目，对中非今后经济合作发展具有深远影响。

境外资源合作项目运作良好。2002年，中国在油气、矿产、林业、渔业等方面的境外资源合作项目，经济效益逐步显现。在境外设立研发中心、开展农业合作、进行跨国并购等方面也取得一定进展。特别是在委内瑞拉、哈萨克斯坦、苏丹的油气开发和炼油项目，在墨西哥、泰国、加拿大的纺织项目和伊朗德黑兰地铁项目等进展顺利，在当地产生了良好影响。

境外项目中大项目增多，技术含量提高。2002年中国境外投资项目中方平均投资额从上年的252万美元提高到281万美元，是历年境外投资项目中方平均投资额的2.1倍。中方投资额在100万美元以上的项目有65个。联想、东软、用友等一些高科技企业开始在境外设立软件、通信网络及家电研发中心，从事技术含量高的生产项目。当年中

国新签合同额上亿美元的大型对外承包工程项目有19个，比上年增加4个，合计合同金额36.2亿美元，占中国对外承包工程新签合同总额的24%。柬埔寨基里隆一级水电站BOT项目和印尼东加化肥公司3号尿素仓库BLT项目先后竣工，表明我国企业的项目经营方式逐步向项目管理承包、BOT等高层次方式发展，项目技术含量不断提高。

骨干企业和地区在“走出去”中发挥重要作用。2002年中国国外经济合作业务新签合同额和完成营业额位居全国前三十名的企业，合计新签合同额和完成营业额分别占全国总额的50.1%和45.7%。江苏、上海、浙江等省市国外经济合作业务持续增长，业务量位居全国前列；中建、港湾、上海建工等大型专业公司的优势和骨干作用也进一步增强。

东盟成为中国企业“走出去”战略首选目的地。2002年中国企业在东盟国家投资项目就有56个，协议金额1.7亿美元，实际投入1.2亿美元。深圳华为、中兴通讯、上海红壹佰、华显等高科技公司均在英国设立了分支机构。

四、旅游大国基础稳定

中国在全球旅游业持续不景气的背景下，2002年旅游业仍然成绩骄人。全年旅游业总收入达5566亿元，相当于当年国内生产总值的5.44%，比上年提高0.24个百分点。

国内旅游稳步发展。2002年中国国内旅游出游人数达8.78亿人次，比上年增长12%，收入3878亿元，增长10.1%，成为世界上规模最大、发展最快、拉动内需作用最明显的国内旅游市场。其中城镇居民出游人数达3.85亿人次，出游率达115.3%，人均花费739.7元，分别增长2.9%、5.1个百分点和4.4%；农村居民出游人数达4.93亿人次，出游率达52.8%，人均花费209.1元，分别增长20.5%、8.6个百分点和下降1.7%。

假日旅游在国内旅游中仍然占有较高比重。全年“春节”、“五一”、“十一”3个“黄金周”国内旅游接待总人数共2.2亿人次，合计收入865亿元，分别比上年增长19.7%和17.5%，各占全年国内旅游总量的24.9%和22.3%。但假日旅游已越来越趋向理性，前两年曾出现的过度“黄金周旅游热”开始降温。

国际入境旅游持续增长。2002年中国接待入境旅游者9790.8万人次，其中接待过夜入境旅游者3680.3万人次，分别比上年增长10%和11%；全年旅游外汇收入203.9亿美元，增长14.6%，均继续高居世界第五位，且与第四位的意大利差距继续缩小。

外国人和澳门同胞入境增速大大快于香港和台湾同胞。2002年来华外籍人员为1343.9万人次，比上年增长19.7%，分别来自238个国家和地区，其中来华人数在20万人次以上的有16个国家，其中比上年增长两位数的有15个国家。来华人数居前十位的依次为日本、韩国、俄罗斯、美国、马来西亚、菲律宾、新加坡、蒙古、泰国和英国。当年澳门同胞入境达1892.9万人次，增长20%，而香港和台湾同胞入境分别达6187.9万和366.1万人次，仅各增长5.7%和6.4%。

旅游外汇收入构成变化不大，但长途公路交通、市内交通和游览收入增速超常。2002年中国旅游外汇收入中，劳务收入145.2亿美元，比上年增长16.1%，占71.2%，比重提高0.9个百分点；商品收入58.7亿美元，增长10.9%。但在劳务收入中，游览收入和市内交通收入分别增长78.4%和46.5%，长途交通收入中的公路收入更增长96.4%，大大高于其它各种收入的增幅。

公民出境人数迅猛发展。2002年中国大陆公民出境总人数达1660万人次，比上年增长36.8%，前往国家和地区有235个，前往人数在前十位的分别为香港、澳门、日本、俄罗斯、泰国、韩国、美国、新加坡、越南和朝鲜。

公民因私出境成为主流。2002年大陆公民所有出境人员中，因公出境654.1万人次，比上年增长26.1%，占总出境人数的39.4%；因私出境1006.1万人次，则猛增44.9%，比重高达60.6%。公民“因私”申请出境的人数也增长迅速，全年达401.7万人次，比上年增长30.3%，其中申请出境旅游人次增幅更大，达36.6%。申请出国人群仍集中于旅游、探亲访友，全年申请旅游、探亲访友人数占申请出国总人数的81.3%。截至2002年底，中国共有24个大中城市，允许公民凭身份证和户口簿申领护照，且不再需要任职单位证明和外国接待单位邀请信等烦琐手续，这在一定程度上也促进了公民因私出国申请量增长。中国已成为世界上发展最快、亚洲地区名列前茅的新客源输出地。

公民出国旅游进一步开放。2002年1月，中国国际旅行社和美国运通公司合资兴办国旅运通

专栏 人民币国际地位不断提高

党中央、国务院在1993年就提出了中国外汇管理体制改革的长远目标是实现人民币可兑换。1994年以来,中国成功建立了以市场供求为基础的、单一的、有管理的浮动汇率制度,同时实行适度从紧货币政策,有效抑制了通货膨胀,到1996年12月已提前顺利实现了人民币经常项目完全可兑换,1997年以来,中国坚持执行扩大内需方针,实行稳健货币政策,在防范和化解金融风险同时,加大对经济发展支持力度,防止和克服通货紧缩,人民币币值对内对外均持续保持稳定,从而促进了国民经济继续保持稳定发展态势,目前将近一半资本项目交易人民币使用已基本不受限制或有较少限制,有三成多交易项目受较多限制,严格管制交易项目则不到两成。可以说,人民币现在已对资本项目实行了部分可兑换。

人民币汇率持续稳定,国家外汇储备稳步增加,人民币的国际地位显著提高。2002年底,中国的外汇储备已达2864亿美元,比1989年的55.5亿美元增加51.6倍,比1997年的1398.95亿美元也增加了1倍多。中国在国际货币基金组织的份额,已从原来的第11位提高到第8位。特别是在亚洲金融危机爆发并不断蔓延期间及其后的5年来,中国政府审时度势,权衡利弊,一再承诺人民币不贬值,并加大了对汇率波动的管理和调控力度,人民币对美元汇率始终基本维持在较窄空间里波动。同时,中国积极参加和推动了东盟加中日韩("10+3")的双边货币互换等金融合作。中国不仅坚持人民币不贬值,而且向有关危机国家提供了资金援助,防止了金融危机进一步扩散,在维护亚洲金融市场稳定中发挥了重要作用,也得到了国际社会广泛赞誉。据统计,中国官方挂牌人民币兑美元汇价(年平均)1997年为8.2898元/美元,1998年至2002年依次为8.2791、8.2783、8.2784、8.277、8.277元/美元。5年来中国和世界经济的发展事实表明,中国继续实施人民币汇率稳定政策,对中国、亚洲乃至世界都有好处。

由于人民币国际地位提高,近年来,人民币在境外流通日益普遍,特别是在周边国家和地区流通出现了了一定程度区域化的态势。甚至在美国、法国和德国等一些发达国家,也已出现人民币挂牌兑换业务,不少旅游景点也接受人民币购物。如在东南亚国家中,人民币已取代了美元"霸主地位",成为当地居民最乐意接受的"硬通货",因为人民币不贬值!

现在中国游客到东南亚乃至欧洲国家,在某些购物商店和娱乐场所门口都可看到"欢迎用人民币消费"招牌,甚至在美国,一些银行也开始挂牌进行人民币交易。目前在中国开放的29个旅游目的地国家中,大多数国家已可使用人民币消费。尽管中国出境旅游人数不断增加,但国内居民因私购汇的数量反而有所下降。在国家对用汇限制不断放松情况下,2002年中国国内个人购汇反而下降了约50%。如今不少大陆游客不换外币,直接携带人民币出国,周游世界,足见人民币国际地位显著提高,中国的国家综合国力增强。

目前流通在境外的人民币已约300亿美元,境外人民币使用主要集中在三个方面:一是在边境贸易中作为结算货币,人民币已成为边境贸易结算中主要货币。二是一些周边国家为吸引我国游客,对人民币在当地流通开始采取认可态度,本国商店大多有人民币兑换点。三是在一些国家和地区,人民币被称作"第二美元",成为当地居民避险保值重要币种。

最近巴基斯坦中央银行已批准在该国出口业务中使用中国人民币进行结算,使得巴基斯坦成为了继尼泊尔、越南、俄罗斯和蒙古之后第5个将人民币用于出口结算的国家;而台湾央行也准备将人民币公开挂牌兑换。这一切均表明,人民币国际地位的迅速提高,已经并将更广泛地从民间扩大到官方政府中,且将更方便双边经贸往来,也将更多地在国际交往中得到使用。

(执笔:黄大中)

旅行社有限公司宣布成立,成为中国第一家中美商务旅行合资企业,目前全国已有11家中外合资旅行社。当年《中国公民出国旅游管理办法》颁布,国家旅游局批准扩大了经营中国公民出国旅游业务组团社范围,全国经营出境游业务旅行社增加到528家。中国公民自费旅游目的地国家和地区已增至31个,其中正式开展对中国公民组团业务有19个国家和地区。中国公民赴斯里兰卡和南非旅游的业务即将启动,德国、俄罗斯等12个国家和地区,也正与中国有关部门协商中国公民自费出国旅游目的地的有关事宜和准备工作。

五、国际收支表现良好外汇储备持续增加

2002年中国各项对外经济往来活动活跃和国民经济持续稳定增长，使中国的人民币地位稳定提高，国际收支和国家外汇收支保持顺差，外汇储备不断增加，外债负担保持在国际警戒线内。

外债余额有所下降。截至2002年底，中国外债余额为1685.38亿美元，比上年末减少15.72亿美元，下降0.92%。在所有外债中，中长期外债余额为1152.62亿美元，减少39.68亿美元；短期外债余额为529.76亿美元，增加23.96亿美元；占外债余额分别为68.57%和31.43%，比例比上年末变动1.7个百分点；各项外债指标均在国际安全线内。

国际收支大项均保持顺差。2002年中国国际收支中经常项目顺差354.22亿美元，资本和金融项目顺差322.91亿美元，致使年末国家储备资产增加755.07亿美元。经常项目中逆差大项，一是服务项，逆差67.84亿美元，主要是与贸易有关的运输支出、保险支出和金融支出，专利和特许类支出，咨询和法律服务类支出及计算机和信息服务类支出等，大于相关项目上的收入；二是收益项，逆差149.45亿美元，主要是外商投资收益汇出223.39亿美元所致。

国家外汇储备持续高速增加，并继续保持世界第二地位。2002年，中国因贸易收支和非贸易收支持续高额顺差，国家外汇储备相应持续增加，到年末上升到2864亿美元，比年初增加742.4亿美元，增长35%，增幅比上年提高了6.8个百分点，比上年多增276.5亿美元。

人民币汇率继续保持稳定。2002年，中国政府坚持了人民币汇率基本稳定的有管理浮动政策，并顶住了有些发达国家要求中国政府将人民币升值的压力。当年末，人民币汇率为1美元兑8.2773元人民币，只上升7个基本点；全年年平均汇率为1美元兑8.2770元人民币，与上年持平。

六、2003年对外经济展望

2002年中国的对外经济取得了举世瞩目的成就，其原因，一方面是中国政府坚持了正确的财政和货币政策，并及时采取了各项行之有效的宏观调控措施，奠定了国民经济持续稳定发展的物质基础。另一方面，中国加入世界贸易组织初年，“入世”积极效应不断释放，消极因素尚未充分显现，制约中国经济和外经活动的影响还有限。同时，整个世界经济形势始终低迷，中东地区冲突持续和伊拉克战事，使中国经济“一枝独秀”更加突出，给世界各国和地区带来了大量商业和投资良机。

展望2003年，中国对外经济活动总体上还将保持积极活跃态势，但“入世”消极因素将进一步显现，世界经济和政治及战争形势的发展及其影响程度强弱的不确定性，均会带来较强的不利影响。全年进口会有较高速度增长，出口速度则会有较大幅度回落；吸收外商直接投资增速会有所放慢；对外投资会有一定增长。

（执笔：黄大中）

2002 年我国人口及就业状况

一、2002 年人口状况

2002 年中国人口呈现出以下特点：人口自然增长率继续平稳下降；妇女生育继续保持稳定的低水平；人口密度在不断增加；城镇化水平进一步提高；人民健康水平改善，死亡率继续保持较低水平；人口年龄结构已完成向老年型人口的转变；家庭户规模继续缩小；婚姻关系稳定；人口文化素质进一步提高。

（一）2002 年人口自然增长率继续平稳下降。

2002 年人口变动情况抽样调查，在全国 31 个省、自治区、直辖市抽取了 981 个县（市、区）、3600 个乡（镇、街道）、6064 个调查小区，调查了 126 万人。调查结果表明，人口自然增长率继续下降。

1. 2002 年底全国总人口为 128453 万人。2002 年末全国总人口为 128453 万人。全年全国出生人口 1647 万人，出生率为 12.86‰；死亡人口 821 万人，死亡率为 6.41‰；全年净增人口 826 万人，自然增长率为 6.45‰。与上年相比出生人口减少 55 万人，出生率下降 0.52 个千分点；死亡人口增加 3 万人，死亡率下降 0.02 个千分点。

表 1　1990－2002 年全国人口增长情况

年　份	总人口（万人）	出生人口（万人）	死亡人口（万人）	净增人口（万人）	出生率（‰）	死亡率（‰）	自然增长率（‰）
1990	114333	2391	762	1629	21.06	6.67	14.39
1991	115823	2258	768	1490	19.68	6.70	12.98
1992	117171	2119	771	1348	18.24	6.64	11.60
1993	118517	2126	780	1346	18.09	6.64	11.45
1994	119850	2104	771	1333	17.70	6.49	11.21
1995	121121	2063	792	1271	17.12	6.57	10.55
1996	122389	2067	799	1268	16.98	6.56	10.42
1997	123626	2038	801	1237	16.57	6.51	10.06
1998	124761	1942	807	1135	15.64	6.50	9.14
1999	125786	1834	809	1025	14.64	6.46	8.18
2000	126743	1771	814	957	14.03	6.45	7.58
2001	127627	1702	818	884	13.38	6.43	6.95
2002	128453	1647	821	826	12.86	6.41	6.45

资料来源：根据人口普查、1% 抽样调查和人口变动调查数据推算。

我国的人口自然增长率继 1998 年首次降到 10‰以下后，继续保持平稳下降。我国人口增长速度的减缓，不仅对提高人民生活水平，促进经济发展起到积极的作用，而且对世界人口的发展也作出了巨大贡献。虽然我国目前处于人口低增长时期，但由于我国人口基数大，每年还有 800 多万的净增人口，因此，控制人口增长仍是我们长期要坚持的，为使我国人口在 2010 年控制在 14 亿以内，仍需作出努力。

2. 各地区人口出生率仍存在较大差异。在全国31个省、自治区、直辖市中,有11个省的出生率在全国平均水平12.86‰以上,位于13.16‰~18.83‰之间,有11个省的出生率已经低于10‰,其它9个省居于10.44‰~12.86‰之间。从出生率的下降幅度来看,有25个省的人口出生率比2001年有所下降,下降幅度大于1个千分点的有内蒙古、安徽、青海等3个省(区)。北京、河北、上海、江苏、山东和西藏等六个省的出生率与2001年相比,略有上升,主要受生育旺盛期的育龄妇女较多和外来人口的影响。

(二)妇女生育继续保持稳定的低水平。

1. 妇女一般生育率逐年下降。2002年育龄妇女一般生育率(即一年内出生的活婴数与15-49岁育龄妇女数之比)为39.08‰,比1990年的80‰,下降了40个千分点。10多年来的变化趋势显示,妇女一般生育率1991年开始大幅度下降,比1990年下降15个千分点。此后,一般生育率呈较均匀下降趋势。若考虑到妇女年龄结构的影响,将12年来的妇女一般生育率按1990年人口普查的育龄妇女年龄结构标准化,其标准化生育率变化仍呈下降的趋势,但下降的幅度有所减少(表2)。

表2 1990-2002年妇女一般生育率和标准化生育率的比较

单位:‰

年份	一般生育率	标准化生育率
1990	79.53	79.53
1991	64.84	62.96
1992	60.65	59.05
1993	58.11	57.60
1994	56.96	56.12
1995	49.73	52.70
1996	52.24	55.25
1997	49.99	52.41
1998	48.07	52.08
1999	46.11	51.43
2001	40.97	47.99
2002	39.08	47.95

资料来源:人口普查、1%人口抽样调查和人口变动情况抽样调查。

2. 生育旺盛年龄妇女人数逐年减少。2002年我国15-49岁育龄妇女人数为3.5亿,育龄妇女人数比1990年增加了4226万。但20-29岁生育旺盛期妇女人数在1992年上升到1.23亿的最高峰后,以后逐年减少,2002年20—29岁生育旺盛年龄妇女人数降至9817万人,平均每年减少244万;其中生育峰值年龄23岁妇女由1990年的1154万人减少到2002年的922万人,减少了232万人。由于生育旺盛期妇女人数的减少,对于减少一孩和二孩出生人口,稳定低生育水平起到了重要的作用(表3)。

表3 1990-2002年全国育龄妇女人数变化趋势

单位:万人

年 份	23岁	20-29岁	15-49岁
1990	1154	11571	30883
1991	1263	12114	31349
1992	1305	12252	31779
1993	1270	12139	32202
1994	1223	12013	32608
1995	1187	11816	32954
1996	1162	11603	33334
1997	1090	11367	33732
1998	1014	11021	34033
1999	957	10640	34261
2000	918	10263	34505
2001	916	9998	34808
2002	922	9817	35109

资料来源:据人口普查和人口变动情况抽样调查数据预测。

3. 育龄妇女平均初婚年龄提高。随着社会经济的发展,广大群众的婚育观念也发生了较大变化,妇女平均初婚年龄逐年提高。平均初婚年龄由1995年的22.93岁逐年上升到1999年的23.62岁,2001年又上升到24.15岁。平均初婚年龄的提高,对于减轻当年出生人口的压力起到了积极的作用。

4. 计划生育工作继续稳步发展。计划生育工作长期坚持不懈地实行,有利于稳定我国的低生育水平。计划生育管理模式的转变,即由过去单靠使用强制性行政手段，转变为在全国基层认真落实“三为主”（即计划生育工作要以宣传教育为主、避孕为主、经常性工作为主）的方法，建立健全计划生育技术服务网络，大力推广计划生育“三结合”（即把计划生育工作与发展经济、帮助农民勤劳致富奔小康、建设精神文明幸福家庭结合起来），帮助群众走脱贫致富路，使控制人口增长工作取得了显著的效果。

（三）我国平均人口密度每平方公里为134人。

人口密度是表现人口分布的主要形式和衡量人口分布地区差异的主要指标。随着我国人口的发展，人口密度在不断的增加，自1982年以来，虽然每年的净增人口逐年减少，人口增长速度逐年降低，但人口密度在增加。我国人口密度由1982年每平方公里的105人增加到2002年的134人，增加了29人。目前，我国人口密度最高的是上海市，每平方公里为2579人，远远高于全国水平；其次是天津、北京、江苏、河南和山东，人口密度在576～891人之间；人口密度处于全国水平以下的有宁夏、云南、黑龙江、甘肃、内蒙古、新疆、青海和西藏。可以看出，东南沿海地区人口高度稠密，越向中、西北部延伸，人口越稀少，这种分布格局主要是由各地经济水平差别较大、地理环境复杂造成的。

（四）城镇化水平进一步提高。

城镇人口比重是衡量经济发展水平特别是工业发展水平的重要标志。随着我国改革开放和经济建设的发展，城镇化水平有了较大提高。2002年我国城镇人口比重已达到39.1%，城镇人口已达到50212万人。与1990年相比，城镇人口增加了20017万人，比重提高了12.69个百分点，农村人口减少了5897万人（表4）。若按此发展速度，预计到2010年我国城镇人口比重将达到50%。但与发达国家相比，我国仍是城镇化水平比较低的国家。1998年世界平均城市化水平为47%，1995年发达国家和地区为75%，发展中国家为38%，最不发达国家为22%。

影响城镇化水平的主要原因是城镇区域的扩大和人口数量的增加。据统计，1990年我国地级市185个，县级市268个；2000年地级市259个，县级市400个。十年间，地级市和县级市数量分别增长了40%和49%，同时建制镇数量也有大幅度增加。城市数量明显增多，城镇区域扩展，使我国城镇化水平进一步提高。其次农业生产力水平的提高和第二、三产业的发展，使乡村到城镇的人口迁移大量增加，从而促进了城市化水平的提高。

表4　1990－2002年城镇和农村人口变化趋势

单位：万人，%

年　份	城　镇		乡　村	
	总人口	比　重	总人口	比　重
1990	30195	26.41	84138	73.59
1991	31203	26.94	84620	73.06
1992	32175	27.46	84996	72.54
1993	33173	27.99	85344	72.01
1994	34169	28.51	85681	71.49
1995	35174	29.04	85947	70.96
1996	37304	30.48	85085	69.52
1997	39449	31.91	84177	68.09
1998	41608	33.35	83153	66.65
1999	43748	34.78	82038	65.22
2000	45906	36.22	80837	63.78
2001	48064	37.66	79563	62.34
2002	50212	39.09	78241	60.91

资料来源：1. 据1990年人口普查、1995年1%抽样调查和2000年人口普查数据调整。
2. 城镇人口中包括中国人民解放军现役军人。

（五）人口死亡率继续保持较低水平。

人口死亡水平是造成人口数量和结构变化的重要因素之一，特别是预期寿命和婴儿死亡率是衡量社会经济发展程度和人民生活质量的重要指标。随着我国社会、经济的迅速发展，医疗卫生条件的进一步改善，我国人口的健康水平有了明显改善，人口的死亡率继续保持较低水平。

2002年我国死亡人口有821万人，人口粗死亡率为6.41‰，与1990年相比，死亡率水平下降了0.26个千分点。从90年代的人口死亡率变化趋势看，其变化趋势不明显，这是由于人口死亡率受年龄结构的影响较大。扣除年龄结构的影响，将90年代的人口死亡率用1990年的人口年龄结构标准化，1990年以来，标准化死亡率呈明显的下降趋势，由1990年的6.67‰下降到2002年的4.9‰，下降了1.77个千分点（表5）。

表5　1990－2002年人口死亡率与标准化死亡率比较

单位:‰

年　份	当年公布死亡率	标准化死亡率
1990	6.67	6.67
1994	6.49	6.17
1995	6.57	5.84
1996	6.56	5.58
1997	6.51	5.59
1998	6.50	5.42
1999	6.46	5.20
2001	6.43	4.84
2002	6.41	4.90

资料来源:人口普查、1%抽样调查和人口变动情况抽样调查。

从分年龄段的死亡率看,对人口死亡率下降起明显作用的是0岁和50岁以上年龄段死亡率的降低。尽管婴幼儿死亡率存在着漏报问题,但调查数据显示0岁死亡率呈下降趋势是真实的。13年来,0岁婴儿死亡率由1990年的23.34‰下降到2002年的19.52‰,下降了3.82个千分点。50－64岁中老年人口死亡率也有了较明显地下降,由1990年的11.47‰下降到2002年的8.75‰,下降了2.72个千分点。下降幅度最大的是65岁以上的老年人口的死亡率,由1990年56.73‰下降到2002年的48.17%,下降了8.56个千分点。婴幼儿死亡率下降的主要原因是计划生育、优生优育为广大育龄妇女所接受,妇女卫生保障体系和服务质量进一步提高,儿童计划免疫普及,儿童医疗保健和生活条件不断改善。同时,老年人口的医疗保健条件改进和生活质量都有了很大的提高,使老年人口死亡率下降。

(六)2002年底我国65岁以上老年人口达到9377万人。

2002年我国0－14岁人口28774万人,占总人口的22.4%,15－64岁人口90302万人,占70.3%,65岁以上老年人口已达到9377万人,占7.3%,老少比为32.6%,年龄中位数为33.1岁。与国际常用标准对比,表明我国人口年龄结构已完成向老年型人口的转变。

随着人口年龄结构的不断老化,人口年龄结构的类型就会从年轻型进入成年型,最后进入老年型。我国人口年龄结构的变化也是经过了不同类型的变化。1982年我国0—14岁人口比例为33.6%,65岁及以上人口比重为4.9%,老少比为14.6%,年龄中位数为22.9岁,人口类型已初步进入成年型。到1990年0—14岁人口比重为27.7%,65岁及以上人口比重为5.6%,老少比为20.14%,年龄中位数为25.3岁,人口年龄结构成为典型成年型。从2000年开始我国65岁以上人口占总人口的比重达7.0%,0—14岁人口比例为22.9%,老少比为30.4%,年龄中位数为30.8岁(表6),这就意味着我国即将开始进入老龄社会。目前,我国有老年人口9377万人,与上年相比,增加315万人,随着老年人口比重的不断提高和老年人口绝对数的大量增加,在如何搞好老年人口的衣、食、住、行和老有所养、老有所乐、老有所为等方面,是国家和社会不容忽视的问题。

表6　1982－2002年我国人口年龄构成变化

年份	0－14岁人口比例(%)	65岁及以上人口比例(%)	老少比(%)	年龄中位数(岁)
1982	33.6	4.9	14.6	22.9
1990	27.7	5.6	20.1	25.3
2000	22.9	7.0	30.4	30.8
2001	22.5	7.1	31.6	32.3
2002	22.4	7.3	32.6	33.1

资料来源:人口普查和人口变动情况抽样调查资料。

(七)家庭规模继续缩小,两代户组成的家庭仍是我国家庭户的主体。

家庭是社会的细胞,随着人类社会的发展和变革,家庭的类型、规模和结构都在不断的发生变化。

自70年代初,我国开始实行计划生育政策以来,人口的生育水平开始下降,家庭规模从1973年开始逐渐缩小,家庭户的平均人数由1973年的4.81人,降到1982年的4.51人,1990年又下降到3.97人。2002年家庭规模为3.39人(表7)。29年减少了1.42人,下降了29.52%。从城乡差别来看,2002年我国城市家庭规模为3人,镇为3.25人,乡村为3.62人,与1982年相比,城镇家庭减少0.87人,乡村家庭减少0.95人,农村家庭规模的缩小幅度大于城镇。

表7　1973－2002年平均家庭户规模

单位:人/户

年　份	家庭规模	年　份	家庭规模
1973	4.81	1992	3.95
1982	4.51	1993	3.92
1983	4.46	1994	3.89
1984	4.41	1995	3.70
1985	4.33	1996	3.70
1986	4.24	1997	3.64
1987	4.15	1998	3.63
1988	4.03	1999	3.58
1989	4.06	2000	3.44
1990	3.97	2001	3.42
1991	4.01	2002	3.39

资料来源:人口普查和人口变动情况抽样调查资料。

从2002年家庭户规模的分布来看,三人户的比例最高,达到31.69%,四人户、二人户分别列为第二、第三位,五人以上的户为19.14%,也就是说,全国有80.86%的家庭户为四人及四人以下户。另外,家庭户的城乡差异在表8中充分体现出来。家庭规模的缩小受生育水平下降和社会、经济和文化多种因素影响的结果。

家庭规模的缩小,必然伴随着我国家庭代际关系的变化。2002年的调查资料显示,在家庭户类别中,两代户的比例最高,为59.25%;其次为三代户,为17.88%;一代户和单身户分别占14.46%、7.7%;四代及四代以上户占0.71%。因此,以两代户组成的家庭是我国家庭户的主体,其中核心家庭即父母同未婚子女组成的家庭占两代户家庭的90%以上,成为其主要组成形式。人们观念的转变、生活水平的提高、住房条件的改善和生育水平的下降,使家庭的代数减少,结构简化,多代同堂的现象越来越少。

表8　全国城市、镇和乡村的家庭户规模

单位:%

地区	合计	一人户	二人户	三人户	四人户	五人户	六人户	七人户	八人及以上户
全国	100	7.70	18.41	31.69	23.06	11.79	4.84	1.54	0.97
城市	100	9.32	22.37	42.95	15.29	6.76	2.05	0.70	0.55
镇	100	8.11	20.14	35.45	21.12	9.41	3.49	1.32	0.94
乡村	100	6.80	16.06	25.26	27.35	14.82	6.52	2.00	1.20

资料来源:2002年人口变动情况抽样调查。

另外,在65岁以上老人户中,有71.99%的户是一个老人或两个老人与其子女或亲属在一起生活,只有一对老夫妇生活的户占13.33%,有12.32%的户为单身老人户,老年人与未成年的亲属生活在一起的为2.04%。以上数据表明,我国目前老年人主要与其子女和亲属生活在一起,享受天伦之乐。但单身老人户仍有一定比例,因此,对单身老人的赡养和照顾,无论对家庭还是社会都是不可忽视的问题。

(八)婚姻稳定,城乡差别较大。

1. *婚姻关系稳定*。2002年在我国15岁以上人口中,未婚者占19.5%,有配偶者占73.63%,丧偶者占5.85%,离婚者占1.02%(见表9)。有配偶比例高,离婚比例低,表明婚姻关系比较稳定。

从婚姻构成状况的变化趋势来看,从90年代初至今,未婚和丧偶比例下降,有配偶和离婚比例上升。未婚比例由1990年的25.13%下降到2002年的19.5%,但15－19岁年龄组的人口未婚比例在逐渐增加,这是低年龄早婚人口减少的一种反映;有配偶比例逐年上升,由1990年的68.15%上升到2002年的73.63%,上升了5.48个百分点。目前,我国再婚人口占15岁及以上人口的1.7%,占有配偶者的2.31%。丧偶比例2002年比1990年下降了0.27个百分点。离婚水平虽较低,但离婚人口绝对规模较大,自90年代后离婚比例逐年上升,由1990年的0.59%上升到2002的1.02%,呈现逐年递增的趋势。在离婚人口中,男性占60.83%,女性占39.17%,表明处于离婚状态的男性要多于女性。离婚人口以及逐年递增的趋势,一方面反映了人们的思想观念不断更新的情况下,对婚姻的质量要求也越来越高,另一方面离婚人口的存在也会给社会和家庭带来许多问题,直接涉及到家庭结构及子女的抚养和教育等问题,要引起社会的关注。

表9 1990－2002年15岁及15岁以上人口婚姻构成状况

单位:%

年份	未婚			有配偶			丧偶			离婚		
	合计	男	女	合计	男	女	合计	男	女	合计	男	女
1990	25.13	29.00	21.06	68.15	66.36	70.04	6.12	3.81	8.56	0.59	0.83	0.34
1995	20.00	23.61	16.35	73.22	71.68	74.78	6.07	3.75	8.41	0.71	0.95	0.46
2002	19.50	22.85	16.10	73.63	72.35	74.92	5.85	3.57	8.18	1.02	1.23	0.81

资料来源:人口普查、1%人口抽样调查和人口变动情况抽样调查资料。

2. 婚姻状况的城乡差异。从婚姻构成的城乡差别看,城镇的有配偶比例和离婚比例要高于农村,未婚和丧偶比例要低于乡村。

城镇未婚比例为18.99%,乡村为19.85%,低于乡村0.86个百分点;城镇有配偶比例为74.8%,乡村为72.83%,高出乡村1.97个百分点;城镇丧偶比例为4.74%,乡村为6.62%,低于乡村1.88个百分点,说明城镇的人口健康水平高于乡村;城镇离婚比例为1.48%,要高于乡村0.71%的离婚比例,表明城镇居民的婚姻稳定程度明显低于乡村。

(九)文盲率降低,平均受教育年限提高。

90年代以来,我国的教育事业也得到了蓬勃发展,为21世纪教育事业的振兴奠定了坚实的基础,但我国的教育发展水平仍然比较低。

1. 文盲率逐年下降。1990年我国的文盲人口总数达到18156万人,人口粗文盲率为15.88%,2002年文盲人口减少到11740万人,人口粗文盲率减少到9.16%,其中男性为4.99%,女性为13.5%。15－45岁青壮年文盲率由1990年的10.38%减少到2002年的2.99%。文盲率的明显下降,表明我国政府在提高人口文化素质方面进行了极大的努力。目前存在的15－45岁青壮年文盲人口中,有73.12%的女性文盲人口,女性青壮年文盲率为4.42%,高出男性1.59%的青壮年文盲率2.83个百分点。因此,要促进整体教育水平的提高,提高妇女的文化素质是关键。

表10 1990－2002年15岁及15岁以上人口文盲率比较

单位:%

文盲率	1990	1993	1994	1995	1996	1997	1998	1999	2001	2002
粗文盲率	15.88	15.50	15.45	12.04	13.18	12.11	11.95	11.55	8.99	9.16
15－45岁青壮年文盲率	10.38	7.98	7.18	6.14	6.60	5.52	5.20	4.82	4.09	2.99

资料来源:人口普查、1%人口抽样调查和人口变动情况抽样调查资料。

2. 平均受教育年限不断提高。人均受教育年限是指某一人口群体人均接受学历教育(包括成人学历教育,不包括各种非学历培训)的年数。按现行学制为受教育年数计算人均受教育年限,即大专以上文化程度按16年计算,高中文化程度12年,初中文化程度9年,小学文化程度6年,文盲为0年。按此系数计算的平均受教育年限如表11。2002年我国6岁及6岁以上人口平均受教育年限达到7.73年,比1990年的6.26年提高了近一年半,主要由于大学以上文化程度的人口不断增加以及中等教育发展较快。

表11 1990－2002年平均受教育年限

单位:年

年份	平均受教育年限
1990	6.26
1995	6.72
1998	7.09
1999	7.18
2000	7.62
2001	7.68
2002	7.73

资料来源:据人口普查、1%人口抽样调查和人口变动情况抽样调查数据计算。

2002 年在各种受教育程度人口中,大学以上文化程度的人口占总人口的 4.41%,高中文化程度的占 11.66%,初中占 35.25%,小学占 32.74%。在每十万人拥有的各种文化程度人口中,与 1990 年相比,大学以上文化程度的人口由 1990 年的 1422 人增加到 2002 年的 4412 人,增长了 2.11 倍,高中增长了 45.06%,初中增长了 51.05%,小学文化程度人口减少 11.92%(见表 12)。

3. *城乡人口受教育程度存在明显差异*。2002 年我国农村的小学与初中文化程度的人口在总人口中占 75.04%,高中文化程度的占 5.46%,大专以上比例仅为 0.66%,农村的文盲率达到 11.5%;城镇高中以上文化程度的占 31.83%,小学与初中文化程度的人口在总人口中占 56.83%,城镇文盲率为 5.44%。可以看出,城乡在受教育程度方面存在很大差异,因此加大农村教育投入,特别是发展基础教育,提高农村文化素质,缩小城乡差异,提高整个中华民族的整体素质,实施科教兴国,对我国经济的发展、社会的进步将有着重要的意义。

(执笔:武洁)

表 12 1990-2002 年各种文化程度人口占总人口的比重

单位:%

受教育程度	1990	1993	1994	1995	1996	1997	1998	1999	2000	2001	2002
大学	1.42	1.62	1.71	2.03	2.05	2.53	2.58	2.87	3.61	4.09	4.41
高中	8.04	8.11	8.20	8.26	8.73	9.59	9.87	9.94	11.15	11.53	11.66
初中	23.34	26.14	26.73	27.31	28.90	29.62	30.57	31.85	33.96	34.35	35.25
小学	37.17	37.45	37.94	38.43	37.93	37.56	36.81	35.72	35.70	33.83	32.74

资料来源:人口普查、1% 人口抽样调查和人口变动情况抽样调查资料。

二、2002 年就业状况

2002 年,我国就业规模继续扩大,非公有制经济就业人员比重不断上升;就业政策体系框架基本确立,社会保障体系进一步完善;城镇单位就业人员劳动报酬增长较快,地区间差距有所缩小。

(一)就业结构继续调整,就业人员素质不断提高。

2002 年末,我国就业规模继续扩大,全国就业人员 73740 万人,比上年增加 715 万人。其中城镇就业人员 24780 万人,增加 840 万人。

1. *劳动力参与率继续下降*。近年来,我国劳动力参与率持续下降,2002 年全国劳动力参与率为 76.5%,比上年下降 0.5 个百分点,比 1990 年下降 4.6 个百分点(具体见表 1)。劳动力参与率的下降主要有两方面原因,一是低龄组劳动力参与率大幅降低。改革开放以来,城乡居民收入的增加为大幅度增加家庭成员教育投入成为可能,而且市场就业机制的逐步形成,也迫使年轻人为提高自身素质,增强市场竞争力而提高受教育程度,由于受教育年限的增加,年轻人参加工作的时间推迟。这种劳动力参与率的下降,对我国加入 WTO 后,提供较高素质的劳动力,增强企业的国际竞争力,保持我国经济发展的后劲有积极的意义。二是中年女性参与率的大幅降低。上世纪 90 年代以来,大规模"下岗职工"的形成,使一些年龄偏大、技能偏低的女性职工退出劳动力市场。这种参与率的下降,一方面会造成劳动力资源的浪费,另一方面也会降低这种家庭的收入,不利于社会的稳定,也会增加国家社会保障的负担。

表 1 全国劳动力参与率

年 份	劳动力参与率(%)
1990	81.1
1991	80.7
1992	80.3
1993	79.9
1994	79.5
1995	79.2
1996	78.6
1997	78.1
1998	78.0
1999	77.4
2000	77.3
2001	77.0
2002	76.5

2. 非公有制经济就业比重继续上升。近年来,国家产业结构的调整和国有企业改革,城镇单位对劳动力的需求减少,私营、个体经济的发展成为促进就业、减轻就业压力的主要渠道。党的"十六"大提出,要充分发挥个体、私营等非公经济在促进经济增长、扩大就业和活跃市场等方面的重要作用。2002 年,各地针对下岗职工中有较强市场竞争就业能力或自主创业能力的人员,积极开办各类专业"小老板"培训班,鼓励其自谋职业或自主创业。同时,在投融资、税收、土地使用和对外贸易等方面,取消一些不合理的收费,吸引海外归国人员、高科技人才创办私营企业。一批"小业主"、"小老板"的涌现,大大促进了企业、劳动者和社会各界对劳动力市场的认识和心理承受能力,推进了自我创业、自主就业的良好社会氛围的形成。在一些东部省市,大幅度扩容的私营企业,不仅形成企业所有制结构变化的巨大推动力,也成为白领择业的新主流。2002 年末,城镇就业人员中,私营个体就业人员比重为 33.1%,比上年上升 1.4 个百分点。

3. 城镇单位就业人员减少速度继续放缓,部分省市开始增加。2002 年,虽然国有企业的转制、改制已经过了高峰期,但仍在进行,国有和集体单位减人趋势放缓。到年末,城镇单位就业人员 10985.2 万人,比上年减少 180.6 万人,减速放缓。其中,国有单位就业人员 7162.9 万人,比上年减少 477.0 万人;集体单位 1122 万人,减少 169.1 万人;其他单位就业人员 2700.3 万人,比上年增加 465.4 万人,同比多增 241.8 万人。在经济发达地区,其他登记注册类型企业的增加和企业规模的扩大,就业人员增速加快,带动了城镇单位就业人员增加,2002 年,北京、广东、上海、浙江及福建等省市城镇单位就业人员已经开始增加。

4. 消费热点带动相关行业就业增长。2002 年,房地产市场的持续旺盛,使房地产业增加 10.9 万人,也带动建筑业土木工程建筑业和建筑物的装修装饰业就业人员的增加,2002 年建筑业就业人数比上年增加 29.2 万人,在十六个大行业中人数增加仅次于社会服务业最多的。同时家电、家具制造业等相关产业就业人数的增加。电子计算机、移动电话机、微型电子计算机、激光视盘机等电子通信产品的热销,使电子及通信设备制造业在整个制造业减少 89.4 万人的情况下,劲增 14.2 万人,与此相关的计算机应用服务业、信息、咨询服务业和邮电通信业同步增长。对教育、保险和家庭服务、社区服务的需求也给相关行业提供了更多的就业机会,促进了这些行业的就业增长。

2002 年,为了促进下岗职工再就业,一些政府出资开发公益性岗位,通过清洁、绿化、社区保安、公共设施养护等公益性劳动组织,安置下岗职工中再就业困难的人员。2002 年城镇单位公共服务业就业人员增加 11.8 万人。

5. 机关和事业单位人员分流速度加快,机构改革成效显著。2002 年,基层政府机构改革全面铺开,事业单位改革也在加快,在 6923.8 万国有单位在岗职工中,机关 1033.3 万人,比上年减少 20.7 万人;事业 2508.5 万人,减少 37.3 万人。机关和事业单位减员速度加快,分别比上年多减 17.6 万人和 28.1 万人。企业 3381.9 万人,减少 427.3 万人,减幅缩小,比上年少减 28.9 万人。

6. 城镇单位不在岗职工开始减少,内部退养职工继续增加。2002 年,下岗职工基本生活保障开始与失业保险并轨,其中北京、上海、浙江、福建已经关闭再就业服务中心,广东、江苏、辽宁、山东也基本完成并轨。新的下岗职工不再进入再就业服务中心,而在再就业服务中心三年期满的下岗职工出中心,采用各种方式与企业解除劳动关系的职工逐渐增加。2002 年,不在岗职工 1959.5 万人,比上年减少 141.0 万人。全国 26 个省、自治区、直辖市的不在岗职工人数都有不同程度的减少,其中,辽宁减少 52.6 万人,湖北、江苏和四川的减少量都超过十万人。但人员分流的一条重要途径是内部退养,内部退养职工的增加,一方面增加企业成本,另一方面也将使社保基金面临更大压力。2002 年末,城镇单位内部退养职工达 510.5 万人,比上年增加 33.3 万人,占不在岗职工比重为 26%,比上年末增加了 3.3 个百分点。

7. 就业人员素质提高。近年来,大学扩招和各种成人教育不断发展,劳动力素质有了明显提高。2002 年,全国就业人员中,小学及以下受教育程度者所占比重为 37.8%,比上年下降 0.9 个百分点。初、高中的所占比重为 56.3%,比上年提高 0.5 个百分点;大专及以上的所占比重为 6%,比上年提高 0.4 个百分点。从专业技术人员所占比重看,2002 年城镇单位专业技术人员占城镇单位就业人员比重为 29.3%,比上年提高了 2 个百分点。

专栏 全球“千年发展目标”执行情况

2000年9月联合国大会《千年宣言》提出了以发展和消除贫穷为主题的“千年发展目标”(Millennium Development Goals,简称MDG)。它包括消除极端贫困和饥饿,普及小学教育,促进男女平等并赋予妇女应有的权力,降低儿童死亡率,改善产妇保健,与艾滋病、疟疾和其他疾病作斗争,确保环境的可持续能力,全球合作共同促进发展等8大目标、18项子目标、48个监测统计指标。监测期是以1990年为基准期到2015年的25年。监测统计指标数据表明,全球“千年发展目标”在许多方面与目标的要求还有很大的距离,进展缓慢,前景不容乐观。

在消灭极端贫困和饥饿方面,发展中国家已接近到2015年实现将贫困和挨饿人口减少一半的目标,但各地区进展极不平衡。按国际贫困线即每日收入低于1美元(按购买力平价计算)的标准来衡量,全球贫困人口比例从1990年的29%,降至1999年的23%,人口绝对规模达13.8亿,占全球人口的五分之一。其中,东亚和太平洋地区贫困发生率为14%;南亚地区仍达37%;撒哈拉以南非洲为47%,有近3亿人生活在极端贫困之中。全球贫困程度没有得到根本性缓解,10年内贫困差距比从8.6%降至6.9%,仅下降了2个百分点。

全球初等教育普及进度缓慢。目前世界初等教育普及率平均为84%,其中发展中国家为82%,最不发达国家为65%,与10年前相比,没有明显改善。实现到2015年全球初等教育普及率达到100%的目标,难度较大。

妇女地位有所提高,各级教育中妇女受教育机会增加,其中初等教育中男女受教育的比例从1990年的1:0.83提高至目前的1:0.87;中等教育从1:0.72上升至1:0.82;高等教育从1:0.66升至1:0.75。实现到2015年消除在各级教育中性别差异的任务仍十分艰巨。

儿童死亡率居高不下。2002年全世界儿童死亡率仍为83‰,其中非洲地区高达156‰,南亚地区为96‰,与目标要求相差甚远。

医疗保健条件差,产妇死亡率较高。2000年在发展中国家中由熟练保健人员接生的比例为53%,产妇死亡率从1990年430‰下降到目前的400‰。实现在1990年至2015年间将产妇死亡率降低四分之三(即降至108‰)的目标任务困难重重。

艾滋病、疟疾、肺结核等传染病继续蔓延,形势依然严峻。全球15至24岁年轻人艾滋病平均感染率从1990年的1.2%提高到2001年的1.4%。疟疾、肺结核等传染病在落后地区重新猖獗。如果不采取有效措施加以预防,到2015年艾滋病、疟疾、肺结核等传染病蔓延的趋势难以得到抑制并开始扭转。

环境保护和可持续发展越来越受到广泛的重视,居民生活环境有所改观。世界为保持物种多样性而加以保护地带的比率从10年前的7.5%,增加到2001年的9.5%;每千美元GDP(按购买力价计算)单位能耗量从279公斤降至228公斤石油当量;人均二氧化碳排放量从1.15千吨降至1.13千吨。居民环境卫生条件、居住条件得到相应的改善,接近到2015年将无法持续获得安全饮用水的人口比例减半、到2020年使至少1亿贫民窟居民生活有明显改善的目标。但是全球森林覆盖率从10年前的30.3%,降至2001年的29.6%。

全球合作力度应进一步加强,促进共同发展。在近20年间,OECD成员国和发援会捐助国对发展中国家的官方援助长期呈减少趋势,从1990年的530亿美元,降至2001年的510亿美元。为此,国际社会应力促发达国家增加对发展中国家的官方发展援助,减免穷国的债务。

(执笔:余芳东)

(二)积极的就业政策体系基本确立社会保障体系进一步完善。

1. 积极的就业政策体系框架基本确立。2002年9月12日至13日,中共中央、国务院在北京召开全国再就业工作会议。此次会议对于在进一步巩固两个确保和完善社会保障体系的基础上,全面推进就业和再就业工作作出全面部署。为切实贯彻落实会后下发的《中共中央、国务院关于进一步做好下岗失业人员再就业工作的通知》(中发[2002]12号,以下简称中央12号文件)精神,劳动保障部、中央宣传部、国家计委、国家经贸委、监察部、财政部、建设部、国土资源部、中国人民银行、国家税务总局、国家工商总局、中央编办、全国总工会等部门相继制定出台了下岗失业人员享受再就业扶持政策的8个配套办法。内容涉及对象认定、收费减免、税收扶持、小额信贷、资金管理、国有大中型企业主辅分离分流安置富余人员等方面。这8个配套文件的出台标志着具有中国特色的积极的就业政策框架已基本明确。

2. 养老保险覆盖范围不断扩大。近年来,以确保养老金按时足额发放为中心,中央和地方积极筹措资金,在加强基金征缴的基础上,加大基金调剂力度,合理调整财政支出结构,实现企业离退休人员基本养老金按时足额发放。养老保险已覆盖到城镇各类企业及其职工(包括机关事业单位的合同制职工),以及城镇个体工商户等灵活就业人员,覆盖范围不断扩大,基金征缴额稳步增长。养老金实现社会化发放,社会化管理服务水平不断提高。到2002年底,全国养老保险参保在职职工人数11129万人,参保的离退休人员3608万人;养老保险基金征缴收入3171.5亿元。社会化发放率达99.4%。纳入社区管理的企业退休人员占43.5%。

3. 失业保险作用增强。2002年,失业保险覆盖范围从企业扩大到事业单位,从国有和集体企业扩大到外商投资企业、私营企业等其他企业,失业保险基金实力明显增强。至年末,全国失业保险参保人数达到10182万人。基金年收入为216亿元,比上年增加29亿元。随着下岗职工基本生活保障向失业保险并轨平稳推进,失业保险承担了越来越多的基本生活保障的职能。2002年发放失业保险金人数达650万人,比上年增加181万人。失业保险基金年支出为187亿元,比上年增加21亿元。

4. 医疗保险制度改革迅速推进。

基本医疗保险制度从1999年开始实施,经过三年的发展,目前覆盖人数达到9400多万人,比上年末增加2114万人,增长29.0%。各地经办机构的医疗保险管理服务工作已经起步,方便就医、改善服务、细化协议、加强监督等工作取得进展,初步形成了医疗费用结算与风险防范的规范,医疗保险统计月报制度基本建立,部分城市的基本医疗保险费用支出监测工作已经启动,华东地区医疗保险信息协作网正在筹建。医疗保险基金收支平衡,管理运行平稳。

(三)城镇单位就业人员劳动报酬快速增长。

2002年,全国城镇单位共发放劳动报酬13638.1亿元,比上年增长11.7%,其中,国有单位发放就业人员劳动报酬9138.0亿元,增长7.3%;集体单位863.9亿元,下降3.8%;其他单位3636.2亿元,增长30.3%。

1. 平均劳动报酬增长继续加快。2002年,企业单位经济状况好转,规模以上工业企业实现利润创历史新高,而且大多数省、自治区、直辖市兑现了2001年中央出台的两次增资政策,提高了机关、事业单位的工资水平,就业人员劳动报酬继续大幅提高。

2002年,城镇单位就业人员平均劳动报酬达12373元,比上年增长14.2%,扣除价格因素后,实际增长15.4%,在连续三年达到两位数增长的基础上继续加快。分登记注册类型看,国有单位就业人员平均劳动报酬12701元,增长15.0%;集体单位7636元,增长11.5%;其他单位13486元,增长8.4%。

在岗职工平均工资12422元,增长14.3%。扣除价格因素,实际增长15.5%。其中,国有单位12869元,增长15.1%;集体单位为7667元,增长11.6%;其他单位13212元,增长8.8%。

2. 各行业平均劳动报酬增长比较均衡。2002年,企业景气逐季走高,企业家对宏观经济信心稳步提升。企业生产经营持续平稳向好,企业景气指数逐季小幅攀升,企业内在活力稳步增强,企业调资幅度加大。同时,在产业结构调整过程中,一些效益差、竞争力弱的企业被淘汰出局,低工资人群减少。因此各行业平均劳动报酬增长较为均衡。

2002年全国城镇单位十六大行业平均劳动报酬增长都在8%到17%之间。除了批发和零售贸易、餐饮业和农林牧渔业两个工资发放较不规范的行业外,其他十四个行业平均劳动报酬都在万元以上。科学研究和综合技术服务业平均劳动报酬继续居十六大行业之首,达18792元。紧随其后的是:金融保险业(18023元)、电力、煤气及水的生产供应业(16296元)、交通运输、仓储及邮电通信业(15818元)、房地产业(15384元)。

3. 各地区平均劳动报酬增长较为平均,差距有所缩小。2002年,各级政府更加重视工资足额发放,对清偿拖欠工资的力度加大。在机关事业单位,各级政府和财政部门加大了对工资兑现的筹集和督查力度,行政、事业单位拖欠工资现象明显减少,部分地区还对以往拖欠的工资进行补发。为此,山西省政府还下发了《关于确保全省机关事业单位职工工资按时足额发放的通知》和《关于确保年内职工工资全部到位的紧急通知》两个明传电报。在企业,劳动保障部的统一部署在年末开展了为期一个月的农民工工资支付检查。各地采取企业普遍自查同劳动保障等部门重点检查、上级部门抽查相结合的方式全面开展清欠农民工工资的大检查。将建筑、服装、制鞋等劳动密集型企业和使用农民工较多的中小企业作为检查重点。及时发现和解决拖欠农民工工资的问题。

2002 年,31 个省、自治区、直辖市中,已有 20 个平均劳动报酬过万元(其中上海 22612 元、北京 21861 元、西藏 22356 元),其余 11 个也都在 9000 元以上。从增长速度来看,28 个省、自治区、直辖市都在 10% 至 20% 之间。低于 10% 的只有上海(8.3%)和贵州(9.2%)。因此,地区间的平均劳动报酬差距有所缩小,最高与最低之比由 2001 年的 2.67 缩小为 2.48。

4. 不在岗职工平均生活费继续提高,集体单位不在岗职工生活费过低且下降问题有所改善。2002 年,确保在再就业服务中心的下岗职工基本生活费按时足额发放仍是社会保障的重点内容。2002 年,城镇单位不在岗职工平均生活费 2580 元,比上年增长 23.1%。其中内部退养职工平均生活费 6714 元,增长 14.7%。国有单位不在岗职工平均生活费 3098 元,增长 24.4%;集体单位 826 元,增长 3.1%;其他单位 3153 元,增长 22.7%。

(执笔:杨建春)

2002年城乡居民生活基本情况

一、城镇居民收入快速增长消费结构进一步改善

2002年政府出台了一系列努力提高城乡居民收入的措施，城镇居民收入及消费水平快速增长，生活质量明显提高，消费结构进一步改善。2002年城镇居民人均可支配收入为7703元，按可比口径计算[①]，比上年增长12.3%，扣除物价因素，实际增长13.4%。与此同时，地区间的收入差距有所缩小，但不同收入阶层之间收入差距扩大。居民消费水平提高，消费结构逐步改善，全年城镇居民人均消费支出6030元，按可比口径计算，比上年增长8%，扣除物价因素，实际增长9.1%。城镇居民消费支出的增幅慢于收入增幅，消费倾向仍然偏淡。

（一）家庭就业结构改变。

据对全国4万多户城镇居民家庭的调查，2002年平均每户人口为3.04人，户均就业人数为1.58人，就业面为52%，比上年下降1.25个百分点。经济体制改革使家庭就业结构继续变化。国有及集体经济单位的就业人数减少，其他各种经济类型就业者、个体经营者及个体被雇者人数显著增加。调查显示，2002年城镇居民家庭中在国有、集体经济单位就业的人数分别比上年下降了9.5%、29.4%；而从事个体经营、个体被雇及其他各种经济类型的就业人数分别比上年增长了11.1%、50%、50%。

（二）城镇居民收入渠道增多，收入水平快速增长。

2002年我国城镇居民人均可支配收入为7703元，比上年同期增长13.4%。从收入的构成来看，除财产性收入略有下降外，工薪收入、经营性净收入、转移性收入等均呈增长趋势。调查表明：

1. 工薪收入是居民家庭收入的主体。受上年国家提高了机关、企事业单位职工工资的翘尾和经济增长拉动因素影响，2002年城镇居民家庭中人均工薪收入5740元，比上年增长14.4%。对收入增长贡献率为72%。工薪收入占总收入比重为70%，仍然是家庭收入的主体。

2. 转移性收入增长较快。政府制定了一系列提高居民收入水平的政策，社会各部门、各单位积极开展扶贫济困工作，居民家庭来自单位和社会的转移性收入增加。2002年，城镇居民人均转移性收入2003元，比上年增长了13.7%。其中，人均离退休金收入1540元，增长20.9%；人均赠送收入和赡养收入为266元，增长22.9%。

3. 经营性净收入增长迅猛。从事个体经营及非公有经济从业人员比例迅速上升，居民家庭收入渠道增加，收入构成发生较大变化。居民家庭的经营净收入增幅明显，2002年城镇居民人均经营净收入332元，比上年增长31.9%。

4. 财产性收入下降。由于股市不景气，银行多次降低存款利息，城镇居民家庭的财产性收入总量比上年减少。2002年人均财产性收入102元，比上年下降了27.3%。

（三）地区间收入差距逐步缩小，不同层次居民收入差距拉大。

2002年，反映居民收入公平程度的基尼系数为0.32，与2001年基本持平，城镇居民收入差距总体水平保持平稳。2002年，多数省（区、市）城镇居民可支配收入比上年有大幅度的增长。国家实施西部大开发战略，使得西部经济落后地区城镇居民的收入增长迅速，地区间的收入差距有所缩小。

1. 东、中、西部收入差距缩小。2002年东、中、西部人均收入分别为9186元、6334元和6517元，三者之比为1.45:1:1.03，比上年的1.50:1:1.06明显减小。

---

① 注：自2002年起，城镇住户调查对象由原来的非农业人口改为城市市区和县城关镇区人口；可支配收入中扣除了社会保障支出；消费支出分类做了小范围调整。下文中，城镇居民收支发展水平（绝对值）均按新口径范围统计，发展速度均按与2001年相同口径计算。

2. 省(区、市)间的收入差距缩小。从收入分布看,位居全国前5位的省(区、市)集中在东部地区,分别是上海(13250元)、北京(12463元)、浙江(11716元)、广东(11137元)、天津(9338元);位居最后5位的省(区、市)是贵州(5944元)、安徽(6032元)、内蒙古(6051元)、宁夏(6067元)和黑龙江(6100元)。调查资料表明,居民收入最高的省与最低的省人均收入之比从上年的2.45:1(上海:河南)下降到2.23:1(上海:贵州)。位居前5位省份的人均收入平均数与名列后5位省份的人均收入平均数之比从上年的2.03:1下降到1.92:1。

3. 大中城市间的收入差距缩小。2002年35个大中城市人均年收入为9422元,比全国平均水平高1719元。人均收入超过万元的城市有8个,分别为深圳(21914元)、广州(13361元)、上海(13250元)、宁波(12970元)、北京(12463元)、厦门(11768元)、杭州(11432元)、济南(10094元)。收入位于后5位的是西宁(6433元)、兰州(6555元)、银川(6845元)、长春(6963元)、呼和浩特(6996元)。位居前5位城市的人均收入平均数与名列后5位城市的人均收入平均数之比从上年的2.37:1下降到2.19:1。

4. 居民收入差距拉大。2002年高低收入阶层之间的收入差距仍然较大。占全部调查户10%的最高收入户人均可支配收入为17353元,比上年增加2238元,增长14.8%;10%的最低收入户人均可支配收入3003元,比上年仅增加200元,增长7.1%。致使二者收入之比由上年同期的5.4:1,扩大到今年的5.8:1。

(四)消费支出持续增长,消费结构进一步改善,消费质量有较大提高。

2002年,随着城镇居民收入水平大幅度提高,国家社会保障力度不断加大,城镇居民消费水平和消费质量显著提高。抽样调查显示,2002年城镇居民人均消费支出为6030元,比上年增长9.1%。

城镇居民消费结构从传统的基本生活消费逐步向发展型和享受型消费转移。各大类消费变化特点是:

1. 食品消费质量提高,消费比重持续下降。食品支出增加,结构发生变化,恩格尔系数下降。2002年城镇居民人均用于食品方面的支出为2272元,增长6.1%。食品支出占消费支出的比重(恩格尔系数)由2001年的37.9%下降到37.7%,下降0.2个百分点,生活质量继续提高。

从城镇居民膳食情况看,粮食消费呈下降态势,占食品支出的比重为8.4%,同比回落0.9个百分点;副食消费比重继续提高,鲜活及绿色食品受到欢迎,居民人均肉、蛋、禽、水产品类支出684元,同比增长9.9%;蔬菜及干鲜瓜果人均支出381元,增长17%;糕点、奶及奶制品支出155元,增长26.3%。2002年城镇居民食品消费的另一大特点是在外用餐人次数和消费额明显增加,人均在外用餐消费支出为414元,比上年增长31.6%。

从食品消费数量看,购买数量变化不大,粮食消费量持续减少。2002年人均购买78.5公斤,比上年下降0.2%;人均购买食用油9公斤,增长5.9%;肉类27.1公斤,增长25.5%;禽类9.2公斤,增长26%;蛋类11.2公斤,增长0.9%;鲜菜116.5公斤,增长1.6%。购买数量增长最为明显的是鲜奶及奶制品,2002年城镇居民人均购买鲜奶15.7公斤,比上年增长31.9%;购买奶粉0.6公斤,增长20%;购买酸奶1.8公斤,增长28.6%。这说明营养学界和各类媒体的大力宣传取得良好的效果,使居民对食品营养结构越来越重视。

2. 衣着消费比重下降,成衣化倾向继续增强。2002年城镇居民人均用于衣着方面的支出为591元,增幅为7.9%。人均衣着消费支出占消费支出的比重为9.8%,下降0.7个百分点。在衣着消费支出中,人均购买成衣支出416元,比上年增长14.3%。人均购买成衣7.2件,增长9.1%。

近年来,由于城镇居民生活水平提高,属于温饱型消费范畴的食品、衣着消费质量不断改善。但消费数量增加幅度减缓,有的品种经常出现下降趋势,消费比重逐年下降。根据消费需求的边际效应理论,在居民消费中,消费数量低的时候,每增加一个消费单位,需求的效应也在相应的增加。但是消费数量达到一定程度以后,消费数量增加,需求效应则在递减,甚至达到负效应。从目前的消费情况看,城镇居民食品、衣着类的消费数量基本上已达到最高点,消费质量从过去的吃饱吃好、遮体御寒提高到营养均衡、美化生活、简单方便的方向发展。

3. 耐用消费品更新换代,电脑、空调、移动电话成为新的消费热点。2002年城镇居民人均购买耐用消费品支出600元,比上年增长20.3%。其中购买家具和日用机电消费品205元,购买文娱用机电消费品支出245元,购买交通工具支出79元,购买通讯工具支出70元。

随着收入水平的提高,城镇居民消费中购买以家用电器为主的耐用消费品一直是消费增长点,消费热点随着时间的推移不断变化。进入新世纪以来,空调、电脑、移动电话成为新的消费热点。调查资料显示,至2002年末,城镇居民家庭百户拥有家用电脑20.6台,比上年增加7.3台,增长1.6倍;空调51.1台,比上年增加15.3台,增长1.4倍;移动电话62.9台,比上年增加28.9台,增长1.9倍。平均百户拥有量增加较快的还有,影碟机52.6台,比上年增长23.5%;微波炉30.9台,增长38.6%;淋浴热水器62.4台,增长20%。

4.药费支出减少,医疗检查费用大幅度增长。近年来医疗制度改革逐步在全国推开,促使城镇居民医疗保健支出大幅增长。2002年,城镇居民人均用于医疗保健上的支出为430元,比上年同期增长17.8%。其中药费支出260元,比上年下降5.2%;医疗费用支出122元,比上年增长1.3倍。这些说明一年来国家对药品价格实行降价等监控措施初见成效,但医疗检查费用大幅度上涨的问题还需得到有关部门足够的重视。

随着生活水平不断提高,“花钱买健康”已被越来越多的人们所认同,城镇居民对自身健康倍加重视。2002年城镇居民人均购买滋补药品支出36元,比上年增长39.6%;购买医疗保健器具支出9元,与上年基本持平。

5.交通通信、教育、文化娱乐消费热度依旧高涨。随着收入水平提高,近年来,在满足吃、穿等消费后,交通通信消费增势一直强劲。2002年城镇居民人均用于交通通信的支出为626元,比上年增长20.8%,占消费支出的比重为10.4%,比上年同期上升了1.8个百分点。其中,用于交通的支出为267元,增长18.4%;用于通信的支出为359元,增长22.7%。

2002年城镇居民人均用于教育文化娱乐上的支出为902元,比上年增长15.7%,占消费支出的比重为15%,同比上升了2个百分点。

6.八成以上居民自有住房,居住条件进一步改善。住房制度改革使得福利住房已基本转为货币化住房,城镇居民租赁房比例继续减少,房租支出下降,从而拉动居住方面的支出减少。抽样调查资料表明,2002年有82.1%的城镇居民家庭拥有自己的住房,其中:60.7%的家庭购买了房改房,9.3%的家庭购买了商品房,12.1%的家庭拥有私房。由于4/5以上城镇居民家庭居住的是自己的住房,不需要交纳房租,住房消费中房租的支出额相对较小,人均交纳房租从上年的112元下降到35元。因此,2002年城镇居民用于居住的支出(624元),比上年同期减少1.7%。2002年城镇居民用于水、电、燃料方面的支出为357元,比上年同期增长6%。城镇居民居住条件进一步改善,从住房配套设施看,94.8%的城镇居民家庭使用独用自来水,86.3%的家庭住房有卫生设备,85%的家庭使用管道煤气和液化石油气。在住房结构上,89.7%的家庭住宅是单栋配套楼房或单元式住宅。住房条件改善了,居民更加热衷于住房装修,有49.1%的居民家庭装修过住房,平均每户最近一次的装修总花费是8551元。

7.服务性消费发展潜力巨大。随着居民生活水平的提高,城镇居民对服务性消费(指居民家庭用于支付社会提供的各种文化和生活方面的非商品性服务支出)需求不断上升,居民消费支出逐步向服务性消费领域分流,家庭服务社会化趋势更加明显。2002年,居民人均服务性消费支出为1650元,比上年增长25.3%,远远高于消费支出的增长幅度。占消费性支出的比重由上年的24.8%升为27.4%,提高2.6个百分点。

(五)居民消费倾向有所下降。

2002年城市居民消费价格水平下降,受买涨不买落的影响,居民消费受到一定影响。教育费用和医疗费用等预期支出的增加,使居民在存款利率一降再降的情况下,还是迫不得已增加储蓄,以备不测。据银行部门统计,至2002年底城镇居民储蓄款余额已达8.7万亿元。即期支出减少,必然影响城镇居民购买力的实现。另外,不同层次居民之间收入分配差距拉大,造成消费层次明显拉开。低收入阶层想买缺钱买,高收入阶层有钱不想买,也在一定程度上影响了消费市场。2002年城市居民人均可支配收入增幅高于消费支出增幅,消费倾向为74.3%,比上年同期的77.4%下降了3.1个百分点,居民消费支出相对收入而言偏淡。

(六)非消费性支出比重增加。

2002年城镇居民非消费性支出为1863元,占家庭总支出的比重为23.6%,比上年同期上升5.1个百分点。其中,转移性支出为913元,占家庭总支出的11.6%;购房建房支出为536元,占家庭总支出的6.8%;社会保障支出人均409元,占家庭总支出的5.2%。

（七）低收入家庭消费水平相对较低。

2002 年占总户数 20% 的高收入家庭的收入占全部家庭收入的 43.6%，而占 20% 的低收入家庭的收入仅占 6.7%。

2002 年城镇低收入家庭人均消费支出 2858 元，而高收入家庭为 11127 元，是低收入家庭的 3.9 倍，生活消费水平也有很大的差距。

1.食品消费温饱有余，营养欠佳。2002 年城镇低收入家庭人均食品支出 1287 元，占消费支出的比重（恩格尔系数）为 45%，按联合国粮农组织的标准，基本进入小康水平。高收入家庭人均食品支出 3698 元，是低收入家庭的 2.9 倍；消费比重为 33.2%，比低收入家庭低近 12 个百分点。

从食品消费数量的对比看，低收入家庭消费的特点是“温饱有余，营养欠佳”，除粮食、薯类和食用动物油消费量高于高收入户外，其他消费量都明显低于高收入家庭，

2002 年城镇低收入家庭人均购买粮食 80.2 公斤，比高收入家庭多出 5.7%，其中面粉消费量是高收入家庭的 2 倍。

从消费量看，大多数食品消费量与高收入家庭相比差距较大，特别是营养价值较高的食品，消费量低于一半以上。2002 年低收入家庭人均购买鲜奶、酸奶 7.9 公斤，比高收入家庭低 71.1%；水产品 7.8 公斤，低 60.6%；禽类 5.9 公斤，低 54.5%。其他消费量也有不同程度的差异，人均购买食用油 8.8 公斤，与高收入户基本持平；购买肉类 20.6 公斤，比高收入家庭低 36.8%；蛋类 9.4 公斤，低 24.3%；鲜菜 105.1 公斤，低 16.8%；鲜瓜果 38.5 公斤，低 46.7%。

由于受到收入的限制，低收入家庭很少去饭馆消费，在外饮食主要是中午在工作单位就餐。2002 年人均在外饮食 138 元，比高收入家庭低 85%。

2.衣着消费数量相对较少，价格较低。改革二十多年来，城镇低收入家庭的生活水平也有了很大的改善，告别了过去节衣缩食的生活，但是与高收入家庭相比消费水平仍然较低。2002 年低收入家庭人均衣着消费 249 元，比高收入家庭低 76%。其中购买服装 4.2 件，鞋 2 双，分别比高收入家庭低 61.1% 和 38.5%，购买服装和鞋的单价只有高收入家庭的一半。

3.耐用消费品拥有量相当于五年前的全国水平。从城镇低收入家庭的耐用消费品拥有量观察，可以感受到改革给低收入家庭带来的实惠，但与高收入家庭相比仍有不小差距。2002 年城镇低收入家庭平均每百户拥有洗衣机 84 台，电风扇 163 台，电冰箱 69 台，彩色电视机 108 台，比高收入家庭低 20% 左右，与五年前的城镇全国水平基本相当。这些在改革初期还被视为“奢侈品”的耐用消费品已普遍进入低收入家庭。

还有一些发展性和享受性的消费品拥有量低收入家庭与高收入家庭相比差距较大。2002 年城镇低收入家庭平均每百户拥有家用电脑 5 台，只有高收入家庭的 1/7；空调 15 台，只有 1/6；移动电话 25 部，只有 1/4；淋浴热水器 36 台，排油烟机 39 台，不足高收入家庭的 1/2。

4.医疗保健条件较差。2002 年城镇低收入家庭人均医疗保健支出 194 元，不足高收入家庭的四分之一。生病的概率是平等的，但是否看病、怎样看病的差别却很大。由于收入较低，小病就不敢上医院，大病也不敢多花钱。据调查，低收入家庭人均药费支出 126 元，医疗检查费支出 60 元，只有高收入家庭的 1/3。人均购买医疗保健器具 1 元，滋补保健品 5 元，只有高收入家庭的 1/20。

5.交通通信消费远远落后于高收入家庭。2002 年城镇低收入家庭人均交通通信消费支出 224 元，只有高收入家庭的 1/6。其中交通消费 79 元，只有高收入家庭的 1/9。通信支出 145 元，只有高收入家庭的 1/5。

自行车是低收入家庭的主要交通工具。据调查，低收入家庭平均每百户拥有自行车 138 辆，与高收入户基本持平。2002 年人均市内交通费支出 19 元，只有高收入家庭的 1/5；出租汽车费支出 7 元，只有高收入家庭的 1/9。低收入家庭很少外出旅游，人均火车、飞机、长途汽车费支出只有 18 元，是高收入家庭的 1/8。

值得欣慰的是，随着社会的进步，人民生活水平的提高，城镇居民家庭的电话普及率逐年上升，2002 年全国平均每百户拥有量已达到 94 部，低收入家庭的拥有量也高达 80 部，电话已成为居民生活中的必需品。

6.教育、文化娱乐消费明显偏低，精神方面的消费欠缺。调查资料表明，低收入家庭在精神消费和个人发展方面的消费水平较低。2002 年低收入家庭人均教育、文化娱乐消费支出 383 元，只有高收入家庭的 1/5。其中购买教材支出 27 元，比高收入家庭低 41.3%；义务教育（初中以下）学杂费支出 90 元，比高收入家庭低 10%，非义务教育（高

中以上)学杂费支出94元,低68.7%。反映出低收入家庭子女的教育投入水平明显低于高收入家庭。同时低收入家庭人均成人教育费支出12元,只有高收入家庭的1/8;团体旅游和参观游览的支出11元,不足高收入家庭的1/30。

7. *居住条件较差,消费支出偏低*。2002年城镇低收入家庭人均住房建筑面积20.3平方米,比高收入家庭低31%,住房条件也相对较差。据调查,有32.5%的低收入家庭仍然住在设备简陋的平房或普通楼房,住在设施齐全的配套住房的占67.5%,比高收入家庭低23.5个百分点;使用煤气、天然气和液化石油气的低收入家庭为67.4%,比高收入家庭低27.7个百分点;住房内没有卫生设备的低收入家庭仍然高达19.3%。低收入家庭现有住房的估价为4.6万元,只有高收入家庭的1/3。

由于住房条件较差,住房消费支出相对偏低。2002年城镇低收入家庭人均居住消费支出323元,不足高收入家庭的1/3。其中住房支出81元,只有1/7;水电燃料支出232元,不足1/2。差距较为明显的是住房装修支出,高收入家庭人均支出高达473元,是低收入家庭的14.2倍。而低收入家庭人均购买煤炭168公斤,支出32元,是高收入家庭的四倍。这些消费支出的差距反映出高低收入家庭住房条件的水平差距。

(执笔:董雅秀)

二、农村居民生活质量继续改善

2002年农村居民收入增速继续回升,农村居民生活消费支出大幅度增长,生活质量继续改善。

(一)2002年农民收入增长的特点和原因。

根据对全国31个省(区、市)6.8万个农村住户的抽样调查,2002年农民人均纯收入为2476元,比上年同期增加109元,扣除价格因素的影响,实际增长4.8%。主要特点是:

(1)农民收入增长主要靠外出务工。2002年,农民务工得到的收入人均为438.2元,比上年同期增加45.6元,增长11.6%。务工收入增加对全年农民人均纯收入增长的贡献率为41.8%。

(2)家庭从事农业生产经营得到的收入保持稳定。2001年,由于粮食价格回升,农民从事农业生产经营得到的收入扭转了持续三年下降的局面,2002年,在粮食、生猪等主要农产品价格下降的情况下,农民从事农业生产经营得到的收入保持了稳定。当年农民从事农业生产经营得到的收入人均为1135元,比上年增加8.5元,增长0.8%。

(3)家庭从事二三产业生产经营的收入平稳增长。近年来,农民从事二三产业生产经营得到的收入保持了持续平稳增长的局面。2002年,从事二三产业生产经营得到的收入人均为351.5元,比上年增加18.5元,增长5.5%,继续保持平稳增长。

(4)农民税费负担进一步减轻。2002年农民的税费负担人均为78.7元,比上年减少12.5元,下降13.7%,税费负担占当年农民人均纯收入的比重为3.2%。由于税费负担下降,直接拉动农民收入增长0.5个百分点。

2002年农民收入增速继续回升,原因主要有三方面:

一是农业收入保持稳定,为农民收入增长打下坚实基础。农业收入是农民收入的重要来源,80年代农业收入占纯收入的比重高达70%,90年代这一比重下降到50%左右。1998-2000年,农民从农业生产获得的收入连续三年绝对下降,分别比上年下降28元、53元和48元。2001年农业收入恢复性增长,使当年纯收入增长速度有所回升。2002年农民从农业得到的收入人均是1135元,与上年基本持平。

农业收入保持稳定,主要得益于林业和渔业收入适度增长。在2002年农民的农业收入中,林业收入人均26元,比上年增加3元,增长15.5%;渔业收入人均32元,比上年增加3元,增长11.5%。但是,种植业收入、牧业收入出现小幅下降。2002年农民的种植业收入人均808元,比上年减少2元,下降0.2%;牧业收入人均211元,比上年减少1元,下降0.6%;

种植业收入下降主要是粮食收入下降引起的。2002年粮食产量9142亿斤,增加了89亿斤,增长1%。但粮食价格并没有保持住上年的回升势头,稻谷全年平均价格下降了4.0%,小麦价格下降3.5%,玉米价格下降4.8%,年末大豆价格虽然呈现回升势头,但全年平均价格仍下降2.3%。受价格下降影响,初步测算,农民粮食收入人均下降15元左右。

牧业收入下降主要是由于主要畜产品价格下降和生产成本上升。2002年肉产量增加了4%左右，但主要产品生猪价格下降，2002 年农民出售生猪的价格下降 13%，出售猪肉的价格下降 4.1%；与此同时，畜牧业生产费用支出人均 279 元，比上年同期增加 15 元，增长 6%。

二是非农收入继续保持增长，是支持农民收入增长的主要力量。2002 年，农民的非农收入人均为 1341 元，比上年同期增加 100 元，增长 11%。当年农民增加的收入几乎全部来自非农业收入增加。

工资性收入是非农收入增长的主要来源。在非农收入中，工资性收入人均为 840 元，比上年同期增加 68 元，增长 12.4%；家庭经营二、三产业收入人均为 352 元，比上年同期增加 18.5 元，增长 5.5%；转移性和财产性收入人均为 149 元，比上年同期增加 14 元，增长 10%。

工资性收入增长主要是农民外出打工和在本地务工收入增长所致。在工资性收入中，农民外出务工、本乡打工、在本地企业中就业和在非企业组织中劳动得到的收入分别为 298 元、140 元、240 元和 162 元，分别比上年同期增加 33 元、13 元、10 元和 12 元，分别增长 12%、10%、4.5% 和 8.3%。农民外出打工和在本地打工的收入人均为 438 元，比上年增加 46 元，增长 11.6%。打工收入增长主要是由于农民外出打工人数继续大幅度增加。2002 年外出打工人数增加了 12.2%，有近 17% 的农村劳动力外出务过工，其中 75% 的外出劳动力在外打工或从业时间在 6 个月以上。

三是农民税费负担大幅度减轻，间接支持了农民收入增长。2002 年农民的税费负担人均为 78.7 元，比上年减少 12.5 元，下降 13.7%，税费负担占当年农民人均纯收入的比重为 3.2%。由于税费负担下降直接拉动农民收入增长 0.5 个百分点。

（二）农民收入增长速度连续两年回升。

1997 年以来，农民收入增长经历了农业增产不增收、严重自然灾害、亚洲金融危机等许多困难，从 1997 年到 2000 年，农民收入增长速度持续下降，1997 年增长 4.6%，1998 年增长 4.3%，1999 年增长 3.8%，2000 年增长 2.1%，四年间，增长速度由 1996 年的 9% 下降到 2000 年的 2.1%，下降了近 7 个百分点。

2001、2002 年农民收入增长速度回升，2001 年增长 4.2%，增速比上年回升 2.1 个百分点，2002 年增长 4.8%，增速比上年回升 0.6 个百分点。1997 年至 2002 年，农民收入由人均 2090 元提高到人均 2476 元，收入提高 386 元，年均增加 77 元，扣除价格上涨因素的影响，年均实际增长 3.8%。

农民收入由增速持续下降到连续两年回升，从收入来源结构分析：

一是农民经营农业得到的收入持续下降局面基本扭转。1998 年以来，受农产品市场价格持续下降的影响，农民经营农业得到的收入连续三年下降。农民经营农业得到的收入 1998 年为 1192 元，比上年减少 28 元，下降 2.3%；1999 年为 1139 元，比上年减少 53 元，下降 4.5%；2000 年为 1091 元，比上年减少 48 元，下降 4.2%。持续下降的局面在 2001 年被扭转，2001 年农民经营农业得到的收入为 1127 元，比上年增加 36 元，增长 3.2%；2002 年为 1135 元，比上年增加 8 元，增长 0.8%。

二是工资性收入持续增长。五年来，农民的工资性收入持续增长，由 1997 年的人均 515 元提高到 2002 年的 840 元，平均每年增加 65 元，年均增长 10.3%，对农民收入增长的贡献率达 84%。包括在乡镇企业就业收入、在本地务工收入和外出打工收入的工资性收入，已成为农民收入增长的主要来源。

三是收入来源趋向多样化。收入来源结构多样化表现在两方面：一方面是家庭生产经营收入所占比重迅速下降。1997 年之前，家庭生产经营收入占农民收入的比重一般保持在 70－75%。1998 年后，农民收入的来源日益多样化，家庭生产经营收入在农民收入中的比重迅速下降。1998 年为 67.8%，1999 年为 65.5%，2000 年为 63.3%，2001 年为 61.7%，2002 年进一步下降为 60%，五年下降近 10 个百分点。另一方面，种植业收入在农业收入中的比重下降，林、牧、渔业收入比重上升。1997 年，农业收入中种植业收入占 77.3%，林业收入占 1.6%，牧业收入占 16.8%，渔业收入占 1.7%，其他农业占 2.6%。2002 年，农业收入中种植业收入占 71.2%，林业收入占 2.2%，牧业收入占 18.6%，渔业收入占 2.8%，其他农业占 5.2%，种植业收入所占比重下降了 6.1 个百分点。

四是农民税费负担明显减轻。1997 年，农民的税费负担达到历史最高点，人均为 108 元，税费负担占当年农民人均纯收入的比重达 5.2%。1998 年后，农民的税费负担开始逐年下降，且下降的幅度逐年增大。2002 年，农民的税费负担人均为 78.7 元，比 1997 年减少 29.3 元，平均每年减少 5.9 元，减少 6.1%。

(三)保持农民收入增速持续回升难度很大。

近两年农民收入分别增长4.2%和4.8%，连续两年回升，呈现出增速回升的势头。但是，对此仍要保持清醒的认识，制约农民收入增长的不利因素并没有发生根本的改变，今后要保持这种势头难度很大。原因有三方面：

(1)农业增产不增收的局面短期内难以改变。

随着我国农村经济进入新的发展阶段，主要农产品出现供求基本平衡，丰年有余，农产品价格经过前几年的大幅度下降后，近几年一直在低水平上徘徊，回升乏力。受其影响，农民经营农业的收入增加困难。

在目前情况下，由于城市化发展滞后和广大农民生活水平不高，农产品需求量的增长一直不快。因此，农产品低水平供过于求的局面短期内将难以改变。据有关部门研究，未来15年总的粮食需求量(包括口粮、饲料粮和工业用粮、种子等)可能会增长16%，其它农产品需求量在50%左右。按照前20年农产品需求量增长与收入增长的数量关系，这部分需求最多只能拉动收入增长10%，平均每年不到1个百分点。但即使如此，农民也不一定会从市场容量的扩张中获得多少好处。受农产品需求弹性小和恩格尔定律的影响，城市居民在食品消费支出的比重实际上在递减，农民很难从城市居民消费结构升级中到好处。例如，1996年到2000年，城市人均可支配收入增加了2020元，食品支出只增加了109元，食品的收入弹性只有5%。就是说每城市人增加1元钱，只有5分钱花在了食品上。但这5分钱不是都流向了农村、流向了农民，有相当一部分流向了食品加工领域，留在了城市。因此，农产品供过于求的局面短期内难以改变，农民经营农业获得的收入仍将受到自然和市场的双重约束，农业增产不增收的局面短期内不会有大的改变。

(2)非农业收入的增长速度出现放慢迹象。

近年来，正是由于非农收入的稳定增长才维持了农民收入的低速增长的趋势。1997年农民收入增量中54.5%来自于非农收入；1998年农业收入减少，非农收入增加100元，是纯收入增量的139%；1999年农业收入继续减少，非农收入增加101元，是纯收入增量的210%；2000年农民非农收入又增加91元，是纯收入增量的212%；2001年非农收入增加62元，是纯收入增量的55%；2002年非农收入又增加100元，是纯收入增量的91%。

但是，与前些年非农收入年均增长30%的速度相比，近年非农收入的增长速度还是放慢了很多。这主要是由于乡镇企业就业不景气和工资率增速大幅度回落。1995年乡镇企业人均工资增长率为36.3%，到1999年逐年下降到4.1%。近年来，乡镇企业吸纳就业的能力明显下降，甚至出现负增长。1997年乡镇企业从业人员比上年减少了458万人，1998年又比上年减少513万人，1999年止住了下降的势头，较上年增加了167万人，2000年增加约200万人，但是，就业规模也仅相当于1995年的水平。近年非农收入得以保持持续快速增长的局面，主要依靠的是农民大量外出务工，“九五”时期农民外出打工人数累计增加了3000万人，近两年农民外出打工人数又有新增加，在外打工或从业时间在6个月以上的劳动力估计超过6000万人。

目前非农收入占纯收入的比重已经超过50%，受内需不足、国有企业活力不足、就业形势严峻、国际经济增长放慢等因素的影响，非农收入增长速度已出现放慢的趋势，这必然制约农民收入持续增长。

(3)近两年拉动农民收入增速回升的因素不一定再起作用。

首先，2002年由于国外农产品歉收、粮食价格上涨，刺激了国内粮食出口，也抵挡了进口，在一定程度上缓和了国内主要农产品供求矛盾。这种有利形势未来不一定再出现，加入WTO对农业生产以及国内市场的影响将日益突显。其次，经过数年外出打工潮，外出务工人数继续增长的势头会下降。再次，2002年农村税费改革试点工作迅速推进，减轻农民负担取得实质进展，农民负担大幅度减轻，对农民收入增速回升发挥了重要作用。但是，农村税费改革仍有一些深层次问题还未解决，税费改革的成果还不巩固。

因此，当前要保持农民收入持续增长，一是要极力维持粮食及主要农产品市场的稳定，使农民的农业收入至少要保持稳定；二是要高度重视农村劳务经济的发展，加快农村劳动力的流动和转移；三是要加快农村非农产业和个体私营经济的发展，加快农村工业化和城镇化的步伐。

(四)2002年农民生活消费支出的现状和特点。

2002年农村居民生活消费支出人均为1834.3元，比上年同期增加93.2元，考虑价格下降因素的影响，实际增长5.8%，增速提高2.4个百分点。

专栏 2002年农民税费负担显著下降

据对全国31个省(区、市)6.8万个农村住户的抽样调查,2002年农民税费负担人均为78.7元,比上年减少12.5元,减少13.7%,对2002年农民收入增长的直接贡献率为0.5个百分点。税费负担占当年农民人均纯收入的比重为3.2%,比上年下降0.7个百分点。这是"九五"以来农民税费负担占收入比重最低、减幅最大的一年。主要特点是:

税费改革试点地区农民税费负担明显下降

2002年,已实行农村税费改革试点的20个省(区、市)农民的税费负担人均为86.6元,比上年同期减少16.6元,下降16.1%,对农民增收的直接贡献率为0.7个百分点,减少的金额和幅度超过全国平均水平。而未实行农村税费改革试点的地区,农民的税费负担人均为55.1元,比上年减少0.4元,下降0.7%。

不同地区农户的税费负担普遍下降

分地区看,东、中、西部地区农民的税费负担均有不同程度下降,中部地区下降最为明显。2002年,东部地区农民的税费负担人均为70.9元,比上年减少6.2元,减少8.1%,占当年纯收入的比重为2.1%,下降0.3个百分点;中部地区农民税费负担人均为104.2元,比上年减少22.3元,减少17.6%,占当年纯收入比重的4.6%,下降1.2个百分点;西部地区农民人均税费负担人均为54.9元,比上年减少8.9元,减少13.9%,占当年纯收入的比重为3.1%,下降0.7个百分点。

粮食主产区农民税费负担减少较多

2002年粮食主产区农民人均税费负担为98.3元,比上年减少17.8元,减少15.4%,占当年纯收入的比重为4.0%,下降0.9个百分点。比全国平均税费多减少5元,多减少0.2个百分点。对粮食主产区农民增收的直接贡献率为0.7个百分点。

中等收入农户是"减负"的最大受益者

按农户人均纯收入5等分分组,不同收入组农民的税费负担均有不同程度下降,中等收入农户下降最为明显,是"减负"的最大受益者。2002年低收入农户的税费负担人均为60元,比上年减少10.2元,下降14.5%;中低收入农户的税费负担人均为71.3元,比上年减少11元,下降13.4%;中等收入农户的税费负担人均为81.1元,比上年减少14.7元,下降15.4%;中高收入农户的税费负担人均为91.3元,比上年减少11.3元,下降11%;高收入农户的税费负担人均为95.7元,比上年减少16.4元,下降14.6%。

存在的主要问题

一是以农业收入为主的农户负担较重。2002年纯农户的税费负担人均为115.7元,以农业收入为主的兼业户人均为81.8元,以非农业收入为主的兼业户人均为62.1元,非农户人均为49.5元,纯农户的人均税费负担比非农户高一倍多。

二是低收入农户的税费负担仍然过重。2002年低收入农户的税费人均为60元,占当年纯收入的比重达7%。

(执笔:唐　平)

主要情况是:

(1)食品消费:2002年农民的食品支出人均848.4元,比上年增加16元,增长1.9%。食品支出占生活消费支出的比重(恩格尔系数)为46.2%,比上年下降1.5个百分点。其中,在外饮食支出人均为89.6元,比上年增加15元,增长20.1%。

(2)住房支出:2002年农民的住房支出人均为300.2元,比上年增加21.1元,增长7.6%。2002年末人均住房面积26.5平方米,比上年增加0.8平方米,增长3.1%。其中,钢筋混凝土结构面积为7.7平方米,比上年增长10.8%。

(3)交通、通讯费支出:2002年农民交通、通讯费支出人均为128.5元,比上年增加19.7元,增长18.1%。其中,购买交通和通讯工具支出人均分别比上年增长17.6%和23%。2002年农民每百户拥有摩托车28.1辆,比上年增加3.4辆;移动电话13.7部,比上年增加5.6部。

(4)文教娱乐费支出:2002年农民用于文教娱乐用品及服务支出人均为210.3元,比上年增加17.7元,增长9.2%。其中,学杂费支出人均为160.1元,比上年增加14.9元,增长10.2%。学杂费支出增加额占农民生活消费支出增加额的16%。

(5)家庭设备及用品支出:2002年农民用于家

庭设备用品及服务的支出为80.4元,比上年增加3.4元,增长4.4%。其中,购买耐用消费品的支出人均为28.8元,比上年增加3.1元,增长12%。2002年末农村居民每百户拥有电冰箱14.8台,比上年增加1.3台;洗衣机31.8台,比上年增加1.9台;电风扇134.3台,比上年增加4.8台。

(6)医疗保健支出:2002年农民用于医疗保健的支出人均为103.9元,比上年增加7.3元,增长7.6%。

(7)中部地区农户生活消费支出增长较快:从东中西部地区看,2002年东、中、西部地区农民人均生活消费支出分别为2344元、1659.7元和1381.8元,分别比上年增长4.7%、5.4%和4.5%。中部地区农民消费支出增速比上年提高1.7个百分点,西部地区农民消费支出增速比上年提高0.6个百分点,而东部地区农民消费支出增速比上年下降1.1个百分点。

(8)低收入农户生活消费支出增长缓慢:从农户收入5等分分组资料看,低收入组农户人均生活消费支出为1006.4元,增长1.4%;中低收入组农户人均生活消费支出1310.3元,增长2.9%;中等收入组农户人均生活消费支出1645元,增长5.3%;中高收入组农户人均生活消费支出2086.6元,增长7.2%;高收入组农户人均生活消费支出3500.1元,增长5.8%。

(五)农村居民生活质量持续改善。

1997年以来,农村居民生活消费水平不断提高,生活质量继续改善。主要情况是:

(1)生活消费支出年均增长3%

2002年,农村居民人均生活消费支出1834元,比1997年增加217元,年均增加43元,扣除价格因素的影响,年均实际增长3%。同期农民收入年均增加77元,实际增长3.8%。农村居民生活消费支出的增长速度与收入的增长速度基本同步。

(2)恩格尔系数下降,消费结构继续优化

农村居民生活消费支出水平提高,而且消费结构不断优化。2002年,农村居民食品消费支出占生活消费支出的比重(恩格尔系数)为46.2%,比1997年下降8.9个百分点,平均每年下降1.8个百分点。1997年,农村居民生活消费支出的结构序列为吃、住、文教娱乐、穿、家庭设备及服务、医疗保健、交通通讯和其他,2002年转变为吃、住、文教娱乐、交通通讯、穿、医疗保健、家庭设备及服务和其他。消费层次较高的交通通讯和医疗保健支出在消费支出结构序列中位置提前,农村居民的消费结构进一步优化,向享受型、发展型结构转变。

(3)消费质量明显改善

①食品消费质量提高。食品消费质量提高表现为主食消费减少,有利于身体健康的食品消费增加。2002年农民人均消费粮食235公斤,比1997年减少6.1%;豆类食品5.8公斤,比1997年增加11.5%;植物油5.8公斤,比1997年增加23.4%;奶及奶制品1.2公斤,比1997年增加26.3%;水产品4.4公斤,比1997年增加7.9%;水果及其制品18.8公斤,比1997年增加5.6%。

②高档耐用消费品在普通百姓家庭迅速普及。2002年农村居民平均每百户拥有彩色电视机60.5台,比1997年增加33.2台,增加一倍多;电冰箱14.8台,比1997年增加6.3台,增长74.1%;洗衣机31.8台,比1997年增加9.9台,增长45.2%;电风扇134.3台,比1997年增加28.4台,增长26.8%。现代家庭生活的许多耐用消费品,如电话、移动电话、空调、电脑等也进入了农民家庭。2002年,农民每百户拥有电话机40.8部、空调2.3台、组合音响9.7台。

③住房条件明显改善。一是住房面积增加、质量提高。2002年农村居民人均住房面积为26.5平方米,比1997年增加4平方米,增长17.8%。其中:砖木及钢筋混凝土结构住房面积21.6平方米,比1997年增加4.6平方米,增长27.1%。二是住房更加卫生和舒适。2002年,88%农户居住的住房拥有卫生设备;68%农户饮用安全饮用水;40%农户的住房拥有取暖设备。

④精神生活日益充实。2002年,农村居民用于文教娱乐的支出人均210元,比1997年增长41.9%。

(4)各地区农村居民生活普遍改善。

2002年东部地区农村居民人均生活消费支出2344元,比1997年增加335元,年均增加67元,增长3.1%;中部地区农村居民人均生活消费支出1660元,比1997年增加162元,年均增加32元,增长2.1%;西部地区农村居民人均生活消费支出1382元,比1997年增加143元,年均增加30元,增长2.2%。

(执笔:阳俊雄)

2002 年教育、科技事业发展情况

一、教育事业发展概况

2002 年教育事业蓬勃发展，各项工作取得了新的进展。农村义务教育管理体制调整全面推进，基础教育课程改革实验逐步扩展，职业教育改革与发展取得新进展，普通高等教育继续稳步发展，高校后勤社会化改革继续深化，高等教育各项改革成果得到巩固和发展。

（一）基础教育取得新进展。

2001 年 5 月国务院主持召开了全国基础教育工作会议，并颁发了《国务院关于基础教育改革与发展的决定》。同年党中央、国务院又颁发了《国务院关于基础教育改革与发展的决定》。两个《决定》对完善管理体制，保障经费投入，推进基础教育，特别是农村义务教育持续健康发展起到了巨大的推动作用。2002 年全国基础教育取得了新的进展，办学条件进一步改善。

2002 年全国共有小学 45.69 万所，比上年减少 3.44 万所。在校生 12156.71 万人，比上年减少 386.76 万人。小学学龄儿童入学率达 98.58%，其中女童入学率 98.53%，男女性别差异为 0.09 个百分点。小学学生五年巩固率为 98.8%，比上年提高 3.5 个百分点。小学毕业生升学率为 97.02%，比上年提高 1.57 个百分点。

全国共有初中 6.56 万所（其中职业初中 984 所），比上年减少 945 所。在校生达到 6687.43 万人（其中职业初中 83.37 万人），比上年增加 173.05 万人。初中毕业生升学率 58.3%，比上年提高 5.4 个百分点。

全国小学专任教师为 577.89 万人，比上年减少 1.88 万人。专任教师学历合格率为 97.39%，比上年提高 0.58 个百分点。生师比为 21.04 :1，比上年的 21.64 :1 略有下降；全国初中专任教师（含职业初中）为 346.77 万人，比上年增加 8.2 万人。专任教师学历合格率为 90.28%，比上年提高 1.56 个百分点。生师比为 19.29:1，与上年基本持平。

全国普通中小学共有校舍 113298.86 万平方米，比上年增加 4498.12 万平方米，其中危房 5390.33 万平方米，比上年减少 526.75 万平方米。体育运动场（馆）面积达标校数、音乐器械配备达标校数、美术器械配备达标校数和数学自然实验仪器达标校数的比率，普通初中分别为 64.43%、52.46%、50.86% 和 69.45%；小学为 48.79%、37.70%、35.69% 和 49.37%。除初中体育运动场（馆）面积达标校数的比率略有下降外，其它各项指标均比上年有所提高。

2002 年全国共有幼儿园 11.18 万所，比上年增加 46 所。在园幼儿（包括学前班）2036.02 万人，比上年增加 14.18 万人。幼儿园园长和教师共 65.93 万人，比上年增加 2.92 万人。

2002 年全国共有特殊教育学校 1540 所，比上年增加 9 所。招生 5.29 万人，在校生 37.45 万人，分别比上年减少 0.31 万人和 1.19 万人。在普通学校随班就读和附设特教班的残疾儿童招生数和在校生数分别占特殊教育招生和在校生总数的 64.85% 和 67.98%。

（二）高中阶段教育发展迅速。

2002 年，各地在确保实现“两基”目标和巩固提高的基础上，重视发展高中阶段教育事业，积极发展包括普通教育和职业教育在内的高中阶段教育，为初中毕业生提供了多种形式的学习机会。

2002 年整个高中阶段教育（包括普通高中、职业高中、成人高中、普通中专、成人中专和技工学校）共有学校 3.32 万所，比上年减少 0.14 万所。招生 1176.92 万人，比上年增加 169.40 万人。在校生 2913.85 万人，比上年增加 246.68 万人，增长 9.25%。

其中：普通高中发展速度较快。全国普通高中共有学校 1.54 万所，比上年增加 499 所。招生 676.70 万人，比上年增加 118.72 万人，增长 21.28%。在校生 1683.81 万人，比上年增加 278.84 万人，增长 19.85%。

普通高中专任教师94.6万人，比上年增加10.6万人。生师比为17.80:1，比上年的16.73:1有所提高。专任教师学历合格率为69.28%，比上年略有下降；职业高中专任教师27.27万人，比上年增加0.41万人。生师比为15.70:1，比上年的14.26:1有所提高；普通中专专任教师20.78万人，比上年减少2.22万人。生师比为21.96:1，比上年的19.91:1有所提高。

2002年7月28日至30日，国务院召开了全国职业教育工作会议，8月28日印发了《国务院关于大力推进职业教育改革与发展的决定》（以下简称《决定》）。这是党中央为实施科教兴国战略，进一步推进职业教育改革与发展所做出的重大决策。《决定》深刻阐述了职业教育在社会主义现代化建设中的重要地位，明确了“十五”期间职业教育改革与发展的目标、任务和工作思路。《决定》指出：大力推进职业教育改革与发展，是实施科教兴国战略，加快实现工业化和现代化伟大任务的需要；是加快人力资源开发，全面提高劳动者素质的需要；是促进就业和再就业的需要；是实施西部大开发战略和有效解决“三农”问题的需要。加快职业教育改革与发展，提高劳动者素质，既是教育工作的一项重要任务，也是我国现代化建设中一项重要的基础性工作，直接关系我国工业化、现代化的进程，关系到我国第三步战略目标的实现。职教会议后，教育战线广大师生员工认真贯彻落实《决定》和全国职业教育工作会议精神，积极推进职业教育改革与发展，努力探索职业教育改革与发展的新思路、新举措。使我国职业教育获得新的发展。

2002年，全国中等职业教育（包括职业高中、普通中专、成人中专和技工学校）共有学校1.63万所。招生469.73万人，比上年增加50.26万人；在校生1196.52万人。中等职业教育的招生数和在校生数，分别占整个高中阶段教育招生数和在校生数的39.91%和41.06%。

（三）高等教育继续稳步发展。

高等学校连续3年扩招，我国高等教育在规模发展方面取得了举世公认的伟大成就，高等教育的状况发生了历史性的变化。2002年高等教育继续稳步发展，全国各类高等学校在校生已达1600万人，比1998年翻了一番多。高等教育毛入学率由1998年的9.8%提高到15%，历史性地跨入国际公认的高等教育大众化发展阶段。高等教育领域进行了一些重大改革，如高校管理体制、招生制度、后勤社会化等改革实现重大突破并不断深化，使高校办学潜力得到充分发挥，办学效益大幅度提高，同时促进了高等教育持续快速发展。

2002年全国高等教育共招本科、高职（专科）学生542.82万人，其中普通高等教育招生320.50万人，成人高等教育招生222.32万人，分别比上年增加52.22万人和26.39万人，增长19.46%和13.47%。全国普通、成人高等学校本科、高职（专科）在校生达1462.52万人，其中，普通高校903.36万人，比上年增加162.98万人，增长25.63%；成人高校559.16万人，比上年增加103.18万人，增长22.63%。高等学校布局结构进一步优化，高等教育规模不断扩大，办学效益明显提高。

全国共有高等学校2003所，其中，普通高校1396所，比上年增加171所，普通高校中本科院校629所，比上年增加32所；成人高校607所，比上年减少79所。全国共有研究生培养单位728个，与上年相同。

普通高校校均规模（全日制本专科在校生）由上年的5870人增加到6471人，其中本科院校由上年的8730人增加到10454人，高职（专科）院校由上年的2337人增加到2523人。

普通高校校舍建筑面积30336.27万平方米（产权归学校所有），比上年增加4380.04万平方米。另有由学校独立使用的非学校产权建筑面积2295.34万平方米；成人高校校舍建筑总面积3414.93万平方米（产权归学校所有），比上年增加89.6万平方米。另有由学校独立使用的非学校产权建筑面积249.20万平方米。

随着科技的进步和我国经济社会迅猛发展，研究生招生形势也发生了巨大的变化。全国研究生招生规模连年大幅度增加，报考人数也连年剧增，而且还有继续增长的趋势。2002年全国高等学校和研究机构共招收研究生20.26万人，比上年增加3.74万人，增长22.65%。在学研究生50.10万人，比上年增加10.78万人，增长27.41%。

（四）其他教育蓬勃发展。

成人培训蓬勃发展。2002年，全国各类学校举办的各种形式的成人非学历教育结业人数达8989万人次，目前有6300余万人正在接受各类培训。其中，成人技术培训学校38.95万所，全年共培训8118.8万人次。

2002年全国共扫除文盲174.45万人。

社会力量办学积极稳步发展。2002 年,社会力量举办的各级各类学校共有 6.12 万所,比上年增加 0.5 万所,在校生总规模达 1115.97 万人,比上年增加 208.56 万人。其中,社会力量举办的非学历高等教育机构 1202 所,各类注册学生 140.35 万人,比上年增加 27.31 万人。其中学历文凭试点校学生 31.12 万人,自考助学班学生 53.05 万人;普通中学 5362 所,比上年增加 791 所,在校生 305.91 万人,比上年增加 73.04 万人;职业中学 1085 所,比上年增加 45 所,在校生 47.05 万人,比上年增加 9.32 万人;小学 5122 所,比上年增加 276 所,在校生 222.14 万人,比上年增加 40.3 万人;幼儿园 4.84 万所,比上年增加 0.39 万所,在校生 400.52 万人,比上年增加 58.59 万人。

2002 年,全国各类出国留学人员总数 12.5 万人,其中:国家公派 0.35 万人,单位公派 0.45 万人,自费留学 11.7 万人,与上年度数据比较,出国留学人数增加了 49%,主要体现在自费出国留学人数占全部出国留学总人数的 94%。2002 年,留学回国人员总数 1.8 万人,比 2001 年度增加了 47%。1978 年至 2002 年底,各类出国留学人员总数累计为 58.3 万人,留学回国人员 15.3 万人。目前仍在国外的 43 万留学人员中,有 27 万人尚在国外高等教育机构研修学习。

教育信息化发展初具规模。中国教育科研网(CERNET)已经建成两万公里的高速传输网,成为我国第 2 大互联网络。建成开通了远程教育的卫星宽带多媒体传输平台。CERNET 网和教育卫星网的高速连接,已经初步形成了天地合一的现代远程教育"天罗地网"。高等学校校园网建设进展顺利,全国高校 70% 左右建立了校园网。2002 年全国高等学校网络教育本专科在校生已经达到 108 万人。高校网上教学课程已经达到 45744 种。中小学教育信息化进程加快,建立校园网的中小学有 26583 所。

(执笔:林志华)

二、科技事业发展概况

2002 年,"十五"各项科技工作进入全面实施阶段。科技体制改革进一步深化,国家创新体系建设取得进展;科技经费投入稳步增长,基础研究成绩斐然,科技产出硕果磊磊,技术市场交易更加活跃,综合技术服务逐步完善。

(一)科技体制改革继续深化,国家创新体系建设取得进展。

截止 2001 年底,原国家经贸委管理的 10 个国家局所属 242 个科研机构,以及建设部等 11 个部门(单位)所属 134 个科研机构实施向企业化转制,全部完成工商注册登记,标志着国务院部门属开发类科研机构企业化转制的改革任务基本完成。

自 2001 年 11 月,国土资源部等四部门所属 98 所公益类科研院所分类改革开始实施,到 2002 年 10 月,农业部等九部门所属 106 个公益类科研机构改革启动,标志着科技体制改革进入第二阶段,即公益类科研机构分类改革阶段。与此同时,地方开发类和公益类科研机构的改革工作也在积极推进。

科技体制改革的积极推进,为国家创新体系的建设创造了条件。2002 年,国家创新体系建设围绕加强原始性创新、构建技术支持平台、建立互动有效的国家 R&D 体系、促进企业成为技术创新的主体、完善科技人才的激励与培养机制、推进区域创新体系的建设、扩大国家创新体系的开放与合作等方面开展工作,初步形成了知识创新以高等学校及公益类科研机构为主、技术创新以企业为主的国家创新体系。

(二)科技经费投入稳步增长。

2002 年,全社会科技经费投入达到 2578.5 亿元,比上年增长 11.5%。其中国家财政对科技的投入达到 793 亿元,比上年增长 12.8%。

2002 年,全社会 R&D 经费投入达到 1161 亿元,比上年增长 11.4%。R&D 经费占国内生产总值的比重达到 1.1%。其中企业投入达到 720 亿元,比上年增长 14.3%。企业投入占全社会 R&D 投入的比例达到 62%,比上年增加 1.6 个百分点。表明随着我国科技体制改革的深化,企业在国家技术创新体系中的主体地位逐渐加强。

(三)基础研究进一步加强,取得了一批令人振奋的研究成果。

2002 年基础研究工作进一步加强,全社会投入基础研究的经费达到 74 亿元,比上年增长 32.9%。基础研究经费占全部 R&D 经费的比例达到 6.4%,比上年增加 1.1 个百分点。以基础研究作为重点资助对象的国家自然科学基金,基金规模由上年的 15.5 亿元增加到 21.9 亿元,增长 41.3%。其中,资助面上项目5808项,资助经费

专栏 2002年世界十大科技进展

1、**科学家首次大批量制造反物质并首次观察到反物质原子内部结构**。在世界各地9个研究所、39名科学家的通力合作下,欧洲核子研究中心已成功制造出约五万个低能量状态的反氢原子,这是人类首次在受控条件下大批量制造反物质。研究人员同时得以首次"瞥见"反氢原子的内部状态。专家称,这一成果是朝弄清物质与反物质的差别、进而验证物理学基本理论迈出的关键一步。

2、**科学家破译老鼠基因组**。英、美、德等国的上百位科学家在《自然》杂志上联合宣布,他们成功破译了老鼠的基因组。专家介绍说,人类与老鼠共享着百分之八十的遗传物质和百分之九十九的基因,了解老鼠非常有助于了解人类自身。

3、**科学家观察到引力场中的量子效应**。一个国际合作研究小组在《自然》杂志上公布了他们对于地球重力场中量子化现象的观测结果,实际观测到了引力场中的量子化效应。科学家认为,这一发现有助于基础物理学的发展。

4、**日美中科学家发现核反应堆中微子消失现象**。日美中三国科学家同时宣布发现核反应堆中产生的中微子消失的现象,这意味着反应堆中产生的中微子发生了振荡,变成了另一种没有被探测到的中微子。三国科学家组成的实验组还通过实验,最终确定了太阳中微子发生的振荡,并确定出中微子振荡的关键参数,这是国际上首次用人工中微子源证实太阳中微子振荡现象。

5、**德国科学家实现铷原子气体超流体态与绝缘态可逆转换**。德国科学家们在激光束构筑的三维能量点阵中,通过改变激光能量,成功地实现了玻色--爱因斯坦凝聚态下铷原子气体的超流体与绝缘态的可逆转换,这一成果将在量子计算机研究方面带来重大突破。

6、**天文学家发现最远星系团**。一个由法国、荷兰、德国、美国科学组成的研究小组利用特大型天文望远镜VLT最新发现了一个远在135亿光年的正在形成的星系团,这是迄今人类发现的最远的星系团,将有助于人类了解星系团及星系群等宇宙最初大型结构的形成方式。

7、**德国科学家首次在纳米层次上实现光能和机械能转换**。德国科学家发现一种单分子聚合物,在光照条件下可引起其纳米尺度的链式结构长度发生变化,即在纳米层次上实现将光能转化为机械能,这是首次在纳米层次上将光能转化为动能,使未来纳米机器找到简便可控的动力成为可能。

8、**科学家研究证实遗传信息复制是生物进化的动力**。法日科学家合作研究发现,人类基因组中留有无脊椎动物基因复制的痕迹,表明人类等复杂动物基因组的某些部分是远古生物遗传信息复制的结果。据称,这是科学界首次用事实根据证明遗传信息复制是生物进化的动力。

9、**美国科学家研制出原子级纳米"晶体管"**。美国科学家用单个原子或分子装配纳米机器的研制取得新进展,成功地将大小相当于单个分子的原子团结构置于相距仅一纳米的的电极之间。

10、**德国科学家使用高频激光打开"细胞之门"**。德国科学家找到了一种转基因操作新方法,在实验中使用高频、高强度、几近红外的的激光脉冲,分别对两种实验动物的卵巢和肾脏细胞进行"连珠炮"式的"轰击",致使细胞膜上出现了一个孔径极小的孔,顺利地移植入目标物质。

(执笔:肖 云)

115631万元,比上年增加35869万元,增长45%,面上项目资助强度由上年的18万元/项增加到19.9万元/项;资助重点项目208项,资助经费31230万元,比上年增加13186万元,增长73%,资助强度由上年的145.5万元/项增加到150.1万元/项。

国家在加大基础研究投入的同时,还不断优化科技资源配置,加强基础研究学科体系建设,花大力气培养一支优秀的基础研究队伍,提高科研管理水平,积极营造有利于创新的学术环境。这些政策措施极大地激发了科学家的创新积极性,为我国在基础研究领域取得突破创造了条件。2002年,在国家的大力扶持下,经过科学家的刻苦攻关,我国的基础研究工作又取得了一批重要成果。如完成水稻第四号染色体全序列测序工作,绘制了世界上第一张农作物的基因组精细图谱;发现"中华神州鸟"化石,为鸟类的恐龙起源学说提供了关键性证据,动摇了德国140多年来独家拥有最原始的初鸟类化石的垄断地位,对研究地球生命进化史提供了重大帮助;对我国辽宁顾氏小盗龙等化石的研究成果,被科学界评为是有关鸟类起源研究有史以来最为重要的工作;在国际上首次证明热休克蛋白转录因子—2(HSFC)基因的突变可引起儿童遗传性白内障,首次提出该基因可能与老年性白内障的发生相关;建立了迄今为止国际上最大的鼻咽癌高发家系样品库,成功地把鼻咽癌易感基因定位在4号染色体4p15.1-q12区域。

(四)高技术产业增长迅速,产业结构进一步优化。

2001年,我国高技术产业以21.1%的速度快速增长,产业规模不断扩大。全年高技术产业产值达到12263亿元,增加值达到3095亿元,占制造业的比重均达到9.5%,比上年增加了0.2个百分点。高技术产业中增长最快的是计算机与办公设备制造业,全年实现总产值2200亿元,增加值432亿元,分别比上年增长24.0%和15.5%;其次是航空航天器制造业,全年实现总产值469亿元,增加值124亿元,分别比上年增长23.4%和17.5%。高技术产业的快速发展,对用现代技术改造传统产业,促进我国制造业结构的优化升级起到了积极作用。

53个国家级高新技术产业开发区快速发展,环境条件进一步改善。2002年,国家出台了一系列政策法规,推动国家级高新区在立法、信用评估体系、知识产权保护、激励机制、ISO14000环境认证等方面的制度建设,并为高新区发展开辟新的融资渠道,促进了高新区持续快速发展。据统计,2002年高新区区内企业已达2.6万家,从业人员达到320万人,比上年增长8.8%;全年实现技工贸总收入15250亿元,工业增加值3344亿元,出口创汇321亿美元,分别比上年增长27.9%、27.6%和41.1%。

高技术产业的快速发展,提升了我国高新技术产品在国际市场中的竞争力,促进了我国高新技术产品的出口。2002年在全球经济普遍不景气的环境下,我国高新技术产品出口依然保持高速增长态势。据海关统计,全年高新技术产品出口额达到678.65亿美元,比上年增长了46.1%。同时,高新技术产品在我国对外贸易中的地位不断提高,已成为扩大出口的新增长点。2002年高新技术产品出口占商品出口总额的比重达到20.8%,占工业制成品出口总额的比重达到22.8%,分别比上年增加了3.3和3.4个百分点。在2002年商品出口增加额中,高新技术产品的贡献达到214.13亿美元,贡献率为36%。这表明占全部商品出口额1/5的高新技术产品对出口增长的贡献超过1/3,高新技术产品在扩大出口中所起的作用越来越重要。

(五)技术市场进一步繁荣,技术贸易交易额迈上新台阶。

2002年,技术市场交易活跃,全国共签定技术合同23.7万多项。成交技术合同总金额突破800亿元,达到884亿元。与2001年比较,签定的技术合同项次增长了3.22%,成交总金额增长了12.96%。同时,平均每份技术合同成交金额由上年的34万元增加到37万元;技术开发合同成交金额所占比例由上年的39%上升到41%;企业作为卖方签定的技术合同项次较上年增长了25.65%,输出技术交易额占卖方市场的比例由上年的36%上升到40%。表明我国单项技术商品的规模正在不断扩大,技术商品的质量和技术含量正在逐渐提高,企业在技术市场中所处的地位越来越重要。

(六)科技产出硕果累累,专利事业快速发展。

通过有关科技计划、中科院知识创新工程试点、高校211工程、自然科学基金等工作的成功实践,2002年我国在航天科技、信息技术、能源研究、核聚变研究等领域产生了一批具有重要意义和影响的原始性创新成果。在航天科技领域,“神舟”三号、四号飞船成功发射并返回,标志着我国载人航天取得了实质性突破。在信息技术领域,CPU设计技术及超大规模集成电路研制呈现群体突破态势,“龙芯”系列64位通用芯片研制成功,多媒体专用CPU方舟3号等研究取得进展,为我国结束信息产品“无芯”的历史迈出了坚实步伐。联想万亿次计算机研制成功,打破了长期以来国外企业对我国高性能计算机市场的垄断。采用深亚微米CMOS工艺研制的光集成芯片,最高数据传输速率可达10Gb/s,进入世界前列。在能源研究领域,煤间接液化合成油技术在催化剂和工艺方面取得重大突破,千吨级中试装置全系统已经打通。在核聚变研究领域,中国环流器二号A装置开始了首次运行,使我国迈进世界核聚变研究大国行列。

2002年,全国共取得省部级以上重大科技成果29000项,比上年增加624项。其中基础理论成果2000项,比上年增加146项;应用技术成果25700项,比上年增加734项;软科学成果1300项。

专栏 2002年中国十大科技进展

1. **我国科学家率先绘制出水稻基因组精细图和水稻第四号染色体精确测序图。**水稻基因组精细图达到国际公认的基因精细图标准。水稻第四号染色体精确测序图，是迄今为止我国独立完成的最大的基因组单条染色体的精确测序，将为人类最终揭开水稻遗传奥秘作出重要贡献。

2. **“神舟”三号、四号飞船发射成功。**在短短九个月内，成功发射并顺利回收“神舟”三号、四号两艘飞船，标志着我国载人航天工程取得重要进展。

3. **我国发现首个世界级大气田，探明储量六千多亿立方米。**我国发现的苏里格大气田探明天然气地质储量达到六千零二十五点二七亿立方米，是我国第一个世界级储量的大气田。

4. **三峡工程导流明渠截流成功。**全长三点七公里、宽三百五十米的长江三峡导流明渠截流，是世界水利水电工程中综合施工难度最大的一次截流。

5. **我国第三代移动通信系统研制成功。**我国目前已开发成功符合国家标准的三套第三代移动通信系统，其中 TD－SCDMA 是电信史上首次由中国提出并被国际电信联盟正式接纳的国际标准。

6. **我国已初步掌握当代 CPU 关键设计制造技术。**首枚高性能通用微处理芯片“龙芯一号”CPU 的研制成功，标志着我国已初步掌握当代 CPU 关键设计制造技术，结束了我国信息产业无“芯”的历史。

7. **浙江省农科院培育出世界上含油量最高的油菜新品系。**浙江省农科院原子能所运用基因工程技术，培育的“超油二号”油菜新品系，含油量高达百分之五十二点八二，是目前世界上含油量最高的甘蓝型油菜。

8. **“神光二号”巨型激光器研制成功。**我国研制的“神光二号”巨型激光器，可在十亿分之一秒的超短瞬间内发射出相当于全球电网电力总和数倍的强大功率，从而形成极高的压力和温度，引发聚变反应，标志着中国高功率激光科研和激光核聚变研究已进入世界先进行列。

9. **北京大学医学部科学家初步揭开人类细胞衰老之谜。**北京大学医学部研究组经过多年研究，目前已初步阐明人类细胞衰老的主导基因 P16 是人类细胞衰老遗传控制程序的主要环节，揭示了 P16 基因在衰老过程中高表达的原因，从而初步揭示了人类细胞衰老之谜。

10. **联想推出首台实测速度超过万亿次计算机。**联想集团推出的具有自主知识产权核心技术的超级计算机，运算速度可达每秒一点零二七万亿次，达到目前公布的世界前五百台超级计算机排行中第二十四位的水平。

（执笔：肖 云）

我国专利事业进一步发展，专利申请量和专利授权量保持快速增长。2002 年，共受理国内外专利申请 252632 件，比上年增加 49059 件，增长 24%；专利授权量 132401 件，比上年增加 18149 件，增长 16%。其中：技术含量较高的发明专利申请和发明专利授权继续保持快速增长态势，在三种专利中所占的比重也稳中有升。

（七）综合技术服务进一步完善提高。

国家产品质量监督检验事业进一步发展。2002 年，在全国产品质量监督检验机构保持稳定的基础上，国家级检测中心由上年的 233 个增加到 240 个。全年国家共监督抽查了 8254 家企业、222 类共 8850 种产品和商品，与上年比较，抽查的企业数增加了 88 家，抽查产品和商品的种类增加了 11 类。截止 2002 年底，全国共有产品质量、体系认证机构 122 个，比上年增加 14 个，累计完成对全国 4.6 万家企业的产品认证和 9.49 万家企业的体系认证。全年制定、修订国家标准 1049 项，其中新制定国家标准 514 项，比上年增加 17 项。

气象预报、地震预报、海洋监测和测绘等技术服务工作不断完善。截止 2002 年底，全国共有气象雷达观测站点 256 个，卫星云图接收站点 356 个，比上年增加 37 个；地震台站 1305 个，地震遥测台网 35 个，分别比上年增加 60 个和 7 个；海洋观测、监测站点 1505 个，比上年增加 588 个。全年共出版地图 1552 种，测绘图书 340 种，分别比上年增加 363 种和 13 种。

（执笔：肖 云）

2002 年各项社会事业发展情况

一、文化事业

2002 年,全国文化艺术工作者认真贯彻党的“十六大”会议精神,以“三个代表”的重要思想为指针,在党中央和国务院的领导下,各地党政部门注重文化建设,将基层文化工作落到实处,加大对文化的投入,使文化事业呈现出全面繁荣发展的景象。

(一)机构人员有所调整。

截止 2002 年底,全国共有各类文化单位机构 31 万个,从业人员 142 万人。

2002 年全国共有艺术表演团体 2584 个,从业人员 13.8 万人;各类艺术表演场所 1824 个,从业人员 4 万人;艺术创作机构 431 个;艺术研究机构 180 个;艺术展览机构 48 个;公共图书馆 2698 个,从业人员 4.9 万人;群众艺术馆为 404 个,从业人员 1.2 万人;文化馆为 2831 个,从业人员 4.1 万人;文化站 3.88 万个,从业人员 6.6 万人,其中乡镇文化站 3.6 万个,从业人员 5.7 万人,由于乡镇机构改革撤乡并镇,使文化站机构人员比上年有所减少。

2002 年,全国文化娱乐业(含歌舞娱乐场所、电子游艺厅、台球厅、保龄球、网吧、综合娱乐场所等)共有机构 14.4 万个,从业人员 75.4 万人。全国文化市场其他经营机构共有 10.8 万个,44.3 万人。

(二)文化事业投入大幅度增长。

2002 年全国文化(文物)事业单位总收入(含财政补助收入)181 亿元,比 2001 年增长 15.5%。其中文化事业财政补助收入(即财政拨款,下同)突破 80 亿元,达 85.2 亿元,比 2001 年增长 19.9%;文物事业财政补助收入达 22.9 亿元,比 2001 年增长 10.6%。

国家对文化设施建设的投资增幅较高,占本年计划投资额的比重加大。2002 年,全国文化(文物)系统固定资产投资项目总数为 839 个,计划总投资达 237.4 亿元,比上年增加 7.9 亿元,增长 3.4%;计划施工面积(建筑面积)472.5 万平方米;本年完成投资额为 30.5 亿元,比上年增长 8.1%。其中国家投资 19.1 亿元,占本年投资总额的 62.6%。建成项目 256 个,竣工建筑面积 109 万平方米。

(三)繁荣文艺创作,促进艺术事业全面发展。

2002 年,全国文化艺术工作者以繁荣文艺创作为根本目标,推出了一批思想深刻、艺术精湛、风格多样的优秀作品,促进了艺术事业的全面发展。

2002 年国家舞台艺术精品工程启动。国家从 2002 年到 2006 年,连续 5 年计划每年投入 4000 万元,在全国推出 50 部左右舞台艺术精品。现已推出第一批精品剧目 30 台,精品工程有力推动了全国文艺创作。启动 20 世纪美术作品捐赠收藏工程,国家每年投入 5000 万元用于收藏 20 世纪优秀美术作品的收购和捐赠奖励。

全国艺术表演团体的国内演出场次共 39 万场,平均每团演出 152 场。其中到农村演出 24 万场,占总演出场次 61.3%;国内观众达到 7.5 亿人次;演出收入 6.5 亿元,增长 14%。演出收入占事业收入的 80%。

为满足基层群众文化生活需要,配合中央西部开发战略,中国京剧院、中央民族乐团、中国歌剧舞剧院、中国歌舞团、中央芭蕾舞团等分赴新疆、广西、内蒙、重庆等地进行慰问演出总计达 47 场,观众达 38 万人次。为革命老区、贫困地区广大人民群众送去了党中央、国务院的关怀和温暖,受到人民群众的热烈欢迎,引起了广泛的社会反响。

2001 年,全国艺术表演场所演(映)出场次下降。全国 1814 个艺术表演场所共演(映)出 75 万场次,比上年减少 40 万场,主要是由于艺术表演场所的设备陈旧,环境差,加上各地电影不景气造成的。尽管艺术演出场次比上年增加,但其占总体比重小,不足于带动总体指标增加。

(四)以“四基”建设为核心,推进社会文化图书馆事业的全面发展。

专栏 文化市场在整顿治理中繁荣发展

2002年,文化市场主管部门一手抓治理,一手抓建设,文化市场在整顿治理中繁荣发展。

(一)加强立法工作,文化市场法制体系基本建立

修订发布的《音像制品批发、零售、出租管理办法》和《音像制品进口管理办法》,进一步加强了对音像批发单位的整顿和管理,促进音像流通企业规模化、规范化经营,有利于音像市场调整产业结构,引进更多优秀音像制品。

为了适应演出市场的形势发展和变化,结合中国国情,参考国际惯例,修订和完善了《营业性演出管理条例实施细则》,对加快演出市场改革进程,鼓励吸引社会各界参与演出市场的竞争,起到了积极作用。

推动出台《互联网上网服务营业场所管理条例》,规范了网络文化市场管理,建立了全国统一、高效、便捷的网络文化市场监督管理系统。制定《文化部关于加强文化市场稽查机构和队伍建设的通知》,指导地方文化行政部门解决困扰文化市场稽查工作多年的机构编制、队伍建设和经费困难问题。加强文化市场管理人员、稽查人员的培训工作,全面提高管理人员素质。

(二)加大力度整顿和规范文化市场秩序,取得了显著成效

开展音像市场治理整顿"复查"行动,针对一些地方对于重点地区和突出问题整顿不彻底、违法音像制品经营活动回潮严重的情况,开展了音像市场治理整顿"复查"专项行动。全国共出动执法人员20万人次,检查音像经营单位12万家次,收缴违法音像制品4344.7万余盘(张)。

为了充分展示我国政府打击盗版、保护知识产权的鲜明态度、坚定立场和巨大决心,进一步警示违法经营者,提高广大消费者知识产权保护意识,2002年8月13日,文化部组织了全国违法音像制品统一销毁活动,一次性销毁各类违法音像制品2750多万(盒)张。

针对一些地区尤其是农村集镇及城乡结合部的物资交流会、庙会等集市性活动期间,色情表演现象上升的势头,文化部确立查处典型案件,公开通报批评、大力整治演出市场秩序的指导原则,整治演出市场秩序。

在全国集中开展"网吧"等互联网上网服务营业场所专项治理,对"网吧"进行重新审核登记。经过整顿,扭转了过多过滥,经营秩序混乱,安全隐患突出的问题,网络文化市场的整顿工作取得了阶段性成果。

(三)本着"以规范促繁荣,以繁荣促发展"的原则,探索科学化、信息化、法制化管理的模式

首先,调整音像产业结构和布局,加强音像市场的基础建设。各地按照"深化改革,压缩总量,调整结构,规范经营,规模发展"的原则,大力压缩经营单位数量,调整音像市场结构。其次,设立"音像市场进入单位和个人数据库",加强市场信息和管理信息的流通。第三,推动数字文化工程,鼓励互联网上网服务营业场所的连锁化经营。第四,为适应加入世贸的要求,深化行政审批制度改革。第五,加强对农村电影发行、放映的指导工作。认真贯彻落实实施"2131"工程,重点做好对西部地区"送电影下乡"活动的补贴经费分配和管理工作。

(执笔:李建军)

2002年,全国公共图书馆提高服务意识,加强管理,改善环境,服务水平有所提高。全国公共图书馆总藏量共有4.3亿册(件),公共图书馆新购图书为916万册,比上年增长15.5%。2002年共发放借书证918万个。流通总人次为4.7亿人次。

繁荣群众艺术,丰富群众文化生活。2002年全国群众文化业共组织文艺活动30万次,比上年增长6%,举办各类训练班14万班次,结业人次达492万人次。全国群艺馆、文化馆、文化站的藏书达9121万册。

积极落实基层文化建设有关项目。为了加强中央财政支持基层文化建设的力度,除对已有的一些支持基层文化建设的补助项目,2002年还积极实施"全国文化信息资源共享工程"。中华再造善本工程也正式启动,首批30余种样书已经出版。

(五)文物业成绩斐然。

2002年文物工作取得了丰硕成果。考古发掘按照"重点保护、重点发掘"的原则,组织协调长江三峡等跨省重点建设工程中的文物考古和保护。特别是三峡考古取得突破性进展,基本理清了三峡地区7500年前至4000年前的文化发展脉络。全国文物工作者坚持“保护为主,抢救第一”的方针,保护、维修、应用工作并举,加大抢救维修力度。树立精品意识,推出一批具有较高水平和质量的文物展览,取得良好的社会效果。

2002年,全国文物业有文物保护管理机构2083个,其中博物馆1516个。全国文物业共有文物保管品、藏品1200余万件;共举办陈列5510个,展览86642个;参观人次达1.2亿人次。门票收入13.4亿元,比上年增长20%。全年进行文物保护维修面积130.6万平方米;其中世界遗产20个,维修面积11.4万平方米,占总维修面积8.7%;国家级263个,维修面积57万平方米,占总维修面积43.5%。全国共拨款6.8亿元用于维修文物保护单位。

(执笔:李建军)

二、新闻出版业

2002年,新闻出版战线坚持抓导向、促繁荣,深化改革,加强监管,使我国新闻出版事业保持了持续、快速、健康发展的好势头。

(一)图书品种、数量均有较大增加,图书的内容质量、编校质量和印装质量有一定提高。

2002年出版战线以迎接党的十六大胜利召开为契机,采取有力措施,一手抓繁荣、一手抓管理,努力为党的十六大营造昂扬向上、团结奋进、开拓创新的良好氛围。大力实施“精品战略”,按期高质量地完成了迎接党的十六大重点选题,“十五”国家重点图书出版规划和“十五”国家古籍整理重点图书出版规划进展顺利。出版了一批弘扬时代主旋律,体现“三个代表”重要思想,讴歌党的丰功伟绩,反映我国改革开放和现代化建设成就,有利于提高广大人民群众思想道德素质和科学文化素质的优秀出版物,产生了良好的社会效益和经济效益。

2002年全国共出版图书17.1万种,其中:新版书10.1万种,重版、重印书7万种;总印数68.7亿册;总印张456.5亿印张,定价总金额535.1亿元。与2001年相比,总品种增长10.6%,新版书品种增长10.1%,重版、重印书品种增长11.3%,总印数增长8.9%,总印张增长12.4%,定价总金额增长14.6%。

(二)治散治滥、调整结构,报刊散滥的势头得到遏制。

2002年共出版期刊9029种,平均期印数20406万册,总印数29.5亿册,总印张106亿印张,总定价129.5亿元。与2001年相比,种数增长1.6%,平均期印数下降1.4%,总印数增长1.9%,总印张增长5.4%。

2002年共出版报纸2137种,平均期印数18721万份,总印数367.8亿份,总印张1067.4亿印张。与2001年相比,种数上升1%,平均期印数增长3.3%,总印数增长4.8%,总印张增长13.7%。

(三)图书销售继续增长。

2002年发行体制改革进一步深化,在福建、安徽和重庆市进行的中小学教材发行招标试点工作取得初步成效,引入了竞争机制,出版物现代营销体系建设进展顺利,新华书店在股份制改造中建立现代企业制度的转制改造工作进展较快,体制性障碍逐步得到消除,发行领域呈现多元化竞争态势。

2002年全国共销售图书160.6亿册,993.9亿元;年末库存总册数36.9亿册,343.5亿元。与2001年相比,销售册数增长2.9%,销售金额增长7.9%,库存总册数增长3.9 %,库存总金额增长15.4%。

(四)音像出版增长势头强劲。

2002年面对我国加入世贸组织,对外开放进一步扩大,高新技术普遍应用于传媒领域的新形势,以及加强社会监管的需要,全国人大和国务院修订颁布了《音像制品管理条例》、《计算机软件保护条例》、《著作权法实施条例》,版权保护取得重要进展,人民群众的版权保护意识明显增强。新闻出版行政部门坚持不懈进行“扫黄”、“打非”斗争,积极开展打击盗版保护正版工作,努力将非法出版物的有害影响降到最低程度,为音像业的发展创造了良好的外部环境。“十五”国家重点音像制品出版规划和“十五”国家重点电子出版物规划经过两年多的组织实施,2002年也已进入出成果的阶段。广大音像出版单位按照中央的要求,深化内部机制改革,加强经营管理,有效地控制了音像制品的成本,音像制品的价格逐步降低。与此同时,随着人民生活水平的提高,VCD和DVD进入更多的家庭,有力地推动了音像制品的销售。2002年音像出版呈现大幅增长的势头。录音、录像制品的品种平均增长近20%,数量增长在50%以上,其中

DVD 品种增长 249.7%,数量增长 614.4%。

2002 年,全国共出版录音制品 12296 种,出版数量 2.26 亿盒(张),发行数量 2 亿盒(张),发行总金额 13.7 亿元。与上年相比,品种增长 29%,出版数量增长 65%,发行数量增长 72%,发行总金额增长 62%。全国共出版录像制品 13576 种,出版数量 2.2 亿盒(张),发行数量 1.74 亿盒(张),发行总金额 11 亿元,与上年相比品种增长 19%,出版数量增长 52%,发行数量增长 59%,发行总金额增长 15%。

(五)新闻出版系统经济实力进一步增强。

2002 年新闻出版业以组建集团为突破口,抓好出版单位内部机制改革,推进大社名社走内涵式发展道路,稳步推进结构调整工作,优化了资源配置,盘活了存量资产,壮大了企业实力。但由于从 2002 年春季开始,中小学教材价格根据全国统一的印张中准价重新核定,教材利润进一步下降并逐步向 5% 的成本利润率逼近,2002 年全国新闻出版行业的利润出现负增长。2002 年全国新闻出版系统企事业单位共实现销售收入 721.6 亿元,实现利润 50.9 亿元。与 2001 年相比,销售收入增加 27.6 亿元,增长 4%;利润减少 2.5 亿元,下降 4.7%。

(六)依法行政、加强监管,出版物市场秩序得到有效治理。

2002 年"扫黄"、"打非"工作始终保持高压态势,对各种非法出版活动和非法出版物的查处和打击力度明显加强。截止到 2002 年 11 月底,全国共检查出版市场 6.3 万个,检查出版物零售摊点 81.4 万个,取缔非法出版物集散地 1419 个,查处违规出版物市场 2726 个,查处和取缔非法、违规出版物零售摊点 15.6 万个,收缴非法书刊 3989 万册、非法音像制品 1.45 亿张(盒)、盗版软件 606 万张(套),盗版 DVD 光盘 864 万张,查获非法光盘生产线 18 条。

(执笔:王 泉)

三、体育事业

2002 年是我国体育事业发展进程中具有里程碑意义的一年。在这一年里,中共中央、国务院《关于进一步加强和改进新时期体育工作的意见》,以及第一次由国务院召开的全国体育工作会议,进一步明确了发展体育事业的指导思想、工作方针和总体要求,对新时期的体育工作进行了全面部署。在党中央、国务院领导下,在全国人民的关心和支持下,体育事业继续保持着良好发展的势头。作为第三产业发展组成部分的体育产业,在经济、社会发展中扮演着重要的角色,逐步成为国民经济发展的新的增长点。筹办 2008 年奥运会的各项工作正在有计划、有步骤地进行。体育法制、体育科技、体育宣传、体育对外交往等各项工作均取得了可喜的成绩。

(一)群众体育蓬勃开展,全民健身活动方兴未艾,青少年体育、社区体育和农村体育工作迈出崭新步伐。

2002 年,以"让更多的人运动起来,把建设搞得更扎实"为主题,一系列活动蓬勃开展:

①举办了纪念毛泽东同志"发展体育运动,增强人民体质"题词 50 周年健身展示大会;继续开展了全民健身周活动;举办了近年来老年人体育活动规模最大的全国中老年三项赛;组织了全国行业职工保龄球比赛;与残联共同主办第三届全国特殊奥林匹克运动会。

②组织召开了全民健身活动中心健身工作现场会,总结和深入研究全民健身活动中心健身运行中的经验与问题,就为什么建、如何建、建什么样的中心等问题进行了深入的研究;举办了第七届亚太群体大会,共有 15 个国家和地区的 18 个群众体育组织近 110 名代表出席;召开了第一次全国青少年体育俱乐部建设发展研讨及现场会。

③组织制定了《中国国民体制测定标准》和与之配套的《中国国民体制测定标准施行办法》;顺利完成了《国家体育锻炼标准(学生标准)、(普通人群标准)》的制订工作,其中学生标准已在全国 31 个省市部分学校中试行;制定并下发了《农村体育工作暂行规定》,进一步确立农村体育在我国体育事业发展中的地位和作用,使农村体育工作中心切实转移到以乡镇为重点,实现农村体育面向农村,服务农民;出台了《关于加强体育彩票公益金援建项目监督管理的意见》,规范了体育彩票公益金援建项目的审批、建设、监督、管理。

④投入体育彩票公益金 500 万元,在全国资助 245 所重点传统校;组织实施第五批和第六批各 540 个"全民健身工程";投入 500 万元体育彩票公益金支持 40 多项(次)运动项目和夏令营活动;在全国创建了 310 个俱乐部;资助开展了 22 个不同类型的传统校体育夏(冬)令营活动。

(二)竞技体育再创新高。

2002年是我国竞技体育继第27届奥运会后再创新高的一年。我国运动员在今年的世界锦标赛、世界杯赛中共获了22个大项的110个世界冠军,其中奥运会小项的冠军为42个,占总数的38%,共有17人、5队、33次创29项世界纪录。

①第十四届亚运会是新世纪亚洲体坛的首次盛会,规模空前。中国体育代表团由946人组成,其中运动员686人,参加36个大项中的357个小项的角逐,获得150枚金牌、84枚银牌、74枚铜牌,奖牌总数308枚,并有6人3队17次超创世界纪录,3人1队5次平4项世界纪录,11人10队21次创21项亚洲纪录。中国体育代表团获得运动成绩和精神文明双丰收,以较大优势第六次蝉联金牌、奖牌总数第一,为2004、2008年奥运会培养和锻炼了一批新人。

②在第十九届冬季奥运会上,我国派出了71名运动员,参加了7个大项38个小项的比赛,这是我国参加冬奥会历史上派出参赛运动员最多的一次。在比赛中,我国运动员发挥了较好的竞技水平,获得了2枚金牌、2枚银牌、4枚铜牌,实现了我国参加冬奥会的历史性突破。

(三)在十六大精神鼓舞下推动体育事业的进一步发展。

2003年是全面贯彻落实党的十六大精神的第一年,中国共产党第十六次全国代表大会胜利召开,为新时期全面建设小康社会、加快推进社会主义现代化建设描绘了宏伟蓝图,也为体育事业的全面发展开辟了广阔的空间。按照"发展要有新思路,改革要有新突破,开放要有新局面,各项工作要有新举措"的要求,充分发挥体育在全面建设小康社会、推进社会主义现代化建设中的作用,把《关于进一步加强和改进新时期体育工作的意见》真正落到实处,为国家富强和民族振兴而努力奋斗。

(1)以满足广大人民群众日益增长的体育需求为出发点,努力构建亲民、便民、利民的多元化体育服务体系,进一步搞好全民健身工程,不断改善广大人民群众的体育活动条件,提高全民族的身体素质。

(2)实施"奥运战略",坚持和完善举国体制,进一步提升我国的竞技运动水平。

(3)努力做好2004年雅典奥运会的备战工作,科学论证和安排2008年奥运会的项目布局。

(4)筹备和举办第五届全国城市运动会。

(5)大力发展体育产业,充分发挥体育产业在拉动内需、推动经济增长、促进社会就业方面的积极作用。

(6)继续深化体育管理体制改革,促进政府职能转变,依法加强行业管理,加强体育队伍的思想道德作风建设,全面提高队伍素质。

(执笔:赵时杰)

四、民政事业

2002年,是民政工作整体推进,重点工作取得重要突破的一年,特别是第十一次全国民政会议的胜利召开,对当前和今后一个时期民政工作的总体思路、奋斗目标、主要任务和改革措施提出了明确要求,为民政工作再上一个新的台阶奠定了基础。回顾2002年,主要在以下几个方面取得了显著成绩。

(一)优抚安置

在优抚安置方面,加快了抚恤补助标准自然增长机制的建立,提高了在乡老复员军人的定期生活补助标准,解决了符合条件的在职伤残军人改领伤残抚恤金的问题。截至2002年底,国家抚恤、补助各类优抚对象459万人,各类人员享受的抚恤补助标准都有了较大的提高。

优抚对象年均抚恤、补助情况

单位:元/人、年

指　　标	1998年	1999年	2000年	2001年	2002年
在乡革命伤残人员	996	1327	1586	1840	2054
在乡红军老战士	4026	4293	6300	6687	7800
红军失散人员	832	1040	1200	1383	1616
烈军属	895	1282	1507	1677	1954
在乡复员军人	525	786	877	929	1043

安置工作继续推进改革试点，国务院首次在有关文件中提出了安置就业与自谋职业相结合的安置办法，实行了《优待安置证》制度，为进一步改革和规范优抚安置工作打下了良好的基础。2002 年安置军队退役士兵、复员干部等 54 万人，比上年增长 3.4%。接收军队离退休干部、军队无军籍职工等 1.4 万人，比上年增长 2.2%。优抚类收养性单位床位 7 万张，比去年同期增长 4%，年末收养各类人员 5 万余人。

本年批准的烈士 403 人。截至 2002 年 12 月 31 日，全国共有烈士纪念建筑物 13552 处。

（二）救灾救济

城市居民最低生活保障工作取得突破性进展。在党中央、国务院和地方各级党委、政府的领导下，各级民政干部上下配合，统一行动，有力地促进了低保工作的落实。2002 年 7 月实现了应保尽保，有效地保障了最低收入标准以下群众的基本生活，支持了改革开放的顺利进行，维护了社会的稳定。截至 2002 年底，共有 2064.7 万城镇居民、819 万户低保家庭得到了最低生活保障，其中：在职人员 186.8 万人，下岗人员 554.5 万人，退休人员 90.1 万人，失业人员 358.3 万人。全年共用低保资金 108.7 亿元，其中，中央财政投入 46 亿元。2002 年全国城镇最低生活保障月人均保障水平 52 元。

城镇最低生活保障情况

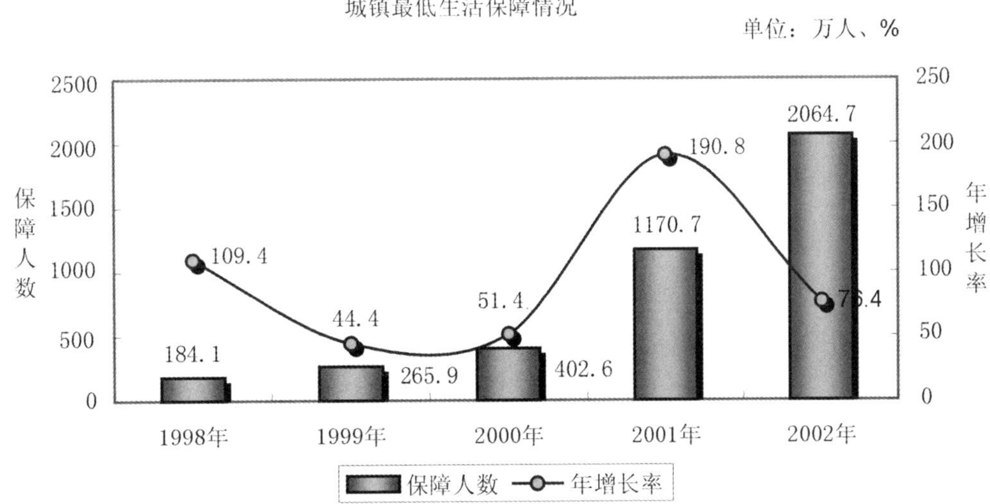

农村社会救济工作取得新的进展。截至 2002 年底，在开展农村居民最低生活保障工作的地区，有 407.8 万村民、156.7 万户家庭得到了最低生活保障，保障对象比上年增长 33%，其中：困难户 303.3 万人，五保户 51.1 万人，其他人员 53.4 万人。在未开展农村居民最低生活保障工作的地区，按传统救济方式救济困难户 1468 万人、五保户 162 万人、其他救济对象 251 万人。

2002 年，我国发生了旱灾、洪涝、风雹、台风、地震、沙尘暴、雪灾和低温冷冻等自然灾害，造成了严重损失。全国农作物受灾面积 4712 万公顷，其中成灾 2732 万公顷，绝收 656 万公顷。全国共有 3.7 亿人（次）受到各类灾害影响，其中成灾 2.3 亿人（次），因灾死亡 2840 人，紧急转移安置 471 万人；倒塌房屋 176 万间；直接经济损失总计 1717 亿元。中央有关部门全年共下拨各类抗灾救灾资金 55.5 亿元。去年安排下拨了中央特大自然灾害救济补助费 25 亿元，向灾区调拨救灾帐篷 1.6 万顶，妥善解决了灾民吃、穿、住、治等方面的生活困难。此外，还接收境内外救灾捐赠款 2311 万元和价值 580 万元的物资，已全部下拨到灾区，除少量用于灾民紧急救助外，主要用于灾民倒房的恢复重建。

深入开展经常性社会捐助活动，广泛动员社会力量帮助受灾群众。截至 12 月底，全国共建立经常性社会捐助工作站、点 2.5 万多个，15 个省（自治区、直辖市）基本建立起了布局合理的经常性社会捐助工作站点网络。去年全国共接收捐款 11 亿元人民币，接收衣被 2.3 亿件，使 3518 万人（次）困难群众受益。

（三）社会福利与社会事务

社会福利事业单位稳步增长。截至 2002 年底，全国城乡可提供食宿的收养性单位 3.9 万个，床位 125.1 万张，收养 92.6 万人，比上年增长 3.4%；其中可提供食宿的社区服务中心 821 个，床位 2 万张，收养各类人员 1 万余人。

专栏 中国社会保障体系建设

过去五年,党中央、国务院高度重视社会保障工作,立足当前,着眼长远,做出了一系列重大决策,工作取得重大进展,是社会保障制度改革力度最大的时期。

一、两个确保工作成果继续得到巩固

1998年5月,党中央、国务院召开国有企业下岗职工基本生活保障和再就业工作会议,提出了确保国有企业下岗职工基本生活和确保企业离退休人员基本养老金按时足额发放的要求。五年来,各地按照中央的部署,把两个确保放在十分重要的位置,实行一把手负责制,层层抓落实。通过建立企业再就业服务中心、落实"三三制"筹资办法等措施,实现了绝大多数下岗职工进入再就业服务中心并保障其基本生活的目标;通过加强基金征缴、动用基金积累、增加财政投入等多种渠道筹集资金,保证了企业离退休人员基本养老金按时足额发放。1998年至2002年底,全国累计有国有企业下岗职工2714万人,其中绝大多数先后进入企业再就业服务中心,能够按时足额领到基本生活费,并由中心代缴社会保险费。全国企业离退休人员从1998年的2727万人增加到2002年的3347万人,年均增加150万人,共发放基本养老金9500多亿元,基本做到了按时足额发放,并补发历史拖欠217亿元。1998年以来,中央财政对老工业基地和中西部地区的两个确保给予了总额达1800亿元的专项补助。经过几年来的努力,两个确保的政策体系、筹资渠道和工作机制基本形成,两个确保的目标基本实现。

二、社会保障制度框架基本形成

我国已基本形成以养老保险、失业保险、医疗保险和城市居民最低生活保障为主要内容的社会保障制度框架。2000年,国务院制定了《关于完善城镇社会保障体系的试点方案》,并选择在辽宁全省进行试点,进一步推动下岗职工基本生活保障制度向失业保险并轨。1998－2002年,城镇基本养老保险参保人数由1.12亿人增加到1.47亿人,增加3500万人,农村参加养老保险人数为5462万人;失业保险参保人数从7928万人增加到2002年末的10182万人;医疗保险制度改革从1999年初启动,到2002年底,全国所有地级以上城市和90%以上的县(市)已经启动实施医疗保险制度,参保人数达到9400万人;2002年底,全国参加工伤保险的职工4406万人,参加生育保险职工3488万人,全国享受城市居民最低生活保障的人数为2056万人。

三、多渠道筹集社会保障资金的新机制基本建立

近几年改革了社会保险费基本由企业承担的体制,实行基本养老保险、失业保险和基本医疗保险由用人单位和职工共同缴纳费用的新制度,同时加强社会保险费征缴,充分发挥其社会保障资金主渠道的作用。1998－2002年底,全国养老保险基金征缴收入由1485亿元增加到2784亿元,增加近一倍;失业保险基金收入由68亿元增加到216亿元,增加3倍多。2002年基本医疗保险基金收入600多亿元。在加强征缴工作的同时,各级财政特别是中央财政积极调整支出结构,增加对社会保障的投入。

四、企业离退休人员基本养老金社会化发放基本实现,退休人员社区管理全面启动

实行社会保障管理服务社会化,减轻企业社会事务负担,从体制上确保基本养老金按时足额发放。社会化发放率2002年底达到99%以上,多数地区已基本实现社会化发放。2002年底,企业退休人员社会化管理人数占企业全部退休人员的比例已达到43.5%。

五、完善城镇社会保障体系试点工作取得重要进展

2000年,国务院制定了完善城镇社会保障体系的试点方案,并选择在辽宁全省进行试点。试点工作取得了重要进展:下岗职工基本生活保障向失业保险并轨任务基本完成;基本养老保险个人帐户基本做实;城市居民最低生活保障基本做到应保尽保;城镇职工基本医疗保险改革步伐加快;社会保障资金的筹集和管理得到加强;社会保障管理服务社会化水平明显提高,信息网络系统初步建成。

六、社会保障法制建设步伐加快

1998年到2001年,国务院先后颁布了《社会保险费征缴暂行条例》、《失业保险条例》、《城市居民最低生活保障条例》和《国务院关于建立城镇职工基本医疗保险制度的决定》,初步形成了覆盖社会保险主要险种、相互配套的社会保险法律体系。《社会保险法》是社会保障的基本法律,全国人大常委会已将其列入立法规划,目前正在加紧推进有关工作。在加强立法工作的同时,劳动保障部门会同有关部门,开展了以规范企业用工、清理社会保险关系、查处克扣或无故拖欠工资、加强劳动争议案件处理为重点的社会保障执法监察,有效地维护了职工的社会保障权益。

应对中国人口老龄化、就业形式多样化、人口城镇化及经济全球化,要尽快研究解决新形势下出现的新问题,进一步完善社会保障体系,维护劳动者的合法权益。

(执笔:王爱文 明瑞峰)

福利企业继续减员增效。2002 年全国共有福利企业 3.6 万个,比上年减少 0.2 万个;残疾职工 68.3 万人,比上年减少 1.7 万人;经济效益继续提高,实现利润 148.3 亿元,比上年增长 23.9%。

2002 年,全国收养登记机关共办理儿童收养登记 4.5 万件。

2002 年全国办理结婚登记 786 万对,离婚 117.7 万对,其中:民政部门登记离婚 57.3 万对,比上年增加 4.5 万对,法院调解和判决离婚 60.4 万对,比上年下降 11.8 万对。

殡葬等社会事务工作稳步发展。殡仪馆 1486 个,职工 3.8 万人,火化炉 3945 台,火化遗体 415 万具,火化率 50.6%,比上年上升 3.3 个百分点。民政部门管理的公墓 854 个,比上年增长 13 %。

民间组织管理工作平稳发展。截至 2002 年底,全国共登记社会团体 13 万个,比上年增加 3%。其中全国性及跨省、自治区、直辖市的社团 1712 个,省级及省内跨地(市)域活动的社团 20069 个,地级及县以上活动的社团 52386 个,外国商会 15 个。民办非企业单位作为一种新的社会组织形式得到了蓬勃发展。截至 2002 年底,全国在民政部门登记的民办非企业单位共有 11 万个,比上年增加 35%。

城市社区建设工作全面推进。截至 2002 年底,全国城镇社区服务设施 19.8 万处。其中综合性的社区服务中心 7898 个,比上年增长 27.8%。

农村社会保障服务网络进一步完善。全国建立农村社会保障服务网络的乡镇近 2 万个。

2002 年,中共中央办公厅、国务院办公厅发出《关于进一步做好村民委员会换届选举工作的通知》,充分体现了党中央、国务院对村委会选举工作的高度重视。它对进一步激发亿万农民当家作主的积极性,切实推进村委会选举,完善村民自治制度,建设农村社会主义政治文明,将产生深远影响。2002 年全国有 18 个省(直辖市)顺利完成了换届选举,全年共有 1734 个县(市、区),45 万个村进行了村委会选举(含罢免后的重选和村村合并后的改选),3.8 亿人参加了选举。村民自治示范活动继续开展。村民自治模范县(市、区)579 个,村民自治模范乡镇 7457 个。

截至 2002 年底,全国设有居委会(社区居委会)8.5 万个,居民小组 124 万个,居委会成员 39.7 万人。村委会 68 万个,村民小组 528.6 万个,村委会成员 294.2 万人。

(四)资金投入

国家财政进一步加大对民政事业的投入力度。2002 年用于民政事业的财政性支出总计 427.2 亿元,比上年增长 35.5%。

2002 年民政事业费支出 392.2 亿元,比上年增长 37.6%。民政事业费占国家财政支出比重由 2001 年的 1.51%增加到 2002 年的 1.78%。其中:抚恤事业费 74.7 亿元,比去年增长 7.6%;军队移交地方安置的离、退休人员费用 49.5 亿元,比去年增长 58.7%;社会救济福利事业费 167.5 亿元,比去年增长 84.9%,其中,城市居民最低生活保障支出 108.7 亿元,比去年增长 135.3%;自然灾害救济费 40 亿元;地方离、退休人员费用 13.2 亿元,比去年增长 2.3%;残疾人福利事业费 9.8 亿元;其他民政事业费 37.5 亿元。

民政事业费支出及占国家财政支出的比重

单位:亿元、%

指　　标	1998 年	1999 年	2000 年	2001 年	2002 年
民政事业各项费用支出	161.8	194.6	230.5	285.1	392.2
占国家财政支出比重	1.50	1.49	1.50	1.51	1.78

民政事业基本建设投资总额 30.1 亿元,比去年下降 2%;其中:国家投资 9.5 亿元,比去年下降 8.7%;其他基建投资 20.6 亿元,比去年增长 1%;施工项目 3659 个。

专栏　行政区划与勘界

社会福利基金支出25.5亿元,比去年增长29.4%;集体统筹支出68.5亿元,比去年下降11.8%。

2002年国务院颁布的《行政区划界线管理条例》,标志着我国的行政区划界线管理方式,由过去的无序、被动、粗放型管理走上了法治化、科学化、规范化管理的轨道。同年12月,全国有史以来第一幅标示法定省级陆地行政区域界线的1:400万《中华人民共和国行政区划图》出版发行。这是自秦设郡县以来首次勘定全国省界的成果,堪称“千年第一图”。随着第一张清晰标明省界的中国行政区划图的正式出版,表明勘界成果直接为行政管理和经济建设服务、为百姓生活服务成为现实。

地名管理工作得到进一步加强。全国城市地名标志设置工作进展顺利。

截至2002年底,全国县级以上行政区划共设23个省,5个自治区,4个直辖市,2个特别行政区;57个地(州、盟),比上年减少了10个;660个市,其中:地级市275个,比上年增加10个;县级市381个,比上年减少12个;1649个县(自治县、旗、自治旗、特区和林区),比上年减少11个;830个市辖区,比上年增加22个。

乡镇合并和城镇化进程进一步加快。截至2002年底,全国设有建制镇20601个,比上年增加227个,增长1.1%;乡18639个,比上年减少702个,下降3.6%,其中民族乡、镇1167个。街道办事处(含新疆生产建设兵团)5576个。

全国共设有5个自治区;30个自治州;116个自治县,3个自治旗。

(执笔:何珊珊)

全年民政部门组织筹集的社会捐赠资金以及物资折合金额12.9亿元,比去年下降18.9%。慈善团体募捐资金7.9亿元,比去年增长9.3%;资助福利项目615个。

福利彩票发行再创历史新高。2002年全国共销售福利彩票168亿元,其中电脑彩票147.9亿元,比上年增长了23.3%;即开票20.1亿元,与上年基本持平。提前一个月完成了年初制定的发行任务,为我国社会福利事业的发展特别是社区老年福利“星光计划”的顺利实施提供了有力的保障。

(执笔:何珊珊)

五、残疾人事业

2002年,残疾人康复、教育、就业、宣传文体、权益保障、组织建设和无障碍设施建设等工作取得新的进展,中国残疾人事业的发展在国际社会产生了更广泛的良好影响。

(一)康复工作

组织实施白内障复明手术,2002年完成白内障复明手术51.5万例,人工晶体植入率达到80%,脱盲率达到98%;组派16批医疗队,赴12个省(自治区)201个县(区)为近2万名贫困白内障患者施行复明手术。

开展低视力康复工作,全年为低视力患者配用助视器2.8万例,有效开展家庭康复训练,培训儿童家长9500名;为各地培训管理和技术骨干7000名;加强市级(含县级市)医院眼科建设;在大中城市设立定点眼镜店,为低视力患者提供验光、配镜和助视器使用训练服务。

加强省级聋儿康复机构建设,完善聋儿康复网络。全国共对18771名聋儿进行了听力语言康复训练,入普幼普小率达23.6%;共培训聋儿家长21155名;联合办学培养各类专业人员2428人次;开展“听力助残”活动,实施救助贫困聋儿康复训练项目,资助贫困聋儿10893名,为贫困聋儿配戴助听器10289台。

全面推进普及型假肢装配工作,截止到2002年底,为15000名残疾人减免费用装配了普及型壳式和骨骼式小腿假肢,供应用品用具200余种196.9万件,装配矫形器6.6万件。

逐步推进康复训练与服务工作的开展。全国293个市辖区、416个县(市)形成了较完善的社会化康复训练服务体系,为各类残疾人提供了康复服务。对4.8万肢体残疾人、1万脑瘫儿童和2.3万0—14岁的智力残疾儿童进行了康复训练,训练有效率分别达到92%、88%和89%。

（二）残疾人教育

进一步发展残疾人教育，提高残疾人素质和平等参与社会的能力。截止到 2002 年底，全国已开办特殊教育普通高中 27 所，在校生 1117 人。2547 名残疾人被普通高等院校录取，909 名残疾人进入特殊教育学院学习。

全国各级残疾人职业教育培训机构发展到 1162 个，接受残疾人职业培训的普通机构有 2709 个，45 万残疾人接受了职业教育与培训；215 个职业教育机构达到中等学历，在校生 9109 人。

各地积极开展资助贫困残疾儿童少年入学工作，2002 年资助了 77477 名贫困残疾儿童入学。

截止到 2002 年底，全国未入学适龄残疾儿童少年总数 32 万人。

（三）残疾人就业

2002 年残疾人就业工作成绩显著。城镇新安排 30 万残疾人就业，增幅明显。其中，按比例就业 7.2 万人，集中就业 8.5 万人，个体就业和自愿组织起来就业 14.6 万人；农村残疾人累计就业 1717.8 万人，为历年累计就业之最。残疾人就业率达到 83.8%。

全国累计建立残疾人就业服务机构 2997 个，完成应建机构数的 95.3%。残疾人就业服务机构工作人员总数已达 2.6 万人，其中聘用人员占 23%。

按比例安排残疾人就业工作在全国范围基本实施，实施的省已达 31 个，地 52 个，市 642 个，市辖区 757 个，县 1502 个。

盲人保健按摩事业发展迅速。2002 年度培训盲人医疗按摩人员 3853 名，盲人保健按摩人员 7413 名。盲人保健按摩师在按摩行业中炙手可热，培训出的盲人保健按摩师就业率达到 95% 以上。保健按摩机构和医疗按摩机构分别达到 6183 个和 1881 个；分别有 1467 人和 3336 人通过医疗按摩人员中级和初级职称评审，99 名盲人医疗按摩师通过高级职称评审。

（四）残疾人扶贫工作

切实将残疾人扶贫纳入政府扶贫计划，认真用好残疾人扶贫资金，并动员社会各界力量，做好残疾人扶贫工作。2002 年，扶持贫困残疾人 226.1 万人，其中 151.4 万人解决了温饱；当年接受实用技术培训的残疾人达 91.7 万人。2002 年计划安排康复扶贫贷款 8 亿元，实际落实 6.6 亿元，到位率达 82.7%。其中，扶持基地使用贷款 5.4 亿元，扶持基地 1117 个；小额信贷扶持到户 9721 万元，使 11 万贫困残疾人受益。当年使用康复扶贫贷款的县达 586 个，覆盖比例达 20.5%。2002 年，康复扶贫贷款到期返还率达 71.9%。

残疾人社会保障工作进展顺利。全国城镇已参加社会保险的残疾人 94.4 万人；在已经实行最低生活保障制度的城乡，共有 226 万残疾人享受到最低生活保障，43.5 万残疾人在各类福利院、养老院享受集中供养、五保供养，273.3 万残疾人得到临时救济、定期补助和专项补助。

截止到 2002 年底，全国已建立县级残疾人服务社 2309 个，占县（市、区）总数的 80.7%，乡镇残疾人服务社 22803 个，占乡镇总数的 49.2%。

2002 年，633 万贫困残疾人享受到减免照顾等优惠政策，减免税费 3.4 亿元；对贫困残疾人开展结对帮扶的单位和个人分别达到 13.6 万个和 85.7 万人，帮扶物资折款及资金投入共计 1.7 亿元。

（五）社会环境

残疾人文化生活更加丰富活跃。截止到 2002 年底，全国 26 家省级电视台、28 家省级广播电台和 200 余家地方电视台、电台设立了电视手语新闻节目和残疾人专题广播栏目；各级公共图书馆和残疾人综合服务设施开设盲人有声读物图书馆（室）198 个；残疾人艺术团队 178 个；各级残疾人文化活动场所 1297 个；举办各种残疾人事业展览 591 场次。

圆满完成 11 项国际体育赛事，组织 392 名残疾人运动员参加了田经、自行车、击剑、柔道、举重、射击、乒乓球、排球、游泳世界锦标赛和盐湖城冬奥会，共夺得 51 枚金牌，36 枚银牌，41 枚铜牌，破 14 项世界纪录；在第八届“远南”运动会上取得了 191 枚金牌，90 枚银牌，50 枚铜牌，金牌、奖牌位居榜首，实现了五连冠；举办了第三届全国特奥会，31 个省、市、自治区、直辖市和香港、澳门特别行政区以及新加坡共 35 个代表团参加，参赛运动员达到 1065 人。

继续完善残疾人事业法律法规，开展法律服务、法律援助和法制宣传，维护残疾人合法权益。全国 79.8% 的县和 48.5% 的乡镇（街道）制定了扶助残疾人的规定；3248 家律师事务所接受各级残疾人联合会的指定或者委托，为残疾人提供法律服务。

社区残疾人工作呈现良好发展势头。2002

年,中国残联确定的60个社区残疾人工作示范区效果显著;中国残联依托中挪合作项目举办了全国社区残疾人工作培训班,17个省(自治区、直辖市)的65名社区残疾人工作者接收了培训。

截止到2002年底,全国已竣工并投入使用的各级残疾人综合服务设施共计1250个,比上年增加19%。

(中国残联)

六、社会治安和公安工作

2002年,我国社会治安和公安工作取得了明显进步,各项工作呈现出新的特点。党中央国务院关于为期两年的"严打整治"斗争工作在全国顺利进行。全年刑事犯罪案件高发的势头得到有效遏制,局部地区刑事犯罪问题突出、社会治安混乱的状况得到有力整治,黑社会性质犯罪组织、各种恶势力和犯罪团伙受到致命打击,全国社会治安形势总体保持平稳,广大群众的安全感明显增强。统计数据显示,2002年,全国公安机关共立刑事案件433.6万起,比2001年下降2.8%。国家统计局在全国组织开展的群众安全感调查情况显示,2002年,全国有84.1%的被调查群众认为,在目前的社会治安环境下有安全感,比2001年群众安全感调查结果提高2.7个百分点。

2002年,我国社会治安和公安工作取得明显进步,突出反映在以下两个方面:

第一方面,2002年,全国公安机关紧紧围绕两年为期社会治安工作取得明显进步的奋斗目标,对各种违法犯罪活动保持高压态势,始终坚持严打方针不动摇,坚持依法从重从快严厉打击各种严重刑事犯罪活动。一是继续推进"打黑除恶"专项行动,全力维护社会治安稳定。自2001年4月以来,全国公安机关以"打黑除恶"专项斗争为龙头,按照"打黑除恶"、"治爆缉枪"和整顿规范市场经济秩序三条战线,继续在全国组织开展了声势浩大的严打整治斗争,摧毁了一批黑社会性质组织,铲除了一批为害一方、作恶多端的各种恶势力。一些地区通过打黑除恶,刑事、治安案件出现明显下降趋势。二是深化整顿和规范市场经济秩序工作,破获了一批经济犯罪案件,打击处理了一批扰乱社会主义市场经济秩序的违法犯罪分子。三是积极组织开展禁毒严打整治专项行动,缴获了一大批毒品,抓获了一批涉毒违法犯罪人员。自2002年2月起,全国公安机关以打击走私贩卖鸦片、海洛因和制贩冰毒、"摇头丸"等化学合成毒品犯罪活动为重点的禁毒严打专项斗争,取得了重大成果。四是采取有力措施,迅速部署组织开展了打"两抢"专项斗争,进一步推进严打整治斗争向纵深发展。2002年下半年,针对一些方群众反映入室盗窃、入室抢劫、拎包扒窃、盗窃机动车等多发性侵财犯罪比较严重的问题,公安部迅速在全国公安机关部署,要求各地公安机关在2002年8月1日至11月30日间,用4个月的时间组织开展一场打击抢劫、抢夺等多发性侵财犯罪专项斗争。这次专项斗争,全国公安机关共破获抢劫、抢夺、盗窃等刑事犯罪案件106万起,给刑事犯罪以有力打击。

第二方面,紧紧抓住打、防、控一体化的基本工作思路,强化社会治安防范工作,不断提高公安机关对社会治安的防范和控制能力,积极探索建立维护社会稳定的长效工作机制。2002年,全国公安机关始终坚持打防结合,预防为主的方针,在加强社会治安管理,提高公安机关对社会治安的防控能力等方面做了大量工作。首先是在指导思想上强化"四严"工作,坚持严打、严查、严防、严管和打、防、控一体化的基本工作思路。即始终坚持严打方针,积极抓住影响社会治安的关键点和治安突出问题,做到什么问题突出抓什么问题。对一些治安混乱的重点地区、部位和场所进行重点整治,积极维护社会治安的良好局面。加强对重点部位的管理、控制与防范,实行群防群治和社会治安综合治理,促进社会治安与经济同步发展。其次是全面加强公安基层基础工作,提高公安机关的战斗力和工作水平。2002年,全国公安机关按照统一部署,深化派出所工作改革,实施了社区警务战略。通过改革,派出所实现了新的警务工作机制,社会治安防控水平和快速反应能力进一步提高。第三是强化对社会治安面的管理工作。2002年,各地公安机关先后组织开展了对突出治安问题和治安乱点地区进行集中整治;加大了对各类重点部位的安全检查工作,消除了一大批火灾事故、交通事故和治安灾害事故隐患。各地公安机关还以深化派出所工作改革,实施社区警务战略为契机,加强了对常住人口、暂住人口的管理工作力度,积极消除影响社会治安稳定的各种不安定因素。

(执笔:樊在勤)

七、法院审判工作

全国各级人民法院积极推进司法改革和体制创新,各项工作都取得了新的进展。1998－2002年的五年,全国法院共审结和执行各类案件4188万件,比前五年增长36%。其中,一审案件2691万件,增长20%;二审案件227万件,增长62%;再审案件44万件,增长19%;执行案件1226万件,增长83%。

(一)依法严厉打击各类刑事犯罪。

五年来,全国各级法院共审结一审刑事案件283万件,比前五年增长16%;判决罪犯322万人,增长18%。其中,判处五年以上有期徒刑、无期徒刑和死刑(含死缓)81.9万人,占罪犯总人数的25%。

严惩严重刑事犯罪。依法严惩阴谋颠覆政府、分裂国家等危害国家安全的犯罪分子,严厉打击杀人、抢劫、爆炸、绑架、强奸等暴力犯罪,盗窃、抢夺等多发犯罪,拐卖妇女、儿童犯罪以及涉枪、涉毒犯罪、带黑社会性质组织犯罪。五年来,共审结这类刑事案件109万件,比前五年增长7%,判决罪犯161万人,增长14%。

严惩经济领域犯罪,保障市场经济秩序和经济安全。五年共审结涉税、走私、危害金融和生产、销售伪劣商品等破坏市场经济秩序的刑事案件71213件,平均每年递增11.25%;判处罪犯89896人,平均每年递增10.72%,为国家和集体挽回直接经济损失138亿元,保障了国家经济安全。

依法审理贪污贿赂案件,深入开展反腐败斗争。五年共审结贪污贿赂案件9.9万件,判处罪犯8.3万人,比1993－1997年下降3.45%。其中,原为县(处)级干部2277人,比1993－1997年增长58.8%;司(局)级以上干部385人,增长1.18倍,成克杰、胡长青等一批罪行极其严重的罪犯受到了严惩,有力地推动了党风廉政建设和反腐败斗争的深入开展,赢得了全国人民的拥护。

(二)依法审理民商案件,促进经济发展和社会进步。

社会主义市场经济的发展,新的民商法律陆续颁布,使民事审判的领域不断扩大,内容更加广泛,案件逐年增加。1998－2002年,全国各级法院共审结一审民商案件2362万件,比前五年增长20%;诉讼标的总金额31971亿元,增长2.4倍。

劳动争议和社会保障案件。随着经济结构调整和劳动用工制度改革的深化,劳动争议和社会保障案件逐年攀升。1998－2002年,全国各级法院共审结一审劳动纠纷案件42万件,平均年增长19.3%。为保护劳动者合法权益,维护社会主义劳动关系,促进劳动力市场的培育与发展,发挥了重要作用。

金融纠纷案件。依法审理金融纠纷案件,维护金融安全,是人民法院的一项重要任务。五年来,全国各级法院共审结一审借款合同、保险合同和股票、债券、期货、票据、存单、清收金融资产债权等金融案件292万件,比前五年增长39%;标的金额13285亿元,增长2.7倍。

知识产权案件。全国各级法院加大知识产权司法保护力度。1998－2002年,审结一审专利、商标、著作权、商业秘密和计算机软件方面等知识产权案件23636件,平均每年递增9.04%。此外,审理侵犯知识产权的刑事案件1273件,判决罪犯1504人。保护了先进文化,促进了科技进步与科技创新。

(三)依法审理行政和国家赔偿案件,推进依法治国进程。

随着依法治国方略的实施和我国社会主义民主与法制事业的发展,人民群众法律意识不断增强,行政诉讼和国家赔偿案件数大幅度增长。1998－2002年,全国各级法院新收行政诉讼案件46.3万件,涉及几乎所有的行政管理机关和有行政管理职责的社会组织;审结46.5万件,比前五年增长65%。2002年新收国家赔偿案件2818件,审结2642件,是1995年国家赔偿法施行第一年的14倍和17倍。

行政案件。人民法院通过司法审查,对行政机关违法、显失公正的行政行为判决撤销、变更或确认违法,五年来,全国各级法院判决这类行政案件8.3万件,占全部行政案件的17.9%,对于防止权力滥用,促进依法行政发挥了重要作用。

国家赔偿案件。依法获得国家赔偿是公民的一项宪法权利。1998－2002年,全国中级以上法院共办理国家赔偿案11321件,决定赔偿4013件,占35%。

(四)捍卫法律权威,提高法院公信力。

全国各级法院深入贯彻中央关于解决人民法院"执行难"问题的文件精神和全国人大常委会的立法解释,加大工作力度,清理执行积案,理清执法环境,执行工作有新的发展。五年来,全国各级法院共执结各类案件 1226 万件,比前五年增长 83%;执结标的 13477 亿元,增长 4 倍。

全国大多数法院设立了执行局,建立了统一管理、统一协调、统一指挥的执行工作新机制,提高了执行工作效率。2002 年,全国法院执行案件执结率达到 84.19%,比 1998 年提高了 4.7 个百分点,维护了法律权威。

二审改判、发回重审率下降。2002 年,全国各级法院共审结各类二审案件 47 万件,其中,维持原判 26 万件,占二审案件总数的 55%,比 1998 年提高 4 个百分点;改判和发回重审 12 万件,占 25%,下降近 5 个百分点。表明一审案件质量有进一步提高。法定期限内结案率上升。全国各级法院认真落实最高法院《关于严格执行审限制度的规定》,通过建立和落实立审分立、审限跟踪等制度,严格审判流程管理,大大提高了诉讼效率,缩短了办案周期,基本消除了案件久拖不决的现象。再审制度逐步规范。全国各级法院从实际情况出发,积极探索再审制度改革,通过实行申诉听证制度,严格再审立案审查,同时认真规范再审审理程序,再审立案占一审案件的比率逐年下降。2002 年,全国法院立案再审的案件数为 54142 件,占一审案件数的 1.06%,比 1998 年降低 0.60 个百分点,维护了人民法院裁判的既判力,保障了当事人的合法权益。

司法救助制度进一步落实。全国各级法院按照最高法院"关于对经济确有困难的当事人予以司法救助的规定",实现了社会公平与正义。5 年来共对 59 万件案件的当事人减免、缓交诉讼费用 32 亿元。

司法解释大大加强。适应社会转型时期审判实践中新情况、新问题日益增多和法律适用的迫切需要,最高法院大力加强调查研究,正确把握立法精神,司法解释水平和数量大幅提高。五年来,制定司法解释 170 件,比前五年增长近 2 倍;清理、修订司法解释和其他规范性文件 2000 多件,废止 177 件并向社会公布。通过加强司法解释工作,统一了法律适用,提高了审判水平。

(最高人民法院研究室)

八、环境保护事业

2002 年,各地、各部门紧抓国家实施积极财政政策的有利时机,加快环境基础设施建设,实施天然林保护、退耕还林还草等生态环境建设和保护工程,积极推进清洁生产,大力推动创建国家环境保护模范城市、建设生态省和生态示范区活动,使我国的环境保护工作取得新的进展:在国民经济持续快速发展的形势下,全国水、大气环境质量总体保持稳定,部分城市和地区环境质量有所改善,生态环境保护得到加强,核与辐射安全得到保障。环境保护为经济和社会的健康发展做出了重要贡献,为实施可持续发展战略奠定了良好基础。

(一)污染物排放总量得到有效控制。

各地、各部门结合产业结构调整,加大了淘汰技术落后、能耗物耗高、污染严重的工业企业的力度,积极推行清洁生产,"一控双达标"工作取得明显成效。大幅度削减了工业主要污染物排放总量,工业污染源主要污染物基本实现达标排放。与此同时,各地加强城市污水、垃圾处理厂等基础设施建设,减缓了生活污染急剧上升的趋势。2002 年与 1998 年相比,全国主要污染物排放总量明显降低,二氧化硫削减 10.3%,烟尘削减 26.1%,工业粉尘削减 35.3%,化学需氧量削减 10.3%,工业固体废物排放量削减 58.9%。

(二)全国水、大气环境质量总体稳定,部分流域、区域污染治理取得初步成效。

在经济快速发展的同时,水环境质量总体稳定,重点流域水质基本稳定,局部地区有所好转。截止 2002 年,共建成 90 个污水处理厂,形成处理能力 775.5 万吨/日;在建 96 个污水处理厂,规模达 771 万吨/日。淮河干流有机污染得到有效控制,污染水平有所降低;海河、辽河流域水环境质量基本保持稳定。太湖和巢湖富营养化状况开始改善,滇池富营养化恶化的趋势有所减缓。各地确定的重点水污染治理工程也已见效。

近年,长江、黄河、珠江等 10 大流域、600 多个水系、5737 条河流、980 个湖库水环境功能区划工作顺利完成,划分了 13000 个水环境功能区,近岸海域环境功能区划按期完成,为水环境管理提供了重要的决策基础。江苏、浙江在京杭运河水系,河南、山东、河北在漳卫南运河水系等,分别建立跨界沟通与协商、监测与预警机制,有效防范上下游污染纠纷。

城市空气环境质量有所改善。2002 年与 1998 年相比,在可比的 330 个城市中,空气质量好于二级的达到 34%,增加了 7%;二氧化硫浓度平均降低了 17.5%,总悬浮颗粒物浓度降低了 10.5%,氮氧化物浓度基本稳定。"两控区"内二氧化硫浓度达到二级标准的城市由 1998 年的 32.8% 上升到 2002 年的 56.9%,酸雨控制区城市降水酸度有所下降。

(三)城市环境保护取得明显成效。

国家把城市环境基础设施建设列入国债投资重点,有力地促进了城市污水、垃圾处理设施建设,提高了城镇生活污水处理率;大中城市的城区第二产业退出,第三产业进入;关闭了一批污染严重的企业;积极调整能源结构,大力推广清洁能源和集中供热,减轻煤烟型污染。2002 年 47 个环保重点城市中,有 17 个城市空气质量达到国家二级标准,比 1998 年增加 5 个,劣于三级的城市 11 个,比 1998 年减少 9 个。全面停止了化油器车的生产,新生产机动车实施了欧洲Ⅰ号排放标准,有效控制了机动车污染。一些城市还加强了扬尘、噪声和油烟污染的控制。全国城市环境质量从整体上趋于好转,部分城市的环境质量有明显改善。城市环境的改善提升了城市的综合实力和经济竞争力,改善了城市的形象。

(四)生态环境保护得到加强。

各地落实国务院颁布的《全国生态环境保护纲要》,对重要生态功能区、资源开发区和生态良好区实行不同的保护措施。近年,国家环保总局组织了 12 个重要生态功能保护区建设试点工作,面积近 72 万平方公里,占国土面积的 7.5%。新增国家级自然保护区 52 处,使全国各种类型自然保护区达到 1551 处,占国土面积 12.9%。先后开展了西部、中东部生态环境调查,基本摸清了全国生态环境状况,客观评价了全国生态环境形势,提出了一系列加强生态环境保护的政策措施,为实施可持续发展提供了重要的决策依据。加强了对三峡水库、南水北调、青藏铁路、西气东输、西电东送等重点工程的环境影响评价和施工环境监督,有效防止了国家重大工程对生态环境造成的损害。

(五)核与辐射安全基本处于受控状态。

按照"安全第一、质量第一、确保万无一失"的原则,加强对在建核电厂以及其他核设施的核安全审评和监督,提高了新建核设施的安全性。加快城市放射性废物库建设和管理,严格监督重要放射性废物的处理、储存和处置。全国辐射环境监测结果表明,大气、地表水、地下水和土壤环境中的放射性水平保持在天然本底的变化幅度内。电磁辐射环境总体保持较好。

(六)环境科技工作稳步推进,环保产业发展迅速。

环境科技体制改革取得积极成效。西部生态环境保护遥感调查、沙尘暴的成因及影响、湖泊水污染防治、北京市大气污染控制对策、生态工业、循环经济等研究项目取得了重要成果,污染防治和生态保护等急需的重大技术纳入了国家、地方的重要科研和技术攻关计划,发布了城市生活污水、垃圾处理、燃煤二氧化硫污染防治和机动车污染防治等技术规范。环保产业基地和园区的建设得到推进,2002 年环保产业从业人员达 200 多万,产值达到 2200 亿元。在家电、办公设备、日用品、纺织品、建筑材料等领域开展了环境标志产品认证,有 2000 多种产品获得环境标志,年产值超过 500 亿元。

(七)环保投入稳步增长。

1998 年以来,国家把环境基础设施建设作为国债投资的重点,带动了大量社会资金,环保投入有较快增长。1998 - 2002 年,全国环境保护投入达到 4900 亿元,占同期 GDP 的 1.09%,占 GDP 的比例首次超过 1%,加上生态环境建设的投资,达到同期 GDP 的 1.29%。同时国家出台了城市污水、垃圾的收费政策,各地建立了相应的制度,引导社会资金以多种方式投入环保设施建设和运营。

(八)国际环境合作与交流取得成果。

积极开展国际环境合作,推动高层环境外交,扩大我国在全球可持续发展领域的影响。积极参与相关国际环境公约及贸易与环境问题的谈判,目前已签署或批准、加入了 30 多个国际环境公约。双边合作进一步加强,与 32 个国家签署了 52 个环境和核安全双边合作文件。通过国际合作,引进资金、技术和管理经验,促进了国内的环保工作。

(执笔:陈　默)

专题篇

经济结构战略性调整取得重大进展

1998年以来，适应我国市场供求关系发生重大变化以及国际经济结构加速重组的新趋势，我国在努力扩大内需、促进经济较快增长的同时，加大了对经济结构的战略性调整力度，实现了经济增长与结构调整的良性互动，产业结构、城乡结构、地区结构、所有制结构、收入分配结构、居民消费结构等都发生了许多新的积极的变化，长期困扰我国经济发展的结构不合理状况有了比较明显的改观。

基础设施建设明显加强，极大地改善了经济增长和人民生活的环境。

五年来，我国发行长期建设国债资金6600亿元，带动了全社会投资3.28万亿元，开展了新中国成立以来最大规模的基础设施建设，办成了多年想办而没有力量办的大事，建成了一大批国家经济发展和人民生活改善急需的基础设施项目，比如道路、桥梁、通讯设施、电力设施、大江大河大湖整治、水利设施加固、退耕还林、退耕还草等生态和环境保护项目，以及许多城市的公用设施建设，促进了经济结构的调整升级，改变了城乡面貌，为经济的长远发展打下了坚实基础，也为进一步改善人民生活环境创造了有利条件。五年全国共完成基础设施建设投资39853亿元，为前五年(1993－1997年)的2.3倍。

水利基础设施得到大力加强，主要大江大河具备了抵御百年一遇洪峰的能力。五年共完成水利建设投资3562亿元，扣除价格变动因素，相当于1950－1997年累计投资的总和。举世瞩目的长江三峡水利枢纽二期工程即将完成，黄河小浪底水利枢纽工程通过验收，南水北调工程开始建设。五年来，共开工加固、新建堤防3万多公里；对770座病险水库进行了除险加固，其中730座于2002年底完成；在长江流域实行的平圩行洪、退田还湖、移民建镇工作取得重大进展，平退圩垸1461个，移民242万人，主要湖泊水面明显恢复和扩大。

交通基础设施的面貌有了明显改善。五年来，铁路建成新线5944公里，复线4603公里，电气化线路5704公里；新增港口万吨级码头泊位吞吐能力14430万吨；新建公路202375公里，其中高速公路17463公里；新建、改扩建机场50个。已基本形成以铁路为骨干，公路、水运、民航和管道组成的综合运输网。

邮电通信设施发展迅速，已建成包括光纤、数字微波、程控交换、移动通信等覆盖全国、通达世界的公用电信网。全国电话交换机总容量已从1997年的11269万门增加到2002年的25615万门，增加1.3倍。截止2002年，全国固定电话和移动电话用户已达4.2亿户，位居世界第一位。全国全部乡镇通电话，全部县市进入长话自动网。

能源建设继续加强。五年来，新增大型发电机组容量8345万千瓦，新增11万伏及以上送电线路长度71734公里，发电量从1997年的11342亿千瓦时增加到2002年底的16540亿千瓦时。农村电网改造取得了显著的成果。农户通电率从1998年底的96.9%，提高到2001年的98%以上，解决了1380万农村无电人口的用电问题。通过农网建设改造，改善农网结构，降低网络损耗，有效地降低了农村电价，减轻了农民负担。据测算，实现城乡用电同网同价，全国农民每年可减少电费支出420多亿元。

三次产业发展比例进一步趋于改善，促进了经济的平稳协调发展。

五年来，按照“巩固和加强第一产业，提高和改造第二产业，积极发展第三产业”的方针，通过不断深化改革、扩大开放、积极引导、合理调整，促进了三次产业结构向合理化方向演进。1998～2002年，GDP年均增长7.7%，其中第一产业增加值年均增长2.9%，第二产业、第三产业增加值分别增长8.9%和8.0%。反映在结构中，第一产业比重下降，二、三产业比重上升。其中，第一产业比重从1997年的19.1%下降到2002年的14.5%，下降了4.6个百分点；第二产业从50%提高到51.8%，上升了1.8个百分点；第三产业从30.9%提高到33.7%，上升了2.8个百分点。

三次产业增加值结构变化

年份	GDP(亿元)	第一产业		第二产业		第三产业	
		(亿元)	构成(%)	(亿元)	构成(%)	(亿元)	构成(%)
1998	78345.2	14552.4	18.6	38619.3	49.3	25173.5	32.1
1999	82067.5	14472.0	17.6	40557.8	49.4	27037.7	33.0
2000	89442.2	14628.2	16.4	44935.3	50.2	29878.7	33.4
2001	95933.3	14609.9	15.2	49069.1	51.2	32254.3	33.6
2002	102397.9	14883.3	14.5	52981.9	51.8	34532.9	33.7
年均	89637.2	14629.2	16.3	45232.7	50.5	29775.4	33.2

从三次产业的就业构成看,第一产业仍是就业的主渠道,第二产业就业人数有所减少,第三产业吸纳就业人数增加较多。1998~2002年期间,全社会从业人员增加了3920万人。从结构上看,与1997年相比,第一产业从业人员比重基本维持在50.0%左右;第二产业从业人员比重持续下降,由1997年的23.7%下降到2002年的22%左右;第三产业从业人员比重逐年上升,由26.4%上升到28%左右。

围绕着力提高产品品质、调整种养结构、优化区域布局等方面,加快了农村和农业经济结构的调整步伐。

进入90年代下半期以来,随着我国农业综合生产能力的明显增强,主要农产品供给实现了由长期短缺到总量平衡、丰年有余的历史性转变,面对主要农产品市场供求关系发生重大改变,以及随之出现的农产品卖难、价格下降的新情况,各地区、各部门在充分尊重农民意愿的基础上,以提高农业质量、效益和市场竞争力为中心,引导农民大力推进农村和农业经济结构的战略性调整。

一是通过引进、选育和推广优良品种,努力扩大优质农产品种植面积,促进种植业向优质高效方向发展。2002年全国优质早稻种植面积占早稻种植总面积的66%,优质专用小麦种植面积占31%,优质专用玉米种植面积占26%,"双低"油菜籽种植面积占62%。名特优新畜禽、水产品品种明显增加,水果"高接换种"、无公害蔬菜、绿色食品和有机食品等优质农产品开发进程加快。

二是加快发展林业、畜牧业和渔业,扩大经济作物种植面积,提高农业的附加值。2002年与1997年相比,农林牧渔业总产值中,农业的比重由58.2%下降到54.7%,林业、畜牧业、渔业的比重分别由3.4%、28.7%和9.6%上升到3.8%、30.9%和10.7%。进一步从农林牧渔业内部结构看,农业比重偏高的局面得到进一步扭转,经济作物和饲料作物种植面积不断增加,特别是蔬菜、茶叶、花卉、中药材等产品发展较快,果园面积连年增加。粮食占农作物总播种面积的比重由1997年的73.3%下降到2002年的68%左右。畜牧业结构逐年优化,猪肉在肉类中的比重由68.3%下降到66%左右,牛、羊肉的比重则分别由8.4%和4%上升到9%和5%左右;奶类产量迅速增长。渔业生产结构中,养殖产品比重明显提高,2002年养殖水产品产量已经占到水产品总产量的62%以上,比1997年的56.3%提高了近6个百分点。

三是发挥各地比较优势,大力调整优化农业区域布局,初步形成了各具特色的农产品种植带、产业带。农业种植业生产基本形成了南方双季稻、黄淮海冬小麦和夏玉米、东北春玉米和大豆、西北和华北杂粮等粮食主产区;新疆内陆、长江流域、黄河流域三大棉区;长江油菜带、黄淮海花生等油料产区;长江柑橘带、黄河固道苹果带。2001年,长江流域的水稻面积占全国的65.7%,黄淮海平原的小麦面积占全国的60%,东北地区和冀鲁豫三省的玉米面积占全国的55%。2002年,优质农产品的生产继续向优势产区集中。江西、湖南、广东、广西四省优质早稻面积占全国优质早稻面积的78%;河北、山东、河南三省优质专用小麦面积约占全国的50%;东北三省优质玉米、大豆种植面积分别占全国的41%和63%。一些地方形成了有较大规模的重点产品和区域性产业,如山东的蔬菜、新疆的棉花、海南的冬季瓜菜、陕西的苹果、山西的小杂粮等。东部地区外向性创汇农业取得了新的进展,中部地区作为粮食主产区的地位更加突出,西部地区退耕还林还草、保护生态环境以及大力发展特色农业工作取得积极进展。

此外,在改革农业组织形式,积极发展"公司加农户"、订单农业等现代经营方式,延长农业产业链，推进农业产业化、规模化经营，建立完善农业社会化服务体系、质量标准体系等工作也收效明显。目前全国拥有各类产业化经营组织7万多个，龙头企业约3万个，带动农户6000多万户，占总农户数的30%。

以市场为导向，以企业为主体，以大力发展高新技术产业、改造和提升传统产业为主要内容的工业结构调整取得了明显成效，工业整体技术水平有了明显提高。

一是电子信息、生物工程、航天航空技术、新材料、新能源等高新技术产业发展迅速，已成为增强我国国际竞争力、推动经济增长的重要力量。跃升为我国工业第一大支柱行业的电子及通信设备制造业，2002年实现销售收入10808亿元，比1997年成倍增长，年均增长20%以上，电子通信设备制造业占全部工业的比重明显上升，2002年已达到10%。从出口方面看，高新技术产品出口所占比重由1997年9%上升到2002年的20.8%。

二是积极采用高新技术和先进适用技术改造振兴传统产业取得明显成效。五年来，依托现有工业基础，围绕增加品种、改善质量、节能降耗、防治污染和提高劳动生产率，通过技术引进、技术改造和自主创新，通过控制总量、淘汰部分落后生产能力、依法关停一批质量低劣、浪费资源、污染严重、不具备安全生产条件的小厂小矿，使煤炭、冶金、纺织、建材等一大批行业的市场环境明显改善，出现了生产增长加快、效益全面回升的良好局面，一批重点骨干企业的工艺技术水平、市场竞争力有了明显增强。钢铁行业落后平炉炼钢工艺已被基本淘汰，标志着钢铁企业综合技术水平的连铸比已达到80%以上，接近世界平均水平。以关闭小水泥、小玻璃为重点的清理整顿工作取得了较大成果，1999－2000年，国家共关闭、淘汰落后的小水泥生产能力1亿吨，小玻璃生产能力3000万重量箱。水泥行业开始向以新型干法工艺为主的方向调整。汽车工业通过引进、吸收先进技术，调整、整合力量，成为近年来发展最快的行业之一。2002年汽车工业实现销售收入5625亿元，比1998年增长1.4倍，平均每年增长24.3%。

三是在原材料工业、一般加工工业发展相对平缓的同时，能源工业得到了明显加强。随着原材料市场供求关系的改变，其总体发展势头开始相对减缓，在工业经济中的比重平稳回落。2002年，原材料工业实现销售收入15074亿元，占全部工业比重为13.9%，比1998年下降0.5个百分点。一般加工工业中，普通机械制造、专用设备制造、金属制品等行业销售收入比重均有不同程度下降。在装备工业的中，大部分行业如锅炉及燃气轮机、金属加工机械、通用设备、工具制造、建筑用金属制品业，以及冶金、矿山、石化、轻纺、农业机械、铁路运输设备等专用设备制造业都呈现平稳发展的态势，比重基本稳定或有所降低。与此同时，能源工业得到了大力加强。2002年能源工业实现销售收入比1998年增长79.3%，年均增长15.7%，能源工业占工业经济比重由1998年的16.1%提高到2002年的17.2%。

此外，企业组织结构调整也迈出重大步伐。五年来，通过实施鼓励兼并、规范破产、下岗分流、减员增效和实施再就业工程的方针，通过增资减债、分离社会职能等举措，在淘汰落后企业，解决国有企业退出市场通道，形成优胜劣汰新机制的同时，着力培育了一批主业突出、核心能力强的优势企业，目前我国已有11家大企业进入世界500强。

第三产业稳定发展，特别是现代服务业加速发展。

加快第三产业发展，作为促进经济增长、缓解就业压力、满足人民群众多样化需求的重要途径，在此期间得到了各方面的高度重视。一是交通运输、商贸流通、餐饮等传统服务业继续发展较快。商业网点发展迅速，市场繁荣稳定，超级市场、购物中心、连锁超市、专卖店等新的业态逐渐成为主要的经营方式，到2002年底，全国各类商品交易市场已超过9万个，购物方便程度和购物环境大为改善。五年来，我国坚定不移地继续实施对外开放的基本国策，对外贸易连续跨上了几个大的台阶，对外开放进入新阶段。全国进出口总额由1997年的3252亿美元增加到2002年6208亿美元，增长了近一倍，世界排名由第十位跃居到第五位，已成为世界贸易大国。二是金融、房地产、教育、卫生、体育、旅游、咨询、法律服务等现代服务业发展迅猛。金融证券保险业在规范中逐渐走向有序、透明，金融业务在创新中不断拓宽，不良贷款率趋于下降，证券业已成为企业直接融资的重要通道。人民收入水平的提高和长假制度的实施，促进了旅游业的空前繁荣。2002年国内因私出境人数达1660万人次，比1997年增长5.8倍。国内旅游人数和旅游收入分别达8.78亿人次和3878亿元，分别增长36.3%和83.6%。

从服务业内部结构看,在整体稳定增长的同时,由于增速的差异,相对而言,“批发和零售贸易餐饮业”和“金融保险业”比重有所下降,“运输邮电业”比重基本稳定,“房地产业”比重略有上升,而新兴服务业发展迅速,比重明显上升。在服务业中,“批发和零售贸易餐饮业”占全部第三产业的比重从 1997 年的 26.7% 下降到 2002 年 23.9%,下降了 2.8 个百分点;“金融保险业”由 19.7% 下降到 17.6%,下降了 2.1 个百分点;而以教育、卫生、体育和旅游等产业为主要内容的“其他服务业”比重迅速提高,由 1997 年的 31.6% 上升到 2002 年的 36.8%,上升了 5.2 个百分点。

1997－2002 年期间第三产业内部结构变化(%)

年 份	1997	1998	1999	2000	2001	2002	1998－2002 年平均
第三产业总计	100	100	100	100	100	100	100
运输邮电业	16.5	16.4	16.5	16.6	16.2	16.0	16.3
商业	26.7	26.1	25.3	24.6	24.3	23.9	24.8
金融保险业	19.7	18.6	18.3	17.9	17.5	17.6	18.0
房地产业	5.5	5.8	5.9	5.7	5.7	5.8	5.8
其他服务业	31.6	33.2	34.0	35.2	36.3	36.8	35.1

区域经济发展不协调状况有所改善,西部大开发有一个良好的开局。

按照邓小平同志提出的“两个大局”的战略构想,结合我国经济发展的实际,1999 年中央提出要把西部大开发作为一项战略任务摆到更加突出的位置。在党中央、国务院的高度重视下,在全国人民大力支持和西部地区的共同努力下,西部地区基础设施和生态环境建设得到了大力加强,国民经济和社会发展各项事业出现了生机勃勃的新气象,总体上呈现出经济快速增长、投资增长明显加快以及生态环境保护和建设力度明显加大等新的格局。2002 年,西部 12 个省区市国内生产总值年均增长 9.9%,与东部地区的差距由 1997 年的 1.6 个百分点缩小到 1.2 个百分点。在国家倾斜政策的支持下,西部地区(未含广西和内蒙)全社会固定资产投资增长明显加快,2002 年比 1997 年增长 1.1 倍,西部地区投资占全社会投资的比重达 16.3%,比 1997 年提高 2.9 个百分点。三年来,国家在西部地区相继新开工重大项目 36 个,总投资规模 6000 多亿元。青藏铁路、西气东输、西电东送等重大工程建设进展顺利,退耕还林、天然林资源保护、环京津风沙源治理、天然草原恢复与建设等工作取得明显成效,培育特色产业、加强地区经济合作已经有了一个良好的开端,西部地区丰富的资源优势正在向经济优势转化。与此同时,中部地区抓住西部大开发的有利时机,充分发挥自身承东启西、纵贯南北的区位优势和综合资源优势,进一步加快了发展的步伐。2002 年中部地区国内生产总值增长 9.6%。作为起步较早、发展较快、具备较好基础的东部沿海地区,在全国经济发展中继续起着领头和带动作用,经济总量、整体技术水平又跃上了一个新的台阶。2002 年东部地区国内生产总值、全社会固定资产投资、社会消费品零售总额分别增长了 11.1%、9.4% 和 11.3%。东、中、西部地区相互支持、相互促进、协调发展的良好格局正在逐步形成。

城镇化水平明显提高,城乡结构改善步伐加快。

五年来,围绕转移农村剩余劳动力、增加农民收入这个老大难问题,国家通过改善和加强大中城市基础设施建设、积极稳妥发展小城镇、科学引导农民工合理有序流动等措施,大力推进城镇化建设,有效地促进了工业与农业、城市与乡村发展的良性互动。一是城镇化水平明显提高,由 1997 年的 31.9% 提高到 2002 年的 39.1%,五年间年均提高了 1.44 个百分点,明显高于 1979－1997 年年均提高 0.74 个百分点的水平。在繁荣小城镇经济的基础上加快小城镇建设,目前全国已设立建制镇 2 万多个。二是引导农民工合理有序流动。五年来,按照“政策引导、有序流动、加强管理、改善服务”的方针,通过提供就业信息、法律援助、就业培训、子女教育等方面的服务,取消各种限制农民工进城的歧视性政策和不合理收费,为近亿农民工进城务工经商提供了良好的条件,有效地增加了农民的收入。统计数据显示,目前外出务工收入已成为农民收入增长的主要来源。2002 年人均农民外出务工收入为 438.2 元,比上年增长 11.6%,大大快于同期农民人均纯收入增长 4.8% 的水平,务工收入增加对全年农民人均纯收入增长的贡献率高达

41.8%。

所有制结构调整取得重大进展。

适应社会主义初级阶段基本经济制度的要求，围绕解放和发展生产力，五年来，我国在所有制关系的调整上又迈出了新的重大步伐，以公有制为主体、多种所有制经济共同发展的新格局得到进一步的巩固和完善。

公有制的主体地位进一步加强，以建立现代企业制度、放开搞活国有中小企业、优化国有经济布局为主要内容的国有企业改革取得明显进展，国有企业的管理体制和经营机制发生了深刻变化。党的十五大提出了从战略上调整国有经济布局的伟大构想，确定了有所为、有所不为的方针，着力从"质"上确保公有资产在社会总资产中的优势地位。国有工业企业数量虽从1997年的74388家减少到2002年的42696家，但国有经济的控制力和竞争力明显增强，国有及国有控股工业企业实现利润由1997年的807亿元增加到2002年的2636亿元，国有经济在关系国民经济命脉与安全的重要行业和关键领域继续居于绝对支配地位。

在国家政策的支持、鼓励和引导下，作为社会主义市场经济重要组成部分的个体、私营等非公有制经济发展迅速，成为促进经济增长、解决就业、增加国家财政收入、活跃市场的积极力量。据初步测算，目前在GDP总量中，非公有制经济创造的增加值所占比重已由1997年的24.2%上升到2002年的1/3以上。在拓宽就业渠道方面，非公有经济发挥了不可替代的关键性作用。在城镇就业人员中，股份制、外资、私营、个体提供的就业岗位由1997年的约占一半上升到2002年的2/3左右，成为就业的主渠道。其中2002年全国就业人员中，在私营个体企业中的就业人员比重达18.7%，比1998年上升了6.8个百分点。随着非公有经济的发展壮大和投资领域的放宽，非公有投资占全社会投资的比重逐年提高，除国有经济和集体经济以外的各项投资所占比重由1997年的32.1%提高到2002年的43.5%，年平均增长18.6%，快于同期全社会投资增速7个百分点。对外贸易方面，非公有经济的作用更加明显突出。五年来，非国有企业出口年均增长率达到20.4%，所占比重由1997年的43.8%上升到2002年的62.3%。其中，外商投资企业出口所占比重由1997年的41%上升到2002年的52.2%，已占据半壁江山。

分配结构调整取得新进展，以按劳分配为主体、多种分配方式并存的分配制度得到进一步巩固和完善。

国家、集体、个人三者分配关系上，改革初期存在的收入分配向个人倾斜的现象有了比较明显的改观，在企业所得和个人所得继续增加的同时，国家所得增长加快，国家宏观调控能力明显增强。其中全部国有及规模以上非国有工业企业实现利润由1998年的1458亿元增加到2002年的5620亿元，增长2.85倍，年平均增长40.1%；城乡居民储蓄存款余额从1997年的4.6万亿元增加到2002年的8.7万亿元，增长近一倍。财政收入从1997年8651亿元增加到2002年的18914亿元，增收10000多亿元，财政收入增速大大高于同期经济的增速，1998－2002年均增长16.9%，明显快于1978－1997年年均增长12.1%的水平，也大大快于同期经济年均增长7.7%的水平。长期偏低的"两个比重"，即财政收入占国内生产总值的比重以及中央财政收入占全部财政收入的比重有了明显提高，前者由1997年的11.6%提高到2002年的18.5%，后者由48.9%提高到54.9%。国家外汇储备从1399亿美元增加到2864亿美元，增长一倍以上，位居世界第二位。国家宏观调控能力、抗风险能力明显增强。

居民收入分配结构上，收入来源更趋多样化，劳动收入仍占主体，非劳动收入比重逐渐提高。适应社会主义初级阶段优先发展生产力的要求，国家坚持效率优先、兼顾公平的原则，使劳动者的报酬与其对社会的贡献更紧密的挂起钩来，依法保护通过合法经营和诚实劳动所得的收入。与此同时，把按劳分配与按要素分配很好地结合起来，鼓励资本、技术等生产要素参与收益分配。反映在居民财产构成上，在储蓄存款大幅度增加的同时，股票、债券、基金等多种形式的金融资产也明显增加。城镇居民人均财产性收入、转移性收入和其他收入等非劳动性收入由1997年的881元增加到2002年的2105元，占城镇居民可支配收入的比重由17.1%提高到27.3%。

体现公平原则，大力加强了社会保障体系建设和农村扶贫开发工作。城镇基本做到了老有所养，病有所医，以"两个确保"、和"三条保障线"为主要内容的社会安全网建设迈出了重大步伐。目前仍在再就业服务中心的国有企业下岗职工基本按时领到生活费，企业离退休人员养老金基本做到按时足额发放，社会化发放率达到99.4%。到2002年

专栏 近五年国有企业改革回顾

近五年来,国有企业改革稳步推进。国有经济布局调整和国有企业战略改组的力度加大,现代企业制度建设取得积极进展,政企分开进一步得到落实,"三年脱困"目标基本实现,下岗与失业已经并轨。

一、国有经济布局调整和国有企业战略改组的力度加大

五年来,国务院和各级地方政府积极推进重点行业、重点企业的改革和发展,抓紧培育大企业和大集团。到2002年6月底,国务院和省部级政府批准成立及其他规模以上企业集团的数量为2640家,企业集团的期末资产总计达124420亿元。其中国有及国有控股企业集团期末资产总计占全部企业集团的92.6%,营业收入占全部企业集团的86.8%。在企业集团中,有99家资产和营业收入均在50亿元以上,分别占全部企业集团的54.2%和53.3%,其中国有及国有控股企业集团有90家,占90.9%。全部企业集团中,母公司已经改制的集团有1991家,改制面为75.4%,其中改制为国有独资公司的有807家,占改制企业的40.5%;改制为有限责任公司的有802家,占改制企业的40.3%;改制为股份有限公司的有382家,占改制企业的19.2%。跻身世界500强的内地国有企业由1998年的5家增加到2002年的11家,中石油、中石化、中海油、中国移动等一批国有企业相继在海外成功上市。

二、现代企业制度建设取得积极进展

到2002年6月底,全国重点企业建立现代企业制度的共有4322家,绝大部分实行了公司制改革。国家统计局调查的4322家重点企业中,已有3272家企业进行了改制,比重为75.7%。在改制企业中,其他有限责任公司为1054家,占改制企业的32.2%;股份有限公司为1194家,占36.5%;国有独资公司为855家,占26.1%。列入国家重点企业的512家国有及国有控股企业中,有392家进行了公司制改革,占76.6%,初步实现投资主体多元化,基本形成公司法人治理结构,建立起了现代企业制度的框架。

三、政企分开进一步得到落实

1998年起的政府机构改革,为政企分开提供了良好的外部环境。到2003年2月止,仅国务院56个部门和单位取消的行政审批项目就达1195项,加上按改变管理方式处理的82项,共1277项,标志着行政审批制度改革迈出了实质性的一步。2001年,国务院有关部门联合发文,取消国有企业行政级别。企业不再套用国家机关的行政级别,管理人员不再享有国家机关干部的行政级别待遇。打破传统的"干部"和"工人"之间的界限,变身份管理为岗位管理。中央和各地还加强了对国有企业的监管,建立了监事会制度,到2002年共向192个重点国有企业以及一批国有金融机构派出了监事会,对国有企业和金融机构领导人实行了经济责任审计。这些对促进企业改善经营管理,防止国有资产流失,发挥了重要作用。

四、"三年脱困"目标基本实现

1997年底,国有大中型亏损企业数为6599家。党的十五大提出力争用三年左右的时间使大多数国有大中型亏损企业脱困。为此,国家加大了企业兼并、破产、关闭"五小"(小高炉、小炼油、小水泥、小玻璃、小造纸)等政策的实施力度;出台了债转股、技术改造贴息等一系列政策措施,再加上企业自身的改组改造和加强管理,到2000年底,三分之二亏损国有企业扭亏,脱困目标基本实现。

五、下岗与失业已经并轨

在特定的历史阶段,国有企业成立再就业服务中心容纳企业的下岗职工,对推进国有企业改革和稳定社会起到了积极的作用。1998年以来,国有企业下岗职工达2700多万人,90%以上进入再就业服务中心,先后有1800多万人通过多种渠道和方式实现了再就业。随着改革的进一步推进,国有企业将不再建立再就业服务中心,也将不再以"下岗"的形式处理企业不需要的员工。这一工作已经在辽宁省开始试点,目前正在铺开。国有企业减员增效正与促进再就业密切结合,通过主辅分离和辅业改制,兴办各类经济实体等提供新的就业岗位,尽可能多地安置分流人员。国有企业正步入快速健康发展的轨道。

(执笔:董明月)

底,全国参加基本养老保险人数为14731万人,参加失业保险人数为10182万人,参加基本医疗保险人数为9400万人。城镇居民基本生活得到保障,2002年全国有2054万人城镇困难居民得到最低生活保障。在农村,国家采取了多种措施,进一步加大了扶贫攻坚的力度。到2002年底,全国农村贫困人口为2820万人,比1997年减少了2142万人。

居民消费结构明显改善,人民生活整体上达到小康水平。

五年来,党和政府始终把不断提高人民生活水平作为解放生产力、发展生产力的根本出发点和归宿,人民的收入水平、生活水平和生活质量随着经济的迅猛发展显著提高。整体居民消费结构进一步从生存型向发展型、享受型方向转变。

食品消费支出比重下降,质量提高。农民人均纯收入由1997年的2090元增加到2002年的2476元,扣除价格因素,年平均实际增长3.8%;同期城镇居民家庭人均可支配收入从5160元增加到7703元,年平均实际增长8.3%。消费结构进一步改善,在城乡居民吃穿用整体消费比重下降的同时,农民交通通信、医疗保健支出位置前移,城镇居民住、行消费比重上升。近五年是改革开放以来我国居民恩格尔系数下降最快的时期,其中农村居民家庭恩格尔系数(食品支出占消费支出的比重)从1997年的55.1%下降到2002年的46.2%,下降了8.9个百分点,年平均下降1.8个百分点,大大快于1978-1997年平均下降0.58个百分点的水平;同期城镇居民恩格尔系数从46.4%下降到37.8%,年平均下降1.72个百分点,而1978-1997年年平均仅下降0.58个百分点。食品消费结构上,主食消费减少,副食消费增加。2002年与1997年相比,农民人均粮食消费量下降6.1%,豆类食品增加11.5%,植物油增加23.4%,奶及奶制品增加26.3%,水产品和水果分别增加7.9%和5.6%。城镇居民在外饮食支出已占食品支出的1/4,比1997年增加一倍多。交通通信、教育、文化娱乐、医疗保健以及服务性等方面的支出也明显增加。2002年与1997年相比,城镇居民人均交通通信支出增长1.7倍,人均教育支出增长1.1倍,人均医疗保健支出增长1.4倍,服务性支出增长1.3倍。

居民居住条件和居住环境大为改善。2002年城镇居民住房人均建筑面积为近22平方米,比1997年增加4平方米左右。到2002年底,城镇居民家庭中有82.1%的家庭拥有自己的住房,比1997年增加26.3个百分点。居民居住的舒适程度大大提高。82.8%的家庭住上了厨房、厕所配套设施齐全的住房,比1997年提高13.4个百分点;85%的家庭使用管道燃气和液化石油气,提高14.9个百分点;居住消费支出增长较快,2002年城镇居民人均居住消费支出624元,比1997年增长73.8%,年均递增11.7%。住房消费比重从1997年的8.6%增到10.4%。2002年农村居民人均住房面积为26.5平方米,比1997年增加4平方米,增长17.8%。其中:砖木及钢筋混凝土结构住房面积21.6平方米,比1997年增加4.6平方米,增长27.1%。到2002年,88%农户居住的住房拥有卫生设备,68%农户饮用安全饮用水,40%农户的住房拥有取暖设备。

居民家庭耐用消费品的普及程度继续明显提高。城镇居民中,家用电脑、微波炉、空调、移动电话、汽车等的拥有量成倍增长。2002年城镇居民平均每百户电冰箱拥有量87台,比1997年增加14台;家用电脑21台,增加18台;微波炉31台,增加26台;空调51台,增加40台。农村居民家庭中,彩电、冰箱增长较快。2002年农村居民平均每百户拥有彩色电视机60.5台,比1997年增加33.2台,增加一倍多;电冰箱14.8台,比1997年增加6.3台,增长74.1%;洗衣机31.8台,比1997年增加9.9台,增长45.2%;电风扇134.3台,比1997年增加28.4台,增长26.8%。移动电话、空调、电脑等也开始进入了农民家庭。

在我们这样一个人口众多的发展中大国,人民生活总体上达到小康水平,这是社会主义制度的伟大胜利,是中华民族发展史上一个新的里程碑。

总之,五年来,我国经济结构战略性调整取得了显著的成效,结构严重不合理的状况初步有所缓解,极大地增强了我国经济的国际竞争力,也使我国经济增长质量明显改善。但同时也应看到,整体上比例失调、水平低下、竞争力不强等的状况仍很突出,特别是与世界经济科技发展的新趋势相比,与新时期我国全面建设小康社会和实现经济总量新的"翻两番"重大战略目标的要求相比,与增强我国国际竞争力、振兴中华的宏大目标相比,经济结构调整、优化、升级的任务依旧非常繁重。产业结构方面,生产结构不适应需求结构的变化,技术水平低,自主创新能力弱,产品质量不高,低水平生产大量过剩、竞争过度与高水平生产供应不足、关键设备大量依赖进口现象同时并存;产业集中度率低、资源利用率低和环境污染严重等现象仍未得到有效改观;第三产业发展依然滞后,难以满足经济发展和人民生活水平提高的要求。第三产业占国

专栏　五年来我国城市稳步发展

一、城市逐步向强势发展

近年来,我国城市数量增长趋于稳定,逐步向大中城市发展。至2001年末,全国共有建制市662个,其中直辖市4个,副省级市15个,地级市230个,县级市413个。地级城市比1997年增加23个。

城市人口规模及区域进一步扩大。2001年末全部地级城市人口(不包括辖县,下同)30401万人,比1997年增长27%。全国城市非农业人口17753万人,比1997年增长18.7%。行政区域土地面积493647平方公里,其中建成区面积17586平方公里,比1997年分别增长41.0%和29.0%。

大中城市快速发展。2001年末,在全国所有建制市中,市区规模按非农业人口分组,100万人以上的特大城市41个,占6.2%,比1997年增长20.6%;50－100万人口的大城市61个,占9.2%,比1997年增长30%;20－50万人口的中等城市217个,占32.8%,比1997年增长了6.4%;20万人口以下的小城市为343个,占51.8%,比1997年减少了9.0%。以经济为纽带、以大城市为中心的城市群迅速发展。我国环渤海湾、长江三角洲、珠江三角洲经济圈的发展,主要是依托超大城市发展形成的。中西部经济圈的发展正在形成以一个和两个特大城市或一个特大城市和大城市为中心的城市群。

强势城市群体扩大趋势明显。2001年国内生产总值超过200亿元的城市有55个,比1997年增加15个。这55个城市共实现国内生产总值38921亿元,占全部地级城市国内生产总值的71.5%,占全国国内生产总值的40.6%。2001年人均国内生产总值超万元的城市有188个,比1997年增加63个。其中有58个城市超过2万元,比1997年增加33个。

二、城市化水平稳步提高

2001年末,全国总人口为127627万人,城镇人口为48064万人,我国城市化水平(城镇人口占总人口的比重)达37.7%,比1997年提高5.7个百分点,基本上达到了1998年世界发展中国家的平均水平(38%)。为了适应经济全球化和对外开放的需要,中国的一些大、中城市已经制定了向国际化方向发展的城市发展战略。从全国31个省、自治区、直辖市城市化发展看,城市化水平高于40%的地区有:上海市、北京市、天津市、广东省、辽宁省、黑龙江省、吉林省、浙江省、内蒙古自治区、福建省、江苏省、湖北省、山东省等。

三、城市经济发展的引擎作用增大

城市经济继续保持快速增长的态势,对全国经济发展的拉动作用和贡献越来越大。全部地级城市2001年实现国内生产总值54452亿元,比1997年增长36.2%,占全国国内生产总值的比重达56.8%,比1997年上升12.8个百分点,显示城市在国民经济的中心地位更为突出。

四、城市基础设施建设加强,更加注重环境改善

近年来,我国城市基础设施建设在国家大幅度增加投入的强有力支持下,得到了空前的发展,城市承载能力继续提高。2001年全部地级城市共完成固定资产投资19099亿元,其中住宅投资额完成4190亿元,比1997年分别增长59.6%和94.8%。

城市基础设施建设继续加快。2001年末全部地级城市实有铺装道路面积17.77亿平方米,园林绿地面积74.45万公顷,比1997年分别增长64.7%和47.0%。良好便捷的城市环境,为城市居民创造高质量的生活提供了有力的支持。

(执笔:崔如春)

内生产总值的比重平均比高收入国家低30－40个百分点,甚至比低收入国家还低约4个百分点。地区结构方面,产业结构高度趋同、地区之间发展不平衡的态势仍未得到有效扭转。城乡结构方面,突出表现为城市与农村发展差距仍在继续拉大,农民收入增长乏力,农村基础设施、生产生活环境以及教育、文化、科技、卫生、体育等大大落后于城市。

经济结构状况是一国经济发展水平的重要标志。党的十六大根据世界经济科技发展新趋势和我国经济发展新阶段的要求,明确提出要把经济结构战略性调整作为本世纪头20年经济建设和改革的主要任务之一。把对经济结构的战略性调整作为新时期加快经济发展、实现国内生产总值到2020年力争比2000年翻两番的重要途径,强调依靠结构调整促进发展,在发展中加快结构调整。目前,从世界范围看,经济全球化的趋势仍在增强,世界范围内的产业结构调整步伐依旧较快；从国内看，我国成功地加入世界贸易组织，政治社会稳定，经济持续快速健康发展，市场潜力巨大，国外产业转移到境内的速度明显加快。这一切，都为我国在新起点上实现经济结构的优化升级提供了可能。我们要以十六大精神为指导，牢牢把握好结构调整这根主线，抓住机遇，大力推进经济结构的战略性调整，加快形成以高新技术产业为先导、基础产业和制造业为支撑、服务业全面发展的产业格局，采取更加有效的措施，大力解决城乡之间、地区之间发展不平衡的问题。只有这样，才能为下阶段经济的发展拓展更广阔的空间，才能有效地提高经济增长的质量和效益、实现可持续发展，才能在日趋激烈的国际竞争环境中立于不败之地。

（执笔：邱晓华、万东华）

中国现代化进程监测系统研究

到本世纪中叶达到中等发达国家水平，基本实现现代化，是邓小平同志于1987年提出来的，也是在党的十三大上确定的我国现代化建设的第三步战略目标。追溯党的十一届三中全会后中国改革开放，建设有中国特色的社会主义市场经济的发展历程，更进一步追溯中华人民共和国建国以来社会主义政治、经济、文化的发展历程，这一宏伟战略目标的制定，凝结了我国三代领导人的远见卓识，也体现了全国几代人的共同心愿。达到中等发达国家水平，实现现代化，是对我国经济与社会发展第三步战略目标的综合性概括，对于中国而言，对于世界而言，对于时代而言，均具有极其重要的意义。中国现代化目标的制定，在政治上体现了党和政府以经济建设为中心，坚持四项基本原则，坚持改革开放的基本路线；在经济上体现了大力提高社会生产力水平，实现国民经济持续、稳定、健康且有步骤发展的战略部署；在社会发展上体现了社会主义制度提高人民物质和文化生活，消灭剥削、消灭两级分化，最终实现共同富裕的根本目标。因此，研究中国现代化进程，并对其实施科学有效的监测，对于揭示我国经济与社会发展规律，改进和完善经济和社会发展规划，保证经济与社会健康稳定地发展，有着极为重要的意义。

一、中国现代化目标的提出

实现中国现代化是中国近代众多革命志士的追求。特别是在新民主主义革命时期，为了推倒压在中国人民头上的“三座大山”，为了将积贫积弱的半殖民地半封建社会变革为繁荣富强的中国，无数仁人志士为此而抛头颅洒热血。新中国成立后，在经历了短暂的国民经济恢复时期后，社会主义现代化建设便提到了党和国家的议事日程。

1954年9月23日，周恩来在新中国成立后的第一届全国人民代表大会第一次会议上作《政府工作报告》时指出：“我国经济原来是很落后的，如果我们不建设起强大的现代化的工业、现代化的农业、现代化的交通运输业和现代化的国防，我们就不能摆脱落后和贫困，我们的革命就不能达到目的。”

在1964年末的第三届全国人民代表大会第一次会议上，周恩来正式向全国提出实现“四个现代化”的号召。他在《政府工作报告》中概括了我国农业、工业、财政贸易、文化教育等方面已经取得的巨大成就，宣布调整国民经济的任务已经基本完成，整个国民经济将要进入一个新的发展时期。“今后发展国民经济的主要任务”，就是要“在不太长的历史时期内，把我国建设成为一个具有现代农业、现代工业、现代国防和现代科学技术的社会主义强国。”十年后，在1975年的四届全国人大一次会议上，周恩来又重申了“四个现代化”的建设目标。

改革开放以来，邓小平同志多次谈及中国的社会主义现代化建设和实现中国现代化的设想。

1979年12月6日，邓小平同志在会见日本首相大平正芳时谈到：“我国要实现的四个现代化，是中国式的现代化。我们的四个现代化的概念，不是像你们那样的现代化概念。”（《邓小平文选》第二卷第237页，人民出版社，1994年10月第2版）。

1987年4月，邓小平同志在会见西班牙工人社会党副总书记、政府副首相格拉时，首次完整地阐述了分三步走，基本实现中国式现代化的发展战略。邓小平同志指出：“我们原定的目标是，第一步在八十年代翻一番。以1980年为基数，当时国民生产总值人均只有250美元，翻一番，达到500美元。第二步是到本世纪末，再翻一番，人均达到1000美元。实现这个目标意味着我们进入小康社会，把贫困的中国变成小康的中国。第三步，在下世纪用三十到五十年再翻两番，大体上达到四千美元。做到这一步，中国就达到中等发达国家的水平。”（《邓小平文选》第三卷第226页）

1987年10月25日，党的十三大召开。在这次会议上确定了“三步走”的经济社会发展战略部署,即,第一步实现国民生产总值在1980年基础上翻一番,解决人民的温饱问题;第二步是到上个世纪末,使国民生产总值再增长一倍,人民生活达到小康水平;第三步,到本世纪中叶,人均国民生产总值达到中等发达国家水平,人民生活比较富裕,基本实现现代化。

1992年10月,在党的十四大上,江泽民同志指出:"我们将在各方面形成一整套更加成熟更加定型的制度,在这样的基础上,到下世纪中叶建国一百周年的时候,就能够达到第三步发展目标,基本实现社会主义现代化。"

1997年9月12日,江泽民同志在党的十五大所作的《高举邓小平理论伟大旗帜,把建设有中国特色社会主义事业全面推向二十一世纪》报告中指出:"展望下个世纪,我们的目标是,第一个十年实现国民生产总值比2000年翻一番,使人民的小康生活更加宽裕,形成比较完善的社会主义市场经济体制;再经过十年的努力,到建党一百年时,使国民经济更加发展,各项制度更加完善;到下世纪中叶建国一百年时,基本实现现代化,建成富强民主文明的社会主义国家。"

尽管建国以来我国的社会主义现代化进程历经曲折,但是现代化建设始终是党和国家工作的中心任务。随着建设有中国特色社会主义理论的不断发展完善,中国现代化的概念及内容也在不断丰富和发展。特别是邓小平同志关于三步走,达到中等发达国家水平,实现中国式现代化的理论,以及江泽民同志"三个代表"的思想,使中国现代化概念更加清晰,使中国现代化的目标更加明确,使中国现代化进程更富有前瞻性和计划性。

二、中国现代化的内涵及监测活动需要把握的基本特征

江泽民同志指出:"在社会主义改革开放和现代化建设的新时期,在跨越世纪的新征途上,一定要高举邓小平理论的伟大旗帜,用邓小平理论来指导我们整个事业和各项工作。这是党从历史和现实中得出的不可动摇的结论。"这就告诉我们,必须始终不渝地坚持邓小平"中国式现代化"理论,并以"三个代表"的思想为指导,在实践中继续丰富和创造性地发展邓小平理论,才能顺利实现从小康社会向现代化的伟大进军。同时,也只有以邓小平建设有中国特色的社会主义理论为指导,从中国的具体国情出发,才能正确理解中国现代化的内涵。

中国现代化进程是全人类物质文明和精神文明进程的重要组成部分。因而,中国现代化进程必然与世界范围内其他国家的现代化进程具有共通之处,是一场涉及经济、政治、文化等多方面、全方位的社会变革。但每一个国家的发展又都有自身的政治、经济、文化背景,即使是发达国家,追求现代化的道路和模式也是各不相同的。中国也是如此,由于国情不同而有其特殊性。邓小平同志曾经指出这一特殊性,称之为"中国式的现代化"。邓小平理论告诉我们,中国式现代化就是有中国特色的现代化,其内涵可归纳为以下几点:

首先,中国现代化是社会主义现代化。任何一个国家的现代化,都是与一定的社会制度相联系的。现代化模式虽然有许多种,但中国的历史和现实已经证明:只有社会主义才能救中国,只有社会主义才能发展中国。邓小平曾经指出:"中国搞现代化,只有靠社会主义,不能靠资本主义。"资本主义道路过去在中国走不通,现在仍然走不通。"道理很简单,中国十亿人口,现在还处于落后状态,走资本主义道路,可能在某些局部地区少数人更快地富起来,形成一个新的资产阶级,产生一批百万富翁,但顶多也不会达到人口的百分之一,而大量的人仍然摆脱不了贫穷,甚至连温饱问题都不可能解决,更不用说现代化了"。因此他告诫国人,"我们要实现工业、农业、国防和科技现代化,但在四个现代化前面有'社会主义'四个字,叫'社会主义四个现代化'"。只讲现代化而不讲社会主义,"这就忘了事物的本质,也就离开了中国的发展道路"。在邓小平"中国式现代化"理论中,社会主义与现代化是一个相互依存、相互作用的统一体,现代化是坚持社会主义方向的现代化,现代化的发展就是社会主义在中国的发展。在当代中国,全面建设小康社会、实现现代化与坚持社会主义乃是同一历史进程。

其次,中国现代化要以提高人民生活水平、改善人民生活质量为宗旨。人民生活的富裕和幸福是依靠先进的生产力追求现代化的终极目标。邓小平同志就曾经指出:"所谓现代化,就是要改变中国贫困落后的面貌,……使人民生活水平有所提高","达到中等发达国家水平",人均国内生产总值"大体上达到四千美元"。中国现代化的最终目标是消灭剥削、消除两极分化,实现共同富裕。中

国是一个土地辽阔，人口众多，城乡之间、东西部之间发展不均衡的国家。这也体现了中国完成现代化的艰巨性和复杂性。应当强调，只有消灭了剥削、消除了两极分化，实现了共同富裕的现代化才是真正的“中国式的现代化”。

第三，中国现代化要求物质文明和精神文明协调发展。要坚持以经济建设为中心。发展是硬道理，是解决中国所有问题的关键。面对当前经济全球化趋势增强，科技革命迅猛发展，产业结构调整步伐加快，国际竞争更加激烈的新形势，“坚持以经济建设为中心不动摇”是对于中国这样的发展中国家追求现代化的唯一正确选择。同时，要大力加强社会主义精神文明建设。以“科教兴国”为基本国策，全面提高国民素质，是中国现代化建设的重要内容和保证，也是中国现代化建设的重要目标。现代化社会不仅仅是财富的增加，物质生活的富足，而且还要求普遍的精神文明和人的内在素质的提高。只有在生产力水平提高及经济发展的同时实现社会全面进步，提高全社会的精神文明程度，满足人民群众日益增长的多方面的精神文化需求，为现代化建设提供强大的思想保证、精神动力和智力支持，才能实现邓小平所设计的“全面发展”的真正的现代化。

第四，中国的现代化是赶超型现代化。为了加快现代化进程，缩短与发达国家之间的距离，一是要继续完成工业化，这是我国现代化进程中的艰巨的历史性任务，二是要同时大力推进国民经济和社会信息化，这是覆盖现代化建设全局的战略举措。如果说完成工业化是现代化的必由之路，那么信息化则是加速现代化的必要手段。面对当前全球广泛扩展的信息化潮流，作为发展中国家的中国，在追赶发达国家的进程中，既不能按部就班地等待先完成工业化后再提出信息化的目标，也不可能忽略目前工业化尚未完成的现实，超越工业化阶段直接关注信息化，而只有“积极推动工业化与信息化的结合，以信息化带动工业化，把中国工业化提高到广泛采用信息智能工具的水准上来，用信息技术武装工业和国民经济”，实现工业化和信息化的全面发展，发挥后发优势，才能实现社会生产力的迅速发展。

通过对上述中国现代化内涵的理解，课题组认为，中国现代化就是：在坚持社会主义制度的基础上，以人民生活达到中等发达国家水平为宗旨，以经济建设为中心，以物质文明和精神文明协调发展为手段，实现工业化与信息化并举，把中国建设成为具有现代化工业、现代化农业、现代化国防和现代化科学技术的国家。

通过对中国现代化内涵的理解，课题组还认为，要对中国现代化进程进行科学有效的监测，在坚持社会主义方向的前提下，需要紧紧把握住中国现代化的三个最为基本的特征：其一为生产力特征，其二为文化特征，其三是人民生活水平特征。这是因为：

先进的生产力是实现现代化的动力。马克思“生产力－生产关系，经济基础－上层建筑”的历史唯物观认为，生产力是最活跃的社会因素，是推动历史发展的根本动力。物质文明建设和精神文明建设都离不开生产力水平的提高。早在党的十一届三中全会上，决定把全党工作的着重点转到社会主义现代化建设上来时，就提出“大幅度地提高生产力”，是实现国民经济持续快速健康发展，加快我国现代化步伐的要求。邓小平曾经指出：“搞四个现代化，最主要的是搞经济建设，发展国民经济，发展社会生产力。这件事情一定要死扭住不放，一天也不能耽误。”

先进的文化是现代化国家的重要标志，同时也是促进生产力水平提高的必不可少的条件。江泽民同志指出：“社会主义社会是全面发展、全面进步的社会，社会主义现代化事业是物质文明和精神文明相辅相成、协调发展的事业。全党同志必须全面把握两个文明建设的辩证关系，在推进物质文明建设的同时，努力推进社会主义精神文明建设。在当代中国，发展先进文化，就是发展有中国特色社会主义的文化，就是建设社会主义精神文明。”（《在庆祝中国共产党成立八十周年大会上的讲话》，2001 年 7 月 1 日，人民出版社）

人民生活的富裕和幸福是中国现代化的宗旨和根本目的。同时，也是我们党坚持人民利益高于一切的具体体现。“使人民生活水平有所提高”，“达到中等发达国家水平”是中国现代化的既定目标。

三、中国现代化进程监测系统的建立

（一）建立中国现代化监测指标体系的依据和原则。

研究中国现代化进程不能坐而论道，最终要落实到对中国现代化进程实施科学有效的监测。而监测的重要步骤是在把握中国现代化基本特征的前提下,建立起切实能够反映这些基本特征的监测系统。监测系统包括监测指标体系、监测标准和监测方法三个重要的组成部分。而监测指标体系的建立、监测标准的制定、监测方法的确定都需要在理论与现实、科学与可行、定性与定量之间进行权衡,需要遵循以下原则:

1. 实事求是原则。中国现代化进程监测系统的确定,固然要考虑目前现代化进程监测的一般,但更为重要的是要考虑中国现代化进程的特殊。观察世界上发达国家的现代化进程,由于各国政治制度的演变经历、自然地理环境、经济发展特点等诸多方面的不同,其追求现代化的方式、现代化进程的轨迹、目前现代化状态的特色也是有所差别的。再观察中国近代以来半封建半殖民地的历史,以及建国以来追求现代化的曲折经历,也是与世界上任何国家都不相同的。况且,在中国这样一个地理面积较大、人口最多,底子很薄,城乡和地区间差异较大的国家,其追求现代化的道路必然有其特殊性。因此,监测系统的确定,固然不能忽视现代化的普遍特性,但也不能完全照搬发达国家现代化的监测指标和监测标准,只有从中国的国情出发,才有可能对中国现代化进程进行客观的监测。

2. 与时俱进原则。时代在不断发展,社会在不断进步。中国在现代化道路上努力前进,但其他国家,特别是发达国家也在不断发展,现代化水平必然也在不断提高。我们既然不能用三、五十年以前中等发达国家的标准衡量现实中国的状况,那么同样也不能用现实中等发达国家的标准来衡量三十年、五十年以后中国的现代化。现代化进程是一个动态的进程,因而我们要以发展的眼光和态度来确定监测系统从而合理地把握中国现代化进程。

3. 定性与定量相结合原则。国内外许多专家学者都曾从定性的角度对现代化的特征进行描述,如1960年在日本箱根的学术讨论会上提出的"箱根模型",1962年列维提出现代化社会的八个特征,1974年英克尔斯提出现代人的九个特征等。但这些模型都由于量化较为困难而无法实现,因此,对现代化进程和状态的定量评价方法,由于其具体、明晰、易于操作,因而具有明显的优势。但定量方法又必须与定性评价相结合,特别是在评价标准的确定上,只有依据定性分析才有可能正确把握量变转化为质变的"度",也才能对现代化进程和状态进行科学合理的把握。

4. 科学与可行相结合原则。现代化监测的科学性和系统性体现在监测指标体系和监测标准的建立,但又必然与现实数据资料的是否能够满足需要相结合。单纯追求科学性和系统性,忽视现实数据资料的可行性,科学系统无异于空中楼阁;片面考虑现实资料的可行,忽视科学性和系统性,自然也形同南辕北辙。

5. 精简可靠原则。在具有几乎同等代表性的前提下,尽可能满足指标数量的较少和数据来源可靠性的原则,以使指标少而精,又能客观合理地反映中国现代化进程。

(二)中国现代化进程监测指标体系的建立。

根据上述中国现代化的内涵和基本特征,中国现代化进程监测指标体系应包括五个要素和15项指标。

要素一:经济水平,包括4项指标:

(1)人均国内生产总值(人均GDP)。人均国内生产总值是一个即能够反映生产力水平、又能够反映人民基本生活状况和基本国情国力的综合指标。人均国内生产总值达到4000美元也是实现中国现代化的"硬指标"。

(2)第二、三产业从业人员占全部从业人员比重。用以反映生产力结构的优化。与第二、三产业增加值占国内生产总值比重比较,可以更为切合实际地反映中国现阶段生产力结构。

(3)资本产出率。其经济含义为,单位固定资本形成产出的国内生产总值,从资本投入的角度反映生产力效益。根据国民经济核算中固定资本形成资料,采用发达国家计算固定资本形成存量的方法,确定折旧期平均为20年,用每年的固定资本形成扣除折旧后,得到各年的固定资本存量,去除国内生产总值,即

资本产出率=当年国内生产总值/当年固定资本形成存量

(4)综合能耗产出率。从能源消耗的角度反映生产力效益。其经济含义与万元GDP综合能耗相近,即从能源消费的角度来反映生产力效益。为了与其他国家比较,按国际通行的计算方法,即单位综合能耗(千克标准煤)产出的国内生产总值。

要素二:生活水平,包括3项指标:

(5)人均可支配收入水平。用以反映国民的生活水平。之所以设置这一指标,是因为在我国现阶段人均GDP与人均收入水平的走势并不完全一致。如果国家在固定资产投资等积累上占的比例

过大,国民的消费水平必然会受到影响。

本课题所使用的数据是:根据国家统计局有关部门的城镇居民人均可支配收入和农村居民人均可支配收入(根据纯收入调整)的数据,用2000年第五次全国人口普查中城镇人口和乡村人口数据进行加权平均后的城乡居民人均可支配收入水平。

(6)恩格尔系数。即饮食消费支出占全部生活费支出的比重。用以反映国民的生活水平。

(7)城乡居民可支配收入比例。消除城乡二元社会的影响及城乡居民生活的差别,最终体现在收入上,在本世纪50年代实现现代化时,城乡差别应基本消除,城乡居民可支配收入水平应趋于一致。

(8)地区差异系数。我国各地区之间的差异最主要的是体现在经济发展水平上。因此,运用各地区人均GDP这一最能反映经济发展水平的指标,计算标准差系数,即

$$V_\sigma = \frac{\sigma}{\bar{x}} \times 100\%$$

其中:$\bar{x}$ 为中国人均GDP,σ 为各地区人均GDP计算的标准差。如果各地区利用该指标反映地区内的差异水平,则 $\bar{x}$ 为地区人均GDP,σ 为地区内各市县的人均GDP计算的标准差。

要素三:人口素质,包括2项指标:

(9)平均受教育年限。用以反映国民具有的文化水平。人均教育经费支出或教育经费支出与GDP比例等指标虽然也可以反映一个国家教育发展状况,但由于国家间教育成本存在显著差异,且教育的直接目的是提高国民的文化水平,因而都不如平均受教育年限具有可比性。

(10)人均预期寿命。用以反映国民的健康状况。

要素四:社会发展,包括4项指标:

(11)R&D经费支出与GDP比例。这是国际上对国家间科技投入和科技发展水平进行比较的最为重要的指标。其他指标,如人均专利授权量(或申请量)、人均科技论文数等,由于存在着诸多不可比因素,均不如R&D经费支出与GDP比例指标理想。

(12)信息化水平指数。根据中国信息化发展的现实水平、国家信息化指标体系研究和统计体系的现状,本课题借用信息产业部设计的计算信息化水平总指数的指标体系,用以反映国家及各地区的信息化水平。这套指标体系设置了信息资源开发利用、信息网络建设、信息技术应用、信息产业发展、信息化人才和信息化发展政策等六个大类,共25个指标。在进行无量纲化处理后采用简单线性加权方法,逐级分层加权综合而得到信息化水平指数。

(13)社会保障水平指数。社会保障是保障人民生活、保持社会稳定、促进经济发展的重要措施,也是国家现代化程度的重要标志。关于社会保障的评价,目前还没有统一的标准,一般可从覆盖面和保障水平两个方面考察。我国的社会保障制度改革起步不久,各项保障的水平坚持了符合中国国情的较低水平;在覆盖面方面,各保障项目有很大区别,城镇和乡村进展差异更大。从理论上讲,社会保障应主要包括医疗、养老、失业、生育和最低生活保障,其中,医疗和养老保险应是最为基本的社会保障,而医疗保险应覆盖全部人口,养老保险应覆盖城乡从业人员。但目前除养老保险有相应的资料外,医疗保险还只有城镇从业人员的劳保医疗资料。根据现有条件,考虑到农村医疗保险虽也正在开展,但目前参保人数很少,可以忽略不计,因而设计社会保障水平指数如下:

社会保障水平指数 = 全社会医疗保险覆盖率 ×0.5 + 从业人员养老保险覆盖率 ×0.5

= [(城镇企业单位享受劳保医疗人数 + 国家机关和事业单位享受公费医疗人数 + 中国人民解放军现役军人 + 大专院校在校学生)/人口数 × 100%] ×0.5 + [(城镇从业人员养老保险参保人数 + 农村从业人员养老保险参保人数)/全部从业人员数 ×100%] ×0.5

(14)万人刑事案件立案数。用以反映社会治安状况。

要素五:环境状况,包括2项指标:

(15)环境状况指数。环境状况指数是依据城市空气污染指数计算的。环境的质量关键在于空气的质量,空气的质量关键在于人口聚集地——城市的空气质量。正因为如此,环境保护部门对城市空气质量的监测极为重视,设计出城市空气污染指数(API)。并在全国若干个城市建立监测点,对空气质量进行监测。

环境状况指数的计算方法分为三个步骤:

第一步:确定空气主要污染物及浓度限值(参照国家环境保护局和国家技术监督局颁布的《大气污染综合排放标准》)。三种主要污染物为:二氧化硫(SO_2),二氧化氮(NO_2),可吸入颗粒物

(PM_{10})。

第二步:计算每一监测城市的三种主要污染物的年均值(C_{0i}),具体数据参见《中国环境年鉴》,并分别除以浓度限值(C_{ni})后相加,即得到每个城市的空气污染指数:

API $= \Sigma(C_{0i}/C_{ni}) = SO_2$(年均值)/0.06 + NO_2(年均值)/0.04 + PM_{10}(年均值)/0.10。

目前国家环境保护局规定的浓度限值为年均值的二级标准(参见表1)。

表1 主要污染物浓度分级限值表

空气等级	污染物浓度限值(mg/m^3毫克)		
I	二氧化硫 SO_2(年均值)	二氧化氮 NO_2(年均值)	可吸入颗粒物 PM_{10}(年均值)
一级标准	0.02	0.04	0.04
二级标准	0.06	0.04	0.10
三级标准	0.10	0.08	0.15

第三步:在得到全国所有监测点(城市)空气污染指数的基础上,将各地区包括的监测点(城市)空气污染指数用该地区监测点(城市)人口进行加权平均,即得到各地区的环境指数。

(16)环境治理指数。环境保护体现为废水、废气和固体废物的治理。可将反映这三方面治理效果的指标加权综合而形成环境治理指数。以反映各级政府的环境保护力度。

这一指标可以反映环境保护方面的作用,其计算方法为:

环境治理指数=工业废水排放达标率×0.5+工业废气治理率×0.3+固体废物综合治理率×0.2=(工业废水处理排放达标量/工业废水排放总量)×0.5+(经过消烟除尘的+经过净化处理的)/工业废气排放总量×0.3+(工业固体废物综合利用量+工业固体废物处置量)/工业固体废物产生量×0.2

中国现代化监测指标体系如表2:

表2 中国现代化进程监测指标体系

要素指标	监测指标	计量单位
经济水平	人均国内生产总值	元/人
	第二、三产业从业人员占全部从业人员比重	%
	资本产出率	元/元
	综合能耗产出率	元/千克
生活水平	人均可支配收入	元
	恩格尔系数	%
	城乡居民可支配收入比例	以城为1
	地区差异系数	%

续表

要素指标	监测指标	计量单位
人口素质	平均受教育年限	年/人
	人均预期寿命	%
社会发展	R&D经费支出与GDP比例	%
	信息化指数	%
	社会保障水平指数	%
	万人刑事案件立案数	%
环境状况	环境状况指数	—
	环境治理指数	%

(三)中国现代化监测标准

毫无疑问,在本世纪中叶实现中国现代化的目标,即邓小平同志提出的,党的十三大上"三步走"发展战略中确定的中等发达国家水平。因此,科学合理地确定中等发达国家水平是制定中国现代化监测标准的关键。

1. *确定中等发达国家水平的思路*。对于什么是中等发达国家水平,国内许多研究成果都有着不同的理解。本课题确定中等发达国家水平标准的思路为:根据对邓小平"三步走"战略设想的理解,以中等发达国家水平为基础,联系中国国情,突出重点,确定中国现代化监测标准。

首先,与上世纪80年代开始的我国第一步走、第二步走的战略目标相联系,中等发达国家水平的基本标准是:按1980年美元价格计算的人均国内生产总值4000美元。

其次,为了从上述基本标准出发构建监测标准体系,需要正确理解中等发达国家水平的概念。众所周知,发达国家、中等发达国家、欠发达国家等概念均具有时代特征。在一定时期内,世界上处于领先水平的国家即为发达国家,处于领先水平与欠发达水平之间的国家即为中等发达国家。毫无疑义,在一定时期内,中等发达国家的水平即为中等发达国家水平,但这样测算出的中等发达国家水平从理论上讲是等同于发达国家在此若干年份之前的水平的。如美国,在上世纪40年代中期虽然已经是世界上领先的发达国家,但当时的水平与上世纪80年代初世界各国综合发展状况进行比较,只能算作上世纪80年代初的中等发达国家水平;又如日本,上世纪60年代末已实现了赶超,进入了发达国家行列,但如果将当时的水平与上世纪80年代初世界各国综合发展状况进行比较,也只相当于这时的中等发达国家水平。按照这样的思路,本课题选择公认的已实现现代化的国家和地区,即西方七国:美国、英国、法国、原联邦德国、意大利、加拿大、日本以及“亚洲四小龙”的新加坡、韩国、香港和台湾，搜集这些国家和地区当国内生产总值达到4000美元时，反映生产力、文化和人民生活等各方面基本状况的数据，加以综合整理后，作为1980年的中等发达国家水平标准。其优点在于：一是可避免在确定中等发达国家过程中的不确定性，二是因为这些国家和地区在现代化进程中经济社会发展具有一定的代表性；三是这些国家和地区的历史统计资料较易取得。

表3 中等发达国家(地区)水平的确定

国家或地区	年份	当年价格计算的人均 GDP	按1980年价格计算的人均 GDP
美国	1950	1893	6712
英国	1960	1377	4111
法国	1960	1372	4094
加拿大	1950	1364	4836
原联邦德国	1961	1477	4423
意大利	1968	1629	4146
日本	1969	1675	4137
香港	1976	2880	4126
新加坡	1979	3959	4121
韩国	1989	5220	4291
台湾	1987	5141	4878

据测算(参见表3)，美国和加拿大上世纪40年代末已经达到这一标准(由于资料取得的限制，只有上世纪50年代初期资料)；英国、法国和原联邦德国在上世纪60年代初期达到这一标准；日本和意大利上世纪60年代后期达到这一标准；香港地区在上世纪70年代中期达到这一标准；新加坡在上世纪70年代末达到这一标准；韩国和我国的台湾地区在上世纪80年代后期达到这一标准。

第三，对于某些反映文化和人民生活的指标，特别是一些反映信息化水平的指标，我国目前的水平已经与发达国家(地区)十分接近，有的指标甚至已超过目前的发达国家(地区)水平，因此不能完全拘泥于按上述中等发达国家(地区)水平确定监测标准。对于这些指标，可以参照相应的国际上通行的理论或经验标准，也可从中国的具体国情出发，以我国先进地区水平作为参考确定监测标准。

第四，从每一具体的反映中等发达国家(地区)水平的指标看，由于国情不同，各国和各地区水平都存在着明显差异，如，新加坡的城镇化率达到了100%，而法国只有60%；美国的从业人员劳动生产率达到20000多美元/人，而韩国只有6000多美元/人。因此，对不同的指标要采取不同的处理方式：一般地，采用各国和地区的中等水平；对于一些反映中国现代化进程具有关键作用的指标，如反映生产力效益、反映生产力基础的一些指标，要采用相对高一些的标准，这对于克服中国经济增长方式的外延化倾向是十分重要的。

2. 中国现代化监测标准的确定。根据上述确定中等发达国家水平的思路，到本世纪中叶实现中国现代化进程的监测标准确定如下：

(1)人均国内生产总值。根据邓小平同志提出的人均4000美元的数量界限和我国经济发展的实际，按照1980年美元价格和当期人民币汇率计算的4000美元为标准。考虑到2000年是我国现代化进程的起点，因此将4000美元先转换为2000年价格的6268美元，再调整为2000年价格的人民币，即52000元作为监测标准。

(2)第二、三产业从业人员占比重。以1980年中等发达国家水平为标准。按不同国家达到中等发达国家水平的年份测算，第二、三产业从业人员占比重较高的国家和地区多达到90%以上，如美国为96.4%、英国为97.4%、香港为98.6%和新加坡为98.7%，最低的是韩国，在20世纪80年代初期只达到66%左右。考虑到中国的国情，2000年为50%，因此取80%为监测标准较为适宜。

(3)资本产出率。据测算，美国、英国等欧美国家资本产出率普遍较高，在20世纪70年代至90年代末的20多年时间内资本产出率基本保持在0.7至1(即每1货币单位的固定资本存量可创造0.7至1货币单位的GDP)之间。而日本和亚洲四小龙普遍偏低，大致保持在0.4至0.9之间。因此，取前者的下限之上和后者的上限之下0.8作为监测标准。

(4)综合能耗产出率。以西方七国和亚洲四小龙达到1980年中等发达国家水平的平均值5美元/千克标准煤为监测标准，换算为人民币，亦即42元/千克。

(5)人均可支配收入。第一种标准：根据邓小平同志在本世纪前50年“再翻两番”的设想，人均可支配收入以2000年价格应达到15000(人民币)元；第二种标准：按人均可支配收入与人均GDP的比例计算，在“九五”时期为50%左右，按此推算，监测标准应确定为2.5万元左右；第三种标准：从“九五”时期城乡居民可支配收入的增长速度看，城镇居民可支配收入年均增长率为7.9%,农村居民可支配收入年均增长率为8.1%,按此计算,2050年可达到17万元左右。在以上三种标准中,达到第一种标准只需要年均增长2.8%,显然偏低;第三种标准则大大超过人均GDP标准,显然又太高了;按第二种标准计算,要达到标准,年均增长率为4%,而且体现了与人均GDP的按比例增长,显然较为合适,因此确定人均可支配收入25000元作为监测标准。

(6)恩格尔系数。联合国根据恩格尔系数评价贫富标准。恩格尔系数在60%以上为绝对贫困;50-59%为温饱水平;40-49%为小康水平;30-39%为富裕水平;29%以下为最富裕水平。联系我国小康标准为40-49%,本课题以30%为监测标准。

(7)城乡居民可支配收入比例。达到中等发达国家水平时,城乡之间在收入水平上已趋于一致,因此以1(即城乡收入水平无差别)作为监测标准。

(8)地区差异系数。根据测算,我国地区间在经济发展水平上差距较大,差异系数为67.74%,随着西部大开发战略的逐步实施,预计我国地区间的差距会逐步缩小。因此,根据专家评估,考虑到中国的国情,即使在总体上达到中等发达国家水平,地区间差异有可能缩小,但不可能完全消除,因此,用40%作为监测标准较为适宜。

(9)平均受教育年限。目前我国义务制教育为9年。2000年我国6岁以上人口中平均受教育年限为6.48年,上海为8.21年。考虑到我国教育基础较为薄弱,要在本世纪中叶达到中等发达国家水平,至少应达到平均受12年教育的标准。

(10)平均预期寿命。我国人口的平均预期寿命已达到了70岁,超过了世界平均水平,已达到了中等发达国家水平。现确定以80岁为监测标准。

(11)R&D经费支出与GDP比例。西方七国和亚洲四小龙达到1980年中等发达国家水平时大多达到2%以上,并且表现比较平稳。因此,以2%作为监测标准。

(12)信息化水平指数。以90%为监测标准。

(13)社会保障水平指数。以100%为监测标准。

(14)万人刑事案件立案数。以50起/万人为监测标准。

(15)环境状况指数。参照国家环境保护局和国家技术监督局颁布的《大气污染综合排放标准》,目前,二氧化硫(SO_2),二氧化氮(NO_2),可吸入颗粒物(PM_{10})达到国家环境保护局规定的浓度限值为年均值的二级标准。本课题组认为,当达到中等发达国家水平时,环境也应达到更高的标准,因此将环境状况指数的标准设为《大气污染综合排放标准》的一级标准。

(16)环境保护指数。污水处理和废气处理应达到100%,固体废物的利用和处置应达到50%。因此监测标准为90%。

表4　中国现代化进程监测标准

要素指标	监测指标	计量单位	标准
经济水平	人均国内生产总值	元/人	52000
	第二、三产业从业人员占全部从业人员比重	%	80
	资本产出率	元/元	0.8
	综合能耗产出率	元/千克标准煤	42
生活水平	人均可支配收入	元	25000
	恩格尔系数	%	30
	城乡居民可支配收入比例	以城为1	1
	地区差异系数	%	40
人口素质	平均受教育年限	年	12
	平均预期寿命	岁	80
社会发展	R&D经费支出与GDP比例	%	2
	信息化指数	%	90
	社会保障水平指数	%	100
	万人刑事案件立案数	%	50
环境状况	环境状况指数		1.73
	环境治理指数	%	90

(五)中国现代化进程监测方法

实现现代化的过程是一个动态的、综合的过程,现代化这一概念涵盖了一个国家(或地区)经济、政治、社会的方方面面。因此,对一个国家(或地区)的现代化进程进行监测实际上是一个多指标综合评价的过程。一般而言,在监测系统的框架和指标体系确定之后,综合评价的实施由以下几个步骤组成:监测指标值的标准化处理、各指标及子系统的权重的确定、各指标值的综合合成方法的确定。

1. 监测指标值标准化处理方法。

对于已选定的监测指标体系,由于各个指标的计量单位及数量级相差较大,所以一般不能直接进行简单的综合。必须先将各指标进行标准化处理,变换成无量纲的指数化数值或分值,再按照一定的权重进行综合值的计算。

实践中常用的标准化方法主要有:

(1)标准化变换法。

记指标 x_i 在第 j 个个体上的观测值为 x_{ij},该变量在全部个体上的平均值为 $\bar{x}$,标准差为 s_i,则标准化变换公式为 $z_{ij}=\frac{x_{ij}-\bar{x}}{s_i}$, j = 1,2,…,n

经过标准化变换后的指标值,其全部 n 个个体的均值为 0、方差为 1。由于标准差的计量单位与观测指标本身的计量单位相同,所以变换后的指标不再具有计量单位。

(2)功效系数法。

若根据所研究对象的特点能事先确定出评价指标的满意值 $x_{(h)}$ 和不允许值 $x_{(s)}$,则可采用功效系数法。其变换公式是:$z_{ij}=\frac{x_{ij}-x_{(s)}}{x_{(h)}-x_{(s)}}$, j = 1,2,…, n

变换后的指标值称为功效系数。

(3)指数化变换方法。

这种变换方法是将监测指标值都与相对应的监测标准值进行对比,计算出指数,从而实现无量纲化。记监测指标值为 x_i,相对应的监测标准值为 x_{io},则指数化变换公式可写成:$zi=\frac{x_i}{x_{io}}$

通过这种变换,既可消除评价指标计量单位的影响,又可得到统一的数量级。

监测指标值的标准化处理方法还有秩次变换法、分段打分变换法等非参数方法。由于这些方法在使用过程中损失的信息较多,在实际中较少使用。

本课题研究的目的是为了监测中国现代化的实现程度,即,是否达到中等发达国家的水平以及与中等发达国家水平的差距。因此,只需将一系列监测指标值与相应的监测标准进行对比,就能达到这一目的。在这里“指数化变换方法”就成为一种比较恰当的方法,不过还需做一些小的调整。具体方法可描述如下:

将监测指标体系中的监测指标值与相应的监测标准进行对比,以反映每一个监测指标的达标程度。由于评价指标中有些是正指标,有些是逆指标,其处理的方法也有所不同,即:

对于正指标,标准化值 =(监测指标值 ÷ 监测标准值)×100

对于逆指标,标准化值 =(监测标准值 ÷ 监测指标值)×100

需要说明的是,当且仅当标准化值大于 100 时,标准化值只取 100 为最大的标准化值。这样做的好处是既进行了无量纲化处理,还不会使个别监测指标值的超常影响到综合值的计算。

2. 指标权数的确定方法。

由于在中国现代化进程监测指标体系中各指标的重要程度不同,在进行综合时有必要对各监测指标进行加权处理。

在综合评价实践中可运用多种确定指标权数的方法,如:Delph 法、主成分分析法、层次分析法等。其中层次分析法既集中了专家的意见和看法,又利用相应的数学工具对专家的意见进行处理,因而又具有较强的客观性。因此,我们利用层次分析法来确定监测指标的权数。其基本步骤如下:

(1)构造判断矩阵。

选取若干有关方面的专家利用 1-9 比率标度法对各监测指标的相对重要性进行判断,取判断值的平均值后构造一个判断矩阵 B(其形式如表 5 所示)。

表 5 判断矩阵表

指标	C_1	C_2	…	C_n
C_1	b_{11}	b_{12}	…	b_{1n}
C_2	b_{21}	b_{22}	…	b_{2n}
…	…	…	…	…
C_n	b_{n1}	b_{n2}	…	b_{nn}

其中各元素 b_{ij} 表示横行指标 C_i 对各列指标 C_j 的相对重要程度的两两比较值,用 1、2、3、4、5、6、

7、8、9 或其倒数表示。

(2)计算各指标权重。

数学原理证明:对判断矩阵 B 求最大正特征根 λ,通过求解 BW = λW 可获得排序值,归一化后得到各指标的权重。求解 W 有多种方法,这里我们采用简单实用的方根法,具体作法如下:

①分别计算判断矩阵 B 每一行元素的乘积 M_i:

$$M_i = \prod_{j=1}^{n} b_{ij} \quad i = 1,2,\cdots,n$$

②分别计算各行 M_i 的 n 次方根:

$$\overline{W}_i = (M_i)^{\frac{1}{n}}$$

③对向量 $\overline{W} = (\overline{W}_1, \overline{W}_2, \cdots, \overline{W}_n)^T$ 做归一化处理:

$$W_i = \overline{W}_i / \sum_{i=1}^{n} \overline{W}_i$$

此即为各监测指标的权数。

(3)对判断矩阵进行一致性检验。

使用层次分析法计算评价指标的权数,重要的一条是保持思维逻辑的一致性,即专家在判断指标的重要性时,各判断之间应协调一致,不能出现矛盾的结果。数学上已经发展出了相应的方法对专家的判断结果进行检验(具体方法请参见有关文献)。如果判断矩阵通不过一致性检验,应将有关结果反馈给专家,对判断矩阵进行修正,直到通过一致性检验为止。

经过上述步骤:中国现代化监测各级指标的权重确定如下表:

表 6 中国现代化进程各级指标权重

要素指标		监测指标	
指标名称	权重(%)	指标名称	权重(%)
经济水平	30	人均国内生产总值 第二、三产业从业人员占全部从业人员比重 资本产出率 综合能耗产出率	60 20 10 10
生活水平	30	人均可支配收入 恩格尔系数 城乡居民可支配收入比例 地区差异系数	40 20 20 20
人口素质	15	平均受教育年限 平均预期寿命	60 40
社会发展	15	R&D 经费支出与 GDP 比例 信息化指数 社会保障水平指数 万人刑事案件立案数	40 20 20 20
环境状况	10	环境状况指数 环境治理指数	70 30

由于缺少各地区的差异指数和万人刑事案件立案数的数据,因此在各地区的监测中,生活水平和社会发展部分的权重略有调整。

3. 综合合成方法。

有了标准化指标值及各监测指标的权数后,我们就可以将标准化值进行综合合成,从而得到中国现代化实现程度的综合值。

指标值的综合合成方法较多,如:线性加权和法、乘法合成法、加乘混合合成法、代换法等,其中线性加权和法是使用广泛、操作简明且含义明确的方法。其综合步骤如下:

首先将各要素指标下各监测指标的标准化值与相应的权数相乘,然后再加总,得到各要素指标的综合值,可用以反映各要素支撑点的达标状况;

其次,再将各要素指标综合值与其相应的权数相乘,然后加总即得到中国及各地区现代化总体实现程度的一个综合度量。

四、2000 年中国现代化水平达标测算

2000 年既是从 20 世纪 80 年开始中国现代化进程第一步、第二步发展战略的终点,又是实现第三步发展战略,实现全面小康、加速现代化进程的起点。根据对中国现代化进程监测指标体系中各项指标的测算,到 2000 年中国已达到 2050 年中等发达国家水平总体目标的 42.36%。

从中国现代化各要素指标达标率看(参见表 7),人口素质达标率最高,达到 67.48%;环境状况达标率次之,达到 57.11%。

经济发展达标率最低,为 28.57%。这与本课题研究中注重选择反映经济增长质量的监测指标有关,同时也说明重视经济增长质量的改善对于实现中国现代化的关键性和重要性。

从中国现代化指标体系中一些较为重要的监测指标看,人均国内生产总值达标率为 13.61%,按此计算,要达到中国现代化目标,则年平均增长速度应达到 4.07%;人均可支配收入达标率为 14.83%,要达到中国现代化目标,则年平均增长速度应达到 3.89%。与改革开放以来我国经济发展速度相参照,本课题认为,经过努力,人均国内生产总值 4000 美元的目标是可以实现的。

表 7　中国现代化监测总达标率和要素指标达标率(%)

	总达标率	经济发展	生活水平	人口素质	社会发展	环境状况
全国	42.36	28.57	35.65	67.48	48.46	57.11

在监测指标中,唯一达标的指标为万人刑事案件立案数。达标率最低的指标为社会保障指数,为13.29%。

表 8　中国现代化监测指标达标率

监测指标	计量单位	监测标准	2000 年实际值	达标率(%)
人均国内生产总值	元/人	52000	7078	13.61
第二、三产业从业人员占全部从业人员比重	%	80	50.00	62.50
资本产出率	元/元	0.8	0.499	62.35
综合能耗产出率	元/千克标准煤	42	6.98	16.63
人均可支配收入	元	25000	3706.56	14.83
恩格尔系数	%	30	42.88	69.96
城镇居民可支配收入比例	以城为 1	1	0.359	35.88
地区差异系数	%	40	67.74	59.05
平均受教育年限	年	12	6.49	54.08
平均预期寿命	岁	80	70.06	87.57
R&D 经费支出与 GDP 比例	%	2	1.00	50.11
信息化指数	%	90	25.89	28.77
社会保障水平指数	%	100	13.29	13.29
万人刑事案件立案数	起/万人	50	28.73	174.03
环境状况指数		1.73	3.31	52.32
环境治理指数	%	90	61.44	68.27

从各地区现代化实现程度看(参见表 9),上海排在第 1 位,达标率为 64%。上海、北京、天津三个直辖市的达标率均超过 50%;广东、浙江、江苏、福建、辽宁等地区的达标率达到 45% 以上;排在后 10 位的除山西外,均为西部地区的省份。

表 9　各地区现代化达标率排序

地区	总达标率%	排序	地区	总达标率%	排序
全　国	42.36	–	海　南	39.10	16
上　海	64.19	1	江　西	38.50	17
北　京	60.06	2	广　西	37.56	18
天　津	53.83	3	湖　南	37.53	19
广　东	49.02	4	内蒙古	37.35	20
浙　江	48.51	5	河　南	37.33	21
江　苏	46.63	6	山　西	37.32	22
福　建	46.29	7	四　川	36.93	23
辽　宁	45.67	8	重　庆	36.03	24
黑龙江	44.19	9	宁　夏	34.95	25
山　东	43.79	10	新　疆	34.17	26
吉　林	41.54	11	云　南	33.98	27
湖　北	41.29	12	甘　肃	33.49	28
陕　西	40.91	13	青　海	32.83	29
安　徽	39.75	14	贵　州	29.90	30
河　北	39.19	15	西　藏	25.72	31

专栏 中国与世界主要国家技术成就指数比较

联合国开发计划署在2001年首次公布了世界主要国家(地区)技术成就指数(TAI)评价体系,以此作为衡量各国(地区)技术革命和创新能力的综合尺度。该指数由技术创新、新技术传播、传统技术传播和人类技能等4个方面构成。

一、技术成就总指数的比较

2001年世界TAI指数最高的是芬兰,为0.744。72个参加评估的国家(地区)TAI指数平均为0.374,按各自技术成就指数水平划被分为四个类型:

第一类为领先者。此类共有18个国家,TAI指数在0.5以上,主要是发达国家。这类国家在技术革新方面是自我持续的,在技术开发和传播以及技能培养方面都取得了很高的成就。

第二类为潜在的领先者。此类共有19个国家和地区,TAI指数为0.35-0.49,主要是发展中国家。这类国家和地区大多在培养高技能人才方面投入了大量经费,并广泛传播传统技术,但在技术革新方面做得不够。

第三类为积极采纳者。此类共有26个国家,TAI指数为0.2-0.34,均为发展中国家。这类国家在采用新技术方面表现积极,但在传统技术的传播方面表现缓慢而且尚不完善。中国与巴西、印度都列在此类之中。

第四类为无足轻重者。此类共有9个国家,TAI指数低于0.2,均为贫困程度较深的发展中国家。

二、技术成就指数的分类指数比较

从构成TAI指数的分类指数来看,技术创新方面最好的是日本和瑞典。日本每万人获得的专利数量为994项;瑞典每千人收到的版权费和许可费为156.6美元。

新技术传播方面最好的是芬兰和日本。芬兰每千人互联网主机数量最高,为200.2台;日本中高技术产品出口占商品出口的比重最高,为80.8%。

传统技术传播方面最好的是挪威。挪威每千人电话数量(主线和移动电话)最多,为1329线(部),人均电力消费也最高,为24607千瓦时。

人类技能方面最好的是美国和芬兰。美国平均受教育年限最高,为12.1年;芬兰理工科大学入学率最高,为27.4%。

技术成就指数4个方面居前十位的国家(地区)与中国的比较

排序	技术创新				新技术传播			
	国内居民获得的专利(项/百万人)		收到的版权费和许可费(美元/千人)		互联网主机数量(台/千人)		中高技术产品出口占商品出口的比重(%)	
	国家和地区	1998年	国家和地区	1999年	国家和地区	2000年	国家和地区	1999年
1	日本	994	瑞典	156.6	芬兰	200.2	日本	80.8
2	韩国	779	荷兰	151.2	挪威	193.6	加拿大	74.9
3	美国	289	英国	134.0	美国	179.1	马来西亚	67.4
4	瑞典	271	美国	130.0	新西兰	146.7	韩国	66.7
5	德国	235	芬兰	125.6	荷兰	136.0	墨西哥	66.3
6	法国	205	爱尔兰	110.3	新加坡	125.9	美国	66.2
7	荷兰	189	比利时	73.9	瑞典	125.8	德国	64.2
8	芬兰	187	日本	64.6	澳大利亚	108.0	匈牙利	63.5
9	奥地利	165	以色列	43.6	奥地利	84.2	英国	61.9
10	爱尔兰	106	澳大利亚	38.6	加拿大	72.3	瑞典	59.7
	中国	1	中国	0.1	中国	0.1	中国	39.0
	巴西	2	巴西	0.8	巴西	7.2	巴西	32.9
	印度	1	印度		印度	0.1	印度	16.6

排序	传统技术传播				人类技能			
	电话数量(主线和移动电话)(线、部/千人)		人均电力消费(千瓦时/人)		平均受教育年限(15岁以上人口)		理工科大学入学率(%)	
	国家和地区	1999年	国家和地区	1998年	国家和地区	2000年	国家和地区	1995-1997
1	挪威	1329	挪威	24607	美国	12.1	芬兰	27.4
2	瑞典	1247	澳大利亚	15071	挪威	11.9	澳大利亚	25.3
3	中国香港	1212	芬兰	14129	新西兰	11.7	新加坡	24.2
4	芬兰	1203	瑞典	13955	澳大利亚	11.6	韩国	23.2
5	荷兰	1042	美国	11832	瑞典	11.4	希腊	17.2
6	英国	1037	新加坡	8717	新加坡	10.9	西班牙	15.6
7	日本	1007	新西兰	8215	韩国	10.8	瑞典	15.3
8	美国	993	日本	7322	德国	10.2	英国	14.9
9	奥地利	987	比利时	7249	芬兰	10.0	德国	14.4
10	法国	943	加拿大	6771	以色列	9.6	加拿大	14.2
	中国	120	中国	746	中国	6.4	中国	3.2
	巴西	238	巴西	1793	巴西	4.9	巴西	3.4
	印度	28	印度	384	印度	5.1	印度	1.7

三、中国技术成就指数居世界中等偏下水平

中国的TAI指数为0.299,排在第45位,居世界中等偏下水平。中国与处于同一类的巴西和印度相比,中国除了在中高技术产品出口所占比重和平均受教育年限略高于巴西,在各方面都低于巴西;与印度相比,中国各项指标都优于印度。但是,中国与第一类国家的差距巨大,特别是在技术创新方面存在着鸿沟,在新技术传播方面也明显不足,在人类技能培养方面的差距是制约整体技术成就水平提高的关键因素。

(执笔:杨京英、铁兵)

需要说明的是,上述研究成果只代表本课题组的意见,并且只是初步结果,发表的目的在于抛砖引玉。我们还将继续研究,进一步修改完善,敬请批评指正。

课题主要资料来源:

1.《中国统计年鉴》,中国统计出版社;

2.《国际统计年鉴》,中国统计出版社;

3.《中国科技统计年鉴》,中国统计出版社;

4.《中国人口统计年鉴》,中国统计出版社;

5.《中国环境年鉴》,中国环境年鉴社;

课题主要参考资料:

1.《邓小平文选》,人民出版社;

2.《江泽民论有中国特色社会主义(专题摘编)》,中央文献出版社;

3.《中国小康之路》,谢鸿光、文兼武主编,中国统计出版社;

4.《中国小康实证研究》,邵宗明主编,中国统计出版社;

5.《中国现代化报告》,中国现代化战略研究课题组,北京大学出版社;

6.《二十世纪西方现代化理论文选》,谢立中、孙立平主编,上海三联出版社;

7.《现代化新论》,罗荣渠著,北京大学出版社;

8.《什么是现代化－概念与范式的探讨》,尹保云著,人民出版社;

9.《各国现代化比较研究》,罗荣渠等著,陕西人民出版社。

课题组组长:贺　铿

课题组副组长:郑家亨　文兼武

课题组主要成员:何　平　石庆焱

孙继伟　贺　林

扩大和培育内需的难点、重点及对策

起始于1998年的以积极财政政策和稳健货币政策为主的一系列扩大内需的方针政策，对抵御亚洲金融危机以及世界经济增速减慢的不利影响，确保国民经济健康发展发挥了重要的积极作用。但结构性矛盾和体制性障碍等问题的存在，严重制约着内需稳定较快的增长，影响着国民经济持续快速健康发展。下阶段宏观调控的主要任务，就是要坚持扩大和培育双管齐下，进一步挖掘内需增长潜力，发挥内需对经济增长的带动和促进作用，确保国民经济持续快速健康发展。

一、问题与症结

面对亚洲金融危机和世界经济增速减慢的不利国际环境，1998年以来我国国民经济继续保持稳定较快增长，主要得益于积极财政政策和稳健货币政策的实施，特别是连续5年增发长期建设国债。但内需稳定增长的基础仍不牢固，市场引导的需求活力仍然不足。具体表现在以下几个方面：

(一)农民收入增长缓慢，农村市场启动乏力。

农民收入增长减缓是从80年代中期开始的，剔除价格因素的影响，实际平均增速从1979－1984年16.5%降为1985－2001年的4.2%，进入1998年以来，增势进一步放慢，其中2000年仅增长2.1%。

农民收入增长缓慢、有效购买力不足，直接制约着农村市场的开拓。1998－2001年农村市场销售年平均增长8.3%，增速低于同期城市销售增长1个百分点，较多的农村人口与较低的农村市场销售份额极不相称。到2001年底，我国乡村人口占全部人口的比重仍高达62.3%，而农村零售额仅占全部零售额的25.2%，即占全部人口近2/3的农村人口所购买的商品仅占全部商品零售额的1/4，城乡消费差距进一步拉大。

(二)城市下岗失业人数增多，困难群体范围扩大。

至2001年底，城镇国有企业下岗人数515万人，非国有企业下岗职工200多万人，加之680多万登记失业人员，共计有1400万人待就业，就业形势十分严峻。困难群体已由传统的“三无”人员(无生活来源、无劳动能力、无法定抚养人)扩大到包括国有企业下岗职工、失业人员、困难企业职工等在内的一个比较大的群体。“三无人员”占低保对象总数的比例，1997年为56%，2001年仅为9%，而国有企业下岗职工、失业人员和困难企业职工占低保对象总数的比例上升到91%，成为城市困难群体新的主体。

(三)居民预期收入不理想，预期支出明显增大。

近年来，随着住房、教育、医疗等各项改革的全面推进，居民对未来支出的预期明显增加。尽管现行社会保障体系已形成基本框架，但还很不完善。基本养老保险、失业保险、城镇职工基本医疗保险、城市居民最低生活保障都程度不同地存在着保障水平偏低、覆盖范围有限、资金短缺等方面的问题。突出表现在城镇居民边际消费倾向持续下降和储蓄的大量增加。除个别年份外，1998年以来城镇居民边际消费倾向一直在0.54－0.66之间徘徊，比1990－2001年0.73的平均水平下降了0.1－0.2，与市场比较疲软的1989年、1990年基本相当。与此同时，居民储蓄大量增加。截止到2002年8月末，居民储蓄存款余额已达8.3万亿元，比1997年底的4.6万多亿元增加了3.7万多亿元。

(四)投资对国债的依赖性增强，民间投资增长比较缓慢。

近几年来，在国家积极财政政策的作用下，投资呈现加快增长趋势，总体上对经济增长的带动作用有所增强，但投资的加快增长主要是增加国债及相关配套投资作用的结果。1998－2001年国有及其他经济类型投资占全社会固定资产投资的比重为71.5%，比80年代高6.2个百分点。2001年城乡集体、个体投资同比增长10.4%，增幅低于同期国有及其他单位投资2.4个百分点。2002年上半年城乡集体、个体投资同比增长17.8%，呈现回升的势头，但仍比国有单位及其他投资增速低 6.6 个百分点。

（五）市场经济秩序比较混乱，交易成本明显加大。

经过近几年的整顿和规范，目前市场经济秩序总体上有所好转，但问题仍较严重，信用水平低，伪造票据、凭证和做假帐等违法犯罪活动仍较普遍；非法制售假冒伪劣商品，特别是与人民生命健康密切相关的食品、药品的现象屡禁不止；市场经济秩序的混乱严重影响了正常的经济活动，提高了交易成本，抑制了经济的内在活力。

以上问题的存在，严重影响着消费和投资的增长，影响着内需的扩大，以致宏观调控政策不得不采取非常的措施促进经济的稳定快速增长。因此，为确保国民经济稳定快速增长，找出以上问题存在的症结，并下大力气认真解决，已刻不容缓。

进一步分析，结构性矛盾和体制性障碍是以上问题存在的根本症结。城乡经济发展的不平衡、农民负担较重，制约了农民收入的增长；产业结构的调整，就业机制不畅，增加了就业压力，扩大了困难群体；社会保障体制不完善，收入分配差距扩大，影响着居民消费的增长；投资领域的限制，融资渠道的不畅，限制了民间投资的增长；地方保护主义，惩罚监管不严，助长或加剧了市场经济秩序的混乱。总之，着力化解结构性矛盾，消除体制性障碍，是解决以上问题的关键。

二、潜力与重点

近几年来，因受结构性矛盾和体制性障碍的影响，国内需求虽在以积极的财政政策和稳健的货币政策为主的一系列扩大内需方针政策的作用下，保持了较快增长，但增长基础不牢固，减缓的危险始终存在，由此引起了人们对国内需求潜力的怀疑。

经过 20 多年的改革开放，国民经济的持续快速发展，使我国实现了由商品短缺向供求基本平衡的历史性转变，人民生活总体上实现了小康。但我国经济总体发展水平依然比较低，发展过程中出现的城乡不平衡和地区不平衡，充分说明我国不仅有需求潜力而且还十分巨大。从与国外对比看，目前我国的人均 GDP 大致相当于中等收入国家的 40%、高收入国家的 3%、美国的 2.4%、韩国的 9%；从城乡对比看，2001 年全国农村居民人均纯收入仅相当于城镇居民人均可支配收入的 1/3 左右；从东中西三个地区的对比看，2001 年西部和中部地区人均 GDP 分别相当于东部地区的 40.7% 和 52.5%；人均消费支出也分别仅为东部地区的 57.6% 和 69.6%。

把巨大的潜在需求转化为现实需求，必须要从结构性矛盾和体制性障碍这一根本症结着手。考虑到全面解决结构性矛盾和体制性障碍的复杂性和长期性，在政策操作上必须要有重点，要找准突破口，防止求大求全。从可能性和现实性看，当前扩大和培育内需的重点应是推进城镇化建设、促进家庭耐用品普及、扩大住房消费、引导服务消费以及增加基础设施投资五个方面。

（一）推进城镇化建设。

推进城镇化建设，既有利于转移农村剩余劳动力，提高农民人均收入，扩大农民需求，又有利于扩大城镇基础设施投资，而且也有空间。2001 年我国城市化水平为 37.7%，比 2000 年下中等收入国家平均水平低 14.8 个百分点，比上中等收入国家低 29.5 个百分点，比发达国家低 42.9 个百分点。

根据 90 年代我国城市化水平提高情况和城镇人口人均市政基本建设投资增长情况的回归分析结果，初步测算，2002－2005 我国城镇基本建设投资年均将增加 500 亿元左右，拉动经济年平均增长 0.45 个百分点。另一方面，城镇化水平的提高将增加“农转非”居民的消费支出。初步测算，2002－2005 年每年约有 800 万农村居民迁入城市，每年将新增消费需求 400 亿元左右，每年将拉动经济增长 0.38 个百分点。综合考虑，因推进城镇化建设，2002－2005 年年均将创造需求 900 亿元左右，拉动经济增长 0.83 个百分点。

（二）提高城乡居民家庭耐用品消费。

尽管经过 20 多年的改革开放，我国城乡居民家庭耐用品消费有了大幅度提高，但无论是农村居民还是城镇居民总体上都有提高的空间。2001 年我国每百户农村居民彩电、洗衣机、冰箱的拥有量分别为 54.4 台、29.9 台、13.6 台，分别相当于每百户城镇居民的 45%、32% 和 16.6%。按照农村居民彩电、洗衣机和冰箱拥有量 2005 年分别达到城镇居民 50%（其中彩电达到 70%）进行测算，2002－2005 年将年均增加消费需求约 130 亿元，相应拉动经济增长 0.12 个百分点。

2001 年，我国每百户城镇居民空调、微波炉、计算机、汽车的拥有量分别为 35.8 台、22.3 台、13.3 台、0.6 辆。如果空调、微波炉、计算机、汽车拥有量继续以2001年的速度增长,2002－2005年将年均拉动消费需求增长650亿元左右,拉动经济增长约0.6个百分点。综合考虑,因提高城乡居民耐用品消费,2002－2005年将年均创造需求780亿元左右,推动经济增长0.72个百分点。

(三)增加城镇居民住房消费。

2001年我国城镇居民人均住房使用面积为15.4平方米,与上世纪90年代中等收入国家平均20平方米和高收入国家平均30平方米的水平仍有较大差距。初步测算,按2005年我国城镇居民人均住房面积基本达到中等收入国家90年代平均水平,2002－2005年我国城镇居民人均住房面积将年均增加1.15平方米,平均每年由此多建居民住房0.84亿平方米。按每平方米住房投资1000元测算,2002－2005年我国城镇居民住房投资需求将年均增加约840亿元,拉动经济增长0.8个百分点。

(四)促进城镇居民服务消费。

随着经济的发展和居民收入水平的提高,增加服务性支出将是居民消费支出的重点。目前我国城镇居民服务性消费支出尽管增长较快,但因基数小、比重低,促进城镇居民服务消费的空间十分巨大。2001年我国城镇居民人均服务性消费支出为1366元,占全部消费支出的比重为25.7%,与国外有很大的差距。按2005年将城镇居民服务性支出比重提高到30%测算,2002－2005年将年均增加消费需求约190亿元,拉动经济增长0.18个百分点。

(五)扩大基础设施建设投资。

通过多年特别是近几年的建设,我国的基础设施特别是能源和道路设施有相当程度的改善,但仍显薄弱。2001年我国能源人均生产量仅相当于1997年世界平均水平的43%,美国的10%。按2005年达到1997年世界平均水平的60%,初步测算,2002－2005年能源投资将平均新增280亿元左右,拉动经济增长0.26%。

2001年我国万人等级公路里程仅相当于美国1999年的6%。按2005年达到20公里/万人,初步测算,2002－2005年公路投资将平均新增20亿元左右,拉动经济增长0.02%。

2001年我国每万人铁路里程仅相当于美国1999年的7%。按2005年每十万人所拥有的铁路里程达到6公里,初步测算,2002－2005年铁路投资平均新增80亿元左右,拉动经济增长0.07%。

综合考虑,2002－2005年能源和道路建设投资每年将新创需求380亿元左右,拉动经济增长0.35个百分点。

总之,仅上述五个方面,就将在2002－2005年共年均拉动经济增长2.9个百分点。工作做得好的话,潜在需求转化为现实需求的份量更大,拉动力可能更强,足以支持国民经济继续保持持续快速健康发展。

三、政策与措施

针对扩大内需的潜力和重点,除了在内需的“扩大”上继续下功夫外,还要更加注重内需的“培育”上,重视保护和培育内需。要着力构筑有效扩大内需的政策与措施,既要采取切实的措施直接扩大内需,如通过增发国债、增加工资的办法直接扩大;又要采取必要的办法培育内需,如通过城镇化建设、经济体制改革,为扩大内需培育宽松的环境和条件。具体措施如下:

(一)提高城乡居民特别是中低收入群体的收入,培育和提高居民的购买力。

在农村,要以市场需求为导向,认真落实退耕还林的有关政策,引导乡镇企业机制的转换,加快农业结构调整,结合农村费税改革,积极推进乡镇精简合并,减少管理层次,切实减轻农民负担。同时,要清理规范对进城农民的名目繁多的收费项目,对进城民工在办理执照、税收、法律及咨询方面提供各种优惠政策,积极推进城镇化建设。

在城镇,要积极扩大就业再就业,加强对下岗工人的职业再培训。大力发展就业容量大的劳动密集型产业、服务业及中小企业;减轻自主就业的负担,提供自主就业的优惠政策,提高城镇中低收入阶层收入。

建立稳定的行政事业单位职工工资增长机制,使行政事业单位职工工资水平与经济发展水平基本相适应。

(二)理顺社会分配关系,加大财政转移支付力度。

贫富差距悬殊已成为影响经济稳定和社会安定的一个突出问题。应当加快税制改革,加大税收调节力度,同时要鼓励再创业、再投资。对贫困阶层,应当加强社会救济力度,消除基本生存方面的政策保护不到位现象。对城市居民实施“最低生活保障”,逐步达到“应保尽保”。确保下岗职工基本生活费和离退休人员基本养老金按时足额发放。逐步扩大社会保障覆盖面，提高社会保障费用的收缴率。在有条件的农村地区，率先建立适合当地实际的农村居民社会保障制度，尽快出台农民最低生活保障制度。

（三）努力消除影响消费的各种障碍，进一步改善消费环境，积极培育新的消费热点。

结合培育消费热点，大力发展信贷消费，转变居民消费习惯；大力整顿市场经济秩序，消除消费者惧怕假冒伪劣的心理障碍；采取切实措施保护诚实守信，提高流通领域的信用。落实企业改制收费减免政策，整顿公路建设收费；落实对下岗职工的收费减免政策，清理汽车收费项目，规范住房建设收费行为，整顿集贸市场管理收费，清理招标投标和建筑市场收费。

通过改善农村流通和消费环境，大力培育农民对家用电器的消费意愿，通过清理整顿各种乱收费、多收费的现象，鼓励城镇居民在家电、汽车、通信、旅游、教育方面的消费。

（四）积极推进城镇化建设步伐，创造新的消费群体。

在控制大城市规模，合理发展中等城市和小城市的同时，积极发展小城镇，促进大中小城市协调发展。建设小城镇，重点要加强小城镇建设的"合理布局，科学规划，规模适度，注重时效"。要引导乡镇企业合理集聚，不断完善农村市场体系，大力发展农业产业化经营和社会化服务，不断繁荣和发展小城镇经济。加快改革现行户籍管理制度。打破户籍壁垒，推动农民到小城镇落户，实行居住地管理的政策。凡是在小城镇有合法固定住所、稳定职业和生活来源的人员，以及小城镇居民在农村的配偶及子女，都可以转为城镇居民户口，辖区内人口在子女入学、参军、就业等方面享受同等政策。逐步将城镇居民社会保障制度延伸到小城镇，建立适应小城镇发展要求的新的住房制度、医疗制度、劳动就业制度、教育制度和社会保障制度。

（五）加快推进体制改革步伐，疏通储蓄向投资转化机制，引导和鼓励民间投资。

推进存贷款利率市场化改革，给予商业银行和其他金融机构在利率浮动限制内的利率调整的自主权，让利率与风险挂钩。采取更加灵活的货币政策，扩大货币供给。稳定股票主板市场，创造条件，尽快推出创业板，为中小型民营企业疏通资金来源渠道。给民间资本与外资同样的行业准入限制。对外资开放的领域，同时也应该对民间资本开放，取消一些垄断行业对民间资本准入的限制。借鉴国际惯例，转让国家投资项目的经营权。将前几年国债投资建成的基础设施项目向民营资本转让经营权，用收回的资金再进行项目投资或充实社保基金。

（六）提高各项改革的配套性和系统性，降低居民对未来支出预期。

要增加改革的透明度，保持政策的连续性，凡是涉及群众切身利益的政策措施，应当增加群众的知情权和参与度。同时，要切实解除居民的后顾之忧，尽快完善社会保障制度，加大对各种影响社会稳定现象的整治力度，维护良好的社会生活环境。

（七）进一步整顿市场经济秩序，降低市场交易成本。

建立市场信用体系，建立企业、中介组织和个人信用制度。严厉打击各种走私骗税、假冒伪劣、坑害诈骗、虚假广告、商标侵权、合同诈骗、金融欺诈、非法集资、伪造票据、做假帐、不正当竞争等各种扰乱市场秩序的不法行为和各种"以商养黑"、"以黑护商"、"黑商勾结"的违法犯罪行为。打破地方保护和行业垄断，撤除各种有形、无形"篱笆墙"，建立全国统一大市场，进行公平竞争。对重点市场，如集贸市场、加油站等，进行定期专项集中整治。严禁缺斤短两、欺行霸市、无证照经营、侵犯他人知识产权、销售假冒伪劣商品，以及偷漏税款行为发生。

课题主持人：邱晓华
课题组成员：李晓超　万东华
严于龙　欧阳俊

粮食主产区农民增收的根本途径

为探讨粮食主产区农民增收问题,国家统计局农调总队和吉林省农调队对榆树、农安、德惠、公主岭和梨树等5个产粮大县进行了实地调查。这5个县市是吉林省产粮大县的前5名,也是全国前10名中的产粮大县。调查采取访问座谈和问卷调查相结合的方式,共调查了100个普通农户、10个种粮大户、10个养殖业大户、5个农副产品加工龙头企业和20名乡镇长。调查的主要结论是:粮食主产区的优势还是粮食生产,农业结构调整的方向不是减少粮食,而是深化粮食品种结构调整,提高粮食产业竞争力;要立足粮食优势,造就畜牧业支柱产业,通过规模化养殖使农民获得规模效益;在此基础上培育和发展农副产品加工业,通过龙头企业带动,加宽和拉长新的产业链,形成农、牧、加三位一体良性循环。这是粮食主产区农民增收的根本途径,也是主产区经济发展的根本出路。

一、立足粮食生产,大力调整粮食品种结构

(一)主产区农业结构调整的方向不是压缩粮食生产,而是调优粮食品种。

据了解,近年来粮食主产区农业结构调整的普遍做法也是压缩粮食播种面积,扩大蔬菜、瓜果等经济作物种植。2001年吉林省玉米播种面积比前几年下调了近10%,蔬菜瓜果面积增加了80%左右;5个产粮大县玉米下调的幅度均在10%以上。据省农调队3月末的农民种植面积意向调查显示,2002年全省玉米种植面积又下调了5%,梨树县甚至制定了压缩玉米播种面积50%以上的目标。对此,我们在调查中了解到干部和群众有不同的意见:

一种意见认为,粮食价格持续下跌,加入WTO后粮食价格可能还会继续下跌,种粮不挣钱,因此,主产区压缩粮食面积和扩大经济作物面积的结构调整思路是正确的,有利于农民增收。另一种意见认为,主产区的优势是粮食生产,农民具有丰富的种植经验,虽然粮食价格在下跌,但在国家的保护下,仍有一定的获利空间,并且经营风险低,种其他经济作物由于信息不灵,种啥啥多,最后吃亏的还是农民,因此,主产区结构调整还是应该鼓励农民种粮食。

我们认为,当前主产区农业结构调整的方向确实有些走偏,主产区农业结构调整目标不是压缩粮食面积,而是调优粮食品种结构。其理由是:

1. *有利于发挥地区比较优势。*粮食主产区之所以成为主产区,是因为其土地资源、气候条件、种植技术等有得天独厚的优势,相对非主产区来讲,粮食种植成本较低、产量高、收益有保障。根据100户调查资料测算,目前5个调查县每斤玉米的物化成本在0.25元左右(不包括活劳动消耗),比全国平均水平低30%,与0.42元的市场价格相比,还有一定的获利空间。

2. *有利于保障国家粮食安全。*根据国家计委和农调总队测算,目前全国粮食年消费量在9600亿斤左右。2000年和2001年全国粮食总产量分别是9243亿斤和9052亿斤,已连续两年当年生产量小于消费量,随着畜牧业的发展和工业用粮的增加,供求缺口有继续扩大的趋势。粮食主产区是我国商品粮的重要来源,如果主产区粮食产量继续下降,势必影响我国粮食安全。但从调查的情况看,这一隐患是存在的。在回答"今后调整农业结构的打算"时,95%的乡镇长选择了"继续压缩粮食面积,扩大经济作物种植"。有些乡镇长私下反映,上面下达的压粮指标,不完成不行。

3. *种蔬菜等经济作物的获利空间越来越小。*农民反映,前两年部分搞大棚的菜农是挣了些钱,但现在境况越来越不好,价格大幅度回落,销路不好找。公主岭市范家屯镇铁南村农民仲怀信去年搞起了大棚,种植约6亩豆角、黄瓜、西红柿等,当年投入18200元,共产蔬菜7400公斤,出售6000公斤,收入6600元,由于蔬菜集中上市,价格大幅度下跌,年终亏损11600元。另据吉林省农调队对全省19个市县1600个农民家庭收支情况的抽样

调查,2001 年农民人均蔬菜产量高达 354.6 公斤,比上年同期增长 38.1%,而农民人均出售量仅为 150.4 公斤,商品率只有 42.4%,扣除农民人均消费 119.5 公斤,人均有 84.7 公斤蔬菜没有销掉。因此,在市场环境已发生根本变化的情况下,再一味地鼓励农民压缩粮食播种面积,搞蔬菜种植,其结果势必造成菜贱伤农。

4. 主产区粮食品种结构调整任重道远。与国外相比,我国粮食品种质次价高,市场竞争力较差,如玉米国内资源成本系数高达 1.3 以上。加入 WTO 后,面对国外农产品的竞争,主产区是放弃部分粮食市场,还是通过品种结构调整,提高产品品质和竞争力,确实需要认真思考。我们的观点是,主产区应该把农业结构调整的重点转移到调整粮食品种结构上来。一是目前品种结构调整进展迟缓,空间广阔。从吉林省的情况看,2001 年全省近 90%左右的农户种植的还是普通粮食品种,农民出售优质粮食的比重仅为 10.3%。5 个产粮大县的情况稍好些,在我们调查的 100 个农户中,有 63.3%的农户种植普通粮食作物,有 24.5%的农户种植优质粮食作物,有 12.1%的农户种植高油玉米、高淀粉玉米、甜玉米等特色粮食作物。二是从目前少数种优质玉米农户的情况看,虽然产量比普通玉米低,但经济效益比较好,增收的前景比较乐观。据调查,种植优质玉米的农户平均亩产比种植普通玉米的农户低 20%左右,但出售价格却高 30—40%,按此价格计算的纯收益高 10%以上。

因此,我们建议主产区农业结构调整的重点应尽快转移到调整粮食品种结构上来。

(二)主产区粮食品种结构调整的难点是粮食收购部门没有实现专收专储。

我们对主产区粮食品种结构调整迟缓的原因也进行了调查。大家反映,除了农业结构调整指导思想上有一定偏差外,一个重要障碍因素是粮食收购部门不专收专储[①]。由于粮库不专收专储,农民担心种质优价高特种玉米不能顺利出手,卖给粮库不一定得到优质优价,因为粮库收购标准看的是水份(高油、高淀粉等专用玉米含水较高),而不是用途。因此,农民宁愿选择种植风险低、收益不高的普通玉米。

在调查中,几乎所有的农户和乡镇长都认为影响粮食品种结构调整的最大障碍因素是市场销路。目前比较时髦的订单农业,也由于前几年有关方面缺乏诚信和法律方面的保护,让不少农民吃够了苦头。在调查的 100 户中,有 90%的农户反映,他们对订单农业缺乏信心。在这种情况下,粮食收购部门如果不能实现专收专储和优质优价,农民就没有调优粮食品种结构的动力。

另一方面,一些粮食加工企业急需要相应的专用粮食,有时不得不花费很大的精力在市场上找原料,或进口或退而求其次,既影响了企业效益,又影响了企业竞争力。如果地方粮库能实现专收专储,既解决了自己的出路,又方便了农民和粮食加工企业,既有利于深化农业结构调整,推动农业产业化,又有利于搞活粮库经营。因此,我们认为鼓励和引导地方粮库实现专收专储是粮食主产区深化粮改的重要措施,也是促进农民调优粮食品种结构和增收的重要措施。

二、立足粮食优势,大力发展规模化养殖

(一)发展畜牧业有利于粮食转化增值和农民增收。

对此,粮食主产区农民和乡村干部认识较为一致。当问到"粮食主产区农民增收途径主要有哪些"时,被调查的 20 位乡镇长都提到了发展本地畜牧业生产是实现粮食过腹转化增值、农民增收的重要途径。在被调查的 100 个农户中,有 73%的户认为发展畜牧业挣钱,27%的户认为种地挣钱。当问到"您认为当地最适合发展哪些产业(多选)"这个问题时,有 45%的农户选择发展畜牧业,37%的农户选择种粮食,11%的农户选择搞粮食转化及深加工,选择其他行业的占 7%。

由于干部和群众认识较为一致,因此,近年来主产区畜牧业发展较快,已经成为农民增收的重要渠道。5 个县市畜牧业产值占农业总产值的比重都在 40%以上,农民人均纯收入中 12%左右来源于畜牧业,涌现出了一批养殖大户和专业村。畜牧业的发展,加快了粮食转化,缓解了谷贱伤农的矛盾。在调查中了解到,2001 年榆树市当年牧业转化粮食高达 70 多万吨,约为当年粮食产量的 1/2。弓棚镇是榆树市的产粮大镇和全国农业机械化典

① 这里讲的专收专储,不是指中央及国家安全和政策调控储备粮,而是指具有特殊用途的优质专用粮食,如饲料玉米、高油玉米、高淀粉玉米、高赖氨酸玉米及粘、甜、爆、鲜等食用玉米的专收专储。

型，他们立足“粮仓”建“肉库”，积极引导农业机械化转移出来的劳动力向畜牧业转移。全镇年出栏生猪20多万头，实现产值1亿多元。由于畜牧业的发展，出现“三个怪现象”：一是产粮大镇粮食不够用，每年还得外购4－5万吨用于畜牧业；二是农民不怕粮食贱，粮食越贱养猪成本越低，收入越高，去年该镇人均纯收入达到4000多元；三是农业大镇多数农民不种地，从事粮食生产的劳动力只占13%。在榆树市调查中，基本听不到卖粮难的怨声，而更多的是如何加大农业投入。

因此，粮食主产区一定要立足粮食优势，铸造畜牧业强势。

（二）发展畜牧业的最佳模式是规模养殖。

虽然主产区畜牧业发展已有一定的基础，但养殖方式还比较落后，80%以上农户靠散养，只有少部分农户搞规模化养殖。在调查中我们了解到，规模化养殖有许多优势：

1. *容易获得规模效益*。调查的10个畜牧业规模养殖户2001年人均纯收入为8312元，是全省农民人均纯收入的3.8倍。规模大小不同效益也不同。10户规模养殖户中有2户养牛，其中一户年出栏30头，每头能赚450元左右；而另一户年出栏400头左右，每头能赚500元到600元，后者单位效益要高出22%。在4户养猪专业户中，年出栏100头以上的农户每头纯收入在100元左右，而年出栏50－60头的农户，每头纯收入在80元左右，单位效益低20%左右。

2. *容易打开市场销路*。据了解，养殖大户都有自己相对稳定的客户或经纪人，到了出栏时节，一个电话经纪人或客户就来了。而散养的农户，居住分散，经纪人收购成本和运输成本较高，且养殖品种杂，不容易卖个好价钱，因此，经纪人不愿意光顾。

3. *便于搞社会化服务*。据农户讲，小规模饲养或散户饲养，防疫工作往往不正规，容易发生疫情；而规模饲养都有正规的防疫部门支撑，基本不会发生疫情。在调查的10户规模养殖户中，近几年来都没有发生过疫情。规模化饲养还有利于配种和推广优良品种。

4. *抗季节性价格波动风险的能力较强*。小规模饲养或散养户饲养通常都是看到价格高有利可图时，才开始饲养，出栏时往往赶上价格回落，因此容易被市场愚弄。而规模养殖户一般都有固定的收购点，可以通过调控养殖批次或时间来降低价格风险。

5. *规模养殖比规模种植更容易实现*。我国人多地少，加之现行土地制度不利于土地流转，因此要培育规模种植大户很难；而在粮食主产区培育养殖大户要容易得多，只要有充足的饲料和一定的启动资金就可以了。这就是为什么我们在主产区不容易找到种植大户而比较容易发现养殖大户的原因。另外，从效益情况看，规模养殖户似乎比规模种植户更容易得到规模效益。被调查的10户养殖大户的人均纯收入是8312元，而10户种植业大户的人均纯收入为5400元，前者是后者的1.5倍。

由于规模养殖具有明显的经济优势，因此近年来呈方兴未艾之势。我们认为，规模化养殖是今后畜牧业发展的方向。

（三）资金不足影响规模化生产。

在调查“养殖大户规模饲养方面存在什么问题”时，20个乡镇长和几乎所有的调查户都把缺少资金列在首位。农民说，养1头猪从仔猪到出栏大概需要4－5个月，投入成本在400元左右（仔猪100元，饲料300元），按目前毛猪2.5元/斤计算，毛收入是500元左右，扣除生产成本每头猪能挣80－100元，1年可养2批，资金年利率可达40%。可是现在就是没有本钱，否则，养10头猪就赶上种1垧地了（东北地区1垧地相当于15亩）。据了解，现在在主产区养牛比养猪效益还好。

农民也希望贷款，但普通农户实际上很难贷到款。农民反映，近几年农村信贷“嫌贫爱富”现象非常严重，银行、信用社对农民贷款的条件越来越苛刻，要求有存款、财产抵押、富裕户联保等。而且农贷份额中“农转非”现象突出，贷工不贷农，把支持农业的贷款拿去支持工业，甚至挪作他用。即使有的户得到贷款，也是“够买鞍不够买马”，用被调查户的话讲“不够买一头牛犊”，难以形成规模养殖。又由于现在农村抬钱利息远远高于贷款利息，农民难以承受高额的抬钱利息。另据调查，现在农村抬钱非常普遍，二分利左右已很平常，高的已达三分利以上，致使部分想发展规模养殖的农户，由于受资金所困，只能望洋兴叹。

因此，我们建议有关部门向主产区注入一笔专项资金或提供优惠贷款，以扶持主产区规模化养殖。

三、立足粮食和畜产品优势，大力培育农副产品加工龙头企业

（一）龙头企业的兴起带动了区域经济的发展。

吉林省龙头企业是从90年代初期开始兴起的，虽说起步较晚，但从发展来看还是较快的。据省农业产业化办公室调查，全省已有各类龙头企业766个，其中大型龙头企业31个。在我们调查的5个龙头企业中，有2个是规模较大、牵动能力较强的大型龙头企业，而其余3个是规模较小的龙头企业。

两个大型龙头企业一个是德惠的德大公司，另一个是公主岭的黄龙公司。两公司特点一是资产雄厚、经营规模大、市场竞争力强。德大公司是集粮食、物质、饲料、畜禽、食品和油脂六大部门于一身的生产、加工一条龙企业，1992年正式投产，目前固定资产达13亿元，肉鸡屠宰能力为7,500万只，鸡肉总产量16万吨，加工粮食80万吨，年货运吞吐量达150多万吨。黄龙食品工业有限公司也是90年代初期建成投产的，目前资产也在10亿元以上，年加工玉米65万吨，生产淀粉、饲料、玉米油等。二是企业自身效益有保障。德大公司2001年实现销售收入34.6亿元，出口创汇9007万美元，利税总额达2.05亿元。黄龙公司2001年创产值10亿元，利税1亿元。三是社会效益好，具有较强的带动作用。在调查中了解到，德大公司安置了近1万农村劳动力就业。常年雇用的农村劳动力平均每人年工资收入是8000－10000元，是全省农民人均纯收入4倍左右。另外，从德大公司带动的6200个养鸡农户来看，农民每饲养一只肉鸡可获纯收入1元多钱，这些养鸡农户年纯收入可达8000万元，户均纯收入12900元。黄龙公司通过玉米深加工，带动周边农民调整产业结构。据了解，每年有100多个运输专业户常年为公司运送原料货物，仅此一项，农民可收入500万元。

调查的另外3个企业分别是吉林天娇牧业集团公司、梨树县天源酒精厂、吉林省曙光变性淀粉有限公司。其特点一是建立晚，企业规模相对较小、经营品种单一，竞争能力弱。据调查，这3个企业基本都是1999年以后建立或转产的，资产总额只有1.45亿元，仅为德大公司的11.2%，天源和曙光两个企业加工的主要产品是酒精、麦芽糊精和淀粉，年加工玉米量合计还不到10万吨。而天娇公司只是搞经销，不搞加工，即从农户那里收购猪、鹅、牛后直接出售。二是企业盈利能力低。曙光公司是2001年8月才正式生产，目前还无盈亏现象，天源和天娇都属亏损企业，2001年亏损总额达1700万元，据酒精厂企业领导反映，现在每吨酒精的售价比上年降低1000元，2001年是4400元/吨，现在是3400元/吨，而原料价格仍处在950元/吨左右。

通过调查，我们得出两点结论：一是农副产品加工龙头企业的带动作用是全方位的；二是龙头企业规模与市场竞争能力和带动效应成正比。如果每一个县市都有一个类似德大或黄龙公司一样的企业，则地方经济一定会跃进一个层次。

（二）当前龙头企业发展中存在的主要问题也是资金问题。

在调查的5个企业中，有4个企业反映资金不足。有的企业有项目建设资金没有生产资金，有的企业是有生产资金而没有更新改造资金。缺资金影响了企业规模的扩大和龙头作用的发挥。

由于粮食价格大幅度下跌，主产区农民收入已连续几年下降，地方财政十分困难，现在的财政状况是吃饭财政，无力投资，因此迫切盼望国家能从保护主产区粮食生产的角度，帮助地方政府培育农副产品加工龙头企业。加入WTO后，国家对农业的直接补贴受到限制，如果把这部分补贴用在帮助主产区发展龙头企业上，也许是一个不错的选择，至少比直接补给流通领域要好。

国家统计局课题组
课题负责人：朱向东
课题组成员：鲜祖德　盛来运　阳俊雄
唐　平　闫　芳　彭丽荃

我国高技术产业发展概况

在当代社会,技术,特别是高技术,已成为加速经济增长和提高国家综合竞争力的关键因素。客观全面地评价我国高技术产业发展状况,为宏观管理提供决策依据,是科技统计工作的重要任务。课题组根据国家统计局印发的《高技术产业统计分类目录》和有关计算方法,对我国1995－2001年的高技术产业发展情况进行了初步描述。

一、我国高技术产业的总体规模

(一)产出情况

2001年我国高技术产业总产值为12263亿元,其中,航空航天制造业469亿元,计算机与办公设备制造业2200亿元,电子与通信设备制造业6900亿元,医药制造业2041亿元,医疗设备及仪器仪表制造业653亿元,分别占全部高技术产业的3.8%、17.9%、56.3%、16.6%和5.3%。近年来,我国高技术产业增速较快。2001年我国高技术产业总产值比1995年增长了2.6倍,年均递增23.9%,比同期全部制造业年均增速高1倍。

分行业看,1995－2001年,计算机与办公设备制造业产值的增长速度最快,年均达到35.4%。电子与通信设备制造业的产值增长速度也大大高于制造业的平均水平,达到25.8%,2001年该行业产值增长的绝对量达到919亿元,居高技术产业各行业之首。医药制造业原有的产值规模较大,2000年以前一直居高技术产业五大类行业第二位。但是由于该行业发展速度低于高技术产业平均增长速度,年平均增长速度为17%,2001年的产值规模已退居第三位。航空航天业产值增速在高技术产业中最低,1995－2001年年平均增长速度为11.6%。

高技术产业产值占制造业产值的比重是国际上衡量制造业产业结构优化程度的重要指标。美国和日本的这一指标分别于1982年和1984年首次超过10%,英国和韩国也于1986年首次达到10%。随着我国高技术产业的快速发展,高技术产业产值在制造业中的比重逐年上升。1995年高技术产业的总产值占全部制造业总产值的比重仅为5.5%,2001年已经接近10%。我国达到这一目标的时间虽比发达国家晚了十几年,但也表明我国高技术产业的发展达到了一定水平。同时也应该看到,我国制造业整体规模与发达国家差距仍然很大,高技术产业在全球高技术产业中的比重还很低。1998年我国大约占全球高技术产业总产值的3%,而美国和日本所占比重已高达36%和20%。

(二)增加值情况

2001年我国高技术产业增加值为3095亿元,在制造业增加值中的比重为9.5%,比1995年提高4个百分点。1995－2001年,我国高技术产业增加值年均增长速度达到19.2%,比非高技术制造业的平均增长速度高1倍多。

分行业看,电子与通信设备制造业2001年的增加值为1623亿元,比1995年年均增长20%。医药制造业增加值为722亿元,增长18.1%。计算机与办公设备制造业增加值为432亿元,增长29.2%。医疗设备及仪器仪表制造业增加值为193亿元,增长11.6%。航空航天制造业增加值为124亿元,增长7.5%。计算机与办公设备制造业是近年来成长最快的高技术产业,2001年的增加值是1995年的4.6倍。

从高技术产业增加值占国内生产总值(GDP)的份额看,我国高技术产业对GDP的直接贡献还较低,但近年来正在稳步提高。1995年我国高技术产业增加值占GDP的比重为1.85%,1997年超过2%,2000年超过3%,2001年为3.23%。

(三)从业人员情况

近年来,我国高技术产业从业人数呈V字形变化。1996－1999年,高技术产业从业人员逐年下降,1996年为461万人,1997年减少到430万人,1998年为392.7万人,1999年进一步下降到384.5万人。2000年以后从业人数回升,2000年为390万人,2001上升到398万人。在这种变化过程中,因同期制造业从业人员大幅度减少,使得高技术产业从业人员占制造业的比重从 1995 年的 6.3% 增加到 2001 年的 8.8%，这在一定程度上改变了制造业的就业结构。

分行业看，1995 年至 2001 年，医药制造业、医疗设备及仪器仪表制造业和航空航天器制造业从业人员是减少的趋势。医药制造业从业人员从 1995 年的 115.7 万人下降到 2000 年的 99.6 万人，2001 年略有增加，为 103 万人。医疗设备及仪器仪表制造业从业人员从 1995 年的 77.9 万人下降到 2000 年的 47.3 万人，2001 年与 2000 年基本持平。航空航天器制造业从 1996 年的 74.7 万人下降到 2001 年的 41.7 万人。计算机与办公设备制造业从业人员增加较快，2000 年为 23.9 万人，比 1999 年增加近 3 万人，2001 年为 29.5 万人，比上年增加 5.6 万人。电子与通信设备制造业在高技术产业中从业人员最多，从业人员数占高技术产业从业人员总数的比重一直保持在 40% 左右；2000 年该行业有从业人员 173.7 万人，比 1999 年增加 7.4 万人，2001 年为 176.8 万人，比 2000 年增加 3.1 万人。

二、高技术产业的效益情况

（一）劳动生产率

劳动生产率是反映生产力水平和经济效益的重要指标，是产业技术水平、经营管理水平、职工技术熟练程度和劳动积极性的综合表现。目前，我国高技术产业与制造业的其他领域比较具有相对较高的劳动生产率。按人均增加值计算，我国高技术产业的劳动生产率从 1995 年的 2.4 万元上升到 2001 年的 7.8 万元，比 2001 年全部制造业的全员劳动生产率 4.9 万元高得多。

在高技术产业中，不同行业的劳动生产率差异很大。计算机与办公设备制造业的劳动生产率高居榜首，2001 年为人均 14.7 万元，1995 - 2001 年平均增幅为 29.2%，显示出我国在这一产业具有较高的效率。电子与通信设备制造业和医药制造业 2001 年的劳动生产率分别为人均 9.2 万元和 7 万元，也明显高于非高技术制造业。航空航天制造业和医疗设备及仪器仪表制造业劳动生产率明显偏低，仅为人均 3 万元和 4.1 万元，不仅大大低于其他高技术产业，而且低于非高技术制造业。

（二）增加值率

我国高技术产业的增加值率（增加值与产值之比）与其他制造业相比并不具备明显的优势。“九五”时期我国高技术产业增加值率为 25.8%，比制造业增加值率低 1.1 个百分点。从近几年的走势看，高技术产业增加值率仍有下降的趋势。

我国高技术产业增加值率在不同行业之间存在较大的差异。2001 年，航空航天制造业为 26.4%，与制造业的平均水平相同，与 1995 年相比下降了 1.2 个百分点。医药制造业、医疗设备及仪器仪表制造业的增加值率分别为 35.4% 和 29.6%，明显高于制造业的水平。电子与通信设备制造业和计算机与办公设备制造业的增加值率分别为 23.5% 和 19.6%，分别比制造业低 2.9 和 6.8 个百分点。

从增加值率增长幅度看，除医药制造业外，其他高技术行业都是下降的。2001 年与 1995 年相比，医药制造业提高了 7.8 个百分点，计算机与办公设备制造业下降 6.7 个百分点，航空航天制造业下降 3.3 个百分点，电子与通信设备制造业、医疗设备及仪器仪表制造业分别下降 1.4 和 0.6 个百分点。

我国与部分发达国家高技术产业增加值率的比较

单位：%

	中国 2001 年	美国 1999 年	日本 1997 年	英国 1998 年	法国 1998 年	加拿大 1997 年	韩国 1999 年
全部制造业	26.4	36.5	36.6	37.7	32.3	31.6	28.5
高技术产业	25.2	43.0	36.1	36.4	30.1	33.8	27.2
航空航天制造业	26.4	37.1	39.8	33.4	22.1	44.9	-
计算机与办公设备制造业	19.6	56.1	49.0	42.0	32.8	30.8	35.9
电子与通信设备制造业	23.5	32.8	24.5	26.0	29.9	14.2	21.2
医药制造业	35.4	49.5	36.6	37.6	28.5	34.6	28.2
医疗设备及仪器仪表制造业	29.6	36.7	44.4	46.6	39.3	-	29.9

我国高技术产业的增加值率相对较低，与发达国家相比有明显的差距。美国高技术产业总体规模居世界第一，高技术产业的增加值率也是世界上最高的，1999 年为 43.0%，比制造业平均水平高 6.5 个百分点。日本和英国的高技术产业增加值率大约在 36%，略低于本国全部制造业的增加值率。法国和加拿大的高技术产业增加值率也都超过 30%。韩国 1999 年的高技术产业增加值率为 27.2%，比我国高 1.6 个百分点。分行业看，计算机与办公设备制造业与国外的差距最突出。我国计算机与办公设备制造业的增加值率不到 20%，而美国、日本达到 50% 左右，英国超过 40%，法国、加拿大和韩国也都高于 30%。

（三）利税和产值利税率

随着高技术产业规模的扩大，我国高技术产业对国民经济发展的贡献越来越大。1995－2001 年我国高技术产业的经济效益逐年提高，利税额持续增长，年平均增长率达到 22.6%。1999 年利税总额为 713 亿元，2000 年猛增到 1033 亿元，增幅高达 44.9%。2001 年继续保持着增长的势头，达 1108 亿元。电子与通信设备制造业是我国高技术产业创造利税的主要来源，2000 年利税额为 592 亿元，比 1999 年猛增 201 亿元，占高技术产业利税总额的 57.3%；2001 年基本上与 2000 年持平，利税额为 593 亿元。医药制造业是我国高技术产业的第二利税大户，2000 年创利税 263 亿元，比 1999 年增加了 64 亿元；2001 年为 313 亿元，占高技术产业利税总额的 28.2%。计算机与办公设备制造业 2000 年和 2001 年的利税额分别为 104 亿元和 107 亿元，分别占当年高技术行业利税总额的 10.1% 和 9.7%。医疗设备及仪器仪表制造业 2000 年和 2001 年的利税额分别为 58 亿元和 74 亿元。航空航天制造业的 2000 年和 2001 年的利税额分别为 17 亿元和 21 亿元。

“九五”期间，我国高技术产业的产值利税率基本上保持着上升的趋势。1995 年为 8%，2000 年上升到 9.9%。目前，我国高技术产业仍处于规模扩张阶段，在产值规模迅速增长的同时，利税指标未能保持同步增长，经济效益出现下滑的势头。2001 年高技术产业的产值利税率为 9%，比 2000 年下降近 1 个百分点。

从分行业看，我国高技术产业产值利税率较高且比较稳定的是医药制造业，从 1995 年至 2001 年都超过 10%，且稳步上升，2000 年为 14.8%，2001 年进一步上升到 15.3%，为高技术产业各行业历年来的最高水平。计算机与办公设备制造业的发展速度在高技术产业中最快，但由于核心技术和关键零部件大多掌握在外国公司手中，组装加工份额较大，市场竞争激烈，导致产值利税率很低，2001 年仅为 4.9%。

三、高技术产业的技术创新能力

（一）R&D 强度

产业 R&D 强度是衡量产业技术密集度和技术先进性的重要指标，一般用 R&D 经费支出占工业总产值、工业增加值或者产品销售收入的比重来表示。考虑数据可获得性及便于国际比较，我们采用 R&D 经费占工业增加值的比重来分析我国高技术产业的 R&D 强度，并与部分 OECD 国家进行比较。

2001 年我国高技术产业的 R&D 经费支出为 157 亿元，R&D 经费占高技术产业增加值的比重为 5.1%，明显高于全部制造业的平均 R&D 强度（约 2.6%）。

分行业看，2001 年航空航天制造业的 R&D 强度达到 13.3%，比 1995 年的 8.1% 有较大幅度提高，明显高于其他行业。这也从另一侧面说明了我国航空航天业产品技术含量高、品种多、批量少的特点。电子与通信设备制造业在我国高技术产业中规模最大，其 R&D 强度由 1995 年的不到 1% 提高到 2001 年的 6.5%，表明 R&D 投入的大幅度增加是带动这一行业近年来高速发展的主要因素。计算机与办公设备制造业的 R&D 强度近些年来起伏较大，1997 年曾达到 4%，1998 年大幅度下降到 1.7%，近 3 年来在 3% 左右徘徊。医药制造业 R&D 强度近年来呈缓慢上升趋势，从 1995 年的 1.6% 增加到 2001 的 2.7%。

下表反映出我国与部分发达国家在高技术产业 R&D 强度方面的巨大差别。

从国际比较数据可以看出，20 世纪 90 年代大部分 OECD 成员国高技术产业 R&D 强度超过 20%，我国高技术产业的 R&D 强度不但在总体上，而且在各个行业上均比发达国家落后很多。这一方面说明我国的高技术产业仍处于较低水平，同时反映出我国的高技术产业从整体上尚处于全球性垂直分工的下游，对关键技术和部件研发活动投入的资金较少，很多行业尚处于为发达国家“打工”的状况。

我国与部分发达国家高技术产业的R&D强度比较

单位:%

	中国 2001年	美国 1997年	日本 1997年	法国 1999年	英国 1998年	加拿大 1997年	韩国 1999年
全部制造业	2.6	8.8	7.9	7.0	5.4	4.0	4.5
高技术产业	5.1	27.6	20.3	27.5	19.1	31.7	13.0
航空航天制造业	13.3	38.2	29.3	40.1	24.3	22.7	-
计算机及办公设备制造业	2.7	24.1	19.0	27.6	48.0	24.4	3.9
电子及通信设备制造业	6.5	52.4	34.3	13.3	3.5	44.9	7.0
医药制造业	2.5	18.3	16.2	34.1	12.1	37.7	17.9
医疗设备及仪器仪表制造业	2.7	25.8	21.9	16.9	7.3	-	4.1

(二)专利产出

“专利”在很大程度上可以反映技术开发活动的产出情况,是间接测度技术创新产出的重要指标。由于某些特殊原因,我国高技术产业的专利申请量在全国总申请量中的比重较低,但近年来,产生于我国高技术产业的专利申请呈不断增加趋势。1995年为612件,1998年突破1000件,2000年突破2000件,2001年增加到3379件。在高技术产业中,电子及通信设备制造业的专利申请所占比重最大,2001年为1679件,占全部高技术产业的一半;其次为医药制造业的735件,占21.8%;电子计算机及办公设备制造业、医疗设备及仪器仪表制造业和航空航天器制造业分别为558件、308件和99件,分别占16.5%、9.1%和2.9%。就专利申请的增长率看,不同高技术产业之间差异很大。增长最快的是电子计算机及办公设备制造业,1995年至2001年年均增长率达到89.6%;电子及通信设备制造业专利申请的年均增长率为50.4%;而航空航天器制造业的专利申请年均增长率仅为0.9%。

分登记注册类型看,我国高技术产业的专利申请中三资企业所占的比重呈增长趋势,而国有企业所占的比重则逐年下降。1995年国有企业的专利申请为475件,2001年为575件,增加了100件。同期三资企业的专利申请则由50件增加到795件,增加了745件。国有企业的专利申请在全部高技术产业中所占的比重由1995年的77.6%下降到17.0%,三资企业的比重则从8.2%增加到23.5%。

(三)产品创新

新产品销售收入是衡量产品创新的最直接的指标。近年来,我国高技术产业的新产品销售收入增长较快,由1995年的538.4亿元增加到2001年的2875.9亿元,增加了4.34倍,年均增长32.2%,比高技术产业全部产品销售收入年均20.5%的增长速度高出11.7个百分点。高技术产业的新产品销售主要来自电子及通信设备制造业。2001年电子及通信设备制造业的新产品销售额为1878.1亿元,占全部高技术产业的65.3%,电子计算机及办公设备制造业的新产品销售额为629.4亿元,占21.9%。就增长率而言,电子计算机及办公设备制造业的新产品销售额增长最快,6年间增长了16.2倍,年均增长率超过60%;航空航天器制造业增长较慢,年均增长率为8.5%。

从登记注册类型看,我国高技术产业中国有企业的新产品销售额增长缓慢,1995到2001年年均增长率仅为2.5%,占高技术产业新产品销售额的比重也从64.6%下降到14.0%。而同期三资企业的新产品销售额呈现出高速增长的趋势,年均增长率达到56.1%。占高技术产业新产品销售额的比重由1995年的23.6%上升到2001年的63.8%。

新产品销售份额(新产品销售收入占全部产品销售收入的比重)可以衡量产品创新对整个销售收入的贡献,也可反映新产品创新周期、更新换代频率和市场竞争能力等指标的优劣。从近几年的情况看,我国高技术产业的新产品销售份额总体上呈上升趋势,由1998年的18.3%上升到2000年的24.8%,2001年保持了2000年的水平。在各类高技术产业中,电子及通信设备制造业、电子计算机及办公设备制造业的新产品销售份额相对较高,2001年分别为27.9%和21.6%;航空航天制造业为21.6%;医疗设备及仪器仪表制造业和医药制造业处于相对较低的水平,分别为11.2%和10.5%。

四、高技术产业的地区分布

近年来,我国高技术产业总体上保持着良好的发展势头,但地区间的发展很不平衡。高技术产业的80%集中在东部地区,而西部地区所占比重不到10%。2001年,东部地区高技术产业完成工业总产值、增加值和利税分别为10237亿元、2441亿元和887亿元,分别占全国高技术产业的83.5%、78.9%和80.1%;中部地区高技术产业完成工业总产值、增加值和利税分别为1107亿元、363亿元和129亿元,分别占全国高技术产业的9.0%、11.7%和11.7%;西部地区高技术产业完成工业总产值、增加值和利税分别为919亿元、291亿元和91亿元,分别占全国高技术产业的7.5%、9.4%和8.2%。

从高技术产业的发展速度来看,东中西部也呈现出由高到底的梯度差异。以工业增加值为例,1995年到2001年东部地区的年均增长率为22.5%,中部地区为18.4%,西部地区只有12.4%。从发展趋势看,东中西部高技术产业发展的差距将会进一步拉大。

东中西部地区高技术产业主要指标的比较

单位:亿元

指标	地区	1995年	1996年	1997年	1998年	1999年	2000年	2001年	年平均增长%
工业总产值	东部地区	2537	3746	4603	5617	6625	8567	10237	26.2
	中部地区	488	593	683	741	832	1004	1107	14.6
	西部地区	457	570	685	752	759	841	919	12.3
增加值	东部地区	722	924	1134	1338	1626	2166	2441	22.5
	中部地区	132	174	206	222	264	321	363	18.4
	西部地区	144	174	200	225	218	272	291	12.4
利　税	东部地区	235	305	394	424	573	839	887	24.8
	中部地区	38	30	57	68	85	117	129	22.6
	西部地区	44	46	67	63	55	77	91	12.9

分地区看,我国高技术产业主要集中在东部沿海和内陆的个别省份。2001年高技术产业增加值在100亿元以上的有广东、江苏、上海、北京、天津、浙江、山东、福建、四川和湖北10个省市,它们的高技术产业增加值占了全国的80%。广东省2001年高技术产业增加值高达760亿元,占全国的四分之一,比中西部地区的总和还要高出100多亿元;江苏省的高技术产业增加值为358亿元,与整个中部地区相当;上海市的高技术产业增加值为288亿元,与整个西部地区相当。可见,我国高技术产业发展的地区集中度是相当高的。

经济发展的不平衡和工业结构上的差异,使得各地区之间高技术产业增加值占工业增加值的比重也有较大差异。北京市高技术产业对工业增加值的贡献为31.4%,天津、陕西、广东都超过20%,上海、福建、四川、江苏、江西和贵州的这一比重都超过全国的平均水平。

注:文中除高技术产业总产值、增加值占制造业比重的指标口径为全部工业外,经济指标口径均为国有及年销售收入在500万元以上的非国有工业企业,科技指标口径均为大中型工业企业。

课题组组长:林贤郁
副组长:张为民
执行负责人:马京奎　许剑毅
　　　　　　方　宽　王文颖
成员:察志敏　高昌林　关晓静
　　　刘红玫　肖　云　骞金昌
　　　刑俊玲　江　源　杨晓刚
执笔人:察志敏、肖　云、骞金昌

低收入群体保护

——一个值得关注的现实问题

低收入群体的现状与特征

近些年来，随着改革开放步伐的加快，在经济发展、居民收入水平普遍提高的大前提下，低收入群体保护问题引起人们的广泛关注。保护好低收入群体不仅是现阶段建立和完善社会主义市场经济体制、促进经济发展的重要基础，也是社会稳定的根本保证，具有重要的现实意义；同时也是实现共同富裕的社会主义本质要求，是新时期"三个代表"思想在实践中的具体应用。

低收入是一个相对概念，它普遍存在于任何地方和任何时期。无论一个国家或地区的富裕程度如何，总有一部分人处于收入相对较低的状态。本研究报告所说的低收入群体由贫困人口及贫困边缘人口组成。贫困边缘人口是指初步解决温饱、但基础还不稳固随时可能返贫的低收入人口。

划分低收入标准的方法有很多，主要有：(1)绝对值法。将总体平均收入的1/2或1/3定为低收入线。(2)比例法。将住户按人均收入从低到高排序，把那些处于最低层的5%、10%或20%的居民家庭定义为低收入户。(3)贫困线拓展法。将贫困线按一定比例扩大，例如扩大到115%、125%、135%或150%等。(4)日美元标准。1990年由世界银行提出，以每人每天1美元作为最低生活标准。

目前国际上一些发达国家和少数发展中国家通常把20%最低收入人口作为相对贫困人口，不考虑经济发展水平；而发展中国家由于受经济发展水平和扶贫资源的制约，没有条件将这部分低收入人口全部纳入扶贫对象，通常只选择其中的一部分。

综合考虑各种划分标准，结合我国实际，经过多方测算和比较，我们认为，以最低20%收入阶层的人均消费支出作为我国低收入群体的划分标准比较适宜，即当收入低于这一水平时，我们将其纳入低收入者。在这一标准之下的居民只能维持最基本的生存需求，人均消费支出一般仅相当于消费支出平均水平的1/3左右，食品支出占全部消费支出的比重在50%以上。

一、城镇低收入群体的现状与基本特征

按照上述标准测算，2001年城镇低收入群体为人均可支配收入2634元以下的人口，全国城镇低收入群体大约有2510万人，约占城镇居民总数的8.1%。这部分人主要包括：下岗职工、失业人员、无业人员、困难企业职工、因健康状况差或残疾不能工作的人员、无亲友抚养或赡养又无储蓄的人员、多子女家庭、重灾重病户家庭等。城镇低收入的主体已由传统的"三无"人员（无劳动能力、无收入来源、无法定抚养人）转为特困职工、失业人员及其家属。据民政部统计，到2002年7月10日，在全国享受城市低保待遇的1931万人中，特困职工981万人，占50.8%，失业人员299万人，占15.5%，特困职工及失业人员家属554万人，占28.7%，"三无"人员97万人，占5%。

（一）城镇低收入群体的地域分布

从地域分布情况看，总的说来，自然资源短缺、经济发展比较落后的地区，低收入人口的比重比较高；中西部地区城镇低收入人口合计占全国城镇低收入群体总数比重超过80%。

表1 2001年城镇低收入人口分布

	城镇低收入人口数（万人）	占全国城镇低收入人口比重（%）	占当地城镇居民总数比重（%）
全国	2510	100.0	8.1
东部	497	19.8	3.8
中部	1288	51.3	11.7
西部	725	28.9	10.2

（二）家庭特征

低收入户具有以下基本特征：一是户均人口规模较大，平均每户3.5人，比平均水平高0.4人；二是负担系数高，平均每个就业人员负担人口2.5人，比平均水平高0.6人；三是文化程度低，70%的低收入人口文化程度为初中及以下水平，而城镇总人口中文化程度为初中及以下的比例为49%。

（三）就业状况

1. 就业特征。在城镇低收入群体中，下岗失业人员占相当比重，从业人员中“非正规就业”相对居多。在低收入户的就业者中，家务劳动者和待业人员比重为17.1%，比城镇平均水平高出11.5个百分点；个体从业人员比重为9.7%，比平均水平高出4.5个百分点；集体单位职工比重为7.7%，比平均水平高出2.8个百分点；但国有单位职工的比例却比平均水平低17.2个百分点。

表2 城镇低收入群体的就业行业比重（%）

就业人员的行业	平均水平	低收入户
全部城镇人员	100	100
国有经济单位职工	37.5	20.3
集体经济单位职工	4.9	7.7
其它经济类型单位职工	2.8	1.1
个体经营者	2.9	5.9
个体被雇者	2.3	3.8
离退休再就业	1.4	0.2
其它就业者	0.9	2.0
离退休人员	15.7	7.9
无劳动能力者	0.3	0.9
家务劳动者	2.0	6.7
待业人员	3.6	10.4
在校学生	19.2	23.1
其它人员	6.3	10.1

2. 行业分布特征。城镇低收入群体就业人员主要分布在一些收入水平相对较低的行业，如制造业、批发零售贸易餐饮业、社会服务业、建筑业等，就业人员比重分别为37.9%、19.0%、13.1%和4.9%，比平均水平分别高出7.5、6.2、4.5和1.9个百分点。相对而言，在电力、煤气、水生产供应、金融保险、卫生体育、教育文化艺术、国家机关社会团体等收入水平相对较高、且比较稳定的行业中，就业的比重明显偏低。

（四）收入来源

城镇低收入群体的平均收入非常低，2001年年人均可支配收入仅为2062元，不到城镇平均水平的1/3。

从收入来源构成看，低收入户除个体经营收入与城镇平均水平相近外，其余各项收入均明显低于平均水平。其中作为收入构成主要成分的就业收入仅相当于平均水平的24.2%，转移收入相当于21.8%，离退休金相当于19.1%。

（五）生活情况

城镇低收入群体由于收入少，其消费水平普遍较低，生活质量较差。2001年，低收入群体年人均消费支出为2015元，仅为城镇平均水平的29.4%，其中，51.2%的消费支出用于食品消费，恩格尔系数比城镇平均水平高出8.5个百分点。

“被动性消费”在低收入居民家庭中占有相当比重。作为生活必需品的水电燃料消费的人均水平仅为城镇平均水平的53.2%，但占消费支出的比重却为9.3%，比城镇平均水平高2.2个百分点。低收入群体年人均教育支出是城镇平均水平的24.7%，占消费支出的8.5%，比平均水平高1.2个百分点。

年可支配收入仅仅比年消费性支出高46元，说明低收入家庭很容易入不敷出，常需亲朋好友的捐赠或借贷才能维持正常生活。

低收入群体的衣着消费是城镇平均水平的30.2%，家庭设备用品及服务支出仅为平均水平的1/6，医疗保健支出是平均水平的1/3。

（六）住房情况

城镇低收入群体住房条件较差。人均居住面积11.6平方米，比城镇平均水平低2.5平方米，不方便户的比例为8%，比平均水平高4个百分点。按低收入群体的收入水平，很难依靠他们自身的能力改善居住条件。2001年，低收入户年人均购房建房支出为30.4元，仅仅是平均水平的12.2%。

二、农村低收入群体现状及特征

根据上述标准测算,2001 年农村低收入群体为人均纯收入在 872 元以下的人口。农村低收入群体的人口为 9029 万人,占农村人口的 9.8%。

(一)农村低收入群体的地域分布

农村低收入群体在地域分布上主要集中在经济欠发达的地区,呈现出区域集中的特点。中西部地区农村低收入人口合计占全国农村低收入人口总数的 86.2%,其中,西部 12 省、区、市(含内蒙、广西)低收入群体的人口达 5535 万人,占全国的 61.3%

表 3　2001 年农村低收入人口分布

	农村低收入人口数(万人)	占全国农村低收入人口比重(%)	占当地农村总人口比重(%)
全国	9029	100.0	9.8
东部	1255	13.9	3.3
中部	2867	31.8	8.9
西部	4908	54.4	21.8

(二)社区环境

从低收入群体所处的社区的基础设施看,与全国农村平均水平相比有较大差距。低收入农户所在的村通公路的有 91.3%,通电话的有 77.8%,能收看电视节目的有 95.6%,分别比农村平均水平低 4.5、13.0 和 2.5 个百分点;低收入农户中使用照明电的比重为 96%,使用安全饮用水的比重为 54.3%,分别比平均水平低 2.3 和 12.7 个百分点。

(三)资源状况

1. 自然资源

低收入群体的 48.3% 的人口生活在山区,而全国农户平均仅有 25.3%。低收入农户人均经营土地 3.6 亩,比农村平均水平少 2.6 亩,其中:耕地 2.1 亩、山地 0.4 亩、牧草地 1 亩、其他土地 0.1 亩。耕地资源质量也较差,平均每亩耕地生产的粮食仅有 202 公斤,比平均水平低 82 公斤。

2. 人力资源

劳动力资源相对充裕,但负担较重。低收入农户平均每户拥有劳动力 3.0 人,比农村平均水平多 0.3 人。但由于低收入农户的家庭规模较大,平均为 5 人,比平均水平多 0.9 人,使得每个劳动力平均负担的人口达 1.7 人,比平均水平多 0.2 人。

劳动力文化素质较差。低收入农户劳动力的文化程度指数为 6.7 年,比农村平均水平低 1.1 年。在低收入群体的劳动力中,有一半多为文盲和小学文化程度。其中,文盲占 15.2%,比平均水平高 7.8 个百分点;小学文化程度的占 37.4%,比平均水平高 6.3 个百分点;初中文化程度的占 40.7%,比平均水平低 8.6 个百分点;高中文化程度的占 5.9%,比平均水平低 3.8 个百分点。

儿童受教育程度较低。从低收入群体的儿童入学率看,7－15 岁儿童入学率为 89.8%,比农村平均水平低 4.3 个百分点。低收入群体的 7－15 岁儿童有 10.2% 由于各种原因没有入学或中断了学业。

(四)就业情况

低收入群体的人口大多居住于偏僻的山区,交通不便,加上劳动力的文化素质较低,使得就业门路狭窄,就业区域更多地局限于本地,且就业结构单一,主要从事第一产业的生产。在低收入群体的劳动力中,在本乡内从业的人员占 90.3%,比全国农村平均水平高 4.0 个百分点;有外出经历的劳动力占 12.2%,比平均水平低 2.5 个百分点,外出半年以上的劳动力占 7.7%,比平均水平低 3.4 个百分点。低收入群体的劳动力中 87.7% 从事第一产业,比平均水平高 13.8 个百分点。

(五)生产情况

受收入水平的制约,低收入农户的生产投入水平较低,仅能维持简单再生产。低收入农户的生产费用支出人均为 404 元,仅相当于全国农村平均水平的六成。从投资结构看,低收入农户的生产投入主要用于传统的种养业,在生产投入中,种植业投入 213 元,牧业投入 130 元,种植业和牧业的投入占整个生产投入的 84.9%。

(六)收入水平

从收入水平看,低收入群体的收入水平较低。2001 年低收入群体全年人均纯收入为 704 元,仅相当于全国农村平均水平的 30%,与 20% 最低收入组的人群相比,纯收入水平也要低 14%。

从收入构成看,实物性收入占一半左右。在低收入群体的纯收入中,现金纯收入 352 元,占纯收入的 50.1%,与农村平均水平相比,两者相差 25 个百分点。

受就业结构单一的影响,低收入群体的收入来源结构也非常单一,绝大部分为务农收入。在低收入群体的总收入中,来自第一产业收入占 76%,比农村平均水平高 22.3 个百分点;工资性收入占

13.4%，比平均水平低9.9个百分点。

（七）生活消费

2001年低收入群体人均生活消费支出为695元，而全国农村人均水平达到1741元，低收入群体的消费水平仅相当于农村平均水平的40%。低收入群体消费主要有三方面的突出特点：

表4 农户生活消费支出比较

单位：元/人

	低收入群体	农村平均水平
生活消费总支出	694.9	1741.1
1. 食品	458.8	832.3
2. 衣着	42.0	98.2
3. 居住	62.8	179.1
4. 家庭设备、用品及服务	24.8	77.0
5. 医疗保健	27.5	96.6
6. 交通通讯	18.0	108.8
7. 文教娱乐用品及服务	49.0	192.6
8. 其他商品和服务	12.0	56.4
恩格尔系数	0.66	0.48

一是消费支出主要用于满足基本生存的需要。在低收入群体的消费支出中，食品支出人均459元，恩格尔系数高达66%；居住支出人均63元，占生活消费支出的9%；衣着支出人均42元，占6%；医疗保健支出人均28元，占4%。低收入群体用于满足基本生存需要的吃、穿、住三项支出额占生活消费支出总额的比重高达81.1%，而全国农村平均水平仅为69.5%。

二是消费的商品率低。在低收入群体的生活消费支出中，商品率仅为56.7%，而农村平均水平为78.3%。这主要是由于低收入群体的生活消费支出主要用于食品，而食品主要靠自给。

三是资产拥有量较少。与全国农村平均水平相比，低收入群体所拥有的耐用消费品，除黑白电视机和收录机比较接近外，其他主要耐用消费品的拥有量仍有较大差距。低收入群体平均每百户拥有彩色电视机30.5台、电冰箱3.1台、洗衣机14.6台，分别比平均水平低23.9台、10.5台和15.3台。

低收入群体形成的原因与保护措施

一、低收入群体形成的原因

低收入群体产生的原因比较复杂，综合起来看，主要有以下三方面的原因：

第一，低收入群体本身的原因。根据前面分析，我们看出：家庭规模大，就业负担系数过高；文化程度明显偏低；因残致贫，因病致贫；老无所养；赌博、吸毒、犯罪等不良嗜好致贫是重要原因。此外，值得指出的还有思想观念的问题。一些企业职工认为自己为企业工作了多年，不愿也不想离开企业进入市场寻找工作，仍存在等靠要的思想。一些农民对新观念、新技术和致富信息接受慢，缺乏劳动致富的信心和积极进取的勇气。

第二，经济发展和体制改革中伴生的现象。

在城市，伴随市场经济体制改革的深化和结构调整力度的加大，有相当部分企业生产经营不景气，经济效益滑坡，半停产、停产、破产企业不断增多。这些企业职工下岗、失业或就业不充分，收入水平受到影响。1998－2001年国有企业下岗职工累计达2550多万人。到2001年底，城镇国有企业下岗职工515万人，非国有企业下岗职工200多万人，加上680多万登记失业人员共有1400万人待就业。

一些矿产资源型城市随着资源的逐渐枯竭，导致主体企业破产，下岗失业增加，同时受长期形成的单一的工业结构的影响，再就业面临困难。在这类城市中，有些低收入家庭的主要成员均在同一企业上班，一下岗便都下岗，生活非常困难。

特别是在一些地方经济发展落后，财政困难，企业经济效益不佳，居民工资性收入、养老保险金或离退休金、下岗基本生活费被长期拖欠。例如，对辽宁阜新市的实地调研表明，国有企业下岗解除劳动关系的职工中，有70%的人员被原单位拖欠过收入，其中，43%的人被拖欠过工资性收入，有14.7%的人被拖欠过经济补偿金收入，有25.7%的人被拖欠过集资款，有18%的人被拖欠过医药费，有0.7%的人被拖欠过公积金，有25.3%的人被拖欠过采暖费，还有15%的人被拖欠过其它收入。人均拖欠额达5000多元。

在农村，随着农产品市场供求关系的变化，农产品市场价格持续下降，2000年与1996年相比，全国农产品收购价格下降 25.6%,其中粮食价格下降 31.5%,经济作物价格下降 23.8%,5 年间农产品平均价格降幅超过了 1/4,这使得相当一部分以种植业、养殖业为主的农户收入增长减缓甚至出现绝对下降。与此同时,乡镇企业经营不景气,加之城市下岗失业人数的增多,使农民外出打工的难度进一步加大,一部分农民家庭生活比较困难。

第三,地理位置不好、自然条件恶劣等一些不可抗拒的客观因素。例如西北偏远山区农村,少雨缺水,交通不便,农业生产水平低下;或灾害频繁,经常遭遇旱灾、水灾、风灾、虫灾等,农户损失巨大,导致贫困。

二、现行低收入群体保护政策及存在主要问题

党和政府历来重视对低收入居民群体的保护,在近些年不断改革探索的基础上,从 90 年代中后期开始,为适应社会主义市场经济体制改革不断深化的需要,与社会保障制度建设同步,我国对低收入居民群体的保障制度建设进入了一个体制创新、全面推进和加速发展的新阶段。目前对低收入群体的主要保障措施为:

(一)在城镇

(1)针对特殊原因造成的低收入群体,我国建立了工伤保险、生育保险、社会福利制度、优抚安置制度、灾害救助制度等一系列保障制度。

(2)作为过渡性政策,针对国有企业下岗分流等实际情况,建立了国有企业下岗职工基本生活保障制度。1998 - 2001 年,全国每年国有企业下岗职工都在 600 万人左右,绝大部分进入了再就业服务中心,领到基本生活费的职工人数比例从 1998 年的 90% 以上提高到 2000 年的 97% 以上,为国有企业减员增效的顺利推进、为保持社会稳定发挥了重要的作用。

(3)针对城镇低收入居民建立了最低生活保障制度。即政府为了保障陷入贫困的人口的基本生活,由各地按照当地基本生活必需品费用,每月向他们发放最低生活费。截止 2002 年 6 月底,全国享受城市低保的人数达 1931 万人,绝大部分贫困人口尤其是特困职工家庭的生活能够得以维持。

(4)正在建设之中的养老保险、医疗保险、失业保险等社会保障制度。全国参加养老保险的在职职工人数由 1997 年的 8671 万人增加到 2002 年 6 月底的 10567 万人,参保的离退休人员由 2533 万人增加到 3418 万人。截止 2001 年底,全国 97% 的地市启动了基本医疗保险改革,参保人数达 7629 万人,加之公费医疗和其他形式的医疗保障制度覆盖的 1 亿多人口,绝大部分城镇居民基本医疗得到了保障。除此之外,各地普遍建立的大额医疗费用互助制度、国家为公务员建立的医疗补助制度以及部分有条件企业为职工建立的企业补充医疗保险等项制度,进一步完善了基本医疗保险制度。截止 2001 年底,全国参加失业保险人员达 10355 万人,比 1988 年增加 2427 万人。2001 年末全国领取失业保险金的人数为 312 万人。社会保障制度的建立,虽说不是直接针对低收入群体的,但是对于防止低收入群体的扩大和保护部分低收入居民都是至关重要的。

(二)在农村

(1)适应农村社会经济发展的特点,目前我国农村社会保障主要以社会救济、社会优抚、社会福利和社会互助为主。

(2)农村养老保险工作也已起步。截止 2001 年底,全国 31 个省、自治区、直辖市的 2045 个县开展了农村养老保险工作,参保的农民有 5995.5 万人。

(3)农村合作医疗事业进一步发展。目前实行农村合作医疗的人口比重已由 80 年代末的 5% 上升到 10% 左右。

此外,无论在城镇还是农村,尊老爱幼、扶贫帮困、互助互济等中华民族的传统美德,在低收入群体的保护中也起到了重要作用。

如上所述,我国政府和民间力量对低收入群体保护问题非常重视,也采取了许多行之有效的措施,收到了较好的效果。但由于整体经济发展水平还不高,城乡之间、地区之间发展很不平衡,加之社会保障体系建设起步较晚,低收入群体保护中仍存在许多亟待解决的问题,主要体现在以下几个方面:

第一,对低收入居民群体受保护程度的全面情况还不够清楚。如前所述,农村贫困人口和城镇享受最低生活保障的人口仅分别为 3000 万和 1931 万,而除此之外的 6000 多万农村低收入者和 500 多万城镇低收入者受保护的状况到底怎样,我们并不十分清楚。尽管这部分人的生活状况略好于贫困人口,但仍然徘徊在贫困线附近,极易受到伤害而返贫,仍需要我们关注。

第二，农村和城镇低收入群体受保护的水平不一致。如上所述，农村实实在在受到保护的低收入人口—贫困人口，仅占低收入人口的30%左右，而在城镇则达到77%。而且，农村的保障水平也很低。

第三，对低收入群体的保障在局部地区和有些时段还不到位。一些困难地区和企业在筹集下岗职工基本生活保障资金方面，存在着“企业依赖财政、地方依赖中央”的倾向，大大偏离了企业、财政和社会筹集各负担1/3的政策。企业和社会筹集不足部分，由财政兜底，地方财政困难的，由中央财政以专项转移支付的方式予以补助，实际最终压力主要集中在中央财政上。从2002年上半年下岗职工基本生活保障资金来源构成看，财政安排占了60%，企业筹集和社会调剂分别仅占21%和19%。另外，由于一些企业拖欠职工工资和养老金，使得这些职工名义上有收入，实际上却没有收入，既无法拿到工资和养老金，按规定也不够享受最低生活保障标准，形成两头无着落，比享受最低生活保障的家庭更困难。

第四，整个社会保障体系的覆盖面低，容易产生新的低收入者。受经济发展水平低、社会积累财富较少、人口众多等多种因素的制约，我国现有社会保障体制的重点仍局限于城镇，多数农村地区尚未开展。而且，城镇社会保障的覆盖面也不够高。目前，养老保险、失业保险的覆盖率仅分别为80%左右，医疗保险的覆盖率仅为50%左右。特别是城镇集体和私营企业或出于自身利益考虑，或效益差，不愿意参加各类社会保险，一部分参保企业不能做到按时足额缴费，致使这类企业的退休人员、下岗职工无法享受到各类社会保险待遇。2002年以来，出现了一个特别值得引起注意的现象，养老、失业参保人数不升反降：6月末全国养老参保人数比上年末减少235万人，缴费人数减少344万人；失业参保人数连续6个月出现负增长，6月末比上年末减少260万人。这种状况极易造成新的低收入者，因为当一个人进入老龄阶段、成为失业者或者遇到疾病等灾害，如果没有相应的社会保障，生活水平会急剧下降，对于收入低、储蓄少的人更是如此。

第五，协助低收入者脱离低收入群体的政策措施少。救济、补助仅能维持低收入者的生活，要想从根本上解决低收入群体的保护问题，关键是要创造条件让其重新进入就业行列。但从总体上看，我国现行社会保障侧重于低收入群体的生活保障，相对而言，以增强贫困人群的劳动能力、充分有效地使用贫困人群劳动力为主要内容的就业保障方面还比较薄弱。表现之一是国有企业下岗职工再就业率的逐年下降，1998－2001年分别为50%、42%、35%和30.6%。

第六，没有注意培植非政府组织从事低收入者保护事业。

三、低收入群体保护的政策建议

目前我国已进入全面建设小康社会、加快推进社会主义现代化建设的新的阶段，新的形势对加强低收入群体保护提出了新的更高的要求。尽管前一阶段在保护低收入群体方面做了很大的努力，也取得了明显的成效，但也还存在不少问题，特别是与其他国家和其它时期相比，目前我国低收入群体具有如下几个特点值得我们引起高度关注：一是低收入群体的规模庞大，城乡合计超过1亿人；二是这部分人的收入特别低，其中的农村低收入者尤其如此；三是与高收入群体的收入差距迅速扩大；四是这些人在观念上感觉到现实与传统教育的反差很大。不认真做好这部分人的工作，解决实际问题，极易引发社会矛盾。再加上经济全球化、人口老龄化和农村城镇化给社会保障工作带来的新的严峻挑战，更需要我们加紧工作，以维护改革发展的大局，保持社会稳定，促进经济发展，改善人民生活。为此，我们建议首先应大力加强对低收入群体的统计监测工作，切实把低收入群体受保护的状况摸清楚，以便对症下药，并为今后动态监测低收入群体的变化情况创造条件。在此基础上，重点做好以下几个方面的工作：

1. *加快经济发展，完善税收体制，加大政府转移支付力度*。发展经济是解决低收入群体保护问题的根本出路，对此我们必须要有清醒的认识。要跳出就“保障”论“保障”的圈子，始终把发展当成硬道理，采取一切措施加快经济发展。其次，要完善税收体制，加强税收征管，减少贫富矛盾。如开征遗产税、赠与税，完善个人所得税，使高收入者能够依法为改善收入结果的不均、救助弱者做出贡献。还应适时开征社会保障税。第三，要加大财政对低收入群体的转移支付力度，特别是注意通过转移支付切实保证低收入群体的子女免去所有费用享受9年义务教育，使低收入者得到基本的疾病预防医疗保障。第四,在目前低收入群体问题比较突出的情况下,要认真按照"一要吃饭,二要建设"的原则调整财政支出结构,宁可少上一些建设项目,也要确保低保资金的落实到位。

2. 尽快建立覆盖全社会的社会保障体制,将现行保护低收入群体的政策落到实处。先城镇后农村逐步使每一个劳动者都有养老保险、失业保险,使每一个人都享受医疗保险,为减少新的低收入群体奠定基础。对目前城市居民低保实施情况要进行认真检查,并逐渐使之规范化、制度化,防止和解决保障资金不到位、保障对象有遗漏等问题,切实保障困难居民的基本生活。要认真搞好政府各有关职能部门的综合协调,采取有力措施消除各项社会保障措施之间存在的种种不衔接和梗阻现象,保证下岗职工的基本生活保障费和城镇居民的最低生活保障费的按时足额发放,按照既定的农村扶贫政策搞好农村扶贫脱困工作,继续落实好离退休人员、失业人员的离退休金和失业保险费的按时足额发放,防止产生新的贫困人口。

3. 进一步完善就业和再就业政策,千方百计地扩大低收入群体的就业。要继续大力发展劳动密集型产业,继续鼓励和促进非国有经济的发展。与此同时,在就业大环境中采取特殊政策,帮助低收入者就业。一方面要继续认真落实好现有的对下岗职工再就业的各项优惠政策,讲求实效,提高针对性。要扩大再就业优惠政策的覆盖面,凡参与低保的人员,自主创业可以享受下岗职工再就业有关优惠政策。针对低收入群体的特点,要把增加社区就业岗位,如家庭服务、社区保安、生活护理和修理维护等工作作为低收入群体新的就业渠道。另一方面,要大力加强和完善就业服务。从加强劳动力市场建设,多渠道兴办规范的就业服务机构,免费定期提供各种快捷、方便的就业信息,加强对低收入者的职业教育与培训,实施再就业援助行动等多方面,尽可能地为低收入群体创造更多的就业机会。

4. 继续推进农村"费改税"和逐步建立农村最低生活保障制度,重视和加强对农村低收入群体的保护。实践已经证明,加快推进农村税费改革,是农民减负增收的有效途径,也是当前解决农村低收入群体保护问题的重要措施之一,各级政府应该高度重视,提高认识,在认真总结经验的基础上加快推进。与此同时,要逐步探索和建立农民最低生活保障制度。据调查,截止到 2002 年 6 月底,全国已经有 7 个比较发达的省市开展农民最低生活保障,10 个左右的省份已经正式发文准备开展,剩下的省份有的开始局部探索试点,也有少数省份没有开展。已开展的 7 个省市,低保保障人员 300 多万,使用资金 8 亿元左右,政府财政补贴和集体筹集各一半,月人均 20 多元,部分以实物(如粮食)形式发放。建议通过总结完善,逐步将这一工作全面展开。

5. 继续动员民间力量,帮助低收入群体。尊老爱幼、扶贫帮困、互帮互助等中华民族的传统美德不能丢,应继续大力倡导。此外,可以鼓励民间机构,开展捐资助困等慈善事业。形成政府、民间力量、家庭成员内部等多方共同努力,解决好低收入群体的社会保障问题的局面。

最后,值得特别提出的是,要使低收入群体的保护工作具有规范性、连续性,还必须解决好两个问题:一是尽可能通过立法,将许多行之有效的措施和政策用法律的形式固定下来。二是资金来源问题。关于后者,可从扩大税源,加强税收征管;有选择地变现国有资产;发行一定规模的社会保障专项国债;以及发行社会保障彩券等多方式加以解决。

课题组组长:章国荣
课题组副组长:郑京平　黄朗辉
徐志全　万东华
课题组成员:林京兴　严于龙　欧阳俊
阳俊雄　程学斌　龚红娥

政策信息篇

国务院颁布《中华人民共和国反补贴条例》

《中华人民共和国反补贴条例》于2001年10月31日经国务院第46次常务会议通过,12月11日公布,2002年1月1日起施行。

反补贴条例旨在维护对外贸易秩序和公平竞争,凡进口产品存在补贴,并对已经建立的国内产业造成实质损害或者产生实质损害威胁,或者对建立国内产业造成实质阻碍的,有关部门将依照条例规定进行调查,采取反补贴措施。条例共分6章58条,包括总则、补贴与损害、反补贴调查、反补贴措施、反补贴和承诺的期限与复审、附则等内容,并附有出口补贴清单。

国务院颁布《金融机构撤销条例》

为了加强对金融活动的监督管理,维护金融秩序,保护国家利益和社会公众利益,2001年11月14日经国务院第47次常务会议通过,《金融机构撤销条例》于12月初公布,12月15日起施行。

条例所称撤销是指中国人民银行对经其批准设立的具有法人资格的金融机构依法采取行政强制措施,终止其经营活动,并予以解散。条例对撤销金融机构的决定、撤销清算、债务清偿、注销登记、法律责任等作了明确规定。

中国证监会发布新的退市办法

为促进证券市场的健康发展,保护投资者的合法权益,根据《公司法》、《证券法》有关规定,中国证监会制定并发布《亏损上市公司暂停上市和终止上市实施办法(修订)》。该办法对上市公司连续亏损,其股票暂停上市、恢复上市和终止上市等作出了有关规定。

该办法于2001年12月4日公布,2002年1月1日起施行。2001年2月22日中国证监会发布的《亏损上市公司暂停上市和终止上市实施办法》同时废止。

国务院颁布《中华人民共和国反倾销条例》

《中华人民共和国反倾销条例》于2001年12月10日公布,2002年1月1日起施行。1997年3月25日国务院发布的《中华人民共和国反倾销和反补贴条例》中关于反倾销的规定同时废止。

反倾销条例旨在维护对外贸易秩序和公平竞争。凡进口产品以倾销方式进入中华人民共和国市场,并对已经建立的国内产业造成实质损害或者产生实质损害威胁,或者对建立国内产业造成实质阻碍的,将依照《中华人民共和国反倾销条例》的规定进行调查,采取反倾销措施。

国务院颁布《中华人民共和国保障措施条例》

《中华人民共和国保障措施条例》于2001年10月31日经国务院第46次常务会议通过,12月12日公布,2002年1月1日起施行。

《条例》旨在促进对外贸易健康发展,凡进口产品数量增加,并对生产同类产品或者直接竞争产品的国内产业造成严重损害或者严重损害威胁的,有关部门将依照条例规定进行调查,采取保障措施。

财政部、劳动和社会保障部公布《全国社会保障基金投资管理暂行办法》

财政部劳动和社会保障部于2001年12月13日公布《全国社会保障基金投资管理暂行办法》,

该办法自公布之日起施行。

按照办法规定,全国社会保障基金投资的范围限于银行存款、买卖国债和其他具有良好流动性的金融工具,包括上市流通的证券投资基金、股票、信用等级在投资级以上的企业债、金融债等有价证券。该办法对全国社保基金的投资比例作了明确规定。办法还规定:在基金建立的初始阶段,减持国有股所获资金以外的中央预算拨款仅限投资于银行存款和国债,条件成熟时可报国务院批准后改按上述规定比例进行投资。根据金融市场的变化和基金投资运作的情况,经国务院批准,可对基金投资的比例适时进行调整。

海关总署制定《中华人民共和国海关审定进出口货物完税价格办法》

《中华人民共和国海关审定进出口货物完税价格办法》自2002年1月1日起施行。1992年9月1日起实施的《中华人民共和国海关审定进出口货物完税价格办法》和1999年10月1日起实施的《中华人民共和国海关审定加工贸易进口货物完税价格办法》同时废止。

《办法》分总则、进口货物的完税价格、特殊进口货物的完税价格、出口货物的完税价格、进出口货物完税价格中的运输及其相关费用、保险费的计算、完税价格的审定、法律责任和附则等几部分。海关将遵循客观、公平、统一的估价原则,依据本办法审定进出口货物的完税价格。

国务院颁布《中华人民共和国外资金融机构管理条例》

为了适应对外开放和经济发展的需要,加强和完善对外资金融机构的管理,促进银行业的稳健运行,2001年12月29日国务院颁布《中华人民共和国外资金融机构管理条例》,该条例于2002年2月1日起正式施行。1994年2月25日发布的《中华人民共和国外资金融机构管理条例》同时废止。

条例对外资金融机构的设立与登记、业务范围、监督管理、解散与清算、法律责任等作了具体规定。2002年1月,中国人民银行制定公布了《中华人民共和国外资金融机构管理条例实施细则》,该细则也于2月1日起施行。

中国证监会颁布《证券公司管理办法》

为加强对证券公司的监督管理,规范证券公司行为,中国证监会于2002年1月7日发布《证券公司管理办法》,此办法自2002年3月1日起施行。

该办法对证券公司的设立、变更和终止;设立子公司、中外合营证券公司;经纪类证券公司、综合类证券公司和设立专门从事网上证券经纪业务的证券公司所从事的业务;证券从业人员管理;内部控制与风险管理;日常监管等方面做出了详细规定。在该办法颁布之前证券公司已有的非证券类资产应当依照有关法律法规和证监会的规定进行清理。此外,证券公司不得从事B股的自营买卖,但证监会另有规定的除外。

证监会、经贸委联合发布《上市公司治理准则》

据新华社2002年1月9日消息,为推动上市公司建立和完善现代企业制度,规范上市公司运作,中国证监会和国家经贸委于日前联合发布了《上市公司治理准则》。该准则参照国外公司治理实践中普遍认同的标准,针对我国上市公司治理方面存在的突出问题,提出了一套兼原则性与操作性的措施。阐明了我国上市公司治理的基本原则、投资者权利保护的实现方式,以及上市公司董事、监事、经理等高级管理人员所应当遵循的基本的行为准则和职业道德等内容。

最高法院发布受理证券市场民事侵权案件通知

最高人民法院于2002年1月15日发布了《关于受理证券市场因虚假陈述引发的民事侵权纠纷案件有关问题的通知》。《通知》对将受理的民事侵权纠纷案件类型、必要的前置程序、管辖法院、诉讼时效和诉讼形式等作了明确规定。

财政部发布《国有资产评估管理若干问题的规定》

财政部颁发《国有资产评估管理若干问题的规定》,并从2002年1月1日起实施。

规定中明确了在国有资产占有单位中,应当对相关国有资产及非国有资产进行评估的条件,并指出:占有单位应当进行资产评估而未进行评估、应当办理核准或备案手续而未办理的,财政部门将责令其改正并通报批评。

国家经贸委公布部分产品的进口配额及税率

根据《中华人民共和国货物进出口管理条例》和我国加入世界贸易组织的有关承诺,国家经贸委2002年1月19日公布了2002年部分进口产品的配额总量和关税税率。其中成品油进口配额总量为2200万吨(包括汽油、航空煤油、柴油、石脑油、燃料油、蜡油)。成品油国营贸易进口配额数量为1740万吨,非国营贸易进口配额为460万吨。原油非国营贸易进口总量为828万吨。2002年实行关税配额管理的化肥品种为:尿素、磷酸二铵和复合肥。关税配额内税率为4%,关税配额外税率为50%。可分配的化肥关税配额总量分别为:尿素130万吨,磷酸二铵567万吨,复合肥283.5万吨;国营贸易配额数量分别为:尿素117万吨,磷酸二铵482万吨,复合肥241万吨;非国营贸易进口关税配额数量分别为:尿素13万吨,磷酸二铵85.05万吨,复合肥42.5万吨。2002年汽车轮胎进口配额总量为107万条。凡符合条件的进口单位均可通过国家经贸委授权机构提出申请或直接向国家经贸委提出申请。申请截止日期为2002年1月31日。

国家计委制定《“十五”期间加快发展服务业若干政策措施的意见》

新华社2002年1月27日消息:国务院办公厅转发了国家计委关于《“十五”期间加快发展服务业若干政策措施的意见》。《意见》提出了十二个方面的政策措施:优化服务业行业结构;扩大服务业就业规模;加快企业改革和重组;放宽服务业市场准入;有步骤地扩大对外开放;推进部分服务领域的产业化;促进后勤服务的社会化;鼓励中心城市“退二进三”;调整城市市区用地结构,减少工业企业用地比重,提高服务业用地比重;加快服务业人才培养;多渠道增加服务业投入;扩大城乡居民的服务消费;加强服务业的组织领导。

国家计委公布《农产品进口关税配额管理暂行办法》

新华社2002年2月1日消息:国家计委日前公布了《农产品进口关税配额管理暂行办法》。按照新的管理办法,国家计委将在每年底前公布下年度农产品进口关税配额数量和申请条件,由国家计委授权机构(各省、自治区、直辖市计委)受理企业的进口配额申请,并在每年年底前将下年度的一般贸易配额分配给符合申请条件的最终用户;申领到配额的最终用户,在每年9月15日前,应将无法用完的配额交回国家计委,国家计委对需要配额的用户进行再分配。

新的农产品关税配额管理体制建立后,企业可以根据申领到的关税配额数量签订进口合同,然后到国家计委授权机构领取《农产品进口关税配额证》,凭证办理海关进口手续,可不再到外经贸部门换领进口许可证。《农产品关税配额证》分为A类和B类两种,A类证主要适用于一般贸易进口,B类证适用于加工贸易进口。加工贸易配额在年初分配时预留,由企业凭外经贸部门发放的《加工贸易批准证》到国家发展计划委员会授权机构领取。

国家税务总局公布47个小汽车型号减征消费税

《中国证券报》2002年2月4日消息:国家税务总局近日公布了减征消费税的47个小汽车型号,减税起始日期最早可上溯到2000年1月1日,神龙富康DC7161EAC等3种新车型从批量生产之日起减征,应减征的消费税可以办理退税或在以后应缴的消费税中予以抵减。根据财政部、国家税务总局《关于对低污染排放小汽车减征消费税的通知》的规定,神龙富康系列、上海桑塔纳系列、别克系列小汽车获准减征30%消费税。

国家计委印发《国家计委关于促进和引导民间投资的若干意见》

《证券时报》2002年2月6日消息:国家计委日前印发了《国家计委关于促进和引导民间投资的若干意见》。《意见》提出,凡是鼓励和允许外商投资进入的领域,均鼓励和允许民间投资进入;在实行优惠政策的投资领域,其优惠政策对民间投资同样适用;鼓励和引导民间投资以独资、合作、联营、参股、特许经营等方式,参与经营性的基础设施和公益事业项目建设;鼓励和引导民间投资参与供水、污水和垃圾处理、道路、桥梁等城市基础设施建设;鼓励有条件的民间投资者到境外投资。

十项措施促进机电产品出口

新华社2002年2月18日消息,为贯彻落实《国务院办公厅转发外经贸部等部门关于"十五"期间进一步促进机电产品出口的意见的通知》,国家质检总局就进一步促进机电产品出口发出通知,要求将从十个方面为机电产品出口营造优良环境。

十个方面的措施包括:清理整顿原出入境检验检疫业务有关出口机电产品的法律法规,调整不符合WTO/TBT的规章制度;按TBT原则合理调整《实施检验检疫的进出境商品目录》,将检验工作的重点转移到涉及安全、卫生、环保、国家重大经济权益、保证出口商品质量和反欺诈产品上;按"监管有效、方便进出"的原则,积极采用国际通行的做法,进一步调整检验监管的模式;加快机电标准制修订的步伐,努力打破国外技术壁垒,推动我机电产品出口;严格把关,依法行政,履行职责,经检验不合格的机电产品坚决不准出口,对质量不稳定、国外反映质量问题多、退货多的出口机电产品和质量管理不健全的机电生产企业要加强管理;加大出口机电企业认证力度,增强企业在全球化中的竞争能力;转变政府职能,为出口机电企业提供优质服务;大力支持高新技术、高附加值机电产品出口;加强出口成套设备的检验监管工作,扶持鼓励成套设备出口;加强基础建设、加大科技投入。

国务院公布《指导外商投资方向规定》

新华社2002年2月26日消息:国务院公布《指导外商投资方向规定》,该规定自2002年4月1日起施行。1995年6月7日国务院批准,1995年6月20日国家计委、国家经贸委、外经贸部发布的《指导外商投资方向暂行规定》同时废止。

新公布的《规定》将外商投资项目分为鼓励、允许、限制和禁止四类。列为鼓励类外商投资项目有以下五类:(一)属于农业新技术、农业综合开发和能源、交通、重要原材料工业的;(二)属于高新技术、先进适用技术,能够改进产品性能、提高企业技术经济效益或者生产国内生产能力不足的新设备、新材料的;(三)适应市场需求,能够提高产品档次、开拓新兴市场或者增加产品国际竞争能力的;(四)属于新技术、新设备,能够节约能源和原材料、综合利用资源和再生资源以及防治环境污染的;(五)能够发挥中西部地区人力和资源优势,并符合国家产业政策的。产品全部出口的允许类外商投资项目,视为鼓励类外商投资项目。《规定》指出,鼓励类外商投资项目,除依照有关法律、行政法规的规定享受优惠待遇外,从事投资额大、回收期长的能源、交通、城市基础设施建设、经营的,经批准,可以扩大与其相关的经营范围。

2002 年 3 月 21 日国家计委、国家经贸委和外经贸部又公布了新的《外商投资产业指导目录》及附件,该产业指导目录自 2002 年 4 月 1 日起施行。

固定利率长期国债将在我国首次发行

2002 年 3 月 29 日消息:财政部日前制定了全国银行间债券市场 2002 年第二季度国债发行计划。根据发行计划,2002 年第二季度,银行间债券市场将发行 5 期记帐式国债,其中,4 月第二周发行 5 年期国债,5 月第一周发行 2 年期国债,第 3 周发行 30 年期国债,6 月第一周发行 7 年期国债,第三周发行 3 年期国债。5 只国债均为固定利率债券,除 30 年期为半年付息外,其余都是按年付息。

国家计委发出《关于坚决贯彻落实下岗职工再就业各项收费优惠政策的通知》

《人民日报》2002 年 5 月 17 日讯:为认真贯彻落实国家对下岗职工和失业人员再就业的各项收费优惠政策,国家计委最近发出《关于坚决贯彻落实下岗职工再就业各项收费优惠政策的通知》,要求各地要不折不扣地落实国家对下岗职工再就业的各项收费优惠政策,坚决取消地方政府有关部门和单位自行收取的各项费用。取消的收费主要包括:一些工商行政管理部门收取的微机管理费、文明经营保证金、过塑费、执照框费、名称查询费;税务部门收取的购领发票 IC 卡费、发票购领手折(册)费;市容环境卫生管理部门收取的占道许可证工本费;房屋租赁管理部门收取的房屋租赁工本费;城市管委会收取的门前五包责任制工本费等。

证券交易实行实名制

中国证券登记结算有限责任公司发布了《证券账户管理规则》,规定从 2002 年 6 月 1 日起,自然人委托他人代办开户的,要提供经公证的委托代办书、代办人的有效身份证及复印件。同时对证券账户的开立、查询、补办、注销等各个环节作出了较为明确的操作规定。

我国推出统一的国内外币同业拆借市场

为提高金融机构外汇资金运作效率,推动国内外汇市场发展,中国外汇交易中心从 2002 年 6 月 1 日起为金融机构办理外币拆借中介业务。主要负责提供拆入、拆出报价等信息咨询和服务,自身不得从事自营性外币拆借业务,不承担拆入、拆出双方的资金清算业务。即将开办的国内外币同业拆借市场的交易币种为美元、日元、港币和欧元,期限为一年以下(含一年),利率由双方协商达成。中介服务的收费参照国际惯例。凡具有外币拆借业务经营资格的金融机构,均可进入拆借市场。

中国人民银行对股份制商业银行公司制定《指引》

为进一步健全股份制商业银行公司治理,维护存款人和社会公众利益,促进股份制商业银行安全、稳健、高效运营,6 月初中国人民银行公布了《股份制商业银行公司治理指引》和《股份制商业银行独立董事和外部监事制度指引》。

《治理指引》区分了股东大会、董事会、监事会的职能，规范了股东、董事、监事和行长的权利、义务和责任，同时对公司治理中的激励约束机制问题作了规定。《制度指引》对股份制商业银行独立董事、外部监事的人数、产生、任职资格及其任职期间的权利、义务和责任予以较全面、具体的规定。

财政部制定《彩票发行与销售管理暂行规定》

《新闻晨报》2002 年 6 月 4 日消息：首次由国务院监管部门制定的、全国统一的由财政部颁发的《彩票发行与销售管理暂行规定》日前出台。《暂行规定》中明确：彩票是国家为支持社会公益事业而特许专门机构垄断发行，供人们自愿选择和购买，并事前公布规则，取得中奖权利的有价凭证。国家特许负责彩票发行和销售的专门机构只有两家：中国福利彩票发行管理中心和国家体育彩票管理中心，以及隶属于省和省以下各级民政、体育部门的专门机构。

全国推广个人购汇系统

为规范境内居民个人购汇管理，方便境内居民个人用自有人民币购买外汇，为银行创造公平的竞争环境，国家外汇管理局发布《境内居民个人购汇管理实施细则》，宣布自 2002 年 8 月 1 日起正式在全国推广境内居民个人购汇管理信息系统。《细则》取消了原来授权中国银行独家办理个人售汇业务的限制，规定凡是符合条件的中、外资银行都可以向外汇局申请开办个人售汇业务。境内居民可以根据个人需要，选择售汇的银行及网点。

六部委要求严格限制经济适用住房销售对象

建设部等六部委 2002 年 8 月 28 日联合发文，要求各地加强房地产市场宏观调控，促进房地产市场健康发展。六部门要求，各地要加强对经济适用住房的建设和管理，确保经济适用住房由中低收入家庭购买。要严格限制经济适用住房销售对象，控制建设标准。各地要尽快明确并公布经济适用住房购买对象的收入标准和其他条件，以及购房面积标准和超面积的处理办法。有关部门对购买经济适用住房对象要严格审核，对销售价格要严格审批并加强监督，对违规销售经济适用住房的开发企业要严肃查处，确保经济适用住房政策切实落实到适合条件的中低收入家庭。凡未制订相应监督管理办法或未按规定进行审核的城市，不得以行政划拨方式提供建设用地。

国有大中型企业可发行外币债券

《中国证券报》2002 年 9 月 9 日消息：国家计委、人民银行、国家外汇管理局等三部门近日联合发布的《国有和国有控股企业外债风险管理及结构调整指导意见》，该意见规定：对资信较好，且具备一定条件的国有大中型企业，经国家计委、人民银行报国务院批准后，将可在境内向商业银行等金融机构发行外币债券，用于外债结构调整。但是，该外汇债券只限于金融机构之间进行交易，禁止居民个人和工商企业进入。

对开放式证券投资基金给予税收优惠

新华社 2002 年 9 月 12 日消息：经国务院批准，财政部、国家税务总局日前下发《关于开放式证券投资基金有关税收问题的通知》，规定对中国证监会批准设立的开放式证券投资基金给予税收优惠政策：对基金管理人运用基金买卖股票、债券的差价收入，在 2003 年底前暂免征收营业税、企业所得税。对个人投资申购和赎回基金单位取得的差价收入，在对个人买卖股票的差价收入未恢复征收个人所得税以前，暂不征收个人所得税。

经常项目外汇账户管理政策

为了适应我国加入世贸组织后的新形势，方便企业经营，为中外资企业创造公平竞争的环境，促进我国对外经济贸易发展，国家外汇管理局发布了《关于进一步调整经常项目外汇账户管理政策有关问题的通知》及《境内机构经常项目外汇账户管理实施细则》，进一步改革经常项目外汇账户管理政策。

《通知》及《实施细则》进一步放宽了中资企业开立经常项目外汇账户的标准，统一了中外资企业开户条件，即凡经有权管理部门核准或备案具有涉外经营权或者有经常项目外汇收入的境内机构，均可以向外汇局申请开立经常项目外汇账户，保留经常项目外汇收入。同时，将现有经常项目结算账户和专用账户两大类共二十多种账户归并为“经常项目外汇账户”，实行统一的限额管理。与之相适应，外汇局还将在全国组织外汇账户管理信息系统的推广使用，以提高外汇账户管理的电子化水平。《通知》及《实施细则》自2002年10月15日起正式实施。

中央发出通知强调：不得强迫农户流转土地

2002年11月，中共中央发出《关于做好农户承包地使用权流转工作的通知》。《通知》对农户承包地使用权流转问题做出明确规定：农户承包地使用权流转要在长期稳定家庭承包经营制度的前提下进行；要把土地承包期再延长30年不变落实到具体农户和具体地块，并按规定与农户签订承包经营合同，发放承包经营权证书；农户承包地使用权流转必须坚持依法、自愿、有偿的原则；规范企事业单位和城镇居民租赁农户承包地；加强对农户承包地使用权流转工作的领导。

广州等五城市向外资银行开放人民币业务

中国人民银行发布2002年第26号公告，宣布自2002年12月1日起，在广州、珠海、青岛、南京、武汉向外资金融机构开放人民币业务。我国在2001年12月11日加入世界贸易组织时，对外资银行正式开放了上海、深圳、天津、大连4个城市的人民币业务。我国如期履行加入世界贸易组织的有关承诺，逐步对外开放银行业，有利于改善我国银行资本结构，增加国际金融资本流入，有利于吸收现代化的银行管理和经营理念，进而规范我国信贷和资金交易市场行为，从而提高我国银行业服务水平，促进我国银行业走向国际。

中国人民银行发布外汇结、售汇管理办法

中国人民银行制定并公布了《外汇指定银行办理结汇、售汇业务管理暂行办法》。该《办法》是继1996年中国人民银行发布《结汇、售汇及付汇管理规定》之后，完善结售汇业务管理的又一重要法规。《办法》本着对外汇指定银行自身结售汇业务、与客户之间的结售汇业务分别监管的原则，详细规定了外汇指定银行自身的结汇、售汇及付汇业务的管理，包括外汇净收益的结汇、贸易和服务贸易项下进口付汇、资本与金融项目用汇等。《办法》明确其适用范围包括中资和外资银行，对中外资银行的结售汇业务实行统一的管理政策。凡是符合条件的中资银行和外资银行，都可以申请经营结售汇业务，取得外汇指定银行资格。《办法》自2002年12月1日起开始实施。

国家外汇管理局推出国内外汇贷款管理方式改革

为了方便企业使用国内外汇资金和金融机构进行债权管理，在前期试点基础上，2002 年 12 月 6 日，国家外汇管理局发布了《关于实施国内外汇贷款外汇管理方式改革的通知》。通知指出：自 2003 年 1 月 1 日起，在全国范围内调整国内外汇贷款的外汇登记及管理方式。

此次国内外汇贷款管理方式改革，由原来的国内外汇贷款债务人到外汇局逐笔登记，改为由债权人集中登记；由原来的外汇局审核债务人开立国内外汇贷款专用账户和还本付息，改为由债权人自行进行真实性和合规性审核。外汇局将通过对债权银行贷款登记及账户管理、还本付息操作的监控，实现对外汇贷款运作情况的管理。

我国将进一步降低进口关税

新华社 2002 年 12 月 22 日消息：经国务院批准，从 2003 年 1 月 1 日起，我国将进一步降低进口关税，关税算术平均总水平将由 12% 降低至 11%，有 3000 多个税目有不同程度的降低。

2003 年进口税则新增 129 个税目，税目总数达 7445 个。农产品平均税率由 18.1% 降低到 16.8%，降幅为 7.2%；工业品平均税率由 11.4% 降低到 10.3%，降幅 9.6%。其中，水产品平均税率为 12.2%，木材、纸及其制品为 7.0%，纺织品和服装为 15.2%，化工产品为 7.4%，交通工具为 15.9%，机械产品为 8.6%，电子产品为 9.9%。

2003 年，我国将对 200 多种商品实行年度进口最惠国暂定税率；继续对小麦、豆油等 10 多种农产品和磷酸二铵等 3 种化肥实行关税配额管理，其配额外税率比 2002 年有不同程度的降低；继续对冻鸡、啤酒、摄像机等商品实行从量税、复合税；对新闻纸实行单一的从价税税率，不再实行滑准税（为稳定某一产品的国内市场价格，根据进口商品的完税价格不同，关税税率在一定区间内变化）；对原产于韩国、斯里兰卡、孟加拉国和老挝的 755 个税目的商品实行曼谷协定税率，对原产于孟加拉国的 20 个税目的商品实行特惠税率。

统计资料篇

表1 全国行政区划

（年底数）

区划名称	单位	2001年	2002年
省级行政区划	**个**	**34**	**34**
直辖市	个	4	4
省	个	23	23
自治区	个	5	5
特别行政区	个	2	2
地级行政区划	**个**	**332**	**332**
地级市	个	265	275
地区	个	32	22
自治州	个	30	30
盟	个	5	5
县级行政区划	**个**	**2861**	**2860**
市辖区	个	808	830
县级市	个	393	381
县	个	1489	1478
自治县	个	116	116
旗	个	49	49
自治旗	个	3	3
特区	个	2	2
林区	个	1	1
乡镇级行政区划单位	**个**	**45303**	**44850**
街道办事处	个	5510	5576
区公所	个	78	34
镇	个	20374	20601
乡	个	19341	18639
村民居民委员会	**个**	**791867**	**767364**
居民委员会	个	91893	86087
村民委员会	个	699974	681277
村民居民小组	**万个**	**667.8**	**653.0**
居民小组	万个	125.9	124.4
村民小组	万个	541.9	528.6

注：本表资料由民政部提供，为正式公布数。台湾省的行政区划资料暂缺。

表 2 按国民经济行业分组的法人单位数

单位:个

行业门类	1997 年	1998 年	1999 年	2000 年	2001 年
全 国 总 计	4344278	4417508	4221995	4366141	5107015
农、林、牧、渔业	142557	139496	135932	135788	165964
采掘业	101469	106272	93453	92862	72551
制造业	1238692	1309299	1209389	1261701	1240655
电力、煤气及水的生产和供应业	26670	26712	26595	27308	31546
建筑业	125471	125533	112968	118235	123185
地质勘探业、水利管理业	20821	21104	20150	20171	28296
交通运输、仓储及邮电通信业	61713	62559	57883	60177	86955
批发和零售贸易、餐饮业	731866	726655	712442	754762	882479
金融、保险业	74054	73941	69029	70228	63996
房地产业	40903	44606	44051	48363	92417
社会服务业	153461	160825	156948	173901	351255
卫生、体育和社会福利业	116167	116604	116209	118388	205732
教育、文化艺术及广播电影电视业	265168	266837	261996	266346	399086
科学研究和综合技术服务业	47694	47986	47868	51465	81568
国家机关、政党机关和社会团体	1158144	1148491	1118239	1122089	1205343
其他行业	39428	40588	38843	44357	75987

表3 国民经济与社会发展总量指标（一）

指　　标	单　位	1978年	1989年	1997年	2001年	2002年
人口						
年底总人口	万人	96259	112704	123626	127627	128453
城镇人口	万人	17245	29540	39449	48064	50212
乡村人口	万人	79014	83164	84177	79563	78241
就业和工资						
就业人员数	万人	40152	55329	69820	73025	73740
#职工人数	万人	9499	13742	14668	10792	10558
职工工资总额	亿元	569	2619	9405	11831	13161
职工平均工资	元	615	1935	6470	10870	12422
国民经济核算						
国内生产总值	亿元	3624	16909	74463	97315	102398
第一产业	亿元	1018	4228	14211	15412	14883
第二产业	亿元	1745	7278	37223	48750	52982
工业	亿元	1607	6484	32412	42375	45935
建筑业	亿元	138	794	4811	6375	7047
第三产业	亿元	861	5403	23029	33153	34533
#交通运输仓储邮电通信业	亿元	173	786	3797	5968	5518
批发零售贸易餐饮业	亿元	266	1687	6160	7919	8237
支出法国内生产总值	亿元	3606	16466	74894	98593	106546
#最终消费	亿元	2239	10557	43579	58927	62057
资本形成总额	亿元	1378	6095	28458	37461	41954
固定资产投资						
全社会固定资产投资总额	亿元		4410	24941	37214	43202
基本建设	亿元		1552	9917	14820	17251
更新改造	亿元		789	3922	5924	6584
房地产开发	亿元		273	3178	6344	7736
其他投资	亿元		1797	7924	10126	11630
财政和金融						
国家财政收入	亿元	1132	2665	8651	16386	18914
国家财政支出	亿元	1122	2824	9234	18903	22012
金融机构各项存款年底余额	亿元	1135	10786	82390	143617	170917
金融机构各项贷款年底余额	亿元	1850	14360	74914	112315	131294
货币和准货币（M2）	亿元			90995	158302	185007
狭义货币（M1）	亿元			34826	59872	70882
流通中现金（M0）	亿元			10178	15689	17278
主要农业、工业产品产量						
粮食	万吨	30477	40755	49417	45264	45706
棉花	万吨	217	379	460	532	492
油料	万吨	522	1295	2157	2865	2897
肉类	万吨			5269	6334	6587
原煤	亿吨	6.2	10.5	13.7	11.6	13.8
原油	万吨	10405	13764	16074	16396	16700
发电量	亿千瓦小时	2566	5848	11356	14808	16540
钢	万吨	3178	6159	10894	15163	18155
汽车	万辆	14.9	58.4	158.3	234.2	325.1

表4 国民经济与社会发展总量指标（二）

指　　标	单　位	1978 年	1989 年	1997 年	2001 年	2002 年
建筑业						
建筑企业房屋施工面积	万平方米			128680	188329	209981
建筑企业房屋竣工面积	万平方米			62244	97699	100703
交通和邮电						
货物周转量	亿吨公里	9829	25591	38368	47591	50867
旅客周转量	亿人公里	1743	6075	10055	13155	14126
沿海主要港口货物吞吐量	万吨	19834	49025	90822	142634	166628
邮电业务总量	亿元	34.1	123.5	1773.3	4556.3	5546.4
本地电话年末用户	万户	193	568	7031	18037	21442
移动电话用户	万户		1	1323	14522	20662
国内商业和对外贸易						
社会消费品零售总额	亿元	1559	8101	27299	37595	40911
进出口总额	亿美元	206.4	1116.8	3251.6	5096.5	6207.7
出口额	亿美元	97.5	525.4	1827.9	2661.0	3255.7
进口额	亿美元	108.9	591.4	1423.7	2435.5	2952.0
利用外资						
实际利用外资额	亿美元		100.6	644.1	496.8	550.1
#外商直接投资	亿美元		33.9	452.6	468.8	527.4
旅游						
入境旅游过夜者人数	万人次	72	936	2377	3317	3680
国内旅游人数	百万人次			644	784	878
国际旅游收入	亿美元	2.6	18.6	120.7	177.9	203.9
国内旅游总花费	亿元			2113	3522	3878
教育、科技、文化、卫生						
学校数	万所	149	88	72	59	55
专任教师数	万人	872	937	1041	1122	1146
在校学生数	万人	21351	17652	21360	22242	22563
科技研究与发展经费支出	亿元			509	1043	1161
技术市场成交额	亿元		82	351	783	884
图书总印数	亿册(张)	37.7	58.6	73.1	63.1	68.7
杂志总印数	亿册	7.6	18.4	24.4	28.9	29.5
报纸总印数	亿份	127.8	156.2	287.6	351.1	367.8
医院、卫生院数	个	64421	61929	67911	65424	63881
医生数	万人	103.3	171.8	198.5	210.0	184.4
医院、卫生院床位数	万张	185.6	256.8	290.3	297.6	291.1
城市公用事业						
城市煤气和天然气供气量	亿立方米	19.5	143.2	193.2	236.4	
城市公共交通客运总量	亿人次	99.0	272.3	279.1	352.7	
城市公共绿地面积	万公顷		5.3	10.8	16.3	

注：1. 由于计算误差的影响，按支出法计算的国内生产总值不等于按生产法计算的国内生产总值。

2. 本表价值量指标中，邮电业务总量2000年及以前按1990年不变价格计算，2001年及以后按2000年不变价格计算，其余按当年价格计算。

3. 社会消费品零售总额1989年及以前为社会商品零售总额，即包括农业生产资料零售额在内。

4. 1978年城市人工煤气和天然气供气量仅为城市人工煤气量。

表5 国民经济与社会发展速度指标(一)

指　　标	2002年为下列各年%				平均每年增长%		
	1978年	1989年	1997年	2001年	1979－2002年	1990－2002年	1998－2002年
人口							
年底总人口	133.4	114.0	103.9	100.6	1.2	1.0	0.8
城镇人口	291.2	170.0	127.3	104.5	4.6	4.2	4.9
乡村人口	99.0	94.1	92.9	98.3	0.0	－0.5	－1.5
就业和工资							
就业人员数	183.7	133.3	105.6	101.0	2.6	2.2	1.1
#职工人数	111.1	76.8	72.0	97.8	0.4	－2.0	－6.4
职工工资总额	2313.4	502.6	139.9	111.2	14.0	13.2	7.0
职工平均工资	391.9	273.1	179.5	115.4	5.9	8.0	12.4
国民经济核算							
国内生产总值	857.7	316.1	144.8	108.0	9.4	9.3	7.7
第一产业	293.1	165.0	115.3	102.9	4.6	3.9	2.9
第二产业	1288.4	437.0	153.5	109.9	11.2	12.0	8.9
工业	1339.7	454.1	155.4	110.2	11.4	12.3	9.2
建筑业	922.0	312.2	138.6	108.0	9.7	9.2	6.7
第三产业	1007.9	284.1	146.7	107.3	10.1	8.4	8.0
#交通运输仓储邮电通信业	1005.9	367.4	161.9	107.7	10.1	10.5	10.1
批发零售贸易餐饮业	815.3	224.1	143.3	106.7	9.1	6.4	7.5
固定资产投资							
全社会固定资产投资总额		979.5	173.2	116.1		21.5	10.8
基本建设		1111.8	174.0	116.4		23.0	11.7
更新改造		834.7	167.9	111.1		20.0	10.4
房地产开发		2837.0	243.4	121.9		32.5	17.9
其他投资		647.1	146.8	114.9		17.5	6.7
财政							
国家财政收入	1670.4	709.7	218.6	115.4	12.4	16.3	16.9
国家财政支出	1961.7	779.5	238.4	116.4	13.2	17.1	19.0
主要农业工业产品产量							
粮食	150.0	112.1	92.5	101.0	1.7	0.9	－1.5
棉花	226.9	129.8	106.8	92.3	3.5	2.0	1.3
油料	555.2	223.7	134.3	101.1	7.4	6.4	6.1
肉类			125.0	104.0			4.6
原煤	223.3	130.9	100.5	118.9	3.4	2.1	0.1
原油	160.5	121.3	103.9	101.9	2.0	1.5	0.8
发电量	644.6	282.8	145.6	111.7	8.1	8.3	7.8
钢	571.3	294.8	166.7	119.7	7.5	8.7	10.8
汽车	2180.4	557.2	205.4	138.8	13.7	14.1	15.5

表 6 国民经济与社会发展速度指标(二)

指 标	2002 年为下列各年%				平均每年增长%		
	1978 年	1989 年	1997 年	2001 年	1979 - 2002 年	1990 - 2002 年	1998 - 2002 年
建筑业							
建筑企业房屋施工面积			163.2	111.5			10.3
建筑企业房屋竣工面积			161.8	103.1			10.1
交通和邮电							
货物周转量	517.5	198.8	132.6	106.9	7.1	5.4	5.8
旅客周转量	810.4	232.5	140.5	107.4	9.1	6.7	7.0
沿海主要港口货物吞吐量	840.1	339.9	183.5	116.8	9.3	9.9	12.9
邮电业务总量	21839	6030	419.8	121.7	25.2	37.1	33.2
本地电话年末用户	11136	3775	305.0	118.9	21.7	32.2	25.0
移动电话用户		2108327	1561.4	142.3		115.1	73.3
国内商业和对外贸易							
社会消费品零售总额	2624.8	505.0	149.9	108.8	14.6	13.3	8.4
进出口总额	3007.6	555.8	190.9	121.8	15.2	14.1	13.8
出口额	3339.2	619.7	178.1	122.3	15.7	15.1	12.2
进口额	2710.7	499.2	207.3	121.2	14.7	13.2	15.7
利用外资							
实际利用外资额		546.8	85.4	110.7		14.0	-3.1
#外商直接投资		1554.8	116.5	112.5		23.5	3.1
旅游							
入境旅游过夜者人数	5139.7	393.1	154.8	111.0	17.8	11.1	9.1
国内旅游人数			136.3	112.0			6.4
国际旅游收入	7752.9	1096.2	168.9	114.6	19.9	20.2	11.0
国内旅游总花费			183.6	110.1			12.9
教育、科技、文化、卫生							
学校数	37.1	62.8	76.7	93.9	-4.1	-3.5	-5.2
专任教师数	131.4	122.3	110.1	102.1	1.1	1.6	1.9
在校学生数	105.7	127.8	105.6	101.4	0.2	1.9	1.1
国有企事业单位专业技术人员			228.0	111.3			17.9
技术市场成交额		1084.7	251.6	112.9		20.1	20.3
图书出版数	182.2	117.2	94.0	108.9	2.5	1.2	-1.2
杂志出版数	388.2	160.3	120.9	102.1	5.8	3.7	3.9
报纸出版数	287.8	235.5	127.9	104.8	4.5	6.8	5.0
医院、卫生院数	99.2	103.2	94.1	97.6	0.0	0.2	-1.2
医生数	178.5	107.3	92.9	87.8	2.4	0.5	-1.5
医院、卫生院床位数	156.8	113.4	100.3	97.8	1.9	1.0	0.1

注:1. 本表价值量指标中,除国内生产总值、邮电业务总量和平均工资按可比价格计算,其他按当年价格计算;平均每年增长速度除固定资产投资额按累计法计算外,其他按水平法计算。

表7 国民经济与社会发展结构指标

单位:%

指　　标	1978年	1989年	1997年	2001年	2002年
总人口	**100.0**	**100.0**	**100.0**	**100.0**	**100.0**
城镇	17.9	26.2	31.9	37.7	39.1
乡村	82.1	73.8	68.1	62.3	60.9
就业人员	**100.0**	**100.0**	**100.0**	**100.0**	**100.0**
第一产业	70.5	60.1	49.9	50.0	50.0
第二产业	17.3	21.6	23.7	22.3	21.4
第三产业	12.2	18.3	26.4	27.7	28.6
国内生产总值	**100.0**	**100.0**	**100.0**	**100.0**	**100.0**
第一产业	28.1	25.0	19.1	15.8	14.5
第二产业	48.2	43.0	50.0	50.1	51.8
第三产业	23.7	32.0	30.9	34.1	33.7
固定资产投资总额	**100.0**	**100.0**	**100.0**	**100.0**	**100.0**
基本建设		35.2	39.8	39.8	39.9
更新改造		17.9	15.7	15.9	15.3
房地产开发		6.2	12.7	17.1	17.9
其他投资		40.7	31.8	27.2	26.9
财政收入	**100.0**	**100.0**	**100.0**	**100.0**	**100.0**
中央	15.5	30.9	48.9	52.4	54.9
地方	84.5	69.1	51.1	47.6	45.1
财政支出	**100.0**	**100.0**	**100.0**	**100.0**	**100.0**
中央	47.4	31.5	27.4	30.5	30.7
地方	52.6	68.5	72.6	69.5	69.3
农林牧渔业产值	**100.0**	**100.0**	**100.0**	**100.0**	**100.0**
农业	80.0	62.7	58.2	55.2	54.4
林业	3.4	4.4	3.5	3.6	3.8
牧业	15.0	27.6	28.7	30.4	30.9
渔业	1.6	5.3	9.6	10.8	10.9
工业总产值	**100.0**	**100.0**	**100.0**	**100.0**	**100.0**
轻工业	43.1	48.9	49.0	39.4	39.1
重工业	56.9	51.1	51.0	60.6	60.9
社会消费品零售总额	**100.0**	**100.0**	**100.0**	**100.0**	**100.0**
市	32.4	45.3	61.0	62.6	63.3
县	24.4	16.4	12.8	12.2	11.9
县以下	43.2	38.3	26.2	25.2	24.8
在校学生数	**100.0**	**100.0**	**100.0**	**100.0**	**100.0**
大学生	0.4	1.2	1.5	3.2	4.0
中学生	31.1	28.7	32.8	40.2	42.0
小学生	68.5	70.1	65.7	56.6	54.0
卫生机构医生数	**100.0**	**100.0**	**100.0**	**100.0**	
中医	24.3	21.5	17.4	15.9	
西医师	34.8	59.5	62.3	65.0	
西医士	40.9	18.7	19.7	18.4	

注:2001年及以后轻重工业结构为国有及规模以上非国有工业企业口径。

表 8 人均主要农产品产量

单位:公斤

年份	粮食	棉花	油料	糖料	水产品	水果
1978	319	2.3	5.5	24.9	4.9	6.9
1980	327	2.8	7.8	29.7	4.6	6.9
1985	361	3.9	15.0	57.5	6.7	11.1
1989	364	3.4	11.6	51.9	10.3	16.4
1990	393	4.0	14.2	63.4	10.9	16.5
1991	378	4.9	14.2	73.2	11.7	18.9
1992	380	3.9	14.1	75.6	13.4	21.0
1993	387	3.2	15.3	64.7	15.5	25.6
1994	374	3.6	16.7	61.6	18.0	29.4
1995	387	4.0	18.7	65.0	20.9	35.0
1996	414	3.5	18.3	68.7	23.1	38.2
1997	402	3.7	17.5	76.3	29.3	41.4
1998	412	3.6	18.6	78.8	31.4	43.9
1999	406	3.1	20.8	66.5	32.9	49.8
2000	366	3.5	23.4	60.5	33.9	49.3
2001	356	4.2	22.5	68.1	34.4	52.3
2002	357	3.8	22.6	80.4	35.6	54.3

注:本表计算中所使用的人口数字为年平均人口数(下表同)。

表 9 人均主要工业产品产量

年份	布(米)	糖(公斤)	钢(公斤)	原煤(吨)	原油(公斤)	发电量(千瓦小时)
1978	11.5	2.4	33.2	0.7	109	268
1980	13.7	2.6	37.8	0.6	108	306
1985	14.0	4.3	44.5	0.8	119	391
1989	16.9	4.5	55.1	0.9	123	523
1990	16.6	5.1	58.4	1.0	122	547
1991	15.8	5.6	61.7	0.9	123	589
1992	16.4	7.0	69.5	1.0	122	647
1993	17.2	6.5	76.0	1.0	123	712
1994	17.7	5.0	77.7	1.0	123	779
1995	21.6	4.6	79.2	1.1	125	836
1996	17.2	5.2	83.2	1.2	129	888
1997	20.2	5.7	88.6	1.1	131	923
1998	19.4	6.6	93.1	1.0	130	939
1999	19.9	6.9	99.1	0.8	128	989
2000	21.9	5.5	101.8	0.8	129	1074
2001	22.8	5.1	119.2	0.9	129	1164
2002	25.2	7.2	141.8	1.1	130	1292

表 10 国民经济核算指标

指　标	1990 年	1995 年	2000 年	2001 年	2002 年
一、绝对数(亿元)					
国民生产总值	18598.4	57494.9	88254.0	95727.9	101160.9
国内生产总值	18547.9	58478.1	89468.1	97314.8	102397.9
第一产业	5017.0	11993.0	14628.2	15411.8	14883.3
第二产业	7717.4	28537.9	44935.3	48750.0	52981.9
工业	6858.0	24718.3	39047.3	42374.6	45935.1
建筑业	859.4	3819.6	5888.0	6375.4	7046.8
第三产业	5813.5	17947.2	29904.6	33153.0	34532.8
#交通运输仓储邮电通信业	1147.5	3054.7	5408.6	5968.3	5518.2
批发零售贸易餐饮业	1419.7	4932.3	7316.0	7918.8	8236.6
人均国内生产总值(元/人)	1634	4854	7086	7651	7997
支出法国内生产总值	18319.5	58510.5	89340.9	98592.9	106546.0
最终消费	11365.2	33635.0	54600.9	58927.4	62057.0
居民消费	9113.2	26944.5	42895.6	45898.1	48226.9
农村居民	5129.1	13247.1	19196.9	20307.4	21026.9
城镇居民	3984.1	13697.4	23698.7	25590.7	27200.0
政府消费	2252.0	6690.5	11705.3	13029.3	13830.1
资本形成总额	6444.0	23877.0	32499.8	37460.8	41953.9
固定资本形成	4732.0	20300.5	32623.8	36813.3	41862.4
存货增加	1712.0	3576.5	-124.0	647.5	91.5
货物和服务净出口	510.3	998.5	2240.2	2204.7	2535.1
二、指数(1978 年=100)					
国民生产总值指数	283.0	489.1	730.0	782.6	849.1
国内生产总值指数	281.7	496.5	738.8	794.2	857.7
第一产业	190.7	233.7	277.0	284.8	293.1
第二产业	304.1	677.7	1081.5	1172.3	1288.4
工业	304.9	688.2	1118.4	1215.7	1339.7
建筑业	298.8	597.4	799.3	853.7	922.0
第三产业	363.0	583.4	866.5	939.3	1007.9
#交通运输仓储邮电通信业	297.2	503.4	853.0	934.0	1005.9
批发零售贸易餐饮业	346.5	497.6	710.8	764.1	815.3
人均国内生产总值指数	237.2	394.0	559.2	596.7	640.3
三、构成(%)					
支出法国内生产总值=100					
最终消费率	62.0	57.5	61.1	59.8	58.2
资本形成率	35.2	40.8	36.4	38.0	39.4
资本形成总额=100					
固定资本形成	73.4	85.0	100.4	98.3	99.8
存货增加	26.6	15.0	-0.4	1.7	0.2
最终消费=100					
居民消费	80.2	80.1	78.6	77.9	77.7
政府消费	19.8	19.9	21.4	22.1	22.3
居民消费=100					
农村居民	56.3	49.2	44.8	44.2	43.6
城镇居民	43.7	50.8	55.2	55.8	56.4

注：绝对数和构成按当年价格计算，指数按可比价格计算。

表 11　国民生产总值和国内生产总值

年　份	国民生产总值（亿元）	国内生产总值（亿元）				人均国内生产总值（元/人）
			第一产业	第二产业	第三产业	
1978	3624.1	3624.1	1018.4	1745.2	860.5	379
1979	4038.2	4038.2	1258.9	1913.5	865.8	417
1980	4517.8	4517.8	1359.4	2192.0	966.4	460
"六五"时期	32315.3	32227.0	10105.1	14257.0	7864.9	628
1981	4860.3	4862.4	1545.6	2255.5	1061.3	489
1982	5301.8	5294.7	1761.6	2383.0	1150.1	525
1983	5957.4	5934.5	1960.8	2646.2	1327.5	580
1984	7206.7	7171.0	2295.5	3105.7	1769.8	692
1985	8989.1	8964.4	2541.6	3866.6	2556.2	853
"七五"时期	72594.4	72550.1	19044.2	31326.9	22179.0	1312
1986	10201.4	10202.2	2763.9	4492.7	2945.6	956
1987	11954.5	11962.5	3204.3	5251.6	3506.6	1104
1988	14922.3	14928.3	3831.0	6587.2	4510.1	1355
1989	16917.8	16909.2	4228.0	7278.0	5403.2	1512
1990	18598.4	18547.9	5017.0	7717.4	5813.5	1634
"八五"时期	187039.8	188127.8	39420.9	88140.3	60566.6	3176
1991	21662.5	21617.8	5288.6	9102.2	7227.0	1879
1992	26651.9	26638.1	5800.0	11699.5	9138.6	2287
1993	34560.5	34634.4	6882.1	16428.5	11323.8	2939
1994	46670.0	46759.4	9457.2	22372.2	14930.0	3923
1995	57494.9	58478.1	11993.0	28537.9	17947.2	4854
"九五"时期	385793.8	392228.0	71708.0	194948.0	125572.0	6315
1996	66850.5	67884.6	13844.2	33612.9	20427.5	5576
1997	73142.7	74462.6	14211.2	37222.7	23028.7	6054
1998	76967.2	78345.2	14552.4	38619.3	25173.5	6308
1999	80579.4	82067.5	14472.0	40557.8	27037.7	6551
2000	88254.0	89468.1	14628.2	44935.3	29904.6	7086
"十五"时期						
2001	95727.9	97314.8	15411.8	48750.0	33153.0	7651
2002	101160.9	102397.9	14883.3	52981.9	34532.8	7997

注：本表按当年价格计算。

表12 国内生产总值指数

(1978年=100)

年　份	国民生产总值	国内生产总值				人均国内生产总值
			第一产业	第二产业	第三产业	
1978	100.0	100.0	100.0	100.0	100.0	100.0
1979	107.6	107.6	106.1	108.2	107.8	106.1
1980	116.0	116.0	104.6	122.9	114.2	113.0
1981	122.0	122.1	111.9	125.2	126.2	117.5
1982	133.3	133.1	124.8	132.1	142.6	126.2
1983	148.2	147.6	135.1	145.8	164.3	137.9
1984	170.9	170.0	152.6	166.9	196.1	156.8
1985	193.5	192.9	155.4	197.9	231.9	175.5
1986	209.9	210.0	160.5	218.2	260.0	188.2
1987	234.1	234.3	168.1	248.1	297.4	206.6
1988	260.5	260.7	172.3	284.1	336.7	226.3
1989	271.5	271.3	177.6	294.8	354.8	231.9
1990	283.0	281.7	190.7	304.1	363.0	237.2
1991	308.8	307.6	195.2	346.3	395.0	255.5
1992	352.2	351.4	204.4	419.5	444.0	288.3
1993	398.4	398.8	214.0	502.8	491.3	323.5
1994	448.7	449.3	222.6	595.2	538.3	360.4
1995	489.1	496.5	233.7	677.7	583.4	394.0
1996	536.8	544.1	245.6	759.8	629.4	427.2
1997	582.9	592.2	254.2	839.4	687.1	460.3
1998	628.4	638.5	263.1	914.2	744.1	491.4
1999	673.5	684.1	270.5	988.6	801.6	521.8
2000	730.0	738.8	277.0	1081.5	866.5	559.2
2001	782.6	794.2	284.8	1172.3	939.3	596.7
2002	849.1	857.7	293.1	1288.4	1007.9	640.3
平均每年增长(%)						
1979-2002年	9.3	9.4	4.6	11.2	10.1	8.0
1990-2002年	9.2	9.3	3.9	12.0	8.4	8.1
"六五"时期	10.8	10.7	8.2	10.0	15.2	9.2
"七五"时期	7.9	7.9	4.2	9.0	9.4	6.2
"八五"时期	11.6	12.0	4.2	17.4	10.0	10.7
"九五"时期	8.3	8.3	3.5	9.8	8.2	7.3

注:本表按可比价格计算。

表13 国内生产总值指数

（上年=100）

年份	国民生产总值	国内生产总值	第一产业	第二产业	第三产业	人均国内生产总值
1978	111.7	111.7	104.1	115.0	113.7	110.2
1979	107.6	107.6	106.1	108.2	107.8	106.1
1980	107.8	107.8	98.5	113.6	105.9	106.5
1981	105.2	105.2	107.0	101.9	110.4	103.9
1982	109.3	109.1	111.5	105.6	113.0	107.5
1983	111.1	110.9	108.3	110.4	115.2	109.3
1984	115.3	115.2	112.9	114.5	119.4	113.7
1985	113.2	113.5	101.8	118.6	118.3	111.9
1986	108.5	108.8	103.3	110.2	112.1	107.2
1987	111.5	111.6	104.7	113.7	114.4	109.8
1988	111.3	111.3	102.5	114.5	113.2	109.5
1989	104.2	104.1	103.1	103.8	105.4	102.5
1990	104.2	103.8	107.3	103.2	102.3	102.3
1991	109.1	109.2	102.4	113.9	108.8	107.7
1992	114.1	114.2	104.7	121.2	112.4	112.8
1993	113.1	113.5	104.7	119.9	110.7	112.2
1994	112.6	112.6	104.0	118.4	109.6	111.4
1995	109.0	110.5	105.0	113.9	108.4	109.3
1996	109.8	109.6	105.1	112.1	107.9	108.4
1997	108.6	108.8	103.5	110.5	109.1	107.7
1998	107.8	107.8	103.5	108.9	108.3	106.8
1999	107.2	107.1	102.8	108.1	107.7	106.2
2000	108.4	108.0	102.4	109.4	108.1	107.1
2001	107.2	107.5	102.8	108.4	108.4	106.7
2002	108.5	108.0	102.9	109.9	107.3	107.3
平均每年增长（%）						
1979－2002年	9.3	9.4	4.6	11.2	10.1	8.0
1990－2002年	9.2	9.3	3.9	12.0	8.4	8.1
“六五”时期	10.8	10.7	8.2	10.0	15.2	9.2
“七五”时期	7.9	7.9	4.2	9.0	9.4	6.2
“八五”时期	11.6	12.0	4.2	17.4	10.0	10.7
“九五”时期	8.3	8.3	3.5	9.8	8.2	7.3

注：本表按可比价格计算。

表14 各地区国内生产总值

地区	国内生产总值（亿元）	第一产业	第二产业	第三产业	国内生产总值比上年增长（%）	人均国内生产总值（元/人）
北京	3130.0	95.5	1114.4	1920.1	10.2	27746
天津	2022.6	83.9	978.8	960.0	12.5	22068
河北	6076.6	950.2	3033.9	2092.6	9.6	9047
山西	2001.8	195.0	1050.8	756.0	10.8	6098
内蒙古	1724.8	372.0	729.9	623.0	11.6	7233
辽宁	5458.2	588.0	2611.8	2258.4	10.2	13000
吉林	2243.0	456.1	964.6	822.3	9.5	8322
黑龙江	3901.5	447.0	2188.5	1266.0	10.3	10235
上海	5408.8	88.2	2564.7	2755.8	10.9	40627
江苏	10636.3	1122.6	5546.6	3967.2	11.6	14397
浙江	7670.0	680.0	3925.0	3065.0	12.3	16570
安徽	3569.0	773.1	1552.2	1243.7	8.9	5817
福建	4682.0	663.0	2159.9	1859.0	10.5	13510
江西	2450.0	536.0	938.2	975.8	10.5	5827
山东	10550.0	1390.0	5309.0	3851.0	11.6	11643
河南	6163.2	1282.0	2953.3	1927.8	9.5	6431
湖北	4975.6	707.0	2446.1	1822.6	9.1	8319
湖南	4340.9	847.3	1737.2	1756.5	9.0	6565
广东	11674.4	1023.9	5856.9	4793.6	10.8	14908
广西	2437.2	591.4	850.1	995.7	10.3	5062
海南	602.7	229.2	122.8	250.7	9.2	8054
重庆	1971.1	315.8	826.5	828.9	10.3	6353
四川	4875.1	1027.6	1982.4	1865.1	10.6	5766
贵州	1180.0	280.5	474.5	425.0	9.1	3140
云南	2231.9	469.9	956.0	806.0	8.1	5178
西藏						5983
陕西	2036.0	303.8	925.8	806.4	9.7	5523
甘肃	1161.0	214.0	530.2	416.9	9.4	4493
青海	341.0	44.9	152.6	143.6	12.4	6424
宁夏	329.7	52.9	150.8	126.0	10.2	5800
新疆	1598.3	305.0	672.1	621.2	8.1	8365

表15 支出法国内生产总值

年份	支出法国内生产总值(亿元)	最终消费	资本形成总额	货物和服务净出口	最终消费率(%)	资本形成率(%)
1978	3605.6	2239.1	1377.9	-11.4	62.1	38.2
1979	4074.0	2619.4	1474.2	-19.6	64.3	36.2
1980	4551.3	2976.1	1590.0	-14.8	65.4	34.9
"六五"时期	32423.4	21435.0	11200.8	-212.4	66.1	34.5
1981	4901.4	3309.1	1581.0	11.3	67.5	32.3
1982	5489.2	3637.9	1760.2	91.1	66.3	32.1
1983	6076.3	4020.5	2005.0	50.8	66.2	33.0
1984	7164.4	4694.5	2468.6	1.3	65.5	34.5
1985	8792.1	5773.0	3386.0	-366.9	65.7	38.5
"七五"时期	71407.0	45275.0	26202.0	-70.0	63.4	36.7
1986	10132.8	6542.0	3846.0	-255.2	64.6	38.0
1987	11784.7	7451.2	4322.0	11.5	63.2	36.7
1988	14704.0	9360.1	5495.0	-151.1	63.7	37.4
1989	16466.0	10556.5	6095.0	-185.5	64.1	37.0
1990	18319.5	11365.2	6444.0	510.3	62.0	35.2
"八五"时期	186846.0	109711.1	75288.6	1846.3	58.7	40.3
1991	21280.4	13145.9	7517.0	617.5	61.8	35.3
1992	25863.7	15952.1	9636.0	275.6	61.7	37.3
1993	34500.7	20182.1	14998.0	-679.4	58.5	43.5
1994	46690.7	26796.0	19260.6	634.1	57.4	41.3
1995	58510.5	33635.0	23877.0	998.5	57.5	40.8
"九五"时期	394241.9	234312.8	148072.1	11857.0	59.4	37.6
1996	68330.4	40003.9	26867.2	1459.3	58.5	39.3
1997	74894.2	43579.4	28457.6	2857.2	58.2	38.0
1998	79003.3	46405.9	29545.9	3051.5	58.7	37.4
1999	82673.1	49722.7	30701.6	2248.8	60.1	37.1
2000	89340.9	54600.9	32499.8	2240.2	61.1	36.4
"十五"时期						
2001	98592.9	58927.4	37460.8	2204.7	59.8	38.0
2002	106546.0	62057.0	41953.9	2535.1	58.2	39.4

注:1.支出法国内生产总值不等于按生产法计算的国内生产总值,是由于计算误差的影响。

2.本表按当年价格计算;各时期最终消费率和资本形成率为该时期合计数的比率。

表16 人口基本情况

指　　标	单　位	1982年	1990年	1995年	2000年	2001年	2002年
总人口	**万人**	**101654**	**114333**	**121121**	**126743**	**127627**	**128453**
按性别分							
男性人口	万人	52352	58904	61808	65437	65672	66115
女性人口	万人	49302	55429	59313	61306	61955	62338
按城乡分							
城镇人口	万人	21480	30195	35174	45906	48064	50212
乡村人口	万人	80174	84138	85947	80837	79563	78241
按农业非农业分							
农业人口	万人	83320	90446	92558	94244	94175	93269
非农业人口	万人	18334	23887	28563	32499	33452	35184
人口比重							
按性别分							
男性人口	%	51.5	51.5	51.0	51.6	51.5	51.5
女性人口	%	48.5	48.5	49.0	48.4	48.5	48.5
按城乡分							
城镇人口	%	21.1	26.4	29.0	36.2	37.7	39.1
乡村人口	%	78.9	73.6	71.0	63.8	62.3	60.9
出生率	‰	**22.28**	**21.06**	**17.12**	**14.03**	**13.38**	**12.86**
死亡率	‰	**6.60**	**6.67**	**6.57**	**6.45**	**6.43**	**6.41**
自然增长率	‰	**15.68**	**14.39**	**10.55**	**7.58**	**6.95**	**6.45**
家庭户数	**万户**	**22203**	**27738**	**31676**	**34881**	**35330**	**35874**
各年龄段人口比重							
0－14岁人口	%	33.6	27.7	26.6	22.9	22.5	22.4
15—64岁人口	%	61.5	66.7	67.2	70.2	70.4	70.3
65岁以上人口	%	4.9	5.6	6.2	7.0	7.1	7.3
总抚养比	%	**62.60**	**49.93**	**48.81**	**42.55**	**42.05**	**42.24**
少儿抚养比	%	54.63	41.53	39.58	32.63	31.96	31.86
老年抚养比	%	7.97	8.40	9.23	9.92	10.09	10.38
文化程度人口占总人口比重							
文盲人口	%	22.8	15.9	12.0	6.7	9.0	9.2
小学文化程度人口	%	35.4	37.2	38.4	35.7	33.8	32.7
初中文化程度人口	%	17.8	23.3	27.3	34.0	34.4	35.3
高中文化程度人口	%	6.6	8.0	8.3	11.1	11.5	11.7
大专以上文化程度人口	%	0.6	1.4	2.0	3.6	4.1	4.4
婴儿死亡率	‰	**37.61＊**	**32.89**	**33.03＊**	**28.38**		
平均预期寿命	**岁**	**67.77＊**	**68.55**	**70.80＊**	**71.40**		

注:1. 本表城镇人口及非农业人口中包括中国人民解放军现役军人(下表同)。

2. 文盲人口指15岁及15岁以上不识字或识字很少的人口。

3. 表中带“＊”号的数字分别为1981年和1996年数字。

表17 人口数、出生率、死亡率和自然增长率

年份	总人口（万人）	按性别分		按城乡分		出生率（‰）	死亡率（‰）	自然增长率（‰）
		男	女	城镇人口	乡村人口			
1978	96259	49567	46692	17245	79014	18.25	6.25	12.00
1979	97542	50192	47350	18495	79047	17.82	6.21	11.61
1980	98705	50785	47920	19140	79565	18.21	6.34	11.87
1981	100072	51519	48553	20171	79901	20.91	6.36	14.55
1982	101654	52352	49302	21480	80174	22.28	6.60	15.68
1983	103008	53152	49856	22274	80734	20.19	6.90	13.29
1984	104357	53848	50509	24017	80340	19.90	6.82	13.08
1985	105851	54725	51126	25094	80757	21.04	6.78	14.26
1986	107507	55581	51926	26366	81141	22.43	6.86	15.57
1987	109300	56290	53010	27674	81626	23.33	6.72	16.61
1988	111026	57201	53825	28661	82365	22.37	6.64	15.73
1989	112704	58099	54605	29540	83164	21.58	6.54	15.04
1990	114333	58904	55429	30195	84138	21.06	6.67	14.39
1991	115823	59466	56357	31203	84620	19.68	6.70	12.98
1992	117171	59811	57360	32175	84996	18.24	6.64	11.60
1993	118517	60472	58045	33173	85344	18.09	6.64	11.45
1994	119850	61246	58604	34169	85681	17.70	6.49	11.21
1995	121121	61808	59313	35174	85947	17.12	6.57	10.55
1996	122389	62200	60189	37304	85085	16.98	6.56	10.42
1997	123626	63131	60495	39449	84177	16.57	6.51	10.06
1998	124761	63940	60821	41608	83153	15.64	6.50	9.14
1999	125786	64692	61094	43748	82038	14.64	6.46	8.18
2000	126743	65437	61306	45906	80837	14.03	6.45	7.58
2001	127627	65672	61955	48064	79563	13.38	6.43	6.95
2002	128453	66115	62338	50212	78241	12.86	6.41	6.45

注:1. 1982年以前数据为户籍统计数;1982－1989年数据根据1990年人口普查数据有所调整;1990－2000年数据根据2000年人口普查数据进行了调整;2001年、2002年数据为人口变动情况抽样调查推算数。

2. 1982年以前的城镇人口是指辖区内全部人口;乡村人口是指县人口,但不包括镇人口。1982－1999年的城镇人口是指设区的市所辖区人口和不设区的市所辖街道人口以及不设区的市所辖镇的居民委员会人口和县辖镇的居民委员会人口;乡村人口是指除城镇人口以外的人口。2000年以后的城乡人口是按国家统计局1999年发布的《关于统计上划分城乡的规定(试行)》计算的。

表 18 各地区人口数、出生率、死亡率和自然增长率

（2002 年）

地　区	年底总人口（万人）	出生率（‰）	死亡率（‰）	自然增长率（‰）
全国总计	**128453**	**12.86**	**6.41**	**6.45**
北　京	1423	6.60	5.70	0.90
天　津	1007	7.49	6.04	1.45
河　北	6735	11.53	6.25	5.28
山　西	3294	12.86	6.14	6.72
内蒙古	2379	9.60	5.92	3.68
辽　宁	4203	7.38	6.04	1.34
吉　林	2699	8.30	5.11	3.19
黑龙江	3813	7.98	5.44	2.54
上　海	1625	5.41	5.95	-0.54
江　苏	7381	9.17	6.99	2.18
浙　江	4647	9.98	6.19	3.79
安　徽	6338	11.20	5.17	6.03
福　建	3466	11.35	5.57	5.78
江　西	4222	14.74	6.02	8.72
山　东	9082	11.17	6.62	4.55
河　南	9613	12.41	6.38	6.03
湖　北	5988	8.38	6.17	2.21
湖　南	6629	11.56	6.70	4.86
广　东	7859	13.29	5.08	8.21
广　西	4822	13.30	6.30	7.00
海　南	803	15.20	5.72	9.48
重　庆	3107	9.36	6.08	3.28
四　川	8673	10.44	6.55	3.89
贵　州	3837	17.96	7.21	10.75
云　南	4333	17.90	7.30	10.60
西　藏	267	18.83	6.07	12.76
陕　西	3674	10.48	6.36	4.12
甘　肃	2593	13.16	6.45	6.71
青　海	529	18.05	6.35	11.70
宁　夏	572	16.42	4.86	11.56
新　疆	1905	16.30	5.43	10.87

注:1. 全国数据根据抽样误差和调查误差进行了修正。

2. 全国数据为 31 个省、自治区、直辖市和中国人民解放军现役军人数据，不包括香港、澳门特别行政区和台湾省的数据。

3. 分省数据中未包括中国人民解放军现役军人数。

表 19　就业和工资基本情况

指　　标	单　位	1990 年	1995 年	2000 年	2001 年	2002 年
就业人员（年底数）	**万人**	**64749**	**68065**	**72085**	**73025**	**73740**
第一产业	万人	38914	35530	36043	36513	36870
第二产业	万人	13856	15655	16219	16284	15780
第三产业	万人	11979	16880	19823	20228	21090
按城乡分就业人员（年底数）						
城镇就业人员	万人	17041	19040	23151	23940	24780
#国有单位	万人	10346	11261	8102	7640	7163
城镇集体单位	万人	3549	3147	1499	1291	1122
其他单位	万人	164	894	2011	2235	2700
乡村就业人员	万人	47708	49025	48934	49085	48960
#乡镇企业	万人	9265	12862	12820	13086	13288
职工人数（年底数）	**万人**	**14059**	**14908**	**11259**	**10792**	**10558**
国有单位	万人	10346	10955	7878	7409	6924
城镇集体单位	万人	3549	3076	1447	1241	1071
其他单位	万人	164	877	1935	2142	2563
离退休及退职人数（年底数）	**万人**	**2301**	**3094**	**3876**	**4008**	**4223**
企业单位	万人	–	2366	2978	3081	3261
事业单位	万人	–	525	647	671	688
机关单位	万人	–	203	251	257	274
城镇登记失业人数（年底数）	**万人**	**383**	**520**	**595**	**681**	**770**
城镇登记失业率	%	**2.5**	**2.9**	**3.1**	**3.6**	**4.0**
职工工资总额	**亿元**	**2951.1**	**8100.0**	**10656.2**	**11830.9**	**13161.1**
国有单位	亿元	2324.1	6080.2	7612.9	8355.6	8948.6
城镇集体单位	亿元	581.0	1182.0	919.0	864.6	828.1
其他单位	亿元	46.0	637.8	2124.3	2610.7	3384.4
职工平均工资	**元**	**2140**	**5500**	**9371**	**10870**	**12422**
国有单位	元	2284	5625	9552	11178	12869
城镇集体单位	元	1681	3931	6262	6867	7667
其他单位	元	2987	7463	10984	12140	13212

注：1. 1990 年及以后就业人员总计、城镇和乡村就业人员小计资料根据第五次全国人口普查数据调整，因此分地区、分类型、分行业的分项资料相加不等于总计（下表同）。

2. 1998 年及以后城镇单位就业人员、职工人数及相关指标统计口径有调整。

3. 1998 年及以后离退休及退职人数包括中央部委系统社会统筹的数字。

表 20 分行业就业人员

（2002 年底）　　单位:万人

行　业	就业人员	城　镇就业人员	#国有单位	#集体单位	#其他单位	乡　村就业人员
全国总计	**73740**	**24780**	**7163**	**1122**	**2700**	**48960**
农、林、牧、渔业	32487	496	433	11	11	31991
采掘业	558	558	350	31	161	
制造业	8308	3802	995	357	1629	4506
电力、煤气及水的生产和供应业	290	290	224	7	59	
建筑业	3893	934	321	231	251	2959
地质勘查业、水利管理业	98	98	96	1	1	
交通运输、仓储及邮电通信业	2083	824	518	41	80	1259
批发和零售贸易、餐饮业	4970	2973	381	175	219	1997
金融、保险业	340	340	216	67	57	
房地产业	118	118	61	8	49	
社会服务业	1094	1094	327	53	141	
卫生、体育和社会福利业	494	494	438	53	3	
教育、文化艺术和广播电影电视业	1564	1564	1497	58	9	
科学研究和综合技术服务业	163	163	139	5	19	
国家机关、政党机关和社会团体	1074	1074	1071	3		
其他行业	6247	431	96	21	11	5816

表 21 分行业职工人数和职工平均工资

行　业	年末职工人数(万人)			平均工资(元)		
	1995 年	2000 年	2002 年	1995 年	2000 年	2002 年
全国总计	**14908**	**11259**	**10558**	**5500**	**9371**	**12422**
农、林、牧、渔业	660	494	430	3522	5184	6398
采掘业	914	581	537	5757	8340	11017
制造业	5439	3240	2907	5169	8750	11001
电力、煤气及水的生产和供应业	257	282	285	7843	12830	16440
建筑业	1053	744	756	5785	8735	10279
地质勘查业、水利管理业	134	109	96	5962	9622	12303
交通运输、仓储及邮电通信业	824	659	613	6948	12319	16044
批发和零售贸易、餐饮业	1828	977	733	4248	7190	9398
金融、保险业	273	294	287	7376	13478	19135
房地产业	77	93	107	7330	12616	15501
社会服务业	449	457	483	5982	10339	13499
卫生、体育和社会福利业	438	476	480	5860	10930	14795
教育、文化艺术和广播电影电视业	1291	1500	1517	5435	9482	13290
科学研究和综合技术服务业	178	164	151	6846	13620	19113
国家机关、政党机关和社会团体	1027	1091	1056	5526	10043	13975
其他行业	66	99	120	6295	11098	14215

表22 固定资产投资概况

指 标	单 位	1990年	1995年	2000年	2001年	2002年
一、全社会固定资产投资额	**亿元**	**4517.0**	**20019.3**	**32917.7**	**37213.5**	**43201.6**
按经济类型分						
国有及其他经济类型	亿元	2986.3	14169.7	23406.9	26505.3	31019.8
集体经济	亿元	529.5	3289.4	4801.5	5278.6	5901.5
个体经济	亿元	1001.2	2560.2	4709.4	5429.6	6280.3
按管理渠道分						
基本建设	亿元	1703.8	7403.6	13427.3	14820.1	17251.3
更新改造	亿元	830.2	3299.4	5107.6	5923.8	6584.2
房地产开发	亿元	253.3	3149.0	4984.1	6344.1	7736.4
其他投资	亿元	1729.7	6167.1	9398.8	10125.5	11629.7
二、基本建设						
投资完成额	亿元	1703.8	7403.6	13427.3	14820.1	17251.3
中央项目	亿元	919.2	2970.7	4290.9	4216.4	4275.8
地方项目	亿元	784.7	4432.9	9136.4	10603.7	12975.4
新增固定资产	亿元	1362.6	4712.7	10431.7	8290.4	9998.9
房屋面积						
施工面积	万平方米	23236.5	41948.3	50968.3	51497.5	58529.5
竣工面积	万平方米	11245.9	19929.3	26292.9	23478.8	25234.7
三、更新改造						
投资完成额	亿元	830.2	3299.4	5107.6	5923.8	6584.2
中央项目	亿元	228.5	1081.5	1861.9	2115.6	1880.6
地方项目	亿元	601.7	2217.9	3245.7	3808.2	4703.6
新增固定资产	亿元	722.9	2524.9	4111.5	3882.3	4226.2
房屋面积						
施工面积	万平方米	9179.2	10691.4	5595.9	5199.8	6373.5
竣工面积	万平方米	4738.7	5361.0	2914.0	2511.7	2993.7
四、房地产开发						
房地产开发投资额	亿元	253.3	3149.0	4984.1	6344.1	7736.4
商品房销售面积	万平方米	2865.5	7904.3	18637.1	22411.9	24969.3
#住宅	万平方米	2544.6	6820.9	16570.3	19938.7	22117.2
五、固定资产投资效果系数	**元/百元**	**36.3**	**58.5**	**22.3**	**17.4**	**15.0**

表23 全社会固定资产投资

年 份	固定资产投资总计（亿元）				比上年增长（%）
		国有及其他经济	集体经济	个体经济	
“六五”时期	7997.6	5330.5	1012.0	1655.1	19.4
1981	961.0	667.5	115.2	178.3	5.5
1982	1230.4	845.3	174.3	210.8	28.0
1983	1430.1	952.0	156.3	321.8	16.2
1984	1832.9	1185.2	238.7	409.0	28.2
1985	2543.2	1680.5	327.5	535.2	38.8
“七五”时期	20593.5	13342.7	2750.0	4500.8	16.5
1986	3120.6	2079.4	391.8	649.4	22.7
1987	3791.7	2448.8	547.0	795.9	21.5
1988	4753.8	3020.0	711.7	1022.1	25.4
1989	4410.4	2808.2	570.0	1032.2	-7.2
1990	4517.0	2986.3	529.5	1001.2	2.4
“八五”时期	63808.3	44973.6	10422.8	8411.9	36.9
1991	5594.5	3713.8	697.8	1182.9	23.9
1992	8080.1	5498.7	1359.4	1222.0	44.4
1993	13072.3	9278.8	2317.3	1476.2	61.8
1994	17042.1	12312.6	2758.9	1970.6	30.4
1995	20019.3	14169.7	3289.4	2560.2	17.5
“九五”时期	139093.7	98959.9	20843.8	19290.1	11.2
1996	22974.0	16102.2	3660.6	3211.2	14.8
1997	24941.1	17660.8	3850.9	3429.4	8.8
1998	28406.2	20469.6	4192.2	3744.4	13.9
1999	29854.7	21320.4	4338.6	4195.7	5.1
2000	32917.7	23406.9	4801.5	4709.4	10.3
“十五”时期					
2001	37213.5	26505.3	5278.6	5429.6	13.0
2002	43201.6	31019.8	5901.5	6280.3	16.1

注：1. 表23至表30，自1997年起，除房地产投资、农村集体投资、个人投资外，基本建设、更新改造和其他固定资产投资的统计起点由5万元提高到50万元，增长速度按可比口径计算。

2. 增长速度未扣除价格因素，各时期增长速度为该时期平均增长速度。

表 24 按管理渠道分的固定资产投资及增长率

年　份	投资额(亿元)			比上年增长(%)		
	基本建设	更新改造	房地产开发	基本建设	更新改造	房地产开发
“六五”时期	3410.1	1495.2		6.7	27.2	
1981	442.9	195.3		-20.8	20.1	
1982	555.5	250.4		25.4	28.2	
1983	594.1	291.1		6.9	16.3	
1984	743.2	309.3		25.1	6.3	
1985	1074.4	449.1		44.6	45.2	
“七五”时期	7349.0	3977.4	1034.1	10.7	19.7	
1986	1176.1	619.2	101.0	9.5	37.9	
1987	1343.1	758.6	149.9	14.2	22.5	48.5
1988	1574.3	980.6	257.2	17.2	29.3	71.6
1989	1551.7	788.8	272.7	-1.4	-19.6	6.0
1990	1703.8	830.2	253.3	9.8	5.2	-7.1
“八五”时期	23584.3	10898.2	8708.0	36.1	34.1	73.0
1991	2115.8	1023.2	336.2	24.2	23.3	32.7
1992	3012.7	1461.1	731.2	42.4	42.8	117.5
1993	4615.5	2195.9	1937.5	53.2	50.3	164.9
1994	6436.7	2918.6	2554.1	39.5	32.9	31.8
1995	7403.6	3299.4	3149.0	15.0	13.0	23.3
“九五”时期	56326.8	21654.0	19096.3	14.3	9.2	6.4
1996	8610.8	3622.7	3216.4	16.3	9.8	2.1
1997	9917.0	3921.9	3178.4	15.7	8.5	-1.2
1998	11916.4	4516.7	3614.2	20.2	15.2	13.7
1999	12455.3	4485.1	4103.2	4.5	-0.7	13.5
2000	13427.3	5107.6	4984.1	7.8	13.9	21.5
“十五”时期						
2001	14820.1	5923.8	6344.1	10.4	16.0	27.3
2002	17251.3	6584.2	7736.4	16.4	11.1	21.9

表25 基本建设投资完成情况

指标	实际完成		2002年比上年增长		比重(%)	
	2001年	2002年	绝对数	速度(%)	2001年	2002年
一、投资完成额(亿元)	**14820.1**	**17251.3**	**2431.2**	**16.4**	**100.0**	**100.0**
1.按隶属关系分						
中央项目	4216.4	4275.8	59.4	1.4	28.5	24.8
地方项目	10603.7	12975.4	2371.7	22.4	71.5	75.2
2.按建设性质分						
#新　建	8295.6	10255.7	1960.2	23.6	56.0	59.4
扩　建	3898.9	4190.6	291.7	7.5	26.3	24.3
改　建	1627.3	2058.2	430.8	26.5	11.0	11.9
3.按工程用途分						
#住宅投资	1043.6	986.7	-56.9	-5.5	7.0	5.7
二、新增固定资产(亿元)	**8290.4**	**9998.9**	**1708.4**	**20.6**		
三、房屋面积(万平方米)						
施工面积	51497.5	58529.5	7032.0	13.7		
#住宅	19679.2	18162.0	-1517.2	-7.7		
竣工面积	23478.8	25234.7	1755.9	7.5		
#住宅	10712.2	9578.2	-1134.0	-10.6		

表26 基本建设投资资金来源情况

指标	到位资金(亿元)				2002年比上年增长(%)	
			#地方项目			#地方项目
	2001年	2002年	2001年	2002年		
资金来源合计	**13584.4**	**16497.1**	**9783.2**	**12478.6**	**21.4**	**27.6**
1.国家预算内资金	1798.0	2332.3	1083.4	1464.6	29.7	35.2
2.国内贷款	3335.5	4196.8	2213.6	2967.8	25.8	34.1
3.债　券	134.7	160.4	64.1	58.8	19.1	-8.3
4.利用外资	884.7	986.5	632.0	730.6	11.5	15.6
#外商直接投资	436.5	540.2	401.4	510.6	23.7	27.2
5.自筹资金	6123.9	7441.8	4708.1	6094.1	21.5	29.4
#企、事业单位自有资金	3495.5	4397.8	2467.2	3336.4	25.8	35.2
#发行股票	30.8	21.7	26.9	18.0	-29.4	-33.1
6.其他资金	1307.5	1379.4	1081.8	1162.8	5.5	7.5

表 27　分行业基本建设投资

指　　标	投资额(亿元)		2002 年比上年增长		比　　重(%)	
	2001 年	2002 年	绝对数(亿元)	速度(%)	2001 年	2002 年
全国总计	**14820.1**	**17251.3**	**2431.2**	**16.4**	**100.0**	**100.0**
一、第一产业	**832.6**	**1018.4**	**185.7**	**22.3**	**5.6**	**5.9**
农林牧渔水利业	832.6	1018.4	185.7	22.3	5.6	5.9
二、第二产业	**4552.4**	**5503.5**	**951.1**	**20.9**	**30.7**	**31.9**
1. 工业	4357.7	5209.9	852.2	19.6	29.4	30.2
1) 能源工业	2875.2	3250.1	374.9	13.0	19.4	18.8
煤炭	95.7	107.7	12.0	12.5	0.6	0.6
石油	575.2	715.2	140.0	24.3	3.9	4.1
电力	2204.3	2427.2	222.9	10.1	14.9	14.1
2) 原材料工业	393.9	503.5	109.6	27.8	2.7	2.9
冶金	79.9	117.9	38.0	47.6	0.5	0.7
有色	64.7	81.5	16.8	26.0	0.4	0.5
化工	228.6	287.0	58.4	25.6	1.5	1.7
森林	20.7	17.1	-3.7	-17.7	0.1	0.1
3) 机械电子工业	561.2	714.0	152.8	27.2	3.8	4.1
机械	260.7	403.4	142.7	54.8	1.8	2.3
电子	300.5	310.6	10.0	3.3	2.0	1.8
4) 轻纺工业	397.9	525.4	127.5	32.0	2.7	3.0
纺织	87.0	101.0	14.0	16.1	0.6	0.6
轻工	310.9	424.4	113.5	36.5	2.1	2.5
5) 其他工业	129.5	217.0	87.5	67.5	0.9	1.3
2. 建筑业	194.7	293.6	98.9	50.8	1.3	1.7
三、第三产业	**9435.1**	**10729.4**	**1294.4**	**13.7**	**63.7**	**62.2**
1. 运输邮电通信业	4129.9	4225.4	95.5	2.3	27.9	24.5
#邮电通信业	779.5	543.9	-235.6	-30.2	5.3	3.2
2. 商业饮食供销仓储业	431.7	485.3	53.7	12.4	2.9	2.8
3. 房地产公用服务咨询业	2105.9	2641.0	535.2	25.4	14.2	15.3
4. 文教卫生广播福利业	1229.9	1469.9	240.0	19.5	8.3	8.5
5. 科研综合技术服务业	131.6	140.5	8.9	6.8	0.9	0.8
6. 金融保险业	90.7	63.5	-27.2	-30.0	0.6	0.4
7. 其他行业	1315.4	1703.7	388.3	29.5	8.9	9.9

表28 更新改造投资完成情况

指　　标	实际完成		2002年比上年增长		比　　重(%)	
	2001年	2002年	绝对数	速度(%)	2001年	2002年
一、投资完成额(亿元)	**5923.8**	**6584.2**	**660.4**	**11.1**	**100.0**	**100.0**
1. 按隶属关系分						
中央项目	2115.6	1880.6	-235.0	-11.1	35.7	28.6
地方项目	3808.2	4703.6	895.4	23.5	64.3	71.4
2. 按用途分						
增　　产	1977.5	2424.8	447.4	22.6	33.4	36.8
节约能源	209.9	214.4	4.5	2.1	3.5	3.3
其他节约	27.8	36.0	8.2	29.3	0.5	0.5
增加品种	627.4	786.6	159.2	25.4	10.6	11.9
提高产品质量	417.4	532.8	115.4	27.6	7.0	8.1
三废治理	107.5	109.2	1.7	1.6	1.8	1.7
其　　他	2556.3	2480.4	-75.9	-3.0	43.2	37.7
3. 按建设性质分						
#新　　建	610.3	862.1	251.8	41.3	10.3	13.1
扩　　建	2915.8	3109.2	193.4	6.6	49.2	47.2
改　　建	1905.9	2128.0	222.1	11.7	32.2	32.3
4. 按工程用途分						
#住宅投资	37.6	41.5	3.9	10.3	0.6	0.6
二、新增固定资产(亿元)	**3882.3**	**4226.2**	**343.9**	**8.9**		
三、房屋面积(万平方米)						
施工面积	5199.8	6373.5	1173.8	22.6		
#住宅	655.0	515.4	-139.5	-21.3		
竣工面积	2511.7	2993.7	482.1	19.2		
#住宅	372.7	255.7	-116.9	-31.4		

表29 更新改造投资资金来源情况

指　　标	到位资金(亿元)		#地方项目		2002年比上年增长(%)	#地方项目
	2001年	2002年	2001年	2002年		
资金来源合计	**5839.3**	**6632.8**	**3752.1**	**4748.7**	**13.6**	**26.6**
1. 国家预算内资金	165.5	168.8	99.0	116.7	2.0	17.9
2. 国内贷款	1076.8	1154.6	707.0	844.9	7.2	19.5
3. 债　　券	4.6	13.6	3.2	7.9	194.1	146.9
4. 利用外资	244.5	306.4	202.5	270.0	25.3	33.3
#外商直接投资	170.9	240.1	163.0	236.7	40.5	45.2
5. 自筹资金	4141.0	4761.8	2577.3	3323.4	15.0	28.9
#企、事业单位自有资金	3517.2	4098.5	2162.8	2893.9	16.5	33.8
6. 其他资金	206.9	227.6	163.1	185.8	10.0	13.9

表 30 分行业更新改造投资

指 标	投资额(亿元)		2002年比上年增长		比 重(%)	
	2001年	2002年	绝对数(亿元)	速度(%)	2001年	2002年
全国总计	**5923.8**	**6584.2**	**660.4**	**11.1**	**100.0**	**100.0**
一、第一产业	**48.4**	**51.2**	**2.8**	**5.8**	**0.8**	**0.8**
农林牧渔水利业	48.4	51.2	3.1	6.4	0.8	0.8
二、第二产业	**3586.2**	**4515.6**	**929.4**	**25.9**	**60.5**	**68.6**
1. 工业	3533.9	4450.3	916.4	25.9	59.7	67.6
1)能源工业	1013.3	1118.6	105.4	10.4	17.1	17.0
煤炭	101.2	154.6	53.4	52.7	1.7	2.3
石油	417.9	389.7	-28.2	-6.7	7.1	5.9
电力	494.2	574.4	80.2	16.2	8.3	8.7
2)原材料工业	924.7	1221.2	296.5	32.1	15.6	18.5
冶金	393.3	572.4	179.1	45.5	6.6	8.7
有色	152.6	186.8	34.2	22.4	2.6	2.8
化工	376.3	460.4	84.1	22.4	6.4	7.0
森林	2.5	1.7	-0.8	-32.5	0.0	0.0
3)机械电子工业	603.5	837.8	234.4	38.8	10.2	12.7
机械	433.4	627.2	193.8	44.7	7.3	9.5
电子	170.1	210.7	40.6	23.8	2.9	3.2
4)轻纺工业	692.2	967.1	274.9	39.7	11.7	14.7
纺织	173.2	216.7	43.5	25.1	2.9	3.3
轻工	519.0	750.4	231.4	44.6	8.8	11.4
5)其他工业	300.3	305.5	5.2	1.7	5.1	4.6
2. 建筑业	52.3	65.2	12.9	24.8	0.9	1.0
三、第三产业	**2289.2**	**2017.4**	**-271.8**	**-11.9**	**38.6**	**30.6**
1. 运输邮电通信业	1829.7	1505.3	-324.3	-17.7	30.9	22.9
#邮电通信业	1487.6	1121.7	-365.9	-24.6	25.1	17.0
2. 商业饮食供销仓储业	59.6	66.6	7.0	11.7	1.0	1.0
3. 房地产公用服务咨询业	217.9	223.6	5.7	2.6	3.7	3.4
4. 文教卫生广播福利业	69.0	76.7	7.8	11.2	1.2	1.2
5. 科研综合技术服务业	32.3	29.3	-3.0	-9.3	0.5	0.4
6. 金融保险业	16.5	27.6	11.1	67.5	0.3	0.4
7. 其他行业	64.2	88.2	24.0	37.5	1.1	1.3

表 31 房地产开发投资资金来源

单位:亿元

指　　标	1997 年	1998 年	1999 年	2000 年	2001 年	2002 年
一、资金来源合计	**4727.2**	**5378.3**	**5696.7**	**6996.9**	**8983.2**	**11202.8**
1. 上年末结余资金	910.1	963.4	900.8	999.3	1286.8	1661.2
2. 本年资金来源小计	3817.1	4414.9	4795.9	5997.6	7696.4	9541.6
(1)国家预算内资金	12.5	14.9	10.0	6.9	13.6	11.8
(2)国内贷款	911.2	1053.2	1111.6	1385.1	1692.2	2149.1
(3)债券	4.9	6.2	9.9	3.5	0.3	2.4
(4)利用外资	460.9	361.8	256.6	168.7	135.7	156.4
#外商直接投资	327.9	258.9	180.5	134.8	106.1	114.0
(5)自筹资金	972.9	1167.0	1344.6	1614.2	2184.0	2720.4
#自有资金	435.8	511.6	612.4	777.4	1145.1	1497.3
(6)其他资金	1454.8	1811.8	2063.2	2819.3	3670.6	4501.5
#定金及预收款	1134.2	1424.6	1619.5	2297.2	3025.4	3683.2
二、各项应付款	**800.4**	**881.4**	**966.8**	**1106.4**	**1357.8**	**1302.6**
#工程款	452.9	520.0	595.7	677.4	878.3	865.3
设备材料款	39.5	38.7	44.9	53.3	55.2	61.0

表 32 房地产开发投资和商品房销售情况

指　　标	实际完成					
	1997 年	1998 年	1999 年	2000 年	2001 年	2002 年
一、房地产开发投资额(亿元)	**3178.4**	**3614.2**	**4103.2**	**4984.0**	**6344.1**	**7736.4**
国有经济投资	1193.3	1314.1	1364.8	1354.3	1407.6	1362.4
商品房建设投资	2497.2	2758.3	3112.5	3736.3	4717.5	5703.3
土地开发投资	264.8	2919.9	3189.2	4027.6	496.0	550.5
按工程用途分:						
住宅投资	1539.4	2081.6	2638.5	3311.9	4216.7	5267.4
办公楼投资	389.0	433.8	338.6	297.9	307.9	379.0
商业营业用房投资	425.8	475.8	484.3	580.0	755.3	928.1
其它投资	824.2	623.0	641.8	794.2	1064.2	1161.9
二、房屋建筑面积及价值						
施工面积(万平方米)	44985.5	50770.1	56857.6	65896.9	79411.7	92757.0
#新开工面积	14027.0	20387.9	22579.4	29582.6	37394.2	42259.9
竣工面积(万平方米)	15819.7	17566.6	21410.8	25104.9	29867.4	32522.8
竣工价值(亿元)	1859.2	2139.2	2467.6	2859.3	3369.4	3902.7
三、商品房销售情况						
商品房销售面积(万平方米)	9010.2	12185.3	14556.5	18637.1	22411.9	24969.3
商品房销售额(亿元)	1799.5	2513.3	2987.9	3935.4	4862.8	5721.2
#销售给个人	946.9	1474.2	2095.9	3169.4	4220.5	5223.3

表 33 国家财政概况

单位:亿元

指　　标	1990 年	1995 年	2000 年	2001 年	2002 年
财政总收入	**2937.1**	**6242.2**	**13395.2**	**16386.0**	**18913.9**
中央	992.4	3256.6	6989.2	8582.7	10390.0
地方	1944.7	2985.6	6406.1	7803.3	8523.9
财政总收入指数(上年=100)	110.2	119.6	117.0	122.3	115.4
财政收入按项目分					
#各项税收	2821.9	6038.0	12581.5	15301.4	17631.5
#工商税收	1859.0	4589.7	10366.1		
关税	159.0	291.8	750.5	840.5	704.2
农牧业税	87.9	278.1	465.3	481.7	478.8
企业亏损补贴	-578.9	-327.8	-278.8	-300.0	-259.6
教育费附加收入		83.4	147.5	166.6	198.0
预算外收入	**2708.6**	**2406.5**	**3826.4**		
地方财政预算外资金收入	60.6	171.7	3578.8		
债务收入	**375.5**	**1549.8**	**4180.1**	**4604.0**	**5679.0**
#国内债务	197.3	1510.9	4153.6	4483.5	5661.0
向国外借款	178.2	38.9	23.1	120.5	
财政总支出	**3083.6**	**6823.7**	**15886.5**	**18902.6**	**22011.7**
中央	1004.5	1995.4	5519.9	5768.0	6755.8
地方	2079.1	4828.3	10366.7	13134.6	15255.9
财政总支出指数(上年=100)	109.2	117.8	120.5	119.0	116.4
财政支出按项目分					
#国内基本建设支出	547.4	789.2	2094.9	2510.6	3111.9
增拨企业流动资金	10.9	34.8	71.1	22.7	18.7
挖潜改造资金和科技三项费用	153.9	494.5	865.2	991.6	957.1
地质勘探费	36.2	66.3	88.1	99.0	102.9
工交商部门事业费	46.9	102.8	150.1	200.1	232.9
支援农村生产支出和各项农业事业费	221.8	430.2	766.9	918.0	1088.4
文教科学卫生事业费	617.3	1467.1	2736.9	3361.0	3971.5
抚恤和社会福利救济费	55.0	115.5	213.0	266.7	367.7
国防费	290.3	636.7	1207.5	1442.0	1707.7
行政管理费	303.1	872.7	1787.6	2197.5	2896.2
政策性补贴支出	380.8	364.9	1042.3	741.5	648.3
预算外支出	**2707.1**	**2331.3**	**3529.0**		
债务支出	**190.1**	**883.0**	**1579.8**	**2007.7**	**2563.1**

注:1. 本表及其他各表有关财政数据由财政部提供。当年全国数据为预算执行数,以前各年数据为财政决算数。

2. 财政总收入和财政总支出不包括国内外债务收支。

3. 行政管理费包括国家财政支出中的“行政管理费”和“公检法司支出”。

表34　国家财政收支总额和指数

年　份	财政收入（亿元）	财政支出（亿元）	收支差额（亿元）	指数(上年=100)	
				财政收入	财政支出
1978	1132.3	1122.1	10.2	129.5	133.0
1979	1146.4	1281.8	-135.4	101.2	114.2
1980	1159.9	1228.8	-68.9	101.2	95.9
"六五"时期	7402.8	7483.2	-80.4	111.6	110.3
1981	1175.8	1138.4	37.4	101.4	92.5
1982	1212.3	1230.0	-17.7	103.1	108.0
1983	1367.0	1409.5	-42.6	112.8	114.6
1984	1642.9	1701.0	-58.2	120.2	120.7
1985	2004.8	2004.3	0.6	122.0	117.8
"七五"时期	12280.6	12865.7	-585.1	107.9	109.0
1986	2122.0	2204.9	-82.9	105.8	110.0
1987	2199.4	2262.2	-62.8	103.6	102.6
1988	2357.2	2491.2	-134.0	107.2	110.1
1989	2664.9	2823.8	-158.9	113.1	113.3
1990	2937.1	3083.6	-146.5	110.2	109.2
"八五"时期	22442.2	24387.4	-1945.3	116.3	117.2
1991	3149.5	3386.6	-237.1	107.2	109.8
1992	3483.4	3742.2	-258.8	110.6	110.5
1993	4349.0	4642.3	-293.4	124.8	124.1
1994	5218.1	5792.6	-574.5	120.0	124.8
1995	6242.2	6823.7	-581.5	119.6	117.8
"九五"时期	50774.4	57043.6	-6269.2	116.5	118.4
1996	7408.0	7937.6	-529.6	118.7	116.3
1997	8651.1	9233.6	-582.5	116.8	116.3
1998	9876.0	10798.2	-922.2	114.2	116.9
1999	11444.1	13187.7	-1743.6	115.9	122.1
2000	13395.2	15886.5	-2491.3	117.0	120.5
"十五"时期	35299.9	40914.3	-5614.3	118.9	117.7
2001	16386.0	18902.6	-2516.5	122.3	119.0
2002	18913.9	22011.7	-3097.8	115.4	116.4

注:1. 各计划时期指数为该时期年平均发展速度。

2. 1985年及以前,价格补贴冲减财政收入,1985年以后改列财政支出。为统一口径,本表对1985年及以前数字做了调整。

3. 本表不包括国内外债务收支。

表 35 各地区财政收入和财政支出

单位:亿元

地区	财政收入			财政支出		
	2000 年	2001 年	2002 年	2000 年	2001 年	2002 年
地方总计	**6406.1**	**7803.3**	**8515.0**	**10436.6**	**13134.6**	**15280.4**
北京	345.0	454.2	534.0	443.0	559.1	628.3
天津	133.6	163.6	171.8	187.0	234.7	265.2
河北	248.8	283.5	302.3	414.3	514.2	576.6
山西	114.5	132.8	150.8	224.9	289.5	334.3
内蒙古	95.0	99.4	112.9	247.1	319.3	393.6
辽宁	295.6	370.4	399.7	516.9	635.4	690.9
吉林	103.8	121.1	131.5	260.7	326.4	362.6
黑龙江	185.3	213.6	231.9	381.9	478.3	531.9
上海	485.4	609.5	709.0	608.6	708.1	862.4
江苏	448.3	572.1	643.7	591.3	729.6	860.3
浙江	342.8	500.7	566.9	431.3	597.3	749.9
安徽	178.7	192.2	200.2	322.5	403.8	456.9
福建	234.1	274.3	272.9	324.1	373.2	397.4
江西	111.6	132.0	140.5	223.2	283.7	341.4
山东	463.7	573.2	610.2	613.0	753.8	860.6
河南	246.5	267.7	296.7	444.0	508.6	629.2
湖北	214.3	231.9	243.4	369.8	484.4	511.4
湖南	177.0	205.4	231.1	347.8	431.7	533.0
广东	910.6	1160.5	1201.6	1070.3	132.1	1521.1
广西	147.1	178.7	186.7	258.5	351.6	419.6
海南	39.2	43.8	46.2	64.0	78.9	92.3
重庆	87.2	106.1	126.1	187.6	237.5	305.9
四川	233.9	271.1	291.9	451.9	594.1	701.6
贵州	85.2	99.7	108.3	200.1	275.2	315.6
云南	180.7	191.3	206.8	414.0	496.4	526.9
西藏	5.4	6.1	7.3	60.0	104.6	137.8
陕西	115.0	135.8	150.3	271.6	350.1	404.9
甘肃	61.3	69.9	76.2	187.3	235.5	274.5
青海	16.6	19.8	21.1	68.3	101.3	118.7
宁夏	20.8	27.6	26.5	60.8	93.6	114.6
新疆	79.1	95.1	116.5	191.0	263.3	361.2

注:当年数据为月度执行情况汇总数,以前各年数据为各地区财政决算数。

表 36　金融、证券、保险基本情况

指　标	单　位	1998 年	1999 年	2000 年	2001 年	2002 年
金融						
银行系统机构总数	个	153348	112141	130170	118691	108631
银行系统职工人数	万人	200.1	205.1	193.7	187.9	182.7
金融机构资金来源	亿元	110421	123231	135484	154876	184025
#各项存款	亿元	95698	108779	123804	143617	170917
金融机构资金运用	亿元	110421	123231	135484	154876	184025
#各项贷款	亿元	86524	93734	99371	112315	131294
货币供应量						
货币和准货币(M2)	亿元	104499	119898	134610	158302	185007
狭义货币(M1)	亿元	38954	45837	53147	59872	70882
流通中现金(M0)	亿元	11204	13456	14653	15689	17278
金融机构现金收入	亿元	203967	233399	277067	321380	365593
#商品销售收入	亿元	25851	27731	32593	35716	40101
服务事业收入	亿元	9971	11388	13316	14957	16849
金融机构现金支出	亿元	204993	235650	278264	322416	367182
#工资及对个人其他支出	亿元	18231	19002	20398	21537	23744
农副产品采购支出	亿元	9024	5863	7126	7640	8340
黄金储备	万盎司	1267	1267	1267	1267	1929
外汇储备	亿美元	1450	1547	1656	2122	2864
证券						
境内上市公司(A、B 股)	家	851	949	1088	1160	1224
境外上市公司(H 股)	家	43	46	52	60	75
股票发行额	亿股	105.6	122.9	512.0	141.1	291.7
股票筹资额	亿元	841.5	944.6	2103.1	1252.3	961.8
保险						
保险系统职工人数	万人	17.3	17.2	17.2	18.6	19.4
保险公司经济技术指标						
保险金额	亿元	725286	666427	508579	427745	533406
保费	亿元	1256	1406	1598	2109	3054
赔款及给付	亿元	532	508	526	597	707

注:金融机构现金收入和支出数为当年增量。

表37 金融机构信贷收支

（年底余额） 单位：亿元

项 目	1998年	1999年	2000年	2001年	2002年
资金来源总计	**110420.5**	**123230.6**	**135483.7**	**154876.1**	**184024.5**
一、各项存款	95697.9	108778.9	123804.4	143617.2	170917.4
企业存款	32486.6	37182.4	44093.7	51546.6	60028.6
财政存款	2187.9	2128.1	3508.1	3369.8	3481.9
机关团体存款	1285.4	1814.5	2224.3	2852.8	5184.5
城乡储蓄存款	53407.5	59621.8	64332.4	73762.4	86910.7
农业存款	1748.0	2126.3	2642.9	3083.3	3764.2
信托类存款	2886.4	3072.2	2873.6	2689.8	2414.4
其他类存款	1696.2	2833.7	4129.4	6312.5	9133.2
二、金融债券	56.2	39.5	30.2	51.4	90.3
三、对国际金融机构负债	174.4	371.9	368.3	484.5	423.1
四、货币流通量	11204.2	13455.5	14652.7	15688.8	17278.0
五、其它	3287.8	584.8	-3371.9	-4965.8	-4684.3
资金运用总计	**110420.5**	**123230.6**	**135483.7**	**154876.1**	**184024.5**
一、各项贷款	86524.1	93734.3	99371.1	112314.7	131293.9
1.短期贷款	60613.2	63887.6	65748.1	67327.2	74247.9
工业贷款	17821.5	17948.9	17019.3	18636.7	20190.5
商业贷款	19752.4	19890.9	17868.5	18563.4	17973.1
建筑业贷款	1628.7	1476.9	1617.1	2099.6	2748.0
农业贷款	4444.2	4792.4	4889.0	5711.5	6884.6
乡镇企业贷款	5580.0	6161.3	6060.8	6413.0	6812.3
私营企业及个体贷款	471.6	579.1	654.6	918.0	1058.8
三资企业贷款	2487.5	2985.8	3049.8	3263.5	2697.4
其他短期贷款	8427.2	10052.4	14589.0	11721.6	15883.4
2.中长期贷款	20717.8	23968.3	27931.2	39328.1	48642.0
3.信托类贷款	2521.3	2504.6	2409.7	2497.6	2170.3
4.其它类贷款	2671.9	3373.8	3282.1	3251.8	6233.7
二、有价证券贷款	8112.2	12505.8	19651.1	22112.7	26789.7
三、在国际金融机构资产	461.8	604.1	576.3	754.2	798.2
四、金银占款	12.0	12.0	12.0	256.0	337.2
五、外汇占款	13728.3	14792.4	14291.1	17856.4	23223.3
六、财政借款	1582.1	1582.1	1582.1	1582.1	1582.1

表38 金融机构现金收入和支出

单位:亿元

项目	国家银行	金融机构				
	1997年	1998年	1999年	2000年	2001年	2002年
收入总计	**141613**	**203967**	**233399**	**277067**	**321380**	**365593**
商品销售收入	19891	25851	27731	32593	35716	40101
服务业收入	5985	9971	11388	13316	14957	16849
税款收入	733	1195	1387	1586	1831	2114
农村信用社收入	1542					
乡镇企事业收入	3106					
城乡个体经营收入	2659	8456	9068	10652	11598	12645
储蓄存款收入	84956	130888	154778	183023	217657	252323
其他金融机构收入	4858	2754	2392	3060	2710	2260
居民归还贷款收入			3597	4078	5060	6261
汇兑收入	2536	3623	4577	5935	6204	5901
有价证券收入	1107	1664	1422	1918	1645	952
其他收入	14240		17059	20907	24003	26188
#兑换外币收入			179	207	160	116
支出总计	**142988**	**204993**	**235650**	**278264**	**322416**	**367182**
工资性支出	14480	18231	19002	20398	21537	23744
农副产品采购支出	4354	9024	5863	7126	7640	8340
行政企业管理费支出	7196	11075	12902	15298	17640	19997
农村信用社支出	2197					
乡镇企事业支出	3531					
城乡个体经营支出	3028	10027	11438	13319	14815	16779
储蓄存款支出	84893	129308	154844	184907	218044	251240
其他金融机构支出	3361	2278	1977	2106	2477	2340
居民提取贷款支出			3396	3977	4955	6362
汇兑支出	2186	2744	3081	3790	3997	3931
工矿及其它产品采购支出	1363		3963	4653	5245	6329
有价证券支出	745	1361	1127	1304	1392	941
其他支出	15654	20945	18058	21387	24673	27179

表 39 证券市场主要指标

种　　类	单位	1998 年	1999 年	2000 年	2001 年	2002 年
境内上市公司数(A、B 股)	家	851	949	1088	1160	1224
境外上市公司(H 股)	家	43	46	52	60	75
股票发行额	亿股	105.6	122.9	512.0	141.0	291.7
股票总发行股本	亿股	2526.8	3089.0	3791.7	5218.0	5875.5
股票市价总值	亿元	19505.6	26471.2	48090.9	43522.2	38329.1
证券成交金额	亿元	67379.7	72758.3	84411.7	63161.5	64287.4
国债发行额	亿元	3228.8	4015.0	4657.0	4884.0	5934.3
企业债发行额	亿元	147.9	158.0	83.0	147.0	325.0
股票筹资额	亿元	841.5	944.6	2103.1	1252.3	961.8
证券投资基金规模	亿元	120.0	505.0	562.0	804.0	1318.9
上证综合指数(收盘)	点	1146.7	1366.6	2073.5	1646.0	1357.7
深证综合指数(收盘)	点	343.9	402.2	635.7	475.9	388.8
投资者开户数	万户	3911.1	4481.2	5801.1	6650.4	6884.1
期货总成交额	亿元	36967.2	22343.0	16082.3	30145.0	39490.3

注:证券成交金额包括股票、债券和证券投资基金;股票筹资额包括可转换债筹资额。

表 40 中外资保险公司业务经济技术指标

单位:亿元

项　　目	保险金额		保　　费		赔款及给付	
	2001 年	2002 年	2001 年	2002 年	2001 年	2002 年
合　　计	**427745**	**533406**	**2109**	**3054**	**597**	**707**
财产保险公司	**193027**	**237142**	**685**	**780**	**333**	**403**
企业财产保险	80883	89596	121	123	56	56
家庭财产保险	10184	14933	19	24	4	4
机动车辆保险	36757	42967	422	472	218	271
船舶保险	8351	12837	12	13	9	9
货物运输保险	22823	27962	41	42	16	16
卫星及核能保险	4002	5078	5	6	0	2
建筑、安装工程保险及责任保险	4292	5173	6	8	3	4
责任保险	15577	24778	28	37	12	16
保证保险	539	1469	4	9	1	2
信用保险	176	245	3	7	2	8
农业保险	311	270	3	5	3	4
其他保险	9132	11834	21	34	9	11
人寿保险公司	**234718**	**296264**	**1424**	**2274**	**264**	**304**
寿险	176759	152625	1288	2074	201	229
健康险	35270	86911	61	121	13	49
人身意外伤害险	22689	56728	75	79	50	26

表41 国际收支平衡表

单位:万美元

项 目	1998年	1999年	2001年	2002年	2000年
经常帐户	**3147100**	**1566727**	**2051925**	**1740528**	**3542197**
货物	4661400	3620602	3447361	3401723	4416657
出口	18352900	19471581	24913064	26607504	32565082
进口	-13691600	-15850980	-21465703	-23205781	-28148425
服务	-277700	-750918	-560012	-593101	-678390
收益	-1664400	-1797303	-1466554	-1917326	-1494515
经常转移	427800	494347	631131	849231	1298445
各级政府	9100	10791	5357	-6663	-7365
其他部门	418800	483555	625773	855894	1305810
资本和金融账户	**-632100**	**764239**	**192222**	**3477543**	**3229084**
资本账户	-4700	-2553	-3528	-5354	-4963
金融账户	-627500	766792	195751	3482897	3234047
直接投资	4111800	3697814	3748289	3735589	4678957
我国在外直接投资	-263400	-177431	-91578	-688540	-251841
外国在华直接投资	4375200	3875245	3839866	4424129	4930798
证券投资	-373300	-1123358	-399073	-1940593	-1034249
资产	-383000	-1053486	-1130747	-2065428	-1209451
负债	9700	-69871	731674	124835	175203
其他投资	-4366000	-1807664	-3153465	1687900	-410662
资产	-3504100	-2439529	-4386349	2081276	-307674
负债	-861900	631865	1232884	-393376	-102988
储备资产变动	**-642600**	**-850532**	**-1054840**	**-4732513**	**-7550706**
货币黄金					
特别提款权	-7400	-4100	-5700	-5183	-14317
在基金组织的储备头寸	-128300	125200	40700	-682259	-112174
外汇	-506900	-971632	-1089840	-4659104	-7424215
其他债权					
净误差与遗漏	**-1872400**	**-1480434**	**-1189307**	**-485557**	**779426**

表 42 国家外债余额和外债风险指标

债务类型	1998 年	1999 年	2000 年	2001 年	2002 年
国家外债余额(亿美元)	**1460.4**	**1518.3**	**1457.3**	**1701.1**	**1685.4**
按债务类型分					
外国政府贷款	224.1	265.6	246.1	237.0	244.2
国际金融组织贷款	229.5	251.4	263.5	275.7	277.0
国际商业贷款	682.2	653.8	947.7	972.3	900.9
其他	324.6	347.5		216.1	263.3
按偿还期限分					
中长期债务余额	1287.0	1366.5	1326.5	1195.3	1155.6
短期债务余额	173.4	151.8	130.8	505.8	529.8
外债风险指标(%)					
偿债率	10.9	11.3	9.2	7.5	7.9
负债率	15.2	15.3	13.5	14.7	13.6
债务率	70.4	69.5	52.1	56.8	46.1

注:1. 2001 年及以后外债余额按新口经统计,与 2000 年及以前的登记债务余额数据不可比。

2. 偿债率指偿还外债本息与当年贸易和非贸易外汇收入(国际收支口径)之比。

3. 负债率指外债余额与当年国民生产总值之比。

4. 债务率指外债余额与当年贸易和非贸易外汇收入(国际收支口径)之比。

表 43 各种价格指数

(2002 年,以下列各年为 100)

项　　目	1990 年	1995 年	2000 年	2001 年
居民消费价格指数	200.4	109.2	99.9	99.2
城市居民	213.8	110.7	99.7	99.0
农村居民	191.0	108.3	100.4	99.6
商品零售价格指数	167.1	97.4	97.9	98.7
农业生产资料价格指数	181.7	96.4	99.6	100.5
原材料、燃料、动力购进价格指数	222.8	99.9	97.5	97.7
工业品出厂价格指数	184.0	95.3	96.5	97.8
生产资料			96.5	97.7
生活资料			96.4	97.9
固定资产投资价格指数		106.9	100.6	100.2
建筑业总产值价格指数			102.4	101.0
房地产销售价格			105.9	103.7
土地交易价格			108.7	106.9
房屋租赁价格指数			103.6	100.8

表44 居民消费价格指数

（上年=100）

地 区	2001年			2002年		
	全国	城市	农村	全国	城市	农村
居民消费价格指数	**100.7**	**100.7**	**100.8**	**99.2**	**99.0**	**99.6**
一、食品	**100.0**	**100.1**	**99.8**	**99.4**	**99.5**	**99.3**
#粮食	99.3	99.2	99.7	98.3	98.3	98.4
油脂	91.7	90.9	92.9	98.7	99.2	98.2
肉禽及其制品	101.6	101.7	101.4	99.5	99.3	100.0
蛋	106.0	106.3	105.3	102.6	102.5	102.9
水产品	97.1	96.9	97.8	96.7	97.1	95.6
菜	100.9	101.2	100.0	98.2	97.9	99.0
糖	104.6	103.9	105.4	97.3	98.9	95.0
茶及饮料	99.1	99.1	99.3	99.0	99.1	98.7
干鲜瓜果	99.9	100.2	98.8	103.1	103.1	103.2
奶及奶制品	99.1	99.0	99.7	99.0	99.2	97.3
二、烟酒及用品	**99.7**	**99.7**	**99.6**	**99.9**	**99.9**	**100.0**
#烟草	99.6	99.4	99.7	99.9	99.6	100.2
酒	99.9	100.4	99.4	100.1	100.5	99.7
三、衣着	**98.1**	**97.8**	**98.9**	**97.6**	**97.3**	**98.4**
#服装	97.6	97.4	98.2	97.4	97.1	98.0
鞋袜帽	99.0	98.6	99.8	98.0	97.6	98.9
四、家庭设备用品及服务	**97.7**	**97.5**	**98.4**	**97.5**	**97.3**	**97.8**
#耐用消费品	96.1	95.7	97.5	95.9	95.7	96.6
室内装饰品	98.3	98.4	97.8	98.8	98.6	99.2
家庭服务及加工维修服务	101.5	101.7	100.7	101.2	101.4	100.7
五、医疗保健和个人用品	**100.0**	**99.3**	**101.1**	**98.8**	**98.0**	**100.1**
医疗保健	100.3	99.2	102.1	98.5	97.4	100.5
个人用品及服务费	99.5	99.4	99.5	99.5	99.5	99.4
六、交通和通信	**99.0**	**99.1**	**98.7**	**98.1**	**98.0**	**98.2**
交通	101.0	101.8	99.7	99.1	99.3	98.8
通信	96.8	97.0	96.5	97.2	97.1	97.3
七、娱乐教育文化	**106.6**	**106.7**	**106.4**	**100.6**	**100.2**	**101.2**
文娱用耐用消费品及服务	91.2	89.8	94.1	90.5	89.5	92.4
教育	113.6	116.5	109.8	103.7	104.1	103.1
文化娱乐用品	101.7	102.2	100.2	101.2	101.6	99.8
旅游及外出	100.3	100.3	100.8	95.9	95.9	97.6
八、居住	**101.2**	**101.7**	**100.3**	**99.9**	**99.8**	**100.1**
建房及装修材料	98.8	98.3	99.1	98.4	98.5	98.3
租房	108.6	109.4	102.8	104.4	104.7	102.3
自有住房	100.0	100.0	100.2	95.4	94.2	100.4
水电燃料	102.5	102.2	103.0	102.9	102.4	103.9

表 45　商品零售价格指数

（上年 = 100）

项　　目	1997 年	1998 年	1999 年	2000 年	2001 年	2002 年
商品零售价格指数	**100.8**	**97.4**	**97.0**	**98.5**	**99.2**	**98.7**
一、食品	**99.8**	**96.8**	**95.8**	**97.5**	**100.6**	**99.9**
粮食	92.1	96.9	96.4	90.1	101.5	98.6
油脂	101.6	100.7	94.4	86.2	89.3	100.1
肉禽蛋	101.3	92.6	91.1	96.1	102.9	100.4
水产品	101.2	94.2	93.6	102.7	96.3	96.2
鲜菜	99.5	100.3	100.4	105.3	103.3	100.8
干菜	102.1	98.2	99.1	99.2	98.6	99.6
鲜果	92.1	95.7	99.4	95.7	100.1	104.3
干果	106.6	94.8	91.5	99.1	98.5	100.8
其他食品	103.0	99.2	97.8	100.9	101.8	99.1
饮食业	104.7	101.1	99.6	99.8	100.4	100.0
二、饮料烟酒	**101.2**	**98.8**	**97.3**	**98.0**	**99.5**	**99.9**
饮料	102.1	99.1	98.4	98.5	98.9	99.5
烟酒	100.9	98.7	97.0	97.8	99.7	100.0
三、服装鞋帽	**103.5**	**99.3**	**97.3**	**99.2**	**98.9**	**97.9**
四、纺织品	**101.9**	**99.1**	**98.0**	**98.6**	**99.1**	**99.4**
#棉布	102.8	100.2	98.5	98.9	99.7	99.3
化纤布	101.2	97.0	97.5	99.0	99.6	99.2
绸缎	101.6	99.8	98.4	98.8	99.6	99.3
五、中西药品	**104.4**	**102.8**	**101.0**	**100.2**	**98.5**	**96.5**
六、化妆品	**102.3**	**100.5**	**99.6**	**98.9**	**98.8**	**98.4**
七、书报杂志	**112.8**	**105.1**	**104.9**	**105.4**	**108.1**	**100.8**
八、文化体育用品	**101.7**	**99.0**	**99.5**	**98.9**	**98.6**	**98.6**
文化用品	100.9	98.4	99.5	98.7	98.4	98.4
体育用品	104.1	100.8	99.4	99.5	99.2	99.3
九、日用品	**102.3**	**99.0**	**97.9**	**98.1**	**98.3**	**98.7**
十、家用电器	**95.6**	**93.9**	**94.0**	**93.6**	**93.9**	**94.2**
十一、首 饰	**97.8**	**90.9**	**94.5**	**97.6**	**90.7**	**100.9**
十二、燃 料	**107.3**	**96.1**	**100.4**	**117.7**	**102.4**	**102.0**
十三、建筑装璜材料	**99.0**	**97.1**	**98.3**	**98.4**	**100.1**	**100.1**
十四、机电产品	**95.5**	**92.3**	**95.1**	**95.6**	**94.3**	**94.2**

表46 人民物质文化生活状况

项 目	单 位	1989年	1997年	2001年	2002年
就 业					
每一农村劳动力负担人数	人	1.65	1.56	1.52	1.52
每一城镇就业者负担人数	人	1.78	1.74	1.88	1.92
年末城镇登记失业率	%	2.6	3.1	3.6	4.0
收 入					
农村居民家庭人均纯收入	元	602	2090	2366	2476
农村居民家庭人均纯收入指数	1978年=100	306	437	504	528
城镇居民人均可支配收入	元	1374	5160	6860	7703
城镇居民人均可支配收入指数	1978年=100	183	312	416	472
职工年平均工资	元	1935	6470	10870	12422
消费水平					
全国居民	元	762	2834	3609	3767
农村居民	元	553	1876	2156	2222
城镇居民	元	1568	5796	7761	8138
农村居民家庭人均生活消费支出	元	535	1617	1741	1834
农村居民家庭恩格尔系数	%	54.8	55.1	47.7	46.2
城镇居民家庭人均消费性支出	元	1211	4186	5309	6030
城镇居民家庭恩格尔系数	%	54.5	46.6	38.2	37.7
储 蓄					
城乡居民年底储蓄存款余额	亿元	5196	46280	73762	86911
平均每人储蓄存款余额	元	461	3744	5780	6766
住 房					
农村新建住宅面积	亿平方米	6.8	8.1	7.3	7.4
城镇新建住宅面积	亿平方米	2.0	4.1	5.7	5.7
农村人均住房面积	平方米	17.2	22.5	25.7	26.5
城市人均建筑面积	平方米	13.5	17.8	20.8	
城市人均使用面积	平方米	9.7	13.0	15.5	
城市公用事业					
用气普及率	%	38.6	75.7	60.4	
人均公共绿地面积	平方米	3.7	5.5	4.6	
文 化					
农村每百户有电视机	台	37.5	92.4	105.2	108.6
城镇每百户有彩色电视机	台	51.5	100.5	120.5	126.4
广播综合人口覆盖率	%		86.0	92.9	93.3
电视综合人口覆盖率	%		87.6	94.2	94.6
教育卫生					
学龄儿童入学率	%	97.4	98.9	99.1	98.6
每万人口在校大学生数	人	18.5	25.7	56.3	70.3
每万人口医院、卫生院床位数	张	22.8	23.5	23.9	23.2
每万人口医生数	人	15.2	16.1	16.9	14.7

注:1. 本表价值量指标按当年价格计算;指数按可比价格计算。
2. 城市人均住房面积和城市公用事业数据来源于建设部。
3. 由于计算方法有调整,城市公用事业2001年数据与以前不可比。

表47 城乡居民家庭人均收入和指数

年份	农村居民家庭人均纯收入			城镇居民家庭人均可支配收入		
	绝对数（元）	指数（1978年=100）	指数（上年=100）	绝对数（元）	指数（1978年=100）	指数（上年=100）
1978	133.6	100.0		343.4	100.0	
1979	160.2	119.2	119.2	405.0	115.7	115.7
1980	191.3	139.0	116.6	477.6	127.0	109.7
1981	223.4	160.4	115.4	500.4	129.9	102.2
1982	270.1	192.3	119.9	535.3	136.3	104.9
1983	309.8	219.6	114.2	564.6	141.5	103.9
1984	355.3	249.5	113.6	652.1	158.7	112.2
1985	397.6	268.9	107.8	739.1	160.4	101.1
1986	423.8	277.6	103.2	900.9	182.7	113.9
1987	462.6	292.0	105.2	1002.1	186.8	102.2
1988	544.9	310.7	106.4	1180.2	182.3	97.6
1989	601.5	305.7	98.4	1373.9	182.5	100.1
1990	686.3	311.2	101.8	1510.2	198.1	108.5
1991	708.6	317.4	102.0	1700.6	212.4	107.1
1992	784.0	336.2	105.9	2026.6	232.9	109.7
1993	921.6	346.9	103.2	2577.4	255.1	109.5
1994	1221.0	364.4	105.0	3496.2	276.8	108.5
1995	1577.7	383.7	105.3	4283.0	290.3	104.9
1996	1926.1	418.2	109.0	4838.9	301.6	103.8
1997	2090.1	437.4	104.6	5160.3	311.9	103.4
1998	2162.0	456.2	104.3	5425.1	329.9	105.8
1999	2210.3	473.5	103.8	5854.0	360.6	109.3
2000	2253.4	483.5	102.1	6280.0	383.7	106.4
2001	2366.4	503.8	104.2	6859.6	416.3	108.5
2002	2475.6	528.0	104.8	7702.8	472.1	113.4
平均每年增长（%）						
1979－2002年		7.2			6.7	
1990－2002年		4.3			7.6	
"六五"时期		14.1			4.8	
"七五"时期		3.0			4.3	
"八五"时期		4.3			7.9	
"九五"时期		4.7			5.7	

注：本表绝对数按当年价格计算，指数和平均增长速度按可比价格计算。

表48 城乡居民家庭人均消费支出和住房情况

年份	农村居民家庭		城镇居民家庭		农村人均居住面积（平方米）	城市人均住房建筑面积（平方米）	城市人均住房使用面积（平方米）
	人均生活消费支出（元）	恩格尔系数（%）	人均生活消费支出（元）	恩格尔系数（%）			
1978	116.06	67.7	311.16	57.5	8.1	6.7	5.1
1979	134.51	64.0			8.4	6.9	5.2
1980	162.21	61.8	412.44	56.9	9.4	7.2	5.4
1981	190.81	59.9	456.84	56.7	10.2	7.7	5.8
1982	220.23	60.7	471.00	58.6	10.7	8.2	6.2
1983	248.29	59.4	505.92	59.2	11.6	8.7	6.5
1984	273.80	59.2	559.44	58.0	13.6	9.1	6.8
1985	317.42	57.8	673.20	53.3	14.7	10.0	7.5
1986	356.95	56.4	798.96	52.4	15.3	12.4	8.8
1987	398.29	55.8	884.40	53.5	16.0	12.7	9.0
1988	476.66	54.0	1103.98	51.4	16.6	13.0	9.3
1989	535.37	54.8	1210.95	54.5	17.2	13.5	9.7
1990	584.63	58.8	1278.89	54.2	17.8	13.7	9.9
1991	619.79	57.6	1453.81	53.8	18.5	14.2	10.3
1992	659.21	57.6	1671.73	53.0	18.9	14.8	10.7
1993	769.65	58.1	2110.81	50.3	20.7	15.2	11.0
1994	1016.81	58.9	2851.34	50.0	20.2	15.7	11.4
1995	1310.36	58.6	3537.57	50.1	21.0	16.3	11.8
1996	1572.08	56.3	3919.47	48.8	21.7	17.0	12.3
1997	1617.15	55.1	4185.64	46.6	22.5	17.8	13.0
1998	1590.33	53.4	4331.61	44.7	23.3	18.7	13.6
1999	1577.42	52.6	4615.91	42.1	24.2	19.4	14.2
2000	1670.13	49.1	4998.00	39.4	24.8	20.3	14.9
2001	1741.09	47.7	5309.01	38.2	25.7	20.8	15.5
2002	1834.31	46.2	6029.88	37.7	26.5		

注：1. 城市人均住房建筑面积和使用面积为建设部统计数字；1978－1985年使用面积为推算数。

2. 1992年及以后城镇居民家庭恩格尔系数按2002年口径进行了调整。

表 49 城乡居民储蓄存款年底余额和年增加额

单位:亿元

年份	年底余额			年增加额		
	总计	定期	活期	总计	定期	活期
1978	210.6	128.9	81.7	29.0	17.2	11.8
1980	399.5	304.9	94.6	118.5	138.5	-20.0
1985	1622.6	1225.2	397.4	407.9	324.3	83.6
1990	7119.8	5911.2	1208.6	1923.4	1695.8	227.6
1991	9241.6	7691.7	1549.9	2121.8	1780.5	341.3
1992	11759.4	9425.2	2334.2	2517.8	1733.5	784.3
1993	15203.5	11971.0	3232.5	3444.1	2545.8	898.3
1994	21518.8	16838.7	4680.1	6315.3	4867.7	1447.6
1995	29662.3	23778.2	5884.1	8143.5	6939.5	1204.0
1996	38520.8	30873.4	7647.4	8858.5	7095.2	1763.3
1997	46279.8	36226.7	10053.1	7759.0	5353.3	2405.7
1998	53407.5	41791.6	11615.9	7615.4	5473.7	2141.7
1999	59621.8	44955.1	14666.7	6253.0	3198.5	3054.5
2000	64332.4	46141.7	18190.7	4976.7	1310.3	3666.4
2001	73762.4	51434.9	22327.6	9457.6	4144.5	5313.2
2002	86910.6	58788.9	28121.7	13233.2	7432.0	5801.2

表 50 农村居民贫困状况

年份	贫困标准(元/人)	贫困人口(万人)	贫困发生率(%)	年份	贫困标准(元/人)	贫困人口(万人)	贫困发生率(%)
1978	100	25000	30.7	1994	440	7000	7.7
1984	200	12800	15.1	1995	530	6540	7.1
1985	206	12500	14.8	1997	640	4962	5.4
1986	213	13100	15.5	1998	635	4210	4.6
1987	227	12200	14.3	1999	625	3412	3.7
1988	236	9600	11.1	2000	625	3209	3.4
1989	259	10200	11.6	2001	630	2927	3.2
1990	300	8500	9.4	2002	627	2820	3.0
1992	317	8000	8.8				

注:贫困发生率也称贫困人口比重指数,指低于贫困线的人口数占总人口数的比重。

表51 城镇居民家庭基本情况

项　　目	单　位	1990年	1995年	2000年	2001年	2002年
调查户数	户	35660	35520	42220	43840	45317
平均每户家庭人口数	人	3.50	3.23	3.13	3.10	3.04
平均每户就业人口数	人	1.98	1.87	1.68	1.65	1.58
平均每户就业面	%	56.57	57.89	53.67	53.23	51.97
平均每一就业者负担人数(含本人)	人	1.77	1.73	1.86	1.88	1.92
平均每人全年可支配收入	元	1510.2	4283.0	6280.0	6859.6	7702.8
平均每人全部年收入	元	1516.2	4279.0	6295.9	6868.9	8177.4
工薪收入	元	1149.7	3390.2	4480.5	4829.9	5740.0
经营净收入	元	22.5	72.6	246.2	274.1	332.2
财产性收入	元	15.6	90.4	128.4	134.6	102.1
转移性收入	元	328.4	725.8	1440.8	1630.4	2003.2
出售财物收入	元	6.6	9.1	20.9	38.2	47.9
平均每人实际支出	元	1413.9	4102.9	6147.4	6553.6	7893.0
#消费性支出	元	1278.9	3537.6	4998.0	5309.0	6029.9
食品	元	693.8	1766.0	1971.3	2028.0	2271.8
衣着	元	170.9	479.2	500.5	533.7	590.9
家庭设备用品及服务	元	108.5	296.9	374.5	376.2	388.7
医疗保健	元	25.7	110.1	318.1	343.3	430.1
交通和通信	元	40.5	171.0	427.0	493.9	626.0
娱乐教育文化服务	元	112.3	312.7	669.6	736.6	902.3
居住	元	60.9	250.2	565.3	610.7	624.4
杂项商品和服务	元	66.6	151.4	171.8	186.6	195.8
非消费性支出	元	37.2	561.1	1146.1	1240.8	1863.1
恩格尔系数	%	54.3	50.1	39.4	38.2	37.7

注：1. 本表为城镇居民家庭抽样调查资料。从2002年起，城市住户调查对象由原来的非农业人口改为城市市区和县城关镇区常住人口，与以前年份不完全可比。

2. 本表收入及构成、恩格尔系数的历年数据按2002年口径进行调整。

表 52 城镇居民家庭平均每百户耐用消费品年底拥有量

项 目	单 位	1997 年	1998 年	1999 年	2000 年	2001 年	2002 年
摩托车	辆	11.6	13.2	15.1	18.8	20.4	22.2
洗衣机	台	89.1	90.6	91.4	90.5	92.2	92.9
电冰箱	台	73.0	76.1	77.7	80.1	81.9	87.4
彩色电视机	台	100.5	105.4	111.6	116.6	120.5	126.4
录放像机	台	21.3	21.7	21.7	20.1	19.9	18.4
组合音响	台	15.3	17.5	19.7	22.2	23.8	25.2
照相机	台	33.6	36.3	38.1	38.4	39.8	44.1
空调器	台	16.3	20.0	24.5	30.8	35.8	51.1
淋浴热水器	台	38.9	43.3	45.5	49.1	52.0	62.4
排油烟机	台	42.6	45.9	48.6	54.1	55.5	60.7
影碟机	台	7.9	16.0	24.7	37.5	42.6	52.6
家用电脑	台	2.6	3.8	5.9	9.7	13.3	20.6
摄像机	台	0.8	0.9	1.1	1.3	1.6	1.9
微波炉	台	5.4	8.5	12.2	17.6	22.3	30.9
健身器材	件	2.3	3.0	3.8	3.5	4.0	3.7
移动电话	部	1.7	3.3	7.1	19.5	34.0	62.9
家用汽车	辆	0.2	0.3	0.3	0.5	0.6	0.9

表 53 城镇居民收入与支出

单位:元

项 目	1997 年	1998 年	1999 年	2000 年	2001 年	2002 年
平均每人全部年收入	5179.8	5449.5	5864.7	6295.9	6868.9	8177.4
最低收入户	2456.1	2505.0	2646.7	2678.3	2834.7	3186.1
#困难户	2186.0	2228.8	2356.5	2350.8	2497.3	2749.4
低收入户	3246.2	3329.1	3518.4	3658.5	3888.1	4486.9
中等偏下收入户	3988.0	4134.9	4391.6	4651.7	4983.5	5826.2
中等收入户	4922.3	5148.8	5543.2	5930.8	6406.2	7638.5
中等偏上收入户	6074.2	6404.9	6942.0	7525.0	8213.7	9874.4
高收入户	7495.3	7918.5	8674.9	9484.7	10441.6	12604.3
最高收入户	10297.5	11021.5	12147.8	13390.5	15220.0	18288.3
平均每人消费性支出	4185.6	4331.6	4615.9	4998.0	5309.0	6030.0
最低收入户	2333.0	2397.6	2523.1	2540.1	2691.0	2987.2
#困难户	2148.0	2214.5	2327.5	2320.4	2450.9	2687.4
低收入户	2895.4	2979.3	3137.3	3274.9	3452.3	3913.9
中等偏下收入户	3427.5	3503.2	3694.5	3947.9	4197.6	4696.3
中等收入户	4064.6	4179.6	4432.5	4794.6	5131.6	5846.6
中等偏上收入户	4822.2	4980.9	5347.1	5894.9	6241.5	7155.4
高收入户	5709.5	6003.2	6443.3	7102.3	7495.1	8701.2
最高收入户	7314.8	7594.0	8262.4	9250.6	9834.2	11224.3

注:1997－2001 年平均每人全部年收入数据按 2002 年口径进行了调整,分组数据未做修正。

表54 农村居民家庭基本情况

项　　目	单　位	1990年	1995年	2000年	2001年	2002年
调查户数	户	66960	67340	68116	68190	68190
调查户常住人口	人	321429	301878	286162	283223	281674
平均每户常住人口	人	4.80	4.48	4.20	4.15	4.13
平均每户整、半劳动力	人	2.92	2.88	2.76	2.73	2.73
平均每个劳动力负担人口(含本人)	人	1.64	1.56	1.52	1.52	1.52
平均每户生产性固定资产原值	元	1258	2774	4673	4884	5221
平均每人经营耕地面积	亩	2.10	2.17	1.98	1.99	2.00
平均每人年收入						
总收入	元	990.4	2337.9	3146.2	3306.9	3448.6
1. 工资性收入	元	138.8	353.7	702.3	771.9	840.2
2. 家庭经营收入	元	815.8	1877.4	2251.3	2325.2	2380.5
3. 财产性收入	元	35.8	41.0	45.0	47.0	50.7
4. 转移性收入	元		65.8	147.6	162.8	177.2
纯收入	元	686.3	1577.7	2253.4	2366.4	2475.6
1. 生产性纯收入	元	657.4	1479.4	2129.6	2231.6	2326.8
第一产业收入	元	510.9	996.5	1125.3	1165.2	1166.8
第二产业收入	元	70.7	287.2	488.9	532.6	586.9
第三产业收入	元	75.8	195.7	515.4	533.8	572.1
2. 非生产性纯收入	元	28.9	98.3	123.8	134.8	148.9
现金收入	元	676.7	1595.6	2381.6	2534.7	2713.0
1. 工资性收入	元	136.4	352.9	700.4	769.8	839.2
2. 家庭经营收入	元	481.2	1116.7	1498.8	1565.5	1653.7
3. 财产性收入	元	59.1	38.2	38.9	41.1	47.7
4. 转移性收入	元		87.8	143.5	158.4	172.5
平均每人年支出						
总支出	元	903.5	2138.3	2652.4	2780.0	2923.6
#生活消费支出	元	584.6	1310.4	1670.1	1741.1	1834.3
食品	元	343.8	768.2	820.5	830.7	848.4
衣着	元	45.4	89.8	96.0	98.7	105.0
居住	元	101.4	182.2	258.3	279.1	300.2
家庭设备用品及服务	元	30.9	68.5	75.5	77.0	80.4
医疗保健	元	19.0	42.5	87.6	96.6	103.9
交通及通讯	元	8.4	33.8	93.1	110.0	128.5
文化教育娱乐用品及服务	元	31.4	102.4	186.7	192.6	210.3
其他商品及服务	元	4.34	23.1	52.5	56.4	57.7
恩格尔系数	%	58.8	58.6	49.1	47.7	46.3
现金支出	元	639.1	1545.8	2140.4	2284.6	2437.7
房屋使用情况						
平均每人年内新建房屋面积	平方米	0.82	0.78	0.87	0.84	0.86
平均每人年末住房面积	平方米	17.83	21.01	24.82	25.73	26.53

表 55　农村居民家庭平均每百户耐用消费品年底拥有量

项　　目	单　位	1997 年	1998 年	1999 年	2000 年	2001 年	2002 年
自行车	辆	142.0	137.2	136.9	120.5	120.8	121.3
电风扇	台	105.9	111.6	116.1	122.6	129.4	134.3
电视机	台	92.4	96.2	100.6	101.7	105.2	108.6
#彩电	台	27.3	32.6	38.2	48.7	54.4	60.5
电冰箱	台	8.5	9.3	10.6	12.3	13.6	14.8
收录机	台	32.0	32.4	32.0	21.6	20.7	20.4
摩托车	辆	10.9	13.5	16.5	21.9	24.7	28.1
洗衣机	台	21.9	22.8	24.3	28.6	29.9	31.8
照相机	架	2.1	2.2	2.7	3.1	3.2	3.3
录放相机	台	1.8	2.1	2.7	3.3	3.3	3.3
空调机	台	0.4	0.6	0.7	1.3	1.7	2.3
抽油烟机	台	2.3	1.7	2.3	2.8	3.2	3.6
电话机	部				26.4	34.1	40.8
移动电话	部				4.3	8.1	13.7
寻呼机	台				7.7	7.1	5.5
组合音响	台				7.8	8.7	9.7

表 56　农村居民家庭纯收入户数结构

单位:%

项　　目	1997 年	1998 年	1999 年	2000 年	2001 年	2002 年
500 元及以下	2.28	1.69	1.89	2.64	2.51	2.16
500－1000 元	12.45	10.97	11.11	11.53	10.71	9.85
1000－1500 元	20.35	19.89	18.92	17.92	17.00	16.30
1500－2000 元	19.52	19.60	19.20	17.93	17.33	16.78
2000－2500 元	14.93	14.97	15.18	14.53	14.52	14.31
2500－3000 元	10.35	10.7	10.33	10.29	10.38	10.45
3000－3500 元	6.56	7.08	7.05	7.11	7.41	7.79
3500－4000 元	4.13	4.37	4.67	4.76	5.07	5.61
4000 元及以上	9.43	10.74	11.66	13.29	15.07	16.76

表 57 城市建设基本情况

指　　标	单　位	1990 年	1995 年	2000 年	2001 年
城市人口	亿人	3.3	3.8	3.9	3.6
#非农业人口	亿人	1.5	1.8	2.1	2.2
城市面积	万平方公里	116.6	117.2	87.8	60.8
#建成区面积	万平方公里	1.3	1.9	2.2	2.4
城市维护建设资金收入	亿元	210.5	774.4	1988.9	2526.3
#城市“两项”维护建设资金收入	亿元	87.7	185.6	291.4	319.7
城市维护建设税	亿元	65.1	140.9	237.3	270.9
公用事业附加	亿元	22.6	44.7	54.1	48.8
供水综合生产能力	亿立方米/日	1.4	1.9	2.2	2.3
供水总量	亿立方米	382.3	481.6	469.0	466.1
#生活用水	亿立方米	100.1	158.1	200.0	203.6
用水人口	亿人	1.6	2.2	2.5	2.6
#非农业用水人口	亿人	1.3	1.7	2.0	–
城市公共交通标准运营车辆	万标台	7.0	13.6	20.6	21.7
城市公共交通客运总量	亿人次	276.8	279.0	341.1	352.7
出租汽车数	万辆	11.1	50.4	82.5	87.0
城市人工煤气和天然气供气总量	亿立方米	238.9	194.0	234.5	236.4
液化石油气供气总量	万吨	203.0	488.7	1053.7	981.8
用气人口	亿人	0.6	1.3	1.8	2.1
用气普及率	%	42.2	70.0	84.2	60.4
集中供热能力					
蒸汽	万吨/小时	2.0	6.8	7.4	7.2
热水	万兆瓦	2.0	3.5	9.7	12.6
集中供热总量					
蒸汽	亿吉焦	7117	16414	23828	3.8
热水	亿吉焦	2.2	7.5	8.3	10.0
集中供热面积	亿平方米	2.1	6.5	11.1	14.6
道路长度	万公里	9.5	13.0	16.0	17.6
道路面积	亿平方米	8.9	13.6	19.0	24.9
污水年排放量	亿立方米		350.3	331.8	328.6
污水处理能力	万立方米/日	1302	2463	4741	6216
污水年处理量	亿立方米		69.0	113.6	119.7
建成区绿化覆盖面积	万公顷	24.7	46.1	63.2	68.2
城市公共绿地面积	万公顷	5.7	9.4	14.3	16.3
人均公共绿地面积	平方米	3.9	5.0	6.8	4.6
垃圾、粪便清运量	亿吨	0.9	1.4	1.5	1.6
垃圾、粪便无害化年处理量	万吨	212	6014	8822	9716
城市人均使用面积	平方米	9.9	11.8	14.9	15.5
城市人均建筑面积	平方米	13.7	16.3	20.3	20.8

注：1. 本表资料由建设部提供。

2. 2001 年统计口径有调整，部分指标与历史数据不可比。

3. 2000 年及以前年份蒸汽集中供热总量计量单位为万吨。

表58 农村和农业基本情况(一)

项　目	单 位	1990 年	1995 年	2000 年	2001 年	2002 年
农村基层组织						
乡镇数	个	55838	47136	43735	40161	39054
#镇数	个	11392	17282	19692	19555	19811
村民委员会	个	743278	740150	734715	709257	694515
农村人口、劳动力资源						
乡村户数	万户	22237	23282	24149	24432	24569
乡村人口数	万人	89590	91675	92820	93383	93503
乡村劳动力	万人	42010	45042	47962	48229	48527
1. 按性别分						
男劳动力	万人	22552	24037	25518	25685	25850
女劳动力	万人	19458	21004	22444	22544	22677
2. 按行业分						
农林牧渔业	万人	33336	32335	32798	32451	31991
工　业	万人	3229	3971	4109	4296	4506
建筑业	万人	1523	2204	2692	2797	2959
交通运输业、仓储及邮电通讯业	万人	635	983	1171	1205	1259
批发零售贸易业餐饮业	万人	693	1170	1752	1864	1997
其他非农行业	万人	2593	4380	5442	5615	5816
农业机械拥有量						
农用机械总动力	万千瓦	28708	36118	52574	55172	57930
大中型拖拉机	台	813521	671846	974547	1098325	911670
大中型拖拉机动力	万千瓦	2746	2404	3161	3410	3073
小型拖拉机	万台	698	865	1264	1305	1339
小型拖拉机动力	万千瓦	6231	7848	11664	12258	12695
大中型拖拉机机引农具	万部	97	99	140	147	158
小型拖拉机机引农具	万部	649	958	1789	1882	2003

注：1. 本表乡镇数是指经国家批准设立乡、镇人民政府的乡和农村建制镇，不包括县政府驻地镇和工矿区。

2. 分行业劳动力是按从事的主行业划分的，如以农业为主，兼营商业的，仍作为农业劳动力。工业劳动力中包括村及村以下办工业的劳动力。

3. 2002 年大中型拖拉机中不包含变形拖拉机。

表59 农村和农业基本情况(二)

项　　目	单　位	1990年	1995年	2000年	2001年	2002年
农业机械						
农用排灌柴油机	万台	411.1	491.2	688.1	728.6	750.6
农用排灌柴油机动力	万千瓦	3348.5	3839.1	5232.6	5580.0	5667.9
渔用机动船	万艘	32.1	37.7	46.0	48.0	40.1
渔用机动船动力	万千瓦	696.0	965.7	1338.7	1279.7	1236.7
灌溉、施肥、用电量						
有效灌溉面积	万公顷	4740.3	4928.1	5382.0	5424.9	5435.5
农用化肥施用量(折纯)	万吨	2590.3	3593.7	4146.4	4253.8	4339.4
乡村办水电站个数	个	52387	40699	29962	29183	27633
乡村办水电站发电能力	万千瓦	428.8	519.5	698.5	896.6	812.2
农村用电量	亿千瓦小时	844.5	1655.7	2421.3	2610.8	2993.4
农作物总播种面积	**万公顷**	**14836**	**14988**	**15630**	**15571**	**15464**
粮食	万公顷	11347	11006	10846	10608	10389
谷物	万公顷		8931	8526	8260	8147
#稻谷	万公顷	3306	3074	2996	2881	2820
小麦	万公顷	3075	2886	2665	2466	2391
玉米	万公顷	2140	2278	2306	2428	2463
豆类	万公顷		1123	1266	1327	1254
薯类	万公顷	912	952	1054	1022	988
油料	万公顷	1090	1310	1540	1463	1477
棉花	万公顷	559	542	404	481	418
麻类	万公顷	50	38	26	32	34
糖料	万公顷	168	182	151	165	182
烟叶	万公顷	159	147	144	134	133
蔬菜	万公顷	634	952	1524	1640	1735
茶园面积	万公顷	106	112	109	114	113
果园面积	万公顷	518	810	893	904	896

表 60 农林牧渔业总产值和指数

年 份	农林牧渔业总产值	农 业	林 业	牧 业	渔 业
绝对数(亿元)					
1978	1397.0	1117.5	48.1	209.3	22.1
1980	1922.6	1454.1	81.4	354.2	32.9
1985	3619.5	2506.4	188.7	798.3	126.1
1990	7662.1	4954.3	330.3	1967.0	410.6
1991	8157.0	5146.4	367.9	2159.2	483.5
1992	9084.7	5588.0	422.6	2460.5	613.6
1993	10995.5	6605.1	494.0	3014.4	882.0
1994	15750.5	9169.2	611.1	4672.0	1298.2
1995	20340.9	11884.6	709.9	6045.0	1701.3
1996	22353.7	13539.8	778.0	6015.5	2020.4
1997	23788.4	13852.5	817.8	6835.4	2282.7
1998	24541.9	14241.9	851.3	7025.8	2422.9
1999	24519.1	14106.2	886.3	6997.6	2529.0
2000	24915.8	13873.6	936.5	7393.1	2712.6
2001	26179.6	14462.8	938.8	7963.1	2815.0
2002	27390.8	14931.5	1033.5	8454.6	2971.1
指数(1978年=100)					
1978	100.0	100.0	100.0	100.0	100.0
1980	109.1	106.4	113.7	122.6	103.9
1985	161.6	152.2	176.2	203.4	185.1
1990	203.9	186.5	179.5	282.0	346.7
1991	211.4	188.2	193.7	306.9	373.2
1992	224.9	196.2	208.6	333.9	430.3
1993	242.5	206.5	225.4	369.8	509.5
1994	263.3	213.2	245.3	431.4	611.4
1995	291.9	230.1	257.7	495.4	730.3
1996	319.3	248.0	272.2	551.6	832.4
1997	340.8	259.1	281.2	607.3	928.2
1998	361.1	271.9	289.4	651.9	1009.9
1999	377.9	283.6	298.6	681.6	1082.5
2000	391.5	287.6	314.7	724.5	1152.9
2001	408.1	297.7	315.2	770.1	1197.8
2002	428.1	309.3	337.6	816.3	1270.9

注:本表农林牧渔也总产值按当年价格计算,指数按可比价格计算。

表61 主要农林牧渔业产品产量

单位:万吨

项目	1990年	1995年	2000年	2001年	2002年
农产品产量					
粮食	44624	46662	46218	45264	45706
谷物		41612	40522	39648	39799
#稻谷	18933	18523	18791	17758	17454
小麦	9823	10221	9964	9387	9029
玉米	9682	11199	10600	11409	12131
豆类		1788	2010	2053	2241
薯类	2743	3263	3685	3563	3666
棉花	451	477	442	532	492
油料	1613	2250	2955	2865	2897
#花生	637	1024	1444	1442	1482
油菜籽	696	978	1138	1133	1055
芝麻	47	58	81	80	90
麻类	110	90	53	68	96
#黄红麻	73	37	13	11	16
糖料	7215	7940	7635	8655	10293
甘蔗	5762	6542	6828	7566	9011
甜菜	1453	1398	807	1089	1282
茶叶	54	59	68	70	75
烟叶	263	231	255	235	245
#烤烟	226	207	224	205	214
水果	1874	4215	6225	6658	6952
#苹果	432	1401	2043	2001	1924
柑橘	486	823	878	1161	1199
梨	235	494	841	880	931
葡萄	86	174	328	368	448
香蕉	146	313	494	527	556
林产品产量					
橡胶	26	42	48	48	
松脂	44	55	56	62	
生漆	0.27	0.40	0.50	0.49	
油桐籽	35	41	45	41	
油茶籽	52	62	82	83	
核桃	15	23	31	28	
畜产品产量					
肉类产量			6125	6334	6587
#猪牛羊肉			4838	5026	5229
猪肉			4031	4185	4328
羊肉			533	549	585
牛肉			274	293	317
奶类			919	1123	1400
#牛奶			827	1026	1300
绵羊毛			29.3	29.8	30.8
#细毛羊			11.7	11.5	11.2
半细毛羊			8.5	8.8	10.2
山羊毛			3.3	3.4	3.5
羊绒			11057	10968	11756
禽蛋			2243	2337	2463
蜂蜜			25	25	27
水产品产量	**1237**	**2517**	**4278**	**4381**	**4565**
海水产品	713	1439	2539	2572	
#天然生产	551	1027	1477	1441	
人工养殖	162	412	1061	1131	
淡水产品	524	1078	1740	1810	
#天然生产	78	137	226	215	
人工养殖	445	941	1513	1595	

表 62　乡镇企业基本情况

指　　标	单位	1990 年	1995 年	2000 年	2001 年	2002 年
企业单位数	万个	1873	2203	2085	2116	2133
第一产业	万个	22	28	15	13	32
第二产业	万个	822	825	754	748	698
#工业	万个	732	718	674	672	628
第三产业	万个	1029	1350	1316	1355	1403
年末从业人员	万人	9262	12861	12820	13086	13288
第一产业	万人	236	313	222	200	205
第二产业	万人	6919	9497	9048	9179	9128
#工业	万人	5572	7565	7467	7615	7668
第三产业	万人	2107	3051	3550	3707	3955
增加值	亿元	2504	14595	27156	29356	32386
第一产业	亿元	42	280	314	287	342
第二产业	亿元	2131	12086	20913	22508	25061
#工业	亿元	1855	10804	18812	20315	22773
第三产业	亿元	331	2229	5929	6561	6983
总产值	亿元	9581	68915	116150	126047	140434
第一产业	亿元	151	1018	1269	1162	1831
第二产业	亿元	8071	57595	91453	99155	110051
#工业	亿元	7097	51259	82456	89845	100358
第三产业	亿元	1359	10302	23428	25730	28552
出口产品交货值	亿元	462	5395	8669	9599	11563
#直接出口	亿元	375	3472	6949	7855	9225
营业收入	亿元	7284	57299	107834	116585	129760
利润总额	亿元	608	3697	6482	6709	7558
上交税金(实交)	亿元	344	1267	1996	2308	2694
劳动者报酬	亿元	1011	4381	7060	7732	8528
固定资产投资完成额	亿元	658	2937	2571	2522	7171
年末固定资产原值	亿元	2682	12841	26224	29052	35698
年末固定资产净值	亿元	2088	10203	19360	21190	26912
年末企业资产总额	亿元	5623	27334	48711	53740	63974

注:本表资料由农业部乡镇企业局提供。

表63 全部国有及规模以上非国有工业企业工业增加值和工业总产值

分 类	绝对数(亿元)					2002年比上年增长(%)
	1998年	1999年	2000年	2001年	2002年	
工业增加值	**19421.9**	**21564.7**	**25394.8**	**28329.4**	**31482.0**	**12.6**
在总计中:						
轻工业	7725.5	8448.3	9513.8	10516.9	12294.0	12.1
重工业	11696.4	13116.5	15881.0	17812.5	19188.0	13.1
在总计中:						
#国有及国有控股企业	11076.9	12132.4	13777.7	14652.1	16638.0	11.7
在总计中:						
#集体企业	3302.2	3170.8	3071.6	2615.5	2769.0	8.6
股份合作企业	572.5	659.0	730.7	759.7	847.0	10.5
股份制企业	2923.4	3977.2	7356.8	10460.7	11570.0	14.4
外商及港澳台商投资企业	4055.1	4850.9	6090.4	7128.1	8091.0	13.3
工业总产值	**67737.1**	**72707.0**	**85673.7**	**95449.0**	**110410.8**	**15.7**
在总计中:						
轻工业	29081.8	30515.0	34094.5	37636.9	43203.1	15.2
重工业	38655.4	42192.1	51579.2	57812.1	67207.7	16.1
在总计中:						
#国有及国有控股企业	33621.0	35571.2	40554.4	42408.5	46102.9	10.7
在总计中:						
#集体企业	13179.7	12414.1	11907.9	10052.5	10345.8	12.7
股份合作企业	2343.2	2594.6	2897.3	2995.0	3344.0	15.3
股份制企业	10102.8	13746.0	23674.4	33645.4	40412.2	16.8
外商及港澳台商投资企业	16757.9	18954.2	23464.6	27220.9	31928.3	17.5

注:1. 本表绝对数按当年价格计算,增长速度按可比价格计算。

2. 规模以上非国有企业为年产品销售收入500万元以上的企业。

表64 全部国有及规模以上非国有工业企业主要经济指标(一)

指 标	单 位	2001年合计	2002年合计		
				#大型企业	#中型企业
企业单位数	个	171256	178876	8615	14365
#亏损企业数	个	39346	37597	2352	4316
全部从业人员平均人数	万人	5441.4	5472.5	1926.5	796.3
应收帐款净额	亿元	14831.4	15709.6	7199.6	2291.0
产成品	亿元	6635.0	7296.4	2909.5	1168.6
流动资产平均余额	亿元	56486.8	61191.8	32298.8	8575.9
固定资产净值平均余额	亿元	55437.4	58702.3	36264.2	7223.6
资产合计	亿元	135402.5	144791.4	83593.3	19051.5
负债合计	亿元	79843.4	85008.8	47338.5	12150.8
产品销售收入	亿元	93733.3	108186.5	52431.8	13609.7
#产品销售成本	亿元	77259.0	88801.6	41859.1	11156.1
产品销售费用	亿元	3502.8	4001.7	1903.4	568.1
产品销售税金及附加	亿元	1553.8	1769.4	1263.8	219.4
管理费用	亿元	5854.5	6278.2	3283.9	890.9
财务费用	亿元	1904.6	1985.4	1117.3	286.4
#利息支出	亿元	1757.9	1764.4	1031.3	257.6
利润总额	亿元	4733.4	5620.4	3317.6	549.8
亏损企业亏损总额	亿元	1211.0	1072.9	484.6	189.4
税金总额	亿元	5571.9	6104.1	3754.3	779.1
应交增值税	亿元	4018.1	4334.6	2490.5	559.7

表65 全部国有及规模以上非国有工业企业主要经济指标(二)

指 标	单 位	#国有及国有控股企业	#集体企业	#股份制企业	#外商及港澳台商投资企业
企业单位数	个	42696	29423	52173	33591
#亏损企业数	个	15060	4424	9052	8703
全部从业人员平均人数	万人	2492.1	620.1	1938.7	1013.9
应收帐款净额	亿元	7214.1	1063.2	5299.3	5041.1
产成品	亿元	3136.0	682.8	2855.2	1856.7
流动资产平均余额	亿元	33732.9	3977.0	22713.9	15114.0
固定资产净值平均余额	亿元	39709.3	2587.6	22869.8	11784.6
资产合计	亿元	89721.1	7779.7	56294.4	30875.9
负债合计	亿元	53096.7	4928.3	32193.2	16787.0
产品销售收入	亿元	48385.9	9340.5	38743.2	30581.0
#产品销售成本	亿元	38435.2	7991.3	31328.6	25134.2
产品销售费用	亿元	1506.7	329.5	1463.6	1412.2
产品销售税金及附加	亿元	1421.1	77.2	537.8	148.7
管理费用	亿元	3565.6	378.6	2378.3	1516.8
财务费用	亿元	1210.7	138.6	802.8	382.0
#利息支出	亿元	1133.0	112.3	737.7	303.5
利润总额	亿元	2636.1	439.1	2433.7	1818.7
亏损企业亏损总额	亿元	633.2	45.4	318.3	342.9
税金总额	亿元	4004.8	360.5	2271.5	1016.6
应交增值税	亿元	2583.7	283.3	1733.7	868.0

表66 主要工业产品产量

项目	单位	1990年	1995年	2000年	2001年	2002年
化学纤维	万吨	165.42	341.17	694	841.4	991.2
纱	万吨	463	542	657	761	850
布	亿米	189	260	277	290	322
机制纸及纸板	万吨	1372	2812	2487	3777	3501
糖	万吨	582	559	700	653	926
原盐	万吨	2023	2978	3128	3411	3284
合成洗涤剂	万吨	151	300	298	330	328
自行车	万辆	3142	4472	2907	2902	3570
家用洗衣机	万台	663	948	1443	1342	1587
家用电冰箱	万台	463	919	1279	1351	1599
彩色电视机	万台	1033	2058	3936	4094	5155
房间空调器	万台	24	683	1827	2334	3135
原煤	亿吨	11	14	10	12	14
原油	万吨	13831	15005	16300	16396	16700
天然气	亿立方米	153	180	272	303	327
发电量	亿千瓦小时	6212	10070	13556	14808	16540
#水电	亿千瓦小时	1267	1906	2224	2774	2880
生铁	万吨	6238	10529	13101	15554	17075
钢	万吨	6635	9536	12850	15163	18155
成品钢材	万吨	5153	8980	13146	16068	19218
焦炭	万吨	7328	13510	12184	13131	14280
木材	万立方米	5571	6767	4724	4552	5035
水泥	万吨	20971	47561	59700	66104	72500
平板玻璃	万重量箱	8067	15732	18352	20964	22801
硫酸	万吨	1197	1811	2427	2696	3050
农用化肥	万吨	1880	2548	3186	3383	3791
乙烯	万吨	157	240	470	481	543
汽车	万辆	51	145	207	234	325
#轿车	万辆	4	34	61	70	109
集成电路	万块	10838	551686	588000	636288	963100
程控交换机	万线		2091.63	7136.00	7223.50	5860.65
传真机	万部		136	196	318	297
复印机械	万部	2	22	157	144	207
移动电话机	万部			5248	8032	12146
电子计算机	部		1416	8625	15040	26622
微型电子计算机	万部	8	84	672	878	1464

注:1. 成品钢材已扣除钢铁工业内部重复加工的钢材。

2. 2000年及以后焦炭为机制焦炭,其他年份包括土焦。

3. 农用化肥按有效成份100%计算。

4. 2000年及以后移动通信设备中不包括移动电话机。

5. 原煤包括无烟煤、褐煤、烟煤,不包括石煤,1986年以后数字中包括个体产量。

表 67 能源生产总量和构成

年份	能源生产总量（万吨标准煤）	构成（能源生产总量 = 100）			
		原煤	原油	天然气	水电
1978	62770	70.3	23.7	2.9	3.1
1980	63735	69.4	23.8	3.0	3.8
1985	85546	72.8	20.9	2.0	4.3
1990	103922	74.2	19.0	2.0	4.8
1991	104844	74.1	19.2	2.0	4.7
1992	107256	74.3	18.9	2.0	4.8
1993	111059	74.0	18.7	2.0	5.3
1994	118729	74.6	17.6	1.9	5.9
1995	129034	75.3	16.6	1.9	6.2
1996	132616	75.2	17.0	2.0	5.8
1997	132410	74.1	17.3	2.1	6.5
1998	124250	71.9	18.5	2.5	7.1
1999	109126	68.3	21.0	3.1	7.6
2000	106988	66.6	21.8	3.4	8.2
2001	120900	68.6	19.4	3.3	8.7
2002	139000	70.7	17.2	3.2	8.9

表 68 能源消费总量和构成

年份	能源消费总量（万吨标准煤）	构成（能源消费总量 = 100）			
		原煤	原油	天然气	水电
1978	57144	70.7	22.7	3.2	3.4
1980	60275	72.2	20.7	3.1	4.0
1985	76682	75.8	17.1	2.2	4.9
1990	98703	76.2	16.6	2.1	5.1
1991	103783	76.1	17.1	2.0	4.8
1992	109170	75.7	17.5	1.9	4.9
1993	115993	74.7	18.2	1.9	5.2
1994	122737	75.0	17.4	1.9	5.7
1995	131176	74.6	17.5	1.8	6.1
1996	138948	74.7	18.0	1.8	5.5
1997	137798	71.5	20.4	1.7	6.2
1998	132214	69.6	21.5	2.2	6.7
1999	130119	68.0	23.2	2.2	6.6
2000	130297	66.1	24.6	2.5	6.8
2001	134914	65.3	24.3	2.7	7.7
2002	148000	66.1	23.4	2.7	7.8

表69 建筑业基本情况

项目	单位	1990年	1995年	2000年	2001年	2002年
企业单位数	个	74145	96935	47518	45893	47497
从业人员	万人	1716.7	2511.9	1994.3	2110.7	2311.6
建筑业总产值	亿元	1947.6	9505	12497.6	15361.6	17116.8
建筑业总产值指数	%	89.8	123.7	112.1	122.9	111.4
建筑业增加值	亿元		1668.6	3341.1	4023.6	4159.2
建筑业增加值指数	%		126.2	110.5	120.4	103.4
单位工程施工个数	个			774942	783440	839949
#本年新开工个数	个			455875	520534	562642
#投标承包个数	个			330861	392871	491390
单位工程竣工个数	个			534319	517916	578770
#优良工程个数	个			155172	172507	171530
房屋建筑施工面积	万平方米			160141	188329	209981
#本年新开工面积	万平方米			86949	107357	116587
#投标承包面积	万平方米			108536	135953	152661
房屋建筑竣工面积	万平方米			80715	97699	100703
#住宅面积	万平方米			49668	57901	55740
#优良品面积	万平方米			35844	42047	38317
按建筑业总产值计算的劳动生产率	元/人					74046
人均竣工产值	元/人					49598
人均施工面积	平方米/人					93
人均竣工面积	平方米/人					44

注:1.本表绝对数和指数均按当年价格计算。
2.本表1996年及以后数据为资质等级四级及以上建筑业企业数据。
3.1996年建筑业企业总产值指数为可比口径数。

表 70 交通运输业基本情况

指　　标	单　位	1990 年	1995 年	2000 年	2001 年	2002 年
运输线路长度						
铁路营业里程	万公里	5.78	6.26	6.87	7.01	7.19
公路里程	万公里	102.83	115.70	140.27	169.80	176.52
内河航道里程	万公里	10.92	11.06	11.93	12.15	12.16
民用航空航线里程	万公里	50.68	112.90	150.29	155.36	163.77
输油气管道里程	万公里	1.59	1.72	2.47	2.76	2.98
客运量	万人	772682	1172596	1478573	1534122	1608150
#铁路	万人	95712	102745	105073	105155	105606
公路	万人	648085	1040810	1347392	1402798	1475257
水运	万人	27225	23924	19386	18645	18693
民航	万人	1660	5117	6722	7524	8594
旅客周转量	亿人公里	5628	9002	12261	13155	14126
#铁路	亿人公里	2613	3546	4533	4767	4969
公路	亿人公里	2620	4603	6657	7207	7806
水运	亿人公里	165	172	101	90	82
民航	亿人公里	230	681	971	1091	1269
货运量	万吨	970602	1234810	1358124	1401177	1486396
#铁路	万吨	150681	165855	178023	192580	204246
公路	万吨	724040	940387	1038813	1056312	1116324
水运	万吨	80094	113194	122391	132675	141832
民航	万吨	37	101	197	171	202
管道	万吨	15750	15274	18700	19439	23792
货物周转量	亿吨公里	26208	35730	44452	47591	50867
#铁路	亿吨公里	10622	12870	13902	14575	15516
公路	亿吨公里	3358	4695	6129	6330	6782
水运	亿吨公里	11592	17552	23734	25989	27511
民航	亿吨公里	8	22	50	44	52
管道	亿吨公里	627	590	636	653	1007
铁路机车	台	13970	15544	15253	15756	16026
国家铁路	台	13592	15146	14472	14955	15159
地方铁路	台	378	398	327	348	357
合资铁路	台			454	453	510
铁路客车	辆	27526	32663	37249	38780	39438
铁路货车	辆	368561	436414	443902	453620	459017
民用汽车拥有量	万辆	551.36	1040.00	1608.91	1802.04	2053.17
#载客汽车	万辆	162.19	417.90	853.73	993.96	1202.37
载货汽车	万辆	368.48	585.46	716.32	765.24	812.22
#私人汽车拥有量	万辆	81.62	249.96	625.33	770.78	968.98
民用运输船舶拥有量	艘	425934	364968	229676	210786	202977
#机动船	艘	325858	299717	185018	169329	165936
驳船	艘	82482	57998	44658	41457	37041
#私人运输船舶	艘	231168	196736	142117	121721	115108
沿海主要港口货物吞吐量	万吨	48321	80166	125603	142634	166628
民用航空航线条数	条	437	797	1165	1143	1176
国际航线	条	44	85	133	134	161
国内航线	条	385	694	1032	1009	1015
地区航线	条	8	18	42	42	44
民用航空航线里程	万公里	50.7	112.9	150.3	155.4	163.8
国际航线	万公里	16.6	34.8	50.8	51.7	57.4
国内航线	万公里	32.9	75.1	99.5	103.7	106.3
地区航线	万公里	1.1	3.0	5.6	5.6	6.2
民航国内通航机场	个	94	139	139	143	141
民用飞机架数	架	499	852	982	1031	1112
#运输飞机	架		416	527	566	602
大中型飞机	架		330	462	486	525
小型飞机	架		86	65	80	77
#通用飞机	架		306	301	296	335

注:1. 铁路营业里程、机车车辆及运量含国家铁路、地方铁路和合资铁路数据。

2. 1999 年以前民航航线合计数据为国际、国内和地区之和,1999 年起为国际和国内之和,地区航线为国内其中项。

3. 民航国内通航机场不含香港、澳门。民用飞机合计中含教学校验用飞机。

表 71　邮电通信业基本情况

指　　标	单　位	1990 年	1995 年	2000 年	2001 年	2002 年
邮电业务量						
邮电业务总量	亿元	155.54	988.85	4792.70	4556.26	5546.41
邮政业务总量	亿元	45.95	113.34	232.80	457.42	494.76
电信业务总量	亿元	109.59	875.51	4559.90	4098.84	5051.65
函件	亿件	54.90	79.60	77.71	86.93	106.10
特快专递	万件	343.3	5562.7	11031.4	12652.7	14062.3
报刊期发数	万份	20078	21689	20090	21811	17620
集邮业务	万枚	71233	239250	453500	344114	244406
长途电话	亿次	11.63	101.40	210.75	219.98	192.98
无线寻呼用户	万户	43.7	1739.2	4884.3	3606.4	1872.0
移动电话用户	万户	1.8	362.9	8453.3	14522.2	20661.6
本地电话年末用户	万户	685.0	4070.6	14482.9	18036.8	21441.9
城市电话用户	万户	538.4	3263.6	9311.6	11193.7	13595.2
#住宅电话	万户	152.7	2358.4	7219.4	8535.3	10198.6
乡村电话用户	万户	146.6	807.0	5171.3	6843.1	7846.7
#住宅电话	万户	30.7	551.4	4597.8	6197.7	7180.9
公用电话用户	万户	4.6	85.0	352.0	346.2	420.9
邮政局所及邮电通信电路						
邮政局所	处	53629	61898	58437	57136	76000
邮路及农村投递路线总长度	万公里	498.31	523.19	643.78	659.53	659.20
长话业务电路	万路	11.24	73.55	220.17	339.33	578.22
长途光缆线路长度	公里	3334	106882	286642	399082	472806
邮电通信设备拥有量						
长途自动交换机容量	万路端	16.14	351.88	563.55	703.58	776.30
本地电话局用交换机容量	万门	1232	7204	17826	20570	28358
移动电话交换机容量	万户	5.1	796.7	13985.6	21926.3	27130.8
电话机(含移动电话)	万部	1233.2	5762.1	25606.6	35334.7	42103.5
#固定电话	万部	1231.4	5399.2	17153.3	20812.5	21441.9
邮电通讯服务水平						
平均每一邮政局所服务面积	平方公里			135.3	168.0	125.7
平均每一邮政局所服务人口	万人			1.7	2.2	2.2
平均每人每年发函件数	件			6.4	6.9	8.3
平均每百人订有报刊数	份			16.4	17.2	13.8
全国电话普及率(含移动)	部/百人	1.11	4.66	20.1	25.90	33.70
移动电话普及率	部/百人	0.002	0.30	6.77	11.20	16.19
设有邮政局所的乡(镇)比重	%			78.7	77.6	81.9
通电话的乡(镇)比重	%			100.0	100.0	100.0
进入长话自动网的乡(镇)比重	%			100.0	100.0	100.0
通邮的国家和地区	个			145	145	185

注:1. 邮电业务总量2000年及以前按1990年不变价格计算,2001年起按2000年不变价格计算。

2. 1997年及以前城市电话用户为市内电话用户数,乡村电话用户为农村电话用户数。

3. 1998年及以前邮政局所为邮电局所。

表 72 国内贸易基本情况

单位:亿元

指 标	1997 年	1998 年	1999 年	2000 年	2001 年	2002 年
一、批发零售贸易业						
商品购销存总额						
商品购进总额	39788.3	24297.4	24580.8	29784.1	32489.0	
商品销售总额	55168.7	56437.7	58780.1	66359.5	72415.2	77835.3
限额以上		27146.8	27448.3	32265.5	35153.3	36659.4
限额以下		29290.9	31331.8	34094.0	37261.9	41175.9
商品库存总额	7544.8	3789.7	3629.7	3569.9	3618.0	3291.4
二、社会消费品零售总额	**27298.9**	**29152.5**	**31134.7**	**34152.6**	**37595.2**	**40910.5**
按销售单位所在地分						
市	16650.4	17825.2	19091.6	21110.3	23543.4	25897.6
县	3500.1	3681.9	3892.5	4217.2	4583.2	4880.4
县以下	7148.4	7645.4	8150.6	8825.1	9468.6	10132.5
按行业分						
批发零售贸易业	18108.3	19185.8	20551.8	23042.3	25510.8	27859.6
餐饮业	2433.3	2816.4	3199.6	3752.6	4368.9	5092.3
其他	6757.3	7150.3	7383.3	7357.7	7715.5	7958.6
#制造业	1987.9	2037.6	2094.5	2191.8	2304.7	2392.9
农业生产者	3744.9	4088.7	4205.0	4035.8	4191.7	4292.2
三、城乡消费品市场情况						
市场数(个)	87105	89177	88576	88811	86454	82498
城市	22352	24127	24983	26395	26699	26529
乡村	64753	65050	63593	62416	59755	55969
成交额	17424.5	19835.5	21707.8	24279.6	24949.4	25975.7
城市	9468.8	11042.8	12325.7	13800.4	14319.7	15140.1
乡村	7955.7	8792.7	9382.1	10479.2	10629.6	10835.6
在成交额中						
#粮油类	1360.6	1464.9	1591.1	1959.5	1868.5	2095.5
肉禽蛋类	3338.2	3557.4	3802.1	4201.9	4185.3	4468.0
水产品类	1386.1	1659.0	1800.7	2073.4	2076.8	2205.4
蔬菜类	1944.6	2207.0	2425.5	2661.8	2695.6	2887.7
干鲜果类	1106.4	1234.7	1398.2	1546.2	1584.4	1692.2
工业品		7792.6	8767.1	9559.4	10001.4	9986.6

注:1. 1998 年及以后批发零售贸易业商品购、存总额为限额以上批发零售贸易业数据。
2. 1997 年及以后社会消费品零售总额不含居民购买住房。

表 73 对外经济贸易和利用外资

指 标	单 位	1990 年	1995 年	2000 年	2001 年	2002 年
人民币对美元年平均汇率(中间价)	**1 美元折合人民币**	**4.7832**	**8.3510**	**8.2784**	**8.2770**	**8.2770**
进出口总额	**亿美元**	**1154.4**	**2808.6**	**4742.9**	**5096.5**	**6207.7**
出口总额	亿美元	620.9	1487.8	2492.0	2661.0	3255.7
初级产品	亿美元	158.9	214.9	254.6	263.4	284.8
工业制成品	亿美元	462.0	1272.9	2237.4	2397.6	2970.8
进口总额	亿美元	533.5	1320.8	2250.9	2435.5	2952.0
初级产品	亿美元	98.5	244.2	467.4	457.4	492.7
工业制成品	亿美元	434.9	1076.7	1783.5	1978.1	2459.3
出口减进口	亿美元	87.4	167.0	241.1	225.5	303.6
签订利用外资						
合同项目	个	7371	37184	22347	26140	34171
对外借款	个	98	173			
外商直接投资	个	7273	37011	22347	26140	34171
合同金额	亿美元	120.9	1032.1	711.3	719.8	847.5
对外借款	亿美元	51.0	112.9			
外商直接投资	亿美元	66.0	912.8	623.8	692.0	827.7
外商其他投资	亿美元	3.9	6.4	87.5	27.8	19.8
实际利用外资额	**亿美元**	**102.9**	**481.3**	**593.6**	**496.8**	**550.1**
对外借款	亿美元	65.3	103.3	100.0		
外商直接投资	亿美元	34.9	375.2	407.2	468.8	527.4
外商其他投资	亿美元	2.7	2.9	86.4	28.0	22.7
对外经济合作						
合同金额	亿美元	26.0	96.7	149.4	164.6	
#对外承包工程	亿美元	21.3	74.8	117.2	105.7	150.5
对外劳务合作	亿美元	4.8	20.1	29.9	30.5	27.5
设计咨询	亿美元		1.8	2.3	0.9	0.8
完成营业额	亿美元	18.7	65.9	113.3	121.4	
#对外承包工程	亿美元	16.4	51.1	83.8	68.4	111.9
对外劳务合作	亿美元	2.2	13.5	28.1	28.8	30.7
设计咨询	亿美元		1.3	1.3	0.6	0.9

注:2000 年、2001 年签订利用外资数据中未包括对外借款;2001 年实际利用外资额未包括对外借款。2002 年“外商其他投资”不含对外发行股票金额。

表 74 海关出口主要商品数量和金额

品名	数量单位	2001 年		2002 年	
		数量	金额（万美元）	数量	金额（万美元）
谷物及谷物粉	万吨	876	109812	1482	171745
原棉	吨	52366	8002	149538	16959
原油	万吨	755	138333	721	123249
医药品	吨	220278	197850	261309	232404
平板玻璃	万平方米	6123	15028	11359	24990
电视机	万台	2102	159097	3165	239642
二极管及类似半导体器件	万个	6109431	95992	8848950	133867
汽车和汽车底盘	辆	22776	20811	43490	26115
电动机及发电机	万台	245612	184136	302837	218427
船舶	艘	68033	188699	63223	189405
纺织纱线、织物及制品	—	—	1683969	—	2058330
自动数据处理设备及部件	万台	54386	1309381	67962	2013483
自动数据处理设备的零件	吨	716554	798256	915832	1312008
手持或车载无线电话	台	39627201	412102	63147302	528024
视听及无线电讯设备的零附件	吨	133188	311983	171733	435839
家具	—	—	395849	—	536055
旅行用品及箱包	—	—	387633	—	435762
服装及衣着附件	—	—	3655596	—	4119009
鞋类	—	—	1009577	—	1109053
塑料制品	吨	3781907	509538	4598770	605276
玩具	—	—	516461	—	557463

表75 海关进口主要商品数量和金额

品名	数量单位	2001年		2002年	
		数量	金额（万美元）	数量	金额（万美元）
谷物及谷物粉	万吨	344	63426	285	49350
食用植物油	万吨	165	47758	319	130965
天然橡胶	万吨	98	59195	96	69375
合成橡胶	万吨	75	79411	92	93944
原木	万立方米	1686	169398	2433	213841
纸浆	万吨	490	207594	526	216767
锯材	立方米	4016052	98669	5395957	115907
棉花(原棉)	万吨	6	7586	18	18644
羊毛及条	吨	309141	104917	237264	103777
纺织用合成纤维	万吨	92	96284	104	106281
电视显像管	万只	805	57620	1349	77138
大豆	万吨	1394	280952	1132	248298
原油	万吨	6026	1166126	6941	1275734
成品油	万吨	2138	374540	2034	379900
初级形状塑料	万吨	1426	1172537	1584	1333085
钢材	万吨	1722	896305	2449	1236585
未锻造的铜及铜材	吨	1694790	35074	2247873	443688
自动数据处理设备及部件	台	68135777	498096	114790306	673328
自动数据处理设备的零件	吨	145763	662563	183634	919437
视听及无线电讯设备的零附件	吨	45680	358012	47348	411488
集成电路及微电子组件	万个	2618433	1659136	3444396	2564787
汽车和汽车底盘	辆	71999	174842	127393	317465
汽车零件	—	—	252778	—	300119
飞机	架	233	365637	170	284231
船舶	艘	1308	48824	1136	36364
复印机	台	97674	5890	112871	6251

表76 旅游业基本情况

指标	单位	1990年	1995年	2000年	2001年	2002年
旅游人数						
入境旅游人数	万人次	2746.2	4638.7	8344.4	8901.0	9790.8
外国人	万人次			1016.0	1122.4	1343.9
#日本	万人次			220.2	238.6	292.6
韩国	万人次			134.5	167.9	212.4
菲律宾	万人次			36.4	40.8	50.8
新加坡	万人次			39.9	41.5	49.7
英国	万人次			28.4	30.3	34.3
德国	万人次			23.9	25.3	28.2
俄罗斯	万人次			108.0	119.6	127.2
加拿大	万人次			23.7	25.4	29.1
美国	万人次			89.6	94.9	112.1
澳大利亚	万人次			23.4	25.5	29.1
华侨	万人次			7.6		
港澳同胞	万人次			7009.9	7434.6	8080.8
台湾同胞	万人次			310.9	344.0	366.1
入境旅游过夜者人数	万人次			3122.9	3316.7	3680.3
国内旅游人数	万人次		62900	74445	78366	87800
城镇居民	万人次		24570	32900	37500	38500
农村居民	万人次		38330	41500	40900	49300
国内居民出境总人数	万人次			1047.3	1213.4	1660.2
#因私出境人数	万人次			563.1	694.7	1006.1
国际旅游收入	**亿美元**	**22.2**	**87.3**	**162.2**	**177.9**	**203.9**
国内旅游总花费	**亿元**		**1375.7**	**3175.5**	**3522.4**	**3878.4**
城镇居民	亿元		1140.1	2235.2	2651.7	2848.1
农村居民	亿元		235.6	940.3	870.7	1030.3
国内旅游人均花费	**元/人**		**219**	**426**	**450**	**442**
城镇居民	元/人		464	679	708	740
农村居民	元/人		61	227	213	209

表77 教育事业基本情况

指 标	单 位	1990年	1995年	2000年	2001年	2002年
学校数	所	872207	771672	650137	589391	553807
#普通高等学校	所	1075	1054	1041	1225	1396
普通中等学校	所	105060	99814	93935	95362	93968
#专业学校	所	3982	4049	3646	3260	2953
普通中学	所	87631	81020	77268	80432	80067
小学	所	766072	668685	553622	491273	456903
专任教师	万人	961.9	1012.8	1107.9	1122.4	1145.7
#普通高等学校	万人	39.5	40.1	46.3	53.2	61.8
普通中等学校	万人	362.8	403.8	473.4	486.6	503.0
#专业学校	万人	23.5	25.7	25.6	23.0	20.8
普通中学	万人	303.3	333.4	400.6	418.8	437.6
小学	万人	558.2	566.4	586.0	579.8	577.9
招生数	万人	4001.5	5059.2	5288.5	5414.0	5670.1
#普通高等学校	万人	60.9	92.6	220.6	268.3	320.5
普通中等学校	万人	1866.5	2424.1	3051.3	3179.4	3371.2
#专业学校	万人	73	138.1	132.6	127.7	155.3
普通中学	万人	1619.6	2025.9	2736.0	2815.9	2929.0
小学	万人	2064.0	2531.8	1946.5	1944.2	1952.8
在校学生	万人	17703.35	19910.48	22155.69	22241.9	22562.8
#普通高等学校	万人	206.3	290.6	556.1	719.1	903.4
普通中等学校	万人	5239.2	6380.6	8518.4	8901.4	9415.2
#专业学校	万人	224.4	372.2	489.5	458.0	456.4
普通中学	万人	4586.0	5371.0	7368.9	7836.0	8287.9
小学	万人	12241.4	13195.2	13013.3	12543.5	12156.7
毕业生数	万人	3467.62	3716.53	4826.63	4941.2	5099.5
#普通高等学校	万人	61.4	80.5	95.0	103.6	133.7
普通中等学校	万人	1539.1	1705.4	2302.3	2429.3	2601.3
#专业学校	万人	66.1	83.9	150.7	150.3	144.2
普通中学	万人	1342.1	1429.0	1908.6	2047.4	2263.6
小学	万人	1863.1	1961.5	2419.2	2396.9	2351.9
研究生数						
在学人数	万人	9.3	14.5	30.1	39.3	50.1
招生数	万人	3.0	5.1	12.9	16.5	20.3
毕业生数	万人	3.5	3.2	5.9	6.8	8.1
成人教育学校						
学校数	万所	31.8	57.9	66.7	65.2	50.3
在校学生数	万人	3978.2	6681.6	7715.8	7876.4	7280.3
#大学生	万人	166.6	257	353.6	456.0	559.2
幼儿园						
幼儿园数	万所	17.2	18.0	17.6	11.2	11.2
幼儿数	万人	1972.2	2711.2	2244.2	2021.8	2036.0
特殊教育学校						
学校数	所	746	1379	1539	1531.0	1540
在校学生数	万人	7.2	29.6	37.8	38.6	37.5
教育经费投入	亿元	659.4	1878.0	3849.1	4637.7	
学龄儿童入学率	%	97.8	98.5	99.1	99.1	98.6
小学升学率	%	74.6	90.8	94.9	95.5	97.0
初中升学率	%	40.6	48.3	51.2	52.9	58.3

注：本表学校数、专任教师数、招生数、在校学生数和毕业生数包括研究生、普通高等学校、普通中等学校、小学和特殊教育。

表 78　科学技术事业基本情况

指　　标	单　位	1991 年	1995 年	2000 年	2001 年	2002 年
研究与试验发展活动						
研究与试验发展折合全时人员	万人年	67.1	75.0	92.0	95.6	95.9
#科学家和工程师	万人年	47.0	52.0	70.0	74.3	74.5
研究与试验发展经费支出	亿元		349	896	1043	1161
研究与试验发展经费支出占国内生产总值比重	%		0.60	1.00	1.09	1.13
技术成果和国家奖励						
科技成果登记数	项	32653	31099	32858	28376	29000
#应用技术成果	项	28258	27431	28843	25119	25700
国家奖励						
#国家自然科学奖	项	53	57	15	18	24
国家技术发明奖	项	173	131	23	14	21
国家科技进步奖	项	732	607	250	191	218
国际科学技术合作奖	项		6	2	6	5
重点技术创新项目	项	502		280	647	1318
技术市场成交额	亿元	95	268	651	783	884
成功发射卫星	次		2	6	1	2
科技服务						
出版地图	种		970	1150	1187	1552
气象台站	个	2586	2587	2641	2604	
卫星云图接收站点	个	79	156	315	356	356
地震台站	个	1125	1183	1234	1245	1305
海洋观测和监测站点	个	1228	809	927	917	1505
质量监督						
产品质量检验机构	个		5000	5500	5500	5500
#国家检测中心	个		235	230	233	240
抽查产品	类	138	185	235	211	222
抽查产品	种	3902	6713	9705	9858	8850
专利						
专利申请受理量	万件	5.00	8.30	17.07	20.36	25.26
国内	万件	4.57	6.95	14.03	16.58	20.55
国外	万件	0.44	1.35	3.03	3.78	4.71
专利申请授权量	万件	2.46	4.51	10.53	11.43	13.24
国内	万件	2.14	4.19	9.52	9.93	11.21
国外	万件	0.32	0.32	1.01	1.50	2.03

注:2000 年研究与试验发展的有关数据为全社会 R&D 清查数据,口径比往年有所扩大。

表79　国有企事业单位专业技术人员数

项　　目	1990年	1995年	2000年	2001年	2002年
国有企事业单位职工人数(万人)	**9443**	**9936**	**6792**	**6325**	**5891**
专业技术人员总计(万人)	**1080.9**	**1913.4**	**2165.1**	**2169.8**	**2186.0**
工程技术人员	510.1	562.6	555.1	531.6	528.9
农业技术人员	55.1	53.6	67.0	67.5	66.7
卫生技术人员	272	303.5	337.2	339.0	340.2
科学研究人员	29.1	30.3	27.5	26.6	26.3
教学人员	214.6	963.4	1178.3	1205.1	1223.9
按行业分:					
农林牧渔业	77.2	101.7	111.6	110.3	107.2
工业	290.6	351.2	298.8	272.9	254.9
建筑业	50.4	71.2	55.7	55.6	56.7
地质勘查业、水利管理业	18	15.7	34.9	36.3	35.8
交通运输、仓储及邮电通讯业	41.5	54.9	72.1	72.1	75.1
批发和零售贸易、餐饮业	23.2	27.5	18.6	16.3	15.6
房地产业、社会服务业	12.5	22.1	36.9	40.6	40.0
卫生体育和社会福利业	214.2	246.1	280.5	286.6	289.8
教育文化艺术及广播电影电视业	231.0	935.3	1157.1	1188.1	1209.5
科学研究及综合技术服务业	67.8	69.8	72.0	69.4	67.1
金融保险业	3.4	8.1	9.2	8.8	8.8
其他行业	3.3	9.8	17.7	12.8	25.5
构成(总计=100)					
工程技术人员	47.2	29.4	25.6	24.5	24.2
农业技术人员	5.1	2.8	3.1	3.1	3.1
卫生技术人员	25.2	15.9	15.6	15.6	15.6
科学研究人员	2.7	1.6	1.3	1.2	1.2
教学人员	19.9	50.4	54.4	55.5	56.0
平均每万名职工有专业技术人员(人)	**1144.7**	**1925.7**	**3187.7**	**3430.5**	**3710.7**
工程技术人员	540.2	566.2	817.3	840.5	897.8
农业技术人员	58.4	53.9	98.6	106.7	113.2
卫生技术人员	288.0	305.5	496.5	536.0	577.5
科学研究人员	30.8	30.5	40.5	42.1	44.6
教学人员	227.3	969.6	1734.8	1905.3	2077.5

注:1990年数据包括行政机关专业技术人员,但不包括社会科技领域专业技术人员及小学教师人数。

表80 文化、卫生和体育事业情况

项　目	单位	1990年	1995年	2000年	2001年	2002年
文化事业						
艺术表演团体	个	2805	2682	2630	2605	2584
广播电台	个	239	312	304	301	306
电视台	个	282	336	354	357	369
文化馆	个	2955	2886	2907	2852	2831
公共图书馆	个	2527	2615	2677	2696	2698
博物馆	个	1013	1194	1392	1461	1516
档案馆	个	2954	3024	3046	3100	3109
广播综合人口覆盖率	%	74.7	78.8	92.5	92.9	93.3
电视综合人口覆盖率	%	79.4	84.5	93.7	94.2	94.6
全国有线电视用户	万户			7950.0	9090.7	9856.6
报纸种数	种	1444	2089	2007	2111	2137
报纸总印数	亿份	211.3	263.3	329.3	351.1	367.8
杂志种数	种	5751	7583	8725	8889	9029
杂志总印数	亿册	17.9	23.4	29.4	28.9	29.5
图书种数	万种	8.02	10.14	14.30	15.50	17.10
图书总印数	亿册(张)	56.4	63.2	62.7	63.1	68.7
卫生事业						
卫生机构数	万个	20.9	19.0	32.5	33.0	30.6
#医院、卫生院	个	62454	67807	66509	65424	63881
卫生防疫机构	个	3618	3629	4065	4253	3579
妇幼保健机构	个	2820	2832	2598	2548	3045
医院、卫生院床位数	万张	262.4	283.6	294.8	297.6	291.1
市	万张	138.7	174.0	191.4	195.9	195.1
县	万张	123.7	109.7	103.4	101.7	96.0
平均每千人口拥有病床数	张/千人	2.30	2.34	2.38	2.39	2..32
卫生机构人员数	万人	490.6	537.3	559.1	558.4	523.8
#卫生技术人员数	万人	389.8	425.7	449.1	450.8	427.0
#医生	万人	176.3	191.8	207.6	210.0	184.4
#中医	万人	36.9	35.9	33.7	32.4	
西医师	万人	105.8	118.6	133.0	136.4	
西医士	万人	33.1	36.5	39.5	38.7	
护师、护士	万人	97.5	112.6	126.7	128.7	124.7
平均每千人口医生数	人/千人	1.54	1.58	1.68	1.69	1.47
卫生事业费	亿元	79.5	163.3	272.2	313.5	
体育事业						
当年达到国家体育锻炼标准人数	万人	7478	13296	15202	12936	
县以上体委举办运动会	次	30158	28041	26196	25160	
新发展等级运动员	人	65540	79436	97011	89104	
#国际级运动健将	人	97	165	51	100	
运动健将	人	827	982	1221	884	
等级裁判员	人	48378	37617	60053	62181	
创造世界纪录						
项数	项	14	13	22	10	29
次数	次	16	24	30	12	33
人数	人	17	14人2队	14人2队	8人2队	17人5队
获得世界冠军						
项数	项	54	98	92	79	99
次数	个	54	102	110	90	110
人数	人	61	187	109	138	123

注:1.1997年开始,原不列入卫生机构数的“个体开业人员”,改称私人办“诊所”后计入卫生机构总数中。
2.1980年及以前医生数中未包括中西医结合高级医师。2002年医生为执业医师和执业助理医师;护师、护士为注册护士。
3.1991年及以前各年的集体项目的队数折合在人数中。

表81 社会保障基本情况

项　　目	单位	1998年	1999年	2000年	2001年	2002年
一、社会救济和社会优抚						
城镇居民最低生活保障人数	万人	184	257	403	1171	2065
农村居民最低生活保障人数	万人		266	300	305	408
国家抚恤补助优抚对象人数	万人	447	445	442	451	459
二、社会福利事业						
收养性单位	个	42131	40430	40491	39338	38875
国有	个	2288	2561	2816	3327	3082
集体	个		37419	37295	35077	34797
民办	个		453	380	934	996
收养性单位床位	万张	105.8	108.9	113.0	124.4	125.1
国有	万张	19.7	21.2	22.1	25.8	26.1
集体	万张		85.9	87.8	93.8	92.7
民办	万张		1.7	3.1	5.1	6.3
年末收养人数	万人	80.0	82.7	85.4	89.3	92.6
国有	万人	15.0	16.0	17.2	19.1	19.6
集体	万人		65.6	66.3	66.8	68.7
民办	万人		1.0	1.9	3.4	4.3
三、社会福利企业						
单位数	万个	5.1	4.5	4.1	3.8	3.6
残疾人数	万人	85.6	79.0	72.5	69.9	68.3
四、社区服务						
城镇社区服务设施	万个	15	16	20	20	20
#社区服务中心	个	6154	7623	6444	6179	7898
五、社会保障						
参加基本养老保险职工人数	万人	8476	9502	10448	10802	11129
参加基本养老保险离退休退职人数	万人	2727	2984	3170	3381	3608
参加失业保险人数	万人	7928	9852	10326	10269	10182
参加基本医疗保险人数	万人	1878	2065	3787	7286	9401
农村社会养老保险投保人数	万人	8025	6461	6172	5995	5462

注:2001年起社会福利收养性单位、床位和年末收养人数包括社区服务中心中的相关数据。

表 82 环境保护基本情况

项 目	单位	1998 年	1999 年	2000 年	2001 年	2002 年
一、环保系统建设情况						
环保系统人员总数	万人	11.2	12.1	13.1	14.3	15.2
#环境监理人员数	万人	2.3	2.8	3.1	3.8	4.1
环境监测人员数	万人	3.7	4.0	4.1	4.4	4.6
环境监测站数	个	2127	2203	2250	2229	2232
二、环境污染防治						
建设项目环境影响评价制度执行率	%	91.1	90.4	97.0	97.0	
建设项目“三同时”制度执行率	%	95.3	98.0	97.9	97.4	96.1
完成环境污染限期治理项目数	个	12020	24907	43349	15867	24427
环境污染限期治理项目投资额	亿元	70.3	138.5	317.5	106.7	99.3
工业废水排放达标率	%	61.4	66.7	76.9	85.2	88.4
工业固体废物综合利用率	%	41.7	45.6	45.9	52.1	51.9
建成城市烟尘控制区数	个	2498	1952	2981	3203	3369
烟尘控制区面积	万平方公里	1.4	1.4	2.0	2.2	2.5
建成城市环境噪声达标区数	个	1830	1778	2463	3111	3128
环境噪声达标区面积	万平方公里	0.8	0.8	1.3	1.5	1.6
关停并转迁企业数	个	13630	9175	19498	6574	8070
三、环境生态保护						
全国自然保护区总数	个	926	1146	1227	1551	1757
#国家级	个	136	155	155	171	188
全国自然保护区面积	万公顷	7671	8815	9821	12989	13295
自然保护区面积占国土总面积比重	%	7.7	8.8	9.9	12.9	13.2
全国生态示范区数	个		222	220	215	314
#国家级	个		154	158	82	82